MANUEL

DE

PÉDAGOGIE

ET

DE MÉTHODOLOGIE

A L'USAGE

DES ÉLÈVES DES ÉCOLES NORMALES

PAR

TH. BRAUN

PROFESSEUR DE PÉDAGOGIE ET DE MÉTHODOLOGIE A L'ÉCOLE NORMALE
DE L'ÉTAT A NIVELLES
RÉDACTEUR-PROPRIÉTAIRE DE LA REVUE « L'ABEILLE »
CHEVALIER DES ORDRES DE LÉOPOLD, DU CHRIST DE PORTUGAL ET
DE L'ÉTOILE POLAIRE DE SUÈDE

SIXIÈME ÉDITION

REVUE ET AUGMENTÉE DU PROGRAMME DÉTAILLÉ RELATIF A L'ENSEIGNEMENT
NORMAL PRIMAIRE

LIÉGE
H. DESSAIN, IMPRIMEUR-LIBRAIRE
RUE TRAPPÉ

1878

Imprimatur.

Leodii, 10^{a} Febr. 1866.

C.-J. BOGAERTS, vic. gen.

MANUEL DE PÉDAGOGIE

ET DE MÉTHODOLOGIE

AVERTISSEMENT.

L'accueil sympathique que notre Manuel de pédagogie a rencontré non-seulement en Belgique, mais encore en Suisse et en France, nous a déterminé à le compléter dans ses éditions successives. C'est répondre à la fois à des suffrages qui nous sont précieux et à des besoins de jour en jour mieux sentis. En effet, le cadre des études normales s'est étendu avec la multiplication des établissements et il importe de ne pas dérober les livres et les méthodes à cette marche progressive.

Nous avons donc, dans la présente édition, donné un plus grand développement au cours éducatif et introduit des changements notables à la partie méthodologique du cours. La quatrième partie a reçu de nombreuses additions concernant les devoirs de l'instituteur en fonctions, et plusieurs chapitres supplémentaires touchant l'enseignement dans les écoles de filles. Nous avons comblé ainsi des lacunes que le nombre toujours croissant des écoles normales de jeunes personnes avait rendues plus sensibles.

En deux mots, le volume s'est accru de 200 pages, et tel qu'il est, nous le présentons au corps enseignant et aux élèves de nos établissements normaux : laissant à l'expérience le soin de nous édifier sur les imperfections inévitables dont toute œuvre humaine reste entachée, et dont nous n'avons jamais prétendu l'exempter.

INTRODUCTION.

L'école pupulaire ou primaire doit s'adresser à tous les élèves sans distinction de rang ni de fortune, en élevant et en instruisant les enfants des familles ouvrières comme ceux des classes moyennes et supérieures de la société.

Il ne s'agit point, en effet, d'un enseignement spécial ou professionnel, ayant en vue telle carrière ou tel métier; l'école n'a nullement pour but de former des cultivateurs, des artisans, des employés; elle ne doit donc pas approprier son programme à une catégorie déterminée d'élèves; car elle sert d'initiative à toutes les fonctions, à tous les états pour les enfants des deux sexes.

Riche ou pauvre, artisan ou artiste, le savant et l'individu absorbé par une profession manuelle, l'homme et la femme, tous doivent commencer par l'école primaire, ou du moins par les notions qui en constituent le programme d'enseignement.

Mais comme les neuf dixièmes de l'ensemble de la population en Belgique de même que dans les autres pays civilisés, sont réduits par leur position sociale à borner leur horizon intellectuel au cadre de l'école, il s'ensuit que celle-ci doit doter ses élèves de connaissances aussi complètes que possible formant un tout, et permettant soit de continuer plus tard les études commencées, soit de les appliquer à la vie pratique.

L'école a donc pour mission de rendre chacun de ses élèves apte à la carrière qu'il embrassera plus tard ; ce qui justifie la désignation usitée en Allemagne pour les établissements appelés : *Écoles élémentaires*.

Il y a cependant trois points essentiels, dominant la vie de chacun de nous et exigeant un caractère déterminé d'enseignement en vue des devoirs qui nous sont imposés: ces trois points se rapportent à la *Religion,* à l'*État,* à la *Société*.

Pour la Religion, l'école doit en affermir les croyances, en fortifier les dogmes, en recommander la pratique.

Pour l'État, elle nous pénètre de bonne heure de ce qui nous concerne comme citoyens.

Enfin pour la Société, elle nous enseigne à lui être utile, à y remplir le rôle qui nous est assigné.

Répétons ce qui nous avons toujours recommandé aux instituteurs et aux institutrices, en les adjurant de s'occuper d'éducation et d'instruction, en les priant de former à la fois le *cœur* et *l'intelligence* de leurs élèves : mission difficile, mais sublime, qui peut se résumer dans les trois considérations suivantes :

1° Disposer l'âme et le cœur des élèves aux grandes et saintes vérités de la Religion, de manière qu'ils l'aiment, la comprennent et la pratiquent, non-seulement à l'école, mais encore dans le reste de leur carrière.

2° Pénétrer les enfants des devoirs qu'ils ont à remplir envers la patrie ; leur apprendre à la chérir, les préparer à lui faire tous les sacrifices, même celui de leur existence, s'il s'agit de la défendre : et leur montrer comment la rigoureuse observation des devoirs du citoyen est la garantie de nos droits.

3° Expliquer aux élèves ce qu'ils auront à faire dans

la vie, ce que leurs familles et la société attendent d'eux; et par des connaissances vraiment usuelles les seconder d'avance, les armer pour l'avenir.

En partant de ces trois points de vue, l'instituteur et l'institutrice n'ont qu'à y conformer toutes leurs leçons en s'attachant à fonder l'éducation sur de bonnes habitudes, l'instruction sur un programme bien raisonné, habilement gradué, où l'esprit vivifie la lettre de l'enseignement.

Si l'élève a été initié par l'instituteur ou l'institutrice à ses devoirs de chrétien envers la Religion, de citoyen envers l'Etat, d'homme ou de femme envers la Société; si la piété, le patriotisme, l'amour du travail s'unissent à l'ordre, à la probité, à la moralité et à des connaissances suffisantes, l'école portera ses fruits; elle deviendra la bienfaitrice de ces générations élevées et instruites dans le sentiment de leurs devoirs.

Nivelles, 1868.

L'Auteur.

MANUEL
DE
PÉDAGOGIE ET DE MÉTHODOLOGIE.

PREMIÈRE PARTIE.

COURS ÉDUCATIF.

CHAPITRE PREMIER.

POINT DE DÉPART ET BUT DE L'ÉDUCATION.

§ 1er. — *Étymologie.* — *Définition.* — *But.*

Le mot *éducation* est formé de deux mots latins : *e,* hors de ; — et *ducere,* conduire. De là *educere, educare*, c'est-à-dire tirer hors des ténèbres pour amener à la lumière, conduire de l'ignorance à l'intelligence, du néant à l'existence.

L'éducation est, à proprement parler, l'action d'élever, de former un enfant, un jeune homme, de développer ses facultés physiques, intellectuelles et morales.

L'éducation, comme nous l'entendons, est l'action de mettre un enfant en état de remplir un jour le mieux possible la destination de sa vie ; faire de lui ce qu'il doit être comme homme : comme homme religieux et moral, comme homme intellectuel, comme homme physique et comme homme social. D'après cela l'éducation doit donc répondre à notre double destinée : « Elle doit préparer l'enfant pour deux existences successives ; il y a en lui un esprit immortel qui ne fait que traverser ce monde, il y a une faible créature qui y vient souffrir et mourir. »

§ II — *Point de départ de l'éducation.*

Il est une opinion généralement répandue chez les parents, c'est que l'enfant n'est susceptible d'éducation qu'au moment où, son intelligence étant développée, il aura acquis assez de tact, assez de jugement pour discerner la valeur morale de ses actions, pour établir la balance entre les avantages et les inconvénients qui doivent en résulter pour lui et pour les autres. Les parents qui s'arrêtent à cette idée ne connaissent, comme le dit Schwarz, que deux moyens d'agir sur l'enfant, la punition pour la faute, la récompense pour la bonne action. Ils parlent ainsi à l'instinct et non à l'intelligence. Un bien à acquérir, un mal à éviter : voilà le résumé de leur cote ; leur œuvre est, au fond, purement physique, si nous pouvons nous exprimer ainsi ; et le résultat, au point de vue de la morale, est d'une nullité absolue.

§ III. *A qui revient la mission d'élever les enfants?*

C'est au père et à la mère que la loi naturelle donne le droit, impose le devoir de soigner l'éducation de leurs enfants. Dans l'antique famille patriarcale, le père, chef absolu de la communauté, dominait exclusivement ses descendants et leur imposait la direction qui lui paraissait la plus convenable. Dans la famille chrétienne, où l'influence maternelle a une si haute valeur, la mère assume une part importante dans la direction des enfants, et tempère par sa douceur et ses caresses la sévérité du chef de la famille.

A la mère donc, à la mère surtout revient le soin d'imprimer à l'enfant une direction convenable. Son cœur lui sera un guide assuré, et sa tendresse tempérera la sévérité de certaines leçons.

Mais, au milieu de nos mœurs dégénérées, force a été de recourir à d'autres dévouements, et les parents, obligés d'abdiquer en tout ou en partie un devoir sacré, ont appelé à leur aide les instituteurs et les ministres de la religion pour conduire leurs enfants dans la voie de la morale et du savoir.

Il n'est pas cependant donné à tous de recourir immédiatement à ces auxiliaires ; les ressources pécuniaires ne permettent pas d'attacher à chaque enfant les soins et la surveillance de ces substituts du père de famille. Il est pourvu à ce besoin soit par l'Etat, soit par des particuliers ; ceux-ci érigent des écoles, et au moyen de maîtres sages, éclairés, ils répartissent sur cette multitude d'élèves l'éducation convenable et les notions nécessaires à leur condition sociale.

§ IV. — *Nécessité de l'éducation.*

L'homme, aidé de ses seules dispositions naturelles et soumis à toutes les influences de la vie sociale, sera-t-il conduit de lui-même et sans efforts au plus haut degré de perfectionnement possible ? Les germes de vertu déposés dans son âme acquerront-ils sans culture et abandonnés à eux-mêmes le développement dont ils sont susceptibles ? En un mot, l'éducation est-elle nécessaire à l'homme ?

Demandez au jardinier s'il abandonne à sa vigoureuse nature le sauvageon qui brise le sol dans son essor impétueux et développe avec excès sa végétation. Si la surveillance de l'horticulteur ne vient diriger cette croissance turbulente, si la serpe et le greffoir ne font pas leur office, le sauvageon deviendra sans aucun doute un arbre grand et fort, dont le feuillage étendu couvrira au loin le terrain ; mais sur ces inutiles rameaux on ne verra briller aucun fruit, et le jardinier livrera sans pitié cette masse inutile à la hache du bûcheron.

Ainsi l'homme doit, d'une part, par l'éducation, se former aux exigences de la société, se perfectionner, afin d'être en état d'y remplir un jour le mieux possible le rôle auquel sa destinée l'appelle ; d'autre part, l'éducation, aidée du secours céleste, est nécessaire pour développer en lui tous les dons du Créateur, afin de lui procurer les moyens nécessaires de rétablir dans son âme l'image effacée de la Divinité.

CHAPITRE II.

PRINCIPES D'ÉDUCATION.

---

§ 1er. — *Réflexions générales sur ces principes.*

L'éducation ne peut conduire la jeunesse au plus haut degré possible de perfection et de félicité, qu'en prenant pour base l'action de la grâce divine et l'obéissance de l'homme à la direction qu'il reçoit.

Comme le médecin, dont toute la science a besoin des secours de la nature, parents et instituteurs ne peuvent rien si Dieu ne bénit leurs efforts : car notre existence entière n'est qu'une période de transition nous préparant à la vie éternelle.

La première garantie de succès sera donc *une foi vive dans la noble destination de l'homme,* qui a un autre but que des appétits grossiers, des connaissances intellectuelles, des manières polies, et qui n'est pas né exclusivement pour les plaisirs et les fêtes. Sa destinée est plus haute, plus sérieuse ; elle a pour guide la conscience avec *un cœur plein de foi, d'amour et d'espérance.*

§ II. — *Parler de Dieu aux petits enfants.*

Avant de pouvoir articuler nettement, l'enfant balbutie les noms de *papa*, de *maman ;* pourquoi ne pas lui apprendre à prononcer le nom du Père de tous les hommes ?

Il est trop jeune, dit-on, pour que son intelligence comprenne la majesté divine. Pourtant, selon Fénelon, *l'esprit de Dieu, qui habite dans l'âme simple, saura bien trouver des paroles pour le petit enfant.*

A-t-on besoin d'analyser l'air et la lumière pour respirer l'un et jouir de l'autre ?

Le meilleur des catéchismes sera toujours le sentiment religieux se manifestant dans les traits, les regards, les gestes, le langage des parents. Occupons-nous donc de l'éternité avant de songer au temps. La pureté même du premier âge de la vie prédispose à cette révélation des choses du ciel, bien justifiée par les paroles du Sauveur. « *Laissez venir à moi les petits enfants.* »

Les impressions les plus durables datent de cette époque où l'âme a toute son innocence. Adulte ou vieillard, il suffit souvent d'un seul souvenir de notre pieuse enfance pour nous détourner du péché.

Aussi l'enfant enveloppé, depuis le berceau, d'une

atmosphère religieuse, marche dans la vie sous l'œil de Dieu et la protection des anges du ciel ; il a pour ceux qui l'entourent une affection sincère, et la foi lui sert de bouclier contre les passions.

§ III. — *Observer dans l'éducation les lois que suit la nature dans le développement physique et intellectuel de l'homme.*

On peut considérer l'éducation comme la mise en œuvre des plans de la nature. Par conséquent, ne demandons à l'enfance ainsi qu'aux plantes, ni une maturité précoce, ni des fruits avant des bourgeons et des fleurs. Notre rôle se borne à développer les germes précieux que la bonté divine a déposés dans chaque créature humaine.

Mais, à côté de ces germes, se trouvent des éléments à combattre, des instincts à diriger, des défauts à prévenir ou à corriger. Point de règles absolues, si ce n'est pour ce qui touche aux vérités de la religion, qui sont immuables.

§ IV. — *Pas d'éducation exclusive.*

Le meilleur moyen de remplir la mission imposée au père, à la mère, à l'instituteur, c'est de développer d'une manière harmonieuse les forces physiques et les facultés morales de l'enfant, c'est-à-dire de former à la fois le corps et l'âme, la raison et le cœur.

On évitera tout ce qui provoque le désir ardent d'*acquérir*, de *posséder* ; on réprimera le goût passionné des *jeux et des plaisirs* ; on combattra les tendances à *l'orgueil*, à *la domination ;* en un mot, on dirigera l'enfant vers la plus noble destination de l'homme.

Pour cela il faut un *juste milieu, ni trop, ni trop peu,* c'est-à-dire se garder de la sévérité comme de l'indulgence, de la rigueur comme de la susceptibilité, de l'ignorance comme du pédantisme.

Surtout on ne doit point élever l'enfant pour une profession spéciale ; mais pour l'Eglise et pour l'Etat ; pour la vie sociale en même temps que pour la vie éternelle ; voilà ce que recommandait le sage et modeste Rollin, quand il rappelait l'harmonie parfaite à laquelle chacun de nous doit contribuer dans la société.

§ V. — *Rien d'insignifiant dans la conduite de l'enfant.*

Les défauts négligés peuvent plus tard devenir des vices ; c'est le pli de l'arbuste, que doit redresser le jardinier, sous peine d'avoir des arbres tortueux. Sans doute il faut de la patience avec les enfants, mais sans une faiblesse, dont ils seraient les premières victimes.

Une blessure livrée à elle-même devient incurable. Ne vaut-il pas mieux la guérir à temps, au moyen d'une souffrance passagère ?

Faites cela, c'est-à-dire un ordre précis est bien préférable à cette demande vague : « *Que voulez-vous faire ?* » L'obéissance est le lot de l'enfant. S'il prend, même par forme de plaisanterie, un jouet à un de ses camarades, punissez-le tout de suite de peur de le voir ensuite dérober un joyau ou de l'argent.

Comme l'a dit un auteur anglais en blâmant ces lâches condescendances : « L'enfant, qui avant de pouvoir marcher et parler, a pris le dessus, ne voudra pas céder plus tard. Abandonné à lui-même à sept ans, il ne voudra plus renoncer au privilége dangereux qu'on lui a accordé si imprudemment. »

§ VI. — *Puissance de l'exemple plus efficace que toutes les paroles et toutes les exhortations.*

Il y a chez beaucoup d'enfants de la malice et de la ruse ; chez tous une grande finesse de pénétration ; ils observent les actes des personnes adultes, et surtout de leurs parents ; de là une grande propension à imiter, à se modeler sur l'exemple qu'on leur donne, dans le bien comme dans le mal.

Il importe donc de veiller sur nos propos et sur nos actions, d'avoir une conduite irréprochable, sans quoi l'édifice entier de l'éducation s'écroule. Dans une famille où la mère donne l'exemple de la modestie, les enfants porteront sur leur jeune front l'attrait de la *pudeur*.

On a dit : *Tel père, tel fils*. C'est que l'enfant devient le reflet de ses parents, comme le ruisseau qui reproduit l'aspect de ses rives, riantes ou sauvages.

Malheur aux familles où le père et la mère ne comprennent pas cette grave responsabilité ! Dieu leur en demandera un compte sévère.

Il est des parents qui veulent autour d'eux des tours de force, il leur faut de petits comédiens, des ergoteurs prétentieux ; ils tiennent plus aux manières, aux formalités qu'à la décision et à la loyauté du caractère ; c'est faire de l'éducation un de ces tombeaux somptueux : marbre au dehors, poussière et vers au dedans.

§ VII. — *Ne jamais prononcer, devant les enfants, des paroles contraires à la vérité ou à l'honnêteté.*

Une parole libre qui vous échappe se grave au cœur de l'enfant : elle lui inspirera plus tard des penchants ou des passions que vous ne pourrez pas toujours combattre avec succès. Il en est de même du mensonge.

Soyez donc francs et sincères pour que l'enfant *soit vrai dans tous ses discours.*

Le meilleur moyen de faire respecter l'empire de la vérité, c'est de pratiquer ce devoir : car la pente au mal est souvent fortifiée par ceux qui environnent les enfants. Y a-t-il, en effet, beaucoup de pères qui s'imposent retenue, circonspection, et se gênent au point de ne jamais hasarder une parole qui puisse faire naître chez leurs enfants des préjugés faux ou dangereux ?

§ VIII. — *En présence des enfants, jamais ni blasphème, ni mouvement de colère ; éviter même tout désir de vengeance en paroles et en actions.*

En se conformant aux règles émises dans ces lignes, on détruit de déplorables habitudes trop répandues dans la société.

Quant au désir de vengeance, nous blâmons les personnes qui, lorsqu'un petit enfant se heurte contre une table, pour calmer sa douleur passagère, frappent l'objet, cause innocente du choc. C'est inspirer à l'enfant une idée de représailles et presque de vengeance, tandis que l'on doit s'attacher à l'accoutumer à l'indulgence, à la compassion.

Surtout ne tolérez jamais chez un petit enfant un geste menaçant contre ses parents ; c'est une atteinte portée au respect qu'il leur doit.

§ IX. — *Point d'expressions licencieuses ni de gestes déshonnêtes devant les enfants.*

Il est difficile de remédier à l'inconvenient que nous signalons ici ; et nous croyons devoir donner quelques conseils aux parents et aux instituteurs qui, malgré eux, se trouvent avec leurs enfants ou avec leurs élèves, dans cette position délicate.

Nous croyons qu'il faut cherher à détourner l'attention des enfants, en dirigeant la conversation sur un sujet plus convenable ; mais si le mal est réel, s'il peut avoir une influence pernicieuse, mieux vaut le condamner hautement, de manière à produire une répulsion salutaire.

§ X. — *Ne pas tolérer chez l'enfant des paroles triviales ou mensongères.*

Les paroles condamnables préparent aux actes répréhensibles. Reprenez donc l'enfant qui se permet une mauvaise plaisanterie, un propos malvaillant, une expression équivoque. Eveillez le sentiment du bien, faites un énergique appel à l'honneur, à la conscience. « Quiconque est capable de mentir, a dit Fénelon, est indigne d'être compté parmi les hommes. »

§ XI. — *On ne doit pas céder aux caprices de l'enfant.*

Ne permettez jamais de transgresser votre défense,

et ne cédez ni aux larmes, ni aux cris, ni aux mutineries.

Si les larmes ont un motif réel, une souffrance physique ou morale, alors il faut montrer une sympathie active en s'efforçant de les tarir.

Mais il ne faut point accorder aux larmes et à des cris de colère ce que l'on a d'abord refusé. Autant une demande juste, convenablement manifestée ou exprimée, a droit à l'accueil des parents, autant ils sont tenus de résister à des caprices, ainsi autre chose est pour un enfant de dire : *j'ai faim,* ou bien : *je veux avoir du rôti.*

§ XII. — *Encourager l'enfant continuellement.*

Une montre a besoin d'être remontée pour marquer l'heure ; ainsi des enfants, ils ne feront rien si on les abandonne à leur penchant, mais il ne suffit pas de faire comme avec une montre, qui va pendant un temps déterminé ; il faut les surveiller sans cesse.

Selon le judicieux langage de M.A. Rendu : « L'émulation serait inutile, si les hommes pouvaient toujours agir par le pur amour du devoir ; mais bien que ce motif doive être le principal, ne faisons pas orgueilleusement abstraction de nos misères. A nos passions mauvaises, opposons les résistances bonnes en elles-mêmes. Appuyons-nous sur tout ce qui peut nous soutenir et défendre. Personne n'a songé à nier l'influence du bon exemple ; n'est-ce donc pas l'émulation qui lui donne de l'efficacité ? »

ÉDUCATION PHYSIQUE.

CHAPITRE PREMIER.

DÉVELOPPEMENT PROGRESSIF DES PARTIES DU CORPS.

Les soins à donner au physique de l'enfant précèdent sa naissance : car les infirmités et souvent les vices des parents réagissent sur leur progéniture ; ainsi les enfants d'ivrognes sont faibles, malingres, avec excès de sensibilité ou avec une apathie voisine de l'idiotisme ; ainsi dégénère une famille, puis une commune, quelquefois une population entière.

Mais ces observations générales suffissent, sans que nous remontions au développement de l'homme avant sa naissance, à l'influence de la mère sur son enfant qui n'a pas encore vu le jour, aux rapports établis entre elle et son enfant, à l'action végétative de l'allaitement, aux premières fonctions des poumons, de l'estomac, etc.

Au fur et à mesure de la croissance, les muscles acquièrent de l'énergie et de l'élasticité ; le système nerveux constitue, dans son ensemble, une masse résistante, quoique les nerfs isolés n'aient qu'une consistance gélatineuse et ne conservent pas longtemps les impressions auxquelles ils sont du reste très-sensibles.

Les sens se développent successivement : celui de la vue, tourné vers l'espace et la lumière, celui du toucher, plus limité, se développent à la fois, comme les pôles extrêmes de la vie sensoriale.

L'enfant ouvre les yeux dès qu'il a respiré ; mais il

ne voit pas encore et reçoit seulement l'action bienfaisante de la lumière qu'il cherche à son réveil. Le sens du toucher est flatté par la température, par un bain tiède, des langes doux, un linge sec enveloppant la peau qui devient sensible aux impressions irritantes. L'enfant s'éveille quand il a sali ses langes.

Le bruit n'agit d'abord que sur la sensibilité générale de l'enfant ; les sons ne l'affectent que vers la sixième semaine ; ses pleurs cessent sous l'influence d'un langage doux ; il s'endort au bruit des chansons.

Le goût est tardif ; mais dans le second mois l'enfant préfère un liquide sucré et montre sa répugnance pour les substances amères, acides, salées.

L'odorat s'exerce d'une manière imparfaite à cause du peu de développement des fosses nasales. On assure pourtant que, la nuit, l'enfant distingue à l'odeur le sein de sa nourrice.

L'enfant apprend à explorer les mêmes objets avec tous les sens ; il entre ainsi à son insu dans le domaine de l'intelligence.

CHAPITRE II.

CE QUI EST NÉCESSAIRE A LA VIE ANIMALE.

§ Ier. — *L'Air.*

L'air est, de la naissance à la mort, notre premier aliment, notre élément le plus indispensable. Respirer est le premier acte de spontanéité de l'enfant prenant possession du monde extérieur.

Des expériences décisives ont prouvé que l'air doit être pur et non vicié, car ce dernier met notre existence en danger. On prendra donc toutes les précautions pour éloigner ce qui peut vicier l'air. On évitera les chambres trop petites, trop peu élevées, trop chauffées, trop froides, habitées par un grand nombre de personnes, où l'on brûle des copeaux, où l'on élève des lapins, etc. C'est infuser du poison dans les veines d'un enfant que de le laisser respirer un air vicié ; on l'habituera insensiblement au grand air, en le transportant hors de l'habitation, en le faisant promener, dès qu'il marche, dans une cour, dans le jardin, en le laissant jouer et s'ébattre sur le gazon, sur le sable. En hiver même, pourvu que l'on évite les transitions brusques de chaleur et de froid, mieux vaut qu'il aille faire des boules de neige que de rester confiné dans la chambre, dont on doit souvent renouveler l'air en ouvrant les fenêtres.

D'ailleurs jamais excès de soins, c'est affaiblir d'avance un enfant que de le traiter comme un bijou serré dans un écrin.

Quant à l'école où les enfants passent cinq à six heures par jour, ce doit être une salle spacieuse, bien aérée, bien éclairée, sans aucun foyer d'infection dans le voisinage. L'instituteur n'y laissera jamais sécher du linge ou renfermer des fruits. Chaque élève n'y sera admis que vacciné ; et on fera rester chez eux les enfants atteints d'une maladie épidémique ou contagieuse. Enfin la classe sera bien nettoyée, l'air sera renouvelé, et les enfants, dont on exigera le plus de propreté possible, s'essuyeront bien les pieds avant d'entrer.

§ II. — *La Nourriture.*

La faiblesse des organes digestifs de l'enfant réclame une nourriture légère : le lait, surtout le lait maternel, vaux mieux que celui d'une nourrice parce qu'il maintient les rapports du système nerveux entre la mère et l'enfant.

Après six mois, le nourrisson entre dans une autre période où les organes se développent avec surcroît de sensibilité et d'irritabilité ; la sécrétion générale est plus active ; les os se fortifient; les muscles obéissent à la volonté de l'enfant,dont les mouvements s'accélèrent et s'affermissent. Les sens commencent à distinguer les objets, les couleurs, les formes, les sons. L'odorat et le goût se révèlent, le toucher agit sans cesse et conduit aux rapports d'éloignement.

Selon M. le docteur Sovet les substances alimentaires doivent être à demi-liquides et composées en grande partie de féculents, auxquels on ajoute des légumes bien cuits, du bouillon sans épices, puis des viandes blanches.

L'eau pure est la meilleure boisson ; plus tard on peut donner un peu de bière légère.

En conformant ensuite par degrés le régime alimentaire des enfants à celui des adultes, on se gardera de tout excès de boire et de manger. L'exercice et l'air pur sont préférables à tous les excitants. Jamais de mets réchauffés ou épicés, de pâtisseries, de sucreries, de confitures.

Les fruits de la saison, mais bien mûrs.

On ne peut pas d'abord régler les heures de repas des petits enfants ; on se dirige selon les besoins ; mais on arrive bientôt à la régularité qui fortifie l'estomac ;

et l'on se tient en garde contre les caprices et la gourmandise.

A sept ou huit ans, on restreint les repas à trois ou quatre, en proportionnant la quantité d'aliments aux besoins réels de l'appétit et à la facilité de digestion.

A l'âge de quatorze ou quinze ans, l'adolescent sera nourri comme l'adulte, mais on lui interdira les substances excitantes, les boissons échauffantes, et l'usage absolu des liqueurs alcooliques, qui le conduiraient à des excès ruineux pour le corps et l'intelligence.

En général, les parents ne donneront aux enfants que des aliments bien préparés ; ils tiendront très-propres les fourchettes, cuilliers, assiettes, verres, couteaux. Ils leur feront comprendre qu'il ne faut manger ni avec excès, ni avec précipitation, pour bien digérer, ils exigeront à table réserve et silence, et ne les récompenseront jamais par des friandises. Toute famille chrétienne doit faire réciter la prière avant et après le repas, afin de rappeler la bonté de Dieu, *qui nous donne notre pain quotidien,* que nous devons toujours être prêts à partager avec l'indigent.

Quelques anecdotes racontées à propos pourront affermir les enfants dans une sobriété, dont ils s'applaudiront ensuite toute leur vie et qui deviendra pour eux une garantie de bonne santé.

Il ne convient point de se livrer à l'étude pendant le repas ni immédiatement après ; car l'activité des fonctions du cerveau nuit à l'estomac ; en revanche on peut après le repas procurer aux enfants une récréation salutaire au moyen d'exercices physiques.

§ III.— *Les Vêtements.*

Le corps des petits enfants exige une température modérée ; hors du lit, il leur faut des vêtements. Les premiers de tous, les langes, ne sont point approuvés par les médecins, s'ils entravent la liberté des mouvements. A un âge plus avancé, les vêtements ne seront ni trop étroits ni trop chauds.

La mode est malheureusement en désaccord avec la nature et avec la science, dont tous les parents raisonnables respecteront les lois. Voici ce que dit M. le docteur Sovet :

« Si tu veux que tes enfants soient beaux, bien portants et bien forts, ne souffre jamais autour d'eux, ni corsage, ni jarretières, ni chaussure trop étroite, et veille à ce que, la nuit surtout, ni leur tête, ni leur cou ne soient embarrassés par des cordons, ni par des boutons serrés. L'été, un large chapeau de paille, l'hiver, un simple bonnet ou un chapeau de soie, et seulement lorsqu'ils sortent : car dans la maison, ils doivent rester tête nue en toute saison et pendant toute la journée. »

Nous ajouterons une réprobation contre les vêtements malpropres, déchirés, et contre les recherches du luxe, manie si répandue de nos jours.

La mission de l'école consiste à faire comprendre aux élèves qu'ils doivent avoir soin de leurs habits par esprit d'ordre, mais sans y attacher d'importance, car sous un vêtement grossier peut battre un cœur bon et généreux.

Dans les institutions de filles, on donnera aux ouvrages de mains une direction en rapport avec les besoins réels de la famille ; au lieu de brillantes tapisseries, de broderies délicates, mieux vaut savoir tricoter des bas, ourler un mouchoir, coudre une robe, réparer un vêtement déchiré.

§ IV. — *Le Sommeil.*

Le sommeil est surtout nécessaire aux enfants qui, dans la première année de leur existence, doivent dormir plusieurs fois durant le jour ; plus tard le sommeil nocturne suffit ; à trois ans, il faut douze heures, en diminuant ensuite d'une heure chaque année, pour s'arrêter à huit ou neuf heures vers l'âge de sept ans.

Règle générale, les enfants se coucheront de bonne heure et se lèveront de grand matin. Avant de se mettre au lit, pas d'excitation, de jeux bruyants ni un repas qui surcharge l'estomac.

Pour lit et pour oreiller ni plume ni duvet, mais un matelas et un coussin en balle d'avoine ou en crin.

La mère surveillera en secret le sommeil de l'enfant pour qu'il ne contracte pas des habitudes vicieuses; elle le fera coucher les mains hors des couvertures, et, si elle peut, avec des gants.

Des bains froids remédient à quelques inconvénients nocturnes auxquels des enfants sont sujets ; on aura soin aussi de les éveiller à heures fixes pour arriver à une propreté complète dès l'âge de deux ans. Si l'inconvénient subsiste, c'est à cause de la faiblesse de constitution, il faut s'adresser au médecin au lieu de punir un acte involontaire.

Quelques enfants très-vifs, ayant des visions qui ressemblent à un cauchemar, on ne les laissera pas dans l'obscurité, et on les rassurera autant que possible. L'enfant ne doit pas dormir sur les bras de sa mère.

Le matin, on les éveille avec précaution sans les rudoyer ni les effrayer.

§ V. — *L'Exercice.*

Le petit enfant ne pouvant se mouvoir lui-même, et ayant besoin de mouvement, on agira à cet égard avec beaucoup de prudence. Si la mère ne s'acquitte pas elle-même de pareils soins, elle y veillera autant que possible.

C'est par erreur que des parents applaudissent à l'état de torpeur où restent quelques enfants bien tranquilles, *bien sages ;* le mouvement est indispensable à la santé.

L'enfant commence par chercher à marcher, on l'y accoutume en le guidant par la main vers l'objet qu'il désire ; c'est un exercice qui ne doit pas être négligé un seul jour. Dès que l'enfant pourra marcher et courir, on le conduira journellement au grand air, s'il est possible, et on le fera jouer avec d'autres enfants de son âge à la course, au saut à pieds-joints, à cloche-pied, aux quilles, à la balle, à la corde, etc. D'autres exercices tels que le gymnase, le patin, le traîneau, la natation doivent être dirigés pour empêcher des témérités inutiles et dangereuses.

La force et l'adresse n'ont pas seulement de l'influence sur le corps et sur la santé ; elles contribuent à la formation du caractère et constituent une diversion favorable au progrès de l'intelligence. C'est un puissant antidote contre l'ennui et le vice.

L'essentiel est de prévenir tout danger par une surveillance presque inaperçue et quelques sages conseils sous forme de récits et d'historiettes faisant ressortir les effets de l'étourderie ou de l'imprudence.

§ VI. — *La Propreté.*

La propreté du corps et des vêtements favorise les fonctions de la peau ; mais il ne suffit pas que le visage et les mains d'un enfant soient lavés avec soin, il faut des bains entiers assez fréquents.

Le nouveau-né ne supporte pas l'immersion dans l'eau froide ; il faut l'y habituer par degrés, en se conformant aux progrès de l'âge et aux variations de la température. Peu à peu, l'usage de l'eau froide devient aussi impérieux que le boire et le manger.

Plus le bain est froid, moins l'enfant y restera, et cela trois ou quatre heures après le repas, quand la digestion est faite, et avec des précautions subordonnées à l'état de la saison.

A l'école, l'instituteur exigera de chaque élève la plus grande propreté ; il renverra ceux qui arrivent le visage ou les mains sales, les cheveux en désordre.

Les élèves conserveront bien leurs vêtements et leurs livres. Toute infraction à cette règle sera punie.

La salle de classe et tout son ameublement doivent être tenus avec une propreté et un ordre exemplaires.

Le maître prêchera d'exemple sans affecter des prétentions qui seraient ridicules.

Il permettra aux élèves de satisfaire en temps utile à leurs besoins naturels, en réservant des endroits séparés pour les garçons et pour les filles, et avec une surveillance qui maintient l'ordre et la propreté.

§ VII.— *Le Travail.*

Toute activité sérieuse, qui tend à un but utile, peut s'appeler *travail*. Le goût du travail se manifeste de bonne heure chez les enfants, surtout si on le leur présente sous une forme attrayante, en ne les aidant qu'à la dernière extrémité et en les animant à propos par l'éloge. Le travail des mains devient alors une opération intellectuelle puisque l'enfant réfléchit, applique, combine, invente.

Les meilleures occupations pour les enfants ne doivent demander ni déploiement de forces, ni beaucoup de temps, ni le concours d'instruments; celles qui exigent des mouvements vifs, sans exposer à un danger, leur plaisent le plus. Une distinction sera établie entre les deux sexes ; le petit garçon aime à construire, à couper, à tailler du bois, à barbouiller, à coller ; la petite fille à tricoter, à coudre, à laver, à commencer le noviciat de son rôle dans le ménage et dans la famille.

On préfèrera les occupations accomplies au grand air ; et tout travail commencé doit être achevé avant qu'un autre soit entrepris; c'est le moyen d'accoutumer l'enfant à la patience et à la persévérance. Au fur et à mesure que le corps se développe et que la raison mûrit, le travail deviendra plus long, plus difficile, plus compliqué.

§ VIII. — *Les Jeux.*

Les jeux ont leur importance dans l'éducation ; les parents et les instituteurs, qui n'y prêtent pas d'attention, oublient l'influence salutaire de ces distractions sur le développement physique et le bien-être des enfants.

Le *jeu* est un divertissement libre, volontaire, qui amuse, récrée et contribue à entretenir chez les enfants une activité salutaire. Cet instinct, ce besoin se manifeste dès la première enfance.

Aux mouvements des jambes et des bras, aux objets serrés dans les mains, puis jetés à terre, repris et arrangés quelquefois avec une espèce de symétrie, succèdent pour les enfants des jeux de fantaisie. L'un trace des figures sur le sable, l'autre amoncèle des cailloux; celui-ci construit des maisons de cartes ; la petite fille habille sa poupée, compose un repas avec quelques morceaux de pomme, un bâton sert de cheval, une chaise se transforme en traineau ou en voiture ; un sabot ou une coquille de noix devient une barque. Les ciseaux empruntés à la mère découpent des animaux fantastiques dans une feuille de papier.

Viennent ensuite les jeux qui demandent le concours de plusieurs enfants. Tous sont une source de gaieté, de bonheur. Priver l'enfance des innocentes récréations qui charment le premier âge de la vie, serait une injustice et une faute ; car la plupart de ces jeux font naître l'esprit de sociabilité et préparent aux réalités de la vie.

S'il est reconnu que les jeux offrent de grands avantages pour l'enfance, ils sont encore plus utiles aux écoliers qui y trouvent une excellente diversion à l'immobilité de cinq ou six heures, gardée sur les bancs de la classe. En même temps, ils fournissent à l'instituteur la meilleure occasion d'étudier le caractère de ses élèves.

Le choix des jeux n'est donc pas indifférent ; et nous condamnerons tous ceux qui présentent un danger physique ou un inconvénient moral. Parmi ces derniers, repoussons tous ceux qui ont pour but *le gain et l'intérêt* : les cartes, les dés, la loterie ; ils peuvent conduire à *tricher* ; de là au *vol*, il n'y a qu'un pas.

Malheur à l'adolescent et au jeune homme qui s'abandonnent à cette passion funeste, à la fureur du jeu!... où s'arrêtera-t-il? Que réserve-t-il à lui-même, à sa famille ? — La honte, le déshonneur, la ruine.

Parents et instituteurs, éloignez toute idée de gain, même le plus minime, de la table de jeu où s'assoient les enfants.

Nous prémunirons encore les familles contre la satiété de joujoux, dont les enfants éprouvent de nos jours les inévitables conséquences, en cessant de bonne heure d'être amusables ; mieux vaut qu'ils s'occupent eux-mêmes à se fabriquer des jouets, ils en seront plus heureux et plus fiers que des plus riches cadeaux qu'on leur ferait.

CHAPITRE III.

DÉVELOPPEMENT DES SENS.

---

§ Ier. — *La Vue.*

Le sens le plus précieux est celui de la *vue*. Pour qu'il réponde à la destination que lui a assignée le Créateur, il faut que l'on aperçoive et distingue bien les objets à une certaine distance. On atteint ce but en habituant de bonne heure, à plusieurs reprises, les yeux de l'enfant à l'impression du grand air, en familiarisant avec la lumière du jour cet organe, qui se repose ensuite par l'aspect riant des prairies et des forêts, mais on évitera les rayons trop ardents du soleil, les couleurs trop éclatantes ; et, le soir, on ne laissera pas l'enfant lire, écrire, dessiner, tricoter dans une pièce faiblement éclairée.

Bien voir n'est pas commun chez les enfants à cause de leur légèreté ; il faut combattre ce défaut en exigeant une certaine attention, dont on se fait rendre compte par l'énumération des objets, la description des formes, la variété des couleurs. Des comparaisons, des analogies, des dissemblances complètent cette application raisonnée du sens de la vue.

A l'école, ces exercices rentrent dans le cadre des leçons par intuition, pour lesquelles on préfèrera les objets naturels, et au besoin leur reproduction fidèle. Des images exactes, coloriées avec goût, ont beaucoup d'attrait pour les écoliers.

Avec l'examen des formes et des couleurs, il importe d'arriver à développer le sentiment du *beau ;* c'est la compréhension esthétique que l'on s'attachera à faire naître même dans les rangs inférieurs de la société.

Cette compréhension touche à l'admiration qui rentre dans les impressions religieuses et morales.

§ II. — *L'Ouïe.*

En rapport étroit avec l'organe de la parole, le sens de l'ouïe est aussi important que celui de la vue quant à la formation des facultés intellectuelles. On préservera donc l'oreille, conduit du son, de tout accident qui nuirait à ses fonctions. On la tiendra très-propre ; on ne laissera pas s'y introduire un insecte, on évitera pour l'enfant des bruits trop forts : car l'ouïe est d'une délicatesse extrême dans l'enfance.

Cette délicatesse se perfectionne par l'habitude d'écouter, puis de distinguer les sons, de près, de loin, harmonieux, discordants, etc.

Viennent ensuite le rhythme et la déclamation. Des exercices de chants avec un instrument sont très-utiles, pourvu que l'air soit mélodieux, l'accompagnement simple, les paroles faciles à comprendre.

Quant à la mesure, elle sera facile aussi et correspondra aux notes, c'est-à-dire pour la mesure de $\frac{3}{4}$, $\frac{4}{4}$, des noires ; pour celles en $\frac{3}{6}$, $\frac{6}{8}$ des croches. Les enfants préfèrent les fanfares ainsi que les chants vifs et gais.

Sous le rapport esthétique auquel on prépare l'oreille des enfants, il faut des compositions larges, pleines d'harmonie ; on leur fait entendre de bonne musique vocale et instrumentale ; mais sans forcer le développement naturel, sans devancer l'âge et ses facultés.

§ III. — *La Parole.*

On veillera sur les organes de la parole avant que l'enfant puisse s'en servir.

Dès qu'il commence à parler, on le fera prononcer distinctement, ni trop vite, ni trop lentement, en émettant chaque son avec l'accentuation convenable. Pour les sons que beaucoup d'enfants articulent mal, on remédiera aux vices de prononciation avant qu'ils s'enracinent, on ne le laissera point dire *r* pour *l*, *s* pour *y* ou *ch*.

Avec un peu de persévérance, les parents obtiennent de leurs enfants une bonne prononciation et une correction graduelle de l'idiome maternel. Les peuples de l'antiquité nous ont transmis à cet égard un exemple que l'on devrait imiter : car le langage est l'extérieur de l'âme.

Dans les écoles, on rencontre souvent des élèves qui s'expriment d'une manière monotone, qui chantent en parlant, ou qui bredouillent par excès de vivacité : autant de défauts à combattre sans trêve, sans relâche.

§ IV. — *Le Toucher.*

« On procure à l'enfant l'avantage de perfectionner ce sens en lui mettant divers objets dans les mains. De cette manière il se familiarise avec ce qui l'entoure, il fait d'utiles expériences, il modifie ses idées, il devient prudent, courageux, circonspect. »

L'auteur auquel nous empruntons cette citation dit qu'il ne faut pas s'alarmer lorsque l'enfant se brûle ou se blesse légèrement en tendant la main vers un flambeau ou vers un couteau ; il recommande aussi de lui faire apprécier le poids des différents objets qu'il prend dans ses mains.

Pour obvier à une trop grande sensibilité des nerfs les médecins s'accordent à recommander l'habitude de se lever matin, de jouer l'hiver en plein air, de supporter le froid, de se laver à l'eau froide.

La finesse de tact des aveugles de naissance, nous démontre tout ce que l'exercice obtient d'un sens qui se développe chez eux au point de distinguer les couleurs à l'aide des doigts, de déchiffrer une page imprimée en relief et d'exécuter par écrit des calculs compliqués.

§ V. — *L'Odorat.*

C'est à tort que l'on considère l'odorat et le goût comme des sens d'un ordre inférieur. D'après l'opinion de Hergenröther, *l'esprit* de l'homme qui ennoblit la vue de l'ouïe, établit, au moyen du goût et de l'odorat, des rapports intimes et mystérieux.

Le perfectionnement de l'odorat mérite donc l'attention des personnes qui s'occupent de l'éducation de l'enfance. Pour ne point affaiblir ce sens, on évitera de prendre du tabac, et l'on ne restera pas trop longtemps dans une pièce où l'on conserve des fleurs, ni dans un local où l'on a répandu avec excès des parfums.

§ VI. — *Le Goût.*

L'éducation ne peut pas négliger le sens du goût ; ainsi toute jeune fille appelée à tenir par elle-même ou à diriger un ménage doit avoir quelques notions positives sur le meilleur mode de préparation des aliments. Si elle ne fait pas la cuisine, il faut qu'elle soit en état de la surveiller. Cette branche de l'économie domestique est indispensable aux femmes.

Quant à la manière de manger, on empêchera les enfants de manifester le désir de mets recherchés ; on leur montrera que la gourmandise et l'intempérance nuisent à la santé et ne répondent point à la dignité morale de l'homme qui doit se contenter de manger pour réparer ses forces et de boire pour apaiser sa soif, c'est-à-dire *manger pour vivre et non vivre pour manger*.

ÉDUCATION INTELLECTUELLE

CHAPITRE PREMIER.

DÉVELOPPEMENT DE L'INTELLIGENCE.

L'intelligence, par les diverses opérations qu'elle accomplit, constitue l'*action de penser ;* et penser, c'est coordonner, examiner, trouver, comparer, distinguer, juger et conclure, à l'effet d'établir de l'harmonie, de l'ordre et de découvrir la vérité.

Former l'esprit, c'est rendre les facultés intellectuelles capables de faire ces différentes opérations avec justesse. L'éducation doit donc donner l'impulsion à l'enfant pour l'accoutumer à *bien penser*, *à penser juste.*

Dès que l'enfant voit, dans son premier regard se manifester le désir de comprendre; il faut satisfaire ce désir qui augmente à mesure qu'il est satisfait. De même que le développement physique exige des aliments en rapport avec le but poursuivi, la nourriture spirituelle doit être appropriée aux forces de l'intelligence. Par conséquent, point de définitions abstraites ni de règles compliquées au commencement de l'œuvre, c'est comme si la mère donnait, au lieu de lait, une croûte de pain au nouveau-né.

La formation de l'intelligence correspond au développement du langage ; avant de parler, l'enfant a vu,

(1) Voir page 63, de notre *Cours théorique et pratique de Pédagogie et de Méthodologie* en 3 volumes.

écouté, retenu, il ne parle bien que des objets dont il a l'intuition, la représentation intérieure ; accoutumez-le, en même temps, à *penser*, sans quoi il aura des mots et point d'idées.

Pour éviter cet inconvénient, veillez à ce que l'enfant ne parle que d'objets à lui connus, à la portée de son intelligence, présents à son souvenir. Les meilleurs indices du travail de l'esprit naissant sont les questions multipliées des enfants, dont la curiosité, loin d'être vaine et frivole, découle du besoin incessant d'apprendre, de connaître. — Qu'est cela ? — D'où vient cet objet ? à quoi sert-il ?

Ne repoussez jamais de pareilles questions ; et s'il y en a d'indiscrètes, dites gravement : « Ceci est au-dessus de l'intelligence d'un enfant. »

Le silence qui suit vos réponses, les objections, les réflexions qui succèdent à ce silence prouvent vite un commencement de réflexions ; lorsque l'enfant revient sur une explication déjà donnée, ne la répétez pas, rappelez-la seulement, et sa mémoire répondra à ce rappel. Si, au contraire, l'intelligence de l'enfant peut trouver par elle-même l'explication désirée, dites-lui de réfléchir et de s'interroger. Vous verrez la réflexion satisfaire la curiosité.

En entendant les jugements que l'on formule entre adultes dans la conversation, l'enfant les imite sans se douter que la liaison de deux ou de plusieurs idées constitue un jugement, c'est ainsi qu'il distingue ses vêtements et ses jouets, qu'il désigne l'arbre le plus haut, le plus gros, qu'il caractérise le plumage différent des oiseaux, qu'il ne confond pas un bec avec une bouche, un pied avec une patte. La vie usuelle offre dans l'intérieur des familles mille occasions d'exercices de ce genre.

Mais il ne suffit pas de répéter un mot ou une phrase pour les graver dans la mémoire de l'enfant ; il faut s'attacher à ouvrir, à cultiver son intelligence ; le meilleur moyen c'est *de le faire penser tout haut*, c'est-à-dire, de le *faire parler*, en rectifiant ses erreurs, en agrandissant son horizon. Enfin l'éducation intellectuelle, comme le dit très-bien M. Rendu, loin d'inspirer de vagues ambitions qui dégoûtent ou détournent des réalités souvent pénibles de la vie, doit être donnée aux enfants en vue de leur position sociale, avec les applications conformes à cette position.

CHAPITRE II.

MOYENS DE RENDRE L'ENFANT ATTENTIF.

Sans attention, l'âme demeure dans un perpétuel engourdissement, et l'intelligence dans une distraction continuelle. On éveillera l'attention de l'enfant, tout en la dirigeant sur divers objets, en lui faisant remarquer la *quantité*, la *grandeur*, la *forme*, la *couleur*, le *poids*, le *goût*, la *composition*, c'est le rôle que Pestalozzi recommande aux mères, il n'offre aucune difficulté.

Malheureusement ce travail préparatoire est négligé dans beaucoup de familles, comme nous en avons acquis la preuve à nos dépens, par l'ignorance des notions les plus élémentaires chez de nombreux élèves à leur entrée à l'école.

On distingue vite dans les classes les enfants qui ont le bonheur d'avoir une mère leur demandant sans cesse : *où, pourquoi, comment ?*

Après l'attention portée sur les objets extérieurs, l'enfant doit comprendre la nécessité de replier son attention sur lui-même, c'est-à-dire, d'examiner son état intérieur, ses impressions, les mobiles de ses actes.

Au moyen de cette double attention, il est possible de triompher de la distraction, ce fléau moral et intellectuel, d'où proviennent la plupart de nos fautes et de nos erreurs.

Tout enseignement est inutile, sans résultats, si l'attention n'est pas éveillée ; l'enfant a des oreilles, mais il n'entend pas ; et, dans sa distraction, il n'acquiert aucune connaissance.

Moins la force physique est développée, moins on divisera l'attention sur plusieurs choses différentes ; on ne s'occupera que d'une seule ; plus tard avec le développement de l'âge et de l'intelligence, on évitera l'accumulation d'idées, aboutissant à un savoir superficiel, à la légèreté d'examen.

CHAPITRE III.

DU DÉVELOPPEMENT DE LA MÉMOIRE.

On a dit allégoriquement que la mémoire est la mère des muses pour montrer qu'elle engendre et nourrit les idées.

Des exercices par intuition répétés avec persistance, dirigés par la prudence, sont les meilleurs moyens de fortifier la mémoire. Mais pour retenir, il faut comprendre.

Il y a selon nous une *mémoire matérielle* et une *mémoire formelle,* c'est-à-dire, la mémoire des objets, et celle de leur représentation.

Comme règles, nous recommanderons les pratiques suivantes :

1° Habituez l'enfant à regarder avec attention, à bien observer.

2° Qu'il réfléchisse sur ce qu'il a vu.

3° Donnez-lui des explications pour compléter ses observations.

4° Ne lui parlez d'abord que des objets qui sont présents ; faites qu'il les reconnaisse et qu'il s'en souvienne plus tard ; répétez-lui le nom de ces objets jusqu'à ce qu'il le retienne.

5° Aucune mention d'objets absents, si les recommandations précédentes du n° 4 ne sont pas remplies.

6° Pour le ramener au passé, on parle du jour présent, de la veille, de la semaine passée, du mois antérieur, etc.

7° Chargez l'enfant de plusieurs commissions et faites-lui répéter ce que vous lui avez recommandé de dire.

8° Faites-le regarder attentivement diverses formes qu'il décrira ensuite, les yeux fermés. Exercez-le à reconnaître une personne au son de la voix.

9° Profitez pour lui former la mémoire, de son goût à entendre raconter des historiettes ; qu'il essaye ensuite de les reproduire, soit jusqu'à un certain point, soit jusqu'à la fin. Ne soyez exigeant ni sur l'enchaînement des idées, ni sur les expressions employées. Il suffit qu'il retienne les noms des principaux personnages et les faits saillants ; le reste viendra de soi ; et la diction s'améliorera insensiblement,

Au sujet d'une faculté aussi importante que la mémoire, nous ajouterons que les parents et les instituteurs ne doivent pas laisser passer un jour sans l'exercer ; mais on montrera de l'indulgence pour les enfants moins heureusement doués sous ce rapport.

On engagera entre les élèves des luttes de mémoire sur une suite de noms prononcés lentement, sur des dates historiques ; puis sur des idées sensibles, des définitions métaphysiques ; ou bien on les engagera à apprendre le plus vite par cœur une strophe d'un poëme, à réciter une lettre sans en changer le texte, à écrire sur l'ardoise une série de nombres que le maître efface tout de suite après les avoir tracés sur la planche noire.

La mémoire pouvant être affaiblie par les maladies, l'éducation agira sur le corps et sur l'âme pour conserver un salutaire équilibre.

CHAPITRE IV.

DE L'IMAGINATION.

L'imagination étant la faculté au moyen de laquelle nous nous rappelons et nous combinons les images des objets qui ont fixé notre attention, il importe de rectifier les images fixées dans la mémoire des enfants ; il est surtout essentiel de veiller sur les idées que l'on sème dans ces jeunes intelligences, en ne permettant pas à l'ivraie d'étouffer le bon grain.

Il importe de donner la religion pour règle, la raison pour contre-poids aux écarts de l'imagination.

Commencez de bonne heure cette œuvre : car l'imagination s'éveille vite chez les enfants.

La tâche de l'éducation est de conserver, de fortifier ce que Dieu a dispensé à chaque créature ; mais n'oublions pas que l'imagination n'a d'influence salutaire qu'à condition d'être en équilibre avec les autres facultés de l'intelligence. Déréglée, elle s'expose à toute sorte d'égarements. On interdira donc les lectures dangereuses qui jettent dans un ordre d'idées romanesques ; et, tout en stimulant l'imagination, on s'efforcera de la diriger vers le beau, vers le bien, vers le juste.

CHAPITRE V.

DÉVELOPPEMENT DE LA RAISON.

C'est le couronnement de l'édifice, puisque la raison réprime les écarts de l'imagination, en recherchant les motifs de nos actes, de nos paroles, de nos opinions, en nous servant de guide.

Elle occupe le plus haut rang parmi les facultés intellectuelles, la raison humaine n'étant qu'un reflet de la raison divine.

Les parents et les instituteurs s'efforceront d'exercer la raison naissante des enfants, à comprendre les causes, à se rendre compte des effets produits. On détruit ainsi l'indifférence ou la légèreté ; on mûrit peu à peu la volonté, et l'on délivre la société de ces êtres qui flottent au souffle de tous les vents, faute d'avoir une raison ferme, appuyée sur la religion et la morale.

CHAPITRE VI.

APPRÉCIATION DES FACULTÉS INTELLECTUELLES DES ENFANTS.

En terminant ce résumé relatif à l'éducation intellectuelle, il ne sera point inutile d'indiquer la diversité qui existe entre les enfants sous le rapport des facultés intellectuelles, diversité qui modifie à chaque instant l'œuvre de l'éducation.

Les jeunes instituteurs se plaignent souvent de l'incapacité de certains élèves, mais cette incapacité vient plus d'une fois des mauvaises méthodes employées. D'autres maîtres s'exagèrent les heureuses dispositions de leurs élèves ; mais avant de s'abondonner à cette double erreur ne faudrait-il pas acquérir une connaissance raisonnée des enfants ?

A cet égard, nous invitons tous les hommes d'école à méditer les *Principes d'éducation* de Niemeyer. Analyser les indications lumineuses de cet éminent écrivain serait les affaiblir ; nous y renvoyons les instituteurs et les institutrices, ainsi que les parents jaloux de s'associer au développement intellectuel de leurs enfants.

Faculté de sentir, mémoire et imagination, faculté de penser, éveil tardif de beaucoup d'organisation, variété infinie de facultés intellectuelles, et par conséquent modification continuelle des procédés à employer dans l'enseignement : voilà ce qui ressort des graves réflexions de Niemeyer.

ÉDUCATION MORALE

CHAPITRE PREMIER.

BUT DE L'ÉDUCATION MORALE.

Le sens moral élève l'homme au-dessus des autres créatures ; sans la raison, que seraient, en effet, les connaissances les plus étendues ? De là ressort la nécessité de l'éducation morale qui agit sur l'âge le plus tendre pour redresser la nature de l'homme, dépravée par le péché. Une fatale disposition au mal altèrerait chez la plupart des enfants les bonnes dispositions, si les parents et les maîtres ne s'attachaient à faire germer quelques semences du bien, restes de l'innocence primitive.

N'être pas élevé pour le bien, c'est n'avoir pas reçu d'éducation. Suivant la belle définition de Monseigneur Dupanloup, l'éducation est *la création des âmes ;* son but ne s'atteint qu'en nous rapprochant de Dieu, qu'en nous formant à la vertu qui met l'enfant, et plus tard l'homme, en état de bien remplir les fonctions de sa position sociale.

Pour atteindre ce but que doivent faire ceux qui élèvent des enfants ?

La vie n'étant qu'une lutte continuelle contre l'ennemi intérieur du bien, ils fourniront à l'enfant des armes pour l'aider à combattre et à triompher, en le mettant dans le cas de satisfaire aux bons penchants de l'âme. La religion, la vertu et le bien, voilà les armes qui assureront la victoire.

Ainsi que l'a dit Monseigneur Frayssinous, évêque d'Hermopolis : « La religion veille là où l'œil du maître ne peut veiller ; c'est une lampe toujours allumée qui éclaire les lieux les plus cachés et les plus obscurs, et par là même elle prévient une foule d'abus et de désordres secrets qui énervent la discipline et finissent par la ruiner.

Toutefois il ne suffit pas de lutter contre le mal ; il faut cultiver le penchant au bien *en rattachant toute prescription morale à la volonté de Dieu,* c'est dire qu'une éducation vraiment chrétienne doit proposer aux élèves Jésus-Christ comme le modèle le plus parfait de toute vertu, de toute sainteté. Point de morale sans religion, et point de moralité sans la pratique de la religion.

CHAPITRE II.

COMMENT DISPOSER L'ENFANT A CONTRACTER DE BONNES HABITUDES ?

§ Ier. — *L'Activité.*

La paresse étant le défaut capital de la plupart des écoliers, il importe d'habituer les enfants à une vie active, au travail.

« Le travail du corps fortifie et assouplit les membres ; le travail de l'esprit élève l'intelligence et corrobore la volonté. L'oisiveté épuise plus que l'excès du travail ; elle énerve l'âme, ôte au caractère sa vigueur, à l'esprit sa pénétration, au cœur sa fraîcheur primitive. » (1).

Pour s'abstenir du mal et pratiquer le bien, rien de plus efficace qu'un goût prononcé pour le travail; mais en stimulant l'activité, il est essentiel de la bien diriger vers un but utile, de persévérer dans la voie commencée et d'exiger que l'enfant achève l'œuvre entamée.

Un besoin réel de perfectionnement et des forces nouvelles données à la volonté résultent de ce système d'activité toujours stimulé, constamment soutenu. Insistez auprès de vos élèves sur le danger des études superficielles, source de présomption, et montrez-leur qu'un véritable savoir les rendra utiles à leurs familles, à eux-mêmes et à la société.

§ II. — *L'Ordre et l'Exactitude.*

L'ordre exerce une salutaire influence sur la moralité qui n'est, au fond, que l'expression de notre être intérieur. De cette source découle en partie la prospérité future de nos élèves.

Ainsi, pour les détails du ménage, pénétrons les enfants de ce précepte :

Une place pour chaque chose, et chaque chose à sa place.

Répartition des heures, arrangement méthodique des objets, succession régulière et logique des idées ; autant d'attributs de l'ordre qui finissent par produire l'exactitude.

Mais chaque élève doit avoir de l'ordre personnel-

---

(1) Charles Sainte-Foi.

lement, sans l'intervention d'un tiers; et, avec certaines intelligences que froisserait un excès mal-entendu de précision, l'instituteur évitera de tomber dans l'exagération.

§ III. — *La Bienséance.*

La bienséance, qui porte l'empreinte du sens moral, développe le sentiment des convenances. En exigeant de l'enfant de la politesse envers les personnes plus âgées, de la douceur avec ses camarades, du silence pendant la conversation, de la retenue à table où il attend sans demander qu'on le serve, mais surtout en lui interdisant le tapage, les paroles malhonnêtes, on éveille chez lui le sentiment moral.

Mais on se gardera de détruire la naïveté, la vivacité, l'insouciance du premier âge de la vie. On évitera avec soin de faire de l'enfant un automate sous le prétexte de le rendre homme avant le temps.

§ IV. *La Pudeur.*

La pudeur a sa source dans la conscience même ; l'ange gardien de l'innocence.

On inspire cette vertu en recommandant aux enfants de ne rien faire, de ne rien dire qui puisse blesser le sens moral. Mais à côté du précepte, il faut l'exemple donné par ceux qui dirigent l'éducation des enfants ; il faut encore une surveillance incessante dans la disposition des vêtements, dans l'interdiction d'un mot ou d'un geste condamnables.

Si le maître surprend un acte repréhensible commis à la dérobée par un élève, que le châtiment reste secret comme la faute ; si elle est publique, que la répression soit énergique et provoque un salutaire mépris chez les autres élèves. Enfin, par sa conduite, comme par ses paroles, que le maître pénètre les enfants de cette grande vérité : « Dieu vous voit et vous entend. »

§ V. — *La Franchise, la Sincérité.*

La franchise et la sincérité à moins d'une mauvaise direction, sont les attributs de l'enfance qui ignore la feinte, les détours, la dissimulation. Il importe de conserver ces qualités innées de franchise et de sincérité en accueillant avec indulgence l'aveu d'une première faute. Un traitement trop sévère, un despotisme aveugle risqueraient d'engendrer la dissimulation. Que la conduite des parents et des instituteurs soit toujours empreinte de bienveillance et d'affection pour provoquer la confiance.

§ VI. — *L'Obligeance, la Complaisance.*

L'obligeance et la complaisance préparent l'enfant à l'application de ce précepte du divin Rédempteur : « *Faites à votre prochain ce que vous voulez qu'on vous fasse, et ne faites à autrui que ce que vous voudriez qu'on vous fît à vous-même.* »

Rien de plus beau chez les enfants que le désir de rendre service aux personnes plus âgées, et celui de prêter assistance à leurs frères, à leurs sœurs, à leurs jeunes camarades. A ce désir se rattache le sentiment de l'équité qui devient ensuite un gage de moralité, de probité dans les actes plus sérieux de la vie.

§ VII. — *L'Obéissance.*

Sans obéissance, point d'éducation. La Sagesse divine, dans les livres sacrés, compare l'enfant livré à sa volonté au coursier indompté qui s'emporte.

Et quoique l'*Évangile* ait tempéré la rigueur de l'ancienne Loi, Saint-Paul recommande aux parents d'élever leurs enfants dans la docilité et la correction, selon l'esprit du Seigneur.

Mais l'obéissance n'implique pas une soumission aveugle ; elle ne doit pas reposer sur la contrainte et la violence, au contraire, il faut qu'elle s'unisse à la raison pour que l'enfant obéissant devienne raisonnable.

L'enfant commence à obéir dès qu'il écoute la parole de sa mère, qu'il en discerne la volonté et qu'il s'y conforme au besoin sur un simple geste ; il se laisse habiller ou déshabiller, laver ou peigner, mettre au lit, etc. ; il ramasse un objet qui est à terre, il le range à sa place.

Ce devoir d'obéissance doit être imposé de bonne heure aux enfants.

Plus tard, si quelque velléité d'émancipation se manifeste, l'autorité du père interviendra décisive, mais bienveillante dans sa fermeté.

Voici, dans l'éducation, comment on s'y prendra pour habituer les élèves à l'obéissance : Sachez dominer, commander avec affection, avec amour, et l'obéissance se manifestera avec reconnaissance, avec dévouement.

Jamais d'égoïsme, de passion, d'humeur, de colère et surtout d'injustice ; avec de semblables moyens, à la maison paternelle, comme à l'école, vous ne formeriez que des esclaves et des hypocrites.

Pour graver l'obéissance au cœur des enfants, nous recommanderons les règles suivantes :

1° Etre sobre de commandement et de défense, en laissant à l'enfant une honnête liberté ; mais dès que vous avez ordonné ou refusé, pas de condescendance.

2° Accord intime entre tous ceux qui entourent l'enfant pour que les commandements ou les défenses ne soient jamais entachés d'inconstance ou d'arbitraire.

3° Point d'autre récompense à l'enfant qui obéit que l'expression de notre satisfaction.

Par conséquent aucune prime en bonbons, en joujoux, accordée à ce qui n'est que l'accomplissement d'un devoir ; il ne faut jamais faire une loterie d'un principe qui est la base même de l'éducation.

4° Au premier essai d'insubordination opposer une fermeté inflexible.

5° Formuler chaque ordre, chaque défense sans explication, de manière à éviter tout propos inutile. *Allez ! Venez ! Restez ! Faites ! Ecrivez ! Lisez !*

6° Un des secrets de l'obéissance prompte et stricte consiste dans la confiance entière des enfants, fondée sur l'affection qu'ils inspirent.

7° A un âge plus avancé on facilite l'obéissance en faisant faire aux enfants, par leur propre inspiration, ce que nous exigeons d'eux ; c'est la conséquence des principes de religion et de morale, dont nous avons su les pénétrer.

CHAPITRE III

COMMENT GUÉRIR L'ENFANT DE SES DÉFECTUOSITÉS MORALES ?

---

§ Ier. — *Réflexions générales.*

Chaque acte de méchanceté, comme chaque mauvaise habitude, est une maladie morale, dont l'éducation doit chercher et trouver le remède plus facile avec la nature flexible de l'enfant qu'avec la direction prise plus tard par l'adulte.

Pour guérir le mal physique, le médecin remonte à la source du mal ; avec les maladies morales, il faut aller plus loin, il faut non-seulement les extirper jusqu'à la racine, mais les remplacer par le germe et le sentiment du *bien*. Le remède souverain, c'est la religion qui seule peut assurer le triomphe de la raison et la pratique de la vertu.

« Heureux, a dit Barrau, le maître et les parents qui savent employer avec succès le sentiment religieux et qui profitent de l'innocence des jeunes cœurs pour donner à toutes leurs déterminations, comme premier mobile, *le désir de plaire à Dieu !* Parlez de la religion avec enthousiasme, mais soyez vous-même animé d'une foi vive et sincère, cette ardeur sacrée est contagieuse ; qui ne la ressent point, ne la transmet pas. »

Nous ne pouvons passer en revue toutes les mauvaises habitudes, tous les penchants vicieux, les examiner et y proposer des correctifs ; nous signalerons seulement les plus graves, ceux qu'il importe de prévenir ou de réprimer, comme étant une source de soucis, de chagrins et de remords.

§ II. — *La Sensualité.*

L'éducation luttera surtout contre la sensualité se manifestant par la friandise et la précocité de l'instinct sexuel. A ce grave danger causé souvent par l'excès d'irritabilité du système nerveux, on opposera d'abord la voix de la religion. Ensuite on agira par une bonne direction morale et par une excitation physique qui peut détourner l'enfant et le diriger vers un autre but. Les exercices gymnastiques, la course, le mouvement au grand air, l'agitation du corps, en amenant la fatigue corporelle, en laissant l'imagination en repos, peuvent, par leur variété, produire d'heureux effets. On cherche ensuite à faire éclore le sentiment des jouissances intellectuelles que l'on accompagne de réflexions morales.

Une surveillance incessante est indispensable. Elle portera sur l'enfant atteint d'une inclination vicieuse ; on ne le laissera pas dans l'isolement ; mais on écartera aussi de lui des camarades corrompus ; il s'agit d'une lèpre qui dégrade l'âme, épuise le corps, et se manifeste trop souvent dans les familles et dans les écoles par les plus épouvantables résultats.

L'éducation veillera sur l'innocence, sur la pureté des enfants, pour leur conserver le plus longtemps possible cette parure du premier âge. L'innocence est ici accompagnée de l'ignorance qu'il est essentiel de respecter. Tant que des symptômes funestes ne se produisent pas, laissez l'enfant dans son heureuse ignorance ; mais si le mal existe, point de ménagements, attachez-vous à le déraciner.

§ III. — *La Légèreté.*

La légèreté de caractère produit une infinité de défauts qu'on ne peut détruire qu'en en tarissant la source. A l'inconstance, à la distraction, au changement continuel d'idées, qui constitue la légèreté, on opposera *l'attention fixée sur un objet.* Si l'on n'y parvient pas avec la persuasion, on emploiera la contrainte, en proportionnant le degré d'exactitude exigée à celui de la légèreté que l'on punit.

Les enfants sont doués d'une grande vivacité de perception, mais ils oublient aussitôt ; de là l'importance de rendre l'enseignement agréable, varié et surtout fécond en résultats, sans dépasser le but par l'excès du travail. La persévérance des parents et des maîtres, jointe à l'affabilité, finit par triompher de la légèreté des enfants.

§ IV. — *La Paresse.*

La paresse, troisième cause du mal moral, émane quelquefois de la constitution physique ; c'est alors un obstacle sérieux que ce penchant à l'inaction, que cette espèce d'immobilité qui repousse tout travail. L'éducation ne peut point y remédier victorieusement il faut une secousse, presque une révolution dans le tempérament.

Mais, sous une enveloppe lourde et lente, peut se rencontrer un esprit actif qui ne demande qu'à être stimulé pour faire prévaloir sa prépondérance. En ce cas, la paresse est forcée de céder.

Du reste, l'inactivité est d'autant plus dangereuse qu'elle nourrit la sensualité et la mollesse, première source du vice.

Il y a donc pour l'éducation un devoir sacré à remplir en combattant la paresse au moyen de l'activité physique, morale, intellectuelle. Il s'agit d'accoutumer l'enfant à une tâche déterminée dans un temps donné, sans de trop longs intervalles de repos. Un travail progressif accélère bientôt to t le mécanisme d'une organisation auparavant inerte. On place auprès d'un élève morose des compagnons éveillés et bruyants, dont le contact et l'exemple déterminent une stimulation favorable.

Mais l'essentiel est de ne jamais favoriser les enfants paresseux qui aiment tous à commander pour se dispenser d'agir par eux-mêmes et deviennent de petits tyrans. Point de transaction sur ce point. En même temps, faites comprendre le prix du travail, le danger de l'oisiveté ; montrez en perspective la misère, la dépendance; enfin rappelez la sentence divine qui a condamné l'homme à manger son pain à la sueur de son front.

§ V. — *La Mauvaise Humeur, le Chagrin, le Mécontentement, le Découragement.*

Quand ces défauts purement temporaires proviennent d'un germe maladif caché dans l'organisme, ils disparaissent après la guérison de l'affection qui les causait.

Mais si le retour de la santé ne les dissipe pas, ou s'ils se manifestent chez un enfant bien portant, il faut les combattre de peur qu'ils ne s'aggravent.

La mauvaise humeur peut aussi résulter de l'irritation, d'une excitation nerveuse, de l'excès de sensibilité ; il convient d'en rechercher la source pour y porter remède. Si la cause est physique, on s'adresse au médecin qui lutte contre cet excès de sensibilité par des exercices qui fortifient le corps.

A-t-on affaire à un sentiment exagéré d'humeur? on évitera de froisser l'enfant qu'il importe de ramener à des dispositions meilleures par la prévenance et l'affabilité.

Avec l'égoïsme ou l'orgueil froissé, on se montre plus sévère, comme envers l'entêtement, dont nous parlons plus loin.

Un caractère sombre, dont la mélancolie va jusqu'à l'humeur noire, exige des distractions, une occupation intéressante, surtout pour l'esprit, et beaucoup d'affection et de douceur. Si ces moyens ne suffisent pas, on fait ressortir ce qu'il a de pénible pour les autres, et de nuisible à la santé de l'enfant ; puis on s'adresse au sentiment religieux en invoquant le cinquième commandement de Dieu.

A un regard désobligeant, opposez un regard sévère ; traitez l'enfant selon sa conduite ; et du moment qu'il change, affermissez-le dans cette amélioration par votre suffrage.

§ VI. — *La Poltronnerie, la Lâcheté*

A ces dispositions fâcheuses, on opposera des remèdes physiques si elles viennent d'un vice de constitution, une bonne direction morale si elles sont la conséquence d'une éducation négligée et de mauvaises habitudes prises dans la première enfance.

On se gardera bien d'attacher de l'importance à un coup, à une brûlure, à une petite plaie ; au contraire, on stimulera le courage de l'enfant, en lui montrant que la peur du mal est pire que le mal.

§ VII. — *L'Egoïsme, l'Amour-propre, la Vanité.*

L'égoïsme est la source de la plupart des vices ; et l'amour-propre grossit aux yeux d'un enfant ses propres qualités et les défauts d'autrui.

En raison de la faiblesse de l'enfant, on s'accoutume à lui céder, il devient despote, il réclame l'attention exclusive de tout ce qui l'entoure ; l'égoïsme entre dans son cœur et y développe l'amour-propre, la vanité.

Si l'on ne combat point à propos cette triple tendance, si l'on n'oppose pas le dévouement à l'égoïsme, la modestie à l'amour-propre, la simplicité de manières et de vêtements à la vanité avide de briller, on prépare à l'enfant toute une existence de tribulations.

§ VIII. — *L'Entêtement, l'Opiniâtreté.*

De l'égoïsme à l'entêtement, il n'y a qu'un pas ; le meilleur remède consiste dans l'affection dirigée par la fermeté et accompagnée de persévérance.

Il convient surtout de pénétrer l'enfant de la nécessité d'une soumission, devoir constant de son âge.

Pour triompher de l'entêtement, il suffit quelquefois d'un regard sévère, d'un langage calme sur le ton du commandement qui n'admet pas de réplique, et d'une complète indifférence aux larmes et aux cris sans motif.

Si l'entêtement résiste à ces moyens, et s'il dégénère en opiniâtreté, qu'il ne faut pas confondre avec la volonté, avec la force de caractère toujours basée sur la raison, on doit conserver le plus inaltérable sang-froid, et persister dans l'ordre donné, dans la défense faite. Au besoin, on met le petit entêté à la porte de l'appartement, en lui prescrivant de ne pas s'éloigner de l'angle du mur où on le relègue.

Mais dès qu'il rentre dans le devoir, on l'accueille avec indulgence ; et quelques réflexions morales prononcées d'un ton grave et affectueux vont dissiper l'entêtement et corriger l'opiniâtreté.

§ IX. — *L'Ambition, l'Orgueil, la Présomption.*

Née des circonstances extérieures, le rang de la famille de l'enfant, la richesse, l'éclat de son entourage, l'ambition est d'autant plus funeste qu'elle provoque l'orgueil et la présomption en affaiblissant la piété et le sentiment moral.

La religion nous prescrit l'humilité, puisque le plus puissant des hommes n'est rien devant la grandeur de Dieu, et que nous sommes tous frères ; on ne saurait donc trop recourir aux préceptes de l'*Evangile* pour détruire tout germe d'ambition, pour corriger la présomption qui jette l'enfant hors de sa sphère, en lui enlevant la naïveté, l'innocence et l'égalité vraiment chrétienne de son âge.

On ne tolèrera donc jamais d'orgueil ni d'arrogance chez un enfant, quelle que soit la position sociale de sa famille ; plus son rang est élevé, plus il doit se montrer bienveillant. Enfin pour l'ambition elle ne se justifie qu'à l'égard du bien et de la vertu.

§ X. — *L'Esprit de domination.*

L'enfant ayant en général une tendance à commander, en imitant ses parents et ses aînés, lorsqu'ils donnent des ordres, on doit réprimer sans cesse des velléités de ce genre, sans cela, on ne l'accoutumera jamais aux égards dus aux domestiques, aux personnes d'un rang inférieur et aux classes indigentes de la société. Le cœur se déprave vite par la pratique précoce de la domination.

Les enfants doivent sentir leur état de dépendance ; il faut leur apprendre à respecter la vieillesse, à honorer le mérite ; il faut encore leur rappeler constamment que les pauvres ont les mêmes devoirs et les mêmes droits que les riches, que les domestiques ont la même destination que les maîtres, la même espérance à une vie éternelle.

Si l'enfant résiste au raisonnement, la plaisanterie et le ridicule sont d'excellentes armes pour vaincre l'esprit de domination.

§ XI. — *L'Intérêt, l'Avidité, l'Avarice.*

A ces trois vices même origine : l'égoïsme. Il est des enfants qui dans leurs jeux, montrent des penchants intéressés ; ils refusent de prêter leurs jouets, ils ne partagent pas un fruit ou un gâteau ; ils calculent. Prenez-y garde : car ces germes se traduiront plus tard en avidité et en avarice.

Mais en combattant l'intérêt, le désir excessif de posséder, on ne doit pas éveiller la prodigalité, il y a une mesure à observer et un principe d'affection à éveiller, à fortifier.

Mettre les enfants en possession de certains objets, mais leur en demander compte pour qu'ils les conservent sans qu'ils s'y attachent trop, est un excellent système qui les rend soigneux sans mélange d'avidité et encore moins d'avarice, vices auxquels on oppose la pitié et la charité.

§ XII. — *L'Envie.*

Vice de naissance chez beaucoup d'enfants, l'envie provient chez les autres d'une mauvaise direction.

Pour affaiblir la disposition à l'envie, on sèmera dans le cœur des enfants des germes de bienveillance, de sympathie, de charité ; on provoquera leur goût pour l'étude ; on les traitera surtout avec la plus stricte équité. Jamais de préférence dans la famille ni dans l'école. Récompenses et punitions, que tout émane de la justice.

Enfin, des comparaisons raisonnées entre les diverses conditions sociales préviendront, chez les enfants des classes moyennes et inférieures, le sentiment de l'envie à l'égard des privilégiés de la naissance et de la fortunè ; entre les uns et les autres la religion servira de lien et de trait d'union.

§ XIII. — *La Méchanceté, la Malice, la Cruauté.*

Ces vices dénotent un caractère dépravé, et lorsqu'ils se manifestent dans l'enfance, l'éducation encourt une grave responsabilité pour de mauvais exemples imprudemment donnés ou pour une négligence presque aussi coupable.

On peut encore provoquer la malice et la méchanceté par un traitement trop rigoureux ; le premier soin à prendre en pareil cas, c'est de changer de système et de recourir à l'affection, sans mélange de faiblesse.

Au sein d'une famille où règnent la tendresse, la cordialité et une douce gaieté, que la religion n'exclut pas, le cœur de l'enfant s'ouvre et s'épanouit à cette heureuse influence.

Mais aucun acte commis avec une méchanceté calculée ne doit être toléré ; il faut le punir ; il importe aussi d'éloigner de la vue des enfants tout ce qui pourrait les familiariser avec des scènes de mort et de destruction. A la campagne, on aura soin de ne pas tuer devant eux un porc ou un poulet ; on ne les rendra pas témoins des procédés qu'emploient les gardechasses pour dresser un chien.

A la ville comme aux champs, on leur interdira ces jeux cruels qui torturent un insecte inoffensif : car c'est un acheminement à la cruauté.

§ XIV. — *Le Mensonge.*

En terminant ces considérations résumées sur l'éducation morale, nous insisterons avec force, et nous condamnerons énergiquement un vice des plus détestables, des plus funestes, le *mensonge*.

Lorsqu'il est le résultat de la peur sous l'obsession de laquelle vit l'enfant menacé du châtiment, les punitions, même rigoureuses, sont impuissantes contre ce vice.

Le mensonge entre-t-il dans les habitudes d'un enfant ? — Rien de plus difficile que de l'extirper.

S'il provient, au contraire, d'autres inclinations vicieuses, que l'enfant cherche à déguiser en cachant la vérité, il faut supprimer la cause pour détruire l'effet.

L'essentiel est de recourir sans cesse au sentiment religieux et moral, et de pénétrer les enfants de cette grande et salutaire pensée « *que ce qui est caché aux hommes est toujours connu de Dieu qui lit au fond des cœurs ; et qu'un mensonge est un outrage à Dieu qui est la vérité même.* »

Dans les établissements d'instruction, on considère le mensonge comme un délit auquel il faut appliquer des punitions graves ; toutefois une distinction sera établie entre le mensonge calculé et celui qui résulte de la peur ou de l'étourderie.

Nous recommandons aux instituteurs d'être excessivement prudents à cet égard, afin de ne pas fournir à leurs élèves l'occasion de mentir. Il importe de ne point exiger d'aveux inutiles, sans importance ; de chercher les moyens de préparer l'élève au libre aveu de sa faute et de leur rappeler souvent que *les lèvres menteuses sont en abomination au Seigneur*.

ÉDUCATION RELIGIEUSE

CHAPITRE PREMIER

INTRODUCTION.

L'idée de Dieu est la plus sublime que l'homme puisse concevoir ; c'est sa félicité et son salut ; pour bien comprendre les rapports qui unissent sa misère à la grandeur infinie de son Créateur, il doit porter dans son âme la croyance sans laquelle l'humanité manque de but sur la terre et dans le ciel.

L'absence des principes de la religion peut donc être considérée comme la négation, comme la mort de l'éducation.

Aussitôt que l'enfant commence à vous comprendre, parents, parlez-lui du Père céleste, qui a créé tout ce qui existe, qui aime tendrement les enfants à cause de leur innocence, de leur simplicité de cœur, de leur faiblesse, parlez-leur de ce Dieu, vers lequel s'élèveront leurs petites mains.

Voilà pour la première enfance ; nous indiquons plus loin d'autres préceptes.

Dans une famille pieuse, la prière du matin et du soir, les paroles par lesquelles on appelle la bénédiction divine sur le repas que l'on va prendre, les actions de grâces prononcées à la fin de ce repas, la célébration des offices, des discours et des exemples édifiants, quelques lectures : autant de moyens de graver au cœur des enfants ces croyances sincères et profondes qui les guideront ensuite à travers la vie.

Comme l'a dit avec tant d'éloquence Mgr. Frayssinous :

« Travailler à rendre le peuple plus éclairé, sans travailler à le rendre plus religieux, c'est tomber dans une des plus grandes fautes que l'on puisse commettre pour le malheur de la société ; alors, au lieu de placer avec précaution des flambeaux de distance en distance pour éclairer dans les ténèbres, on allume au hasard des torches qui peuvent causer un vaste incendie. Mais, si l'on veut que l'éducation soit religieuse, il importe que les maîtres soient religieux. Tout instituteur, soit privé, soit public, chargé de l'éducation de l'enfance, qui ne met pas la religion avant tout, trompe les espérances des familles, est indigne de l'honorable profession qu'il exerce, et semble ne voir qu'un métier dans ce qui devrait être à ses yeux une espèce de sacerdoce. »

Nous allons rechercher la solution de ce que l'éducation doit faire pour le développement religieux de l'enfant.

CHAPITRE II

LA FOI, L'ESPÉRANCE ET LA CHARITÉ.

Ces trois vertus sublimes ne pénètrent que dans un cœur vraiment pieux qu'elles purifient soudain.

Instituteurs, c'est en faisant naître chez nos élèves le sentiment religieux que nous les pénétrerons de foi, d'espérance, de charité.

Les familles chrétiennes nous ont secondés d'avance dans ce résultat par les exercices de piété auxquels l'enfant assiste soit dans sa maison, soit à l'église ; par son attention appelée sur les phénomènes de la nature et sur les événements de la vie domestique propres à l'impressionner ; par l'habitude régulière de la prière ; par la célébration des fêtes patronales du père, de la mère, de l'enfant lui-même (1)

Si l'œuvre bien commencée par des parents chrétiens est bien poursuivie par des instituteurs, dignes de la confiance des familles, le résultat ne saurait être douteux. Nos élèves conserveront la pureté de cœur ; c'est le plus beau triomphe réservé à l'éducation.

§ Ier. — *La Foi.*

Avoir la foi, c'est croire à Dieu. Sans cette lumière, pas de vertu, point de salut, pas de consolation ici-bas. La foi, qui transporte les montagnes, selon le langage de l'*Evangile*, est l'acte le plus profond, le plus grand, de la conscience. On peut la comparer à un instrument donné aux yeux de notre esprit pour en aider la faiblesse ; on peut l'appeler le télescope de l'intelligence comme le doute en est le microscope : car la foi rapproche les objets ; le doute les grossit et exagère les difficultés.

§ II. — *Moyens de faire naître et de fortifier la foi.*

Pour faire naître la foi au cœur des enfants, notre premier devoir est de veiller à ce que la lumière, qui y brille, ne s'altère ni ne s'obscurcisse ; il s'agit aussi

---

(1) Charles Sainte-Foi.

de lui fournir l'aliment nécessaire pour l'accroître et la fortifier.

La confiance absolue de l'enfant dans ses parents doit être utilisée par leux pour le pénétrer d'une foi vive et pure, dont ils lui donneront le constant exemple par leurs actes et par leurs paroles. Telle était l'éducation religieuse et morale de nos ancêtres, à une époque où il y avait peu d'écoles, mais où régnaient la probité, la simplicité des mœurs, la vertu, se résumant dans la foi.

Hélas ! faut-il le dire ? cette méthode était peut-être préférable à celle qui est en vogue aujourd'hui, et qui consiste à vouloir provoquer la foi religieuse par des combinaisons savantes, à force de démonstrations, de dissertations et de thèses basées sur des règles systématiquement coordonnées et méthodiquement appliquées. Il est temps, plus que temps, de chercher comme autrefois le salut *plutôt dans la pratique que dans la théorie.*

§ III. — *L'Incrédulité.*

L'incrédulité, ce douloureux contraste de la foi, n'est qu'une aberration de l'esprit humain. Pour opposer une digue aux ravages de ce fléau, il importe que les parents et les instituteurs mettent le plus grand soin à accomplir leurs devoirs religieux; et que surtout à l'âge où les passions s'éveillent, ils redoublent de zèle ; car la corruption des mœurs est la grande source de l'incrédulité.

§ IV. — *La Superstition.*

La superstition est contraire à la foi ; et nous recommandons aux parents ainsi qu'aux instituteurs de ne jamais admettre certaines histoires sans autorité, et de ne s'attacher qu'aux pratiques de dévotion que l'Eglise approuve et ordonne.

CHAPITRE III

L'ESPÉRANCE.

L'espérance est la ferme conviction, la confiance inébranlable dans la toute-puissance de Dieu. Nous péchons contre l'espérance, lorsque, effrayés du nombre et de la grandeur de nos fautes, nous doutons de notre pardon, et nous négligeons le repentir qui pourrait nous le mériter.

§ 1er. — *Comment l'Espérance naît dans le cœur de l'enfant.*

De ce qui précède on déduira la manière dont l'espérance naît dans nos cœurs ; la faiblesse de l'enfant, les soins qui l'environnent l'accoutument à avoir confiance en sa mère, en son père, à tout espérer d'eux; pourquoi ne pas lui apprendre à placer en Dieu sa constante et suprême espérancé.

§ II. — *Comment il faut fortifier l'Espérance.*

Tout ce qui peut provoquer chez l'enfant cette conviction : *Dieu est mon père ; il est le père de tous les hommes ;* tout ce qui lui révèle la constante protection de la Providence divine, fortifie l'espérance. L'éducation prépare ici le terrain fertile où doivent germer et mûrir les vérités consolantes de la religion catholique.

La vie de famille et les leçons de l'école offrent chaque jour l'occasion de développer ces vérités, de les rattacher à un événement heureux ou malheureux et de montrer la perspective du bonheur céleste que Dieu réserve à l'espérance du vrai chrétien.

CHAPITRE IV

LA CHARITÉ.

L'affection est la première base de l'éducation ; elle a un attrait sympathique, dont l'enfant a bien vite la révélation auprès de sa mère, qui l'initie à son tour à la charité, dans le sens éminemment religieux de cette vertu sublime.

§ Ier. — *Comment il faut faire naître la charité.*

L'enfant qui aime ses parents leur obéit; celui qui aime Dieu observe ses commandements, et, par conséquent, il n'exclura personne de son amour; au contraire, il s'efforcera d'entrer dans les vues de Dieu en faisant du bien, en pratiquant la charité à l'égard des pauvres, qui sont nos frères.

On inspirera aux enfants cet admirable sentiment de charité, en leur rappelant comment Notre Seigneur a pleuré avec la veuve de Naïm, a frémi avec les sœurs de Lazare, a versé des larmes sur les malheurs de Jérusalem, a institué le sacrement de l'Eucharistie pour la nourriture des âmes, et a consommé son divin sacrifice pour le salut du genre humain.

De cette manière, parents et instituteurs graveront au cœur des enfants ce sublime précepte : « *Aimez Dieu de tout votre cœur, de toute votre âme, de toutes vos forces, et aimez votre prochain comme vous-mêmes.* »

ÉDUCATION NATIONALE

CHAPITRE UNIQUE

DE L'AMOUR DE LA PATRIE.

Le développement du sentiment de nationalité mérite, sans contredit, l'attention spéciale de tous ceux qui ont reçu la mission de faire l'éducation de la génération naissante. L'individu doit, à ce point de vue, être considéré comme appartenant à une nation déterminée, comme partie d'un tout dans lequel il se confond ; par conséquent, il ne faut pas se borner à faire de lui un *homme,* mais aussi un *citoyen,* un *chrétien,* qui a le vif désir de contribuer, par tous les moyens, au bien-être de cette société dont il fait partie, et qui est prêt à sacrifier son intérêt personnel pour le bonheur général. « Si je savais quelque chose qui me fût utile et qui fût préjudiciable à ma famille, je le rejetterais de mon esprit ; si je savais quelque chose qui fût utile à ma famille et qui nuisît à mon pays, je le regarderais comme crime. » Avant d'aller plus loin, nous nous demanderons ce qu'on entend par *Amour de la patrie.*

C'est l'attachement naturel, développé par l'éducation et l'instruction, au *peuple* auquel nous appartenons et dont nous sommes l'un des membres ; au *pays,* qui est le séjour de ce peuple, l'endroit où il s'est donné, par ses lois et ses institutions, une forme extérieure qui le caractérise et avec laquelle il est intimement confondu; au pays, qui est le lieu de notre naissance et par conséquent notre patrie naturelle, le théâtre de notre existence. L'amour pour la patrie est l'intermédiaire entre l'amour pour le sol natal et l'amour de l'humanité. Celui-là se développe par instinct, tandis que celui-ci est le fruit d'une bonne éducation. On aime le pays natal, non parce que c'est la plus belle, la meilleure contrée du monde, mais parce que c'est *la patrie*. Tout en reconnaissant les avantages que peut offrir maint autre pays, on préfère toujours sa patrie moins riche, moins brillante. Un enfant du désert, transplanté dans la plus florissante contrée, aspire à revoir son aride berceau. Cet attachement au sol où l'on naquit est inné à l'homme. En grandissant, cet amour se développe, s'étend sur le pays tout entier et devient *l'amour pour la patrie,* c'est-à-dire l'amour de tout ce qui appartient au même peuple, de ce qui a les mêmes institutions, les mêmes mœurs, de tout ce qui parle la même langue.

Comment révoquer en doute l'efficacité de l'éducation pour développer et fortifier l'amour de la patrie, quand on voit tant d'égoïstes, tant d'indifférents aux intérêts publics, au bien-être de la patrie en général ?

Nous allons résumer en quelques lignes les moyens les plus propres à faire naître et à développer dans le cœur de l'enfant l'amour de la patrie et l'esprit public. Ces moyens sont au nombre de deux : 1° l'éducation et 2° l'instruction.

Voici maintenant comment il faut employer ces deux moyens, appelés à se prêter un mutuel appui. L'éducation convenablement dirigée contribue puissamment à faire atteindre le but. Qu'est-ce, en effet, que le véritable perfectionnement du cœur et de l'esprit, sinon l'appréciation exacte, la connaissance parfaite de son être, de son peu de valeur, de son ignorance, de sa faiblesse ? L'homme, parvenu à ce haut degré de perfectionnement intellectuel et moral, apprécie toute son impuissance, et sent dès lors la nécessité d'y suppléer par la coopération d'autrui. Plus il a acquis d'instruction, mieux il sera à même de comprendre ce qui manque à chaque individu pris isolément. L'amour seul peut rétablir l'équilibre, en donnant d'un côté ce qu'il prend de l'autre. Plus l'homme sera instruit, plus son horizon sera étendu, plus il comprendra que le bien-être individuel ne peut exister que par la prospérité de tous, de l'ensemble, et qu'il faut placer le bien-être général au-dessus de celui de l'individu, du particulier. Voici donc la première règle à suivre : Donnez à l'instruction une forme telle qu'elle développe réellement le *cœur* et l'*esprit* dans toute la force du terme, et à mesure que vous réaliserez cette œuvre, vous poserez les bases solides d'un ardent amour de la patrie et d'un sage esprit public. Mais ne nous bornons pas à considérer d'une manière aussi générale l'instruction, comme moyen efficace pour attacher les jeunes gens à leur pays ; examinons les moyens spéciaux par lesquels l'instruction parvient à faire naître et à développer ces vertus dans le cœur de l'enfant.

Il faut avoir principalement recours aux exercices par intuition : conduire l'enfant dans les environs de son lieu natal, le familiariser avec les institutions communales, lui faire apprécier les bienfaits qui en découlent pour chaque membre de la communauté, les devoirs qui sont imposés à chacun, etc. Si les circonstances permettent de conduire l'enfant hors de ces limites restreintes pour lui montrer un ensemble plus étendu, la patrie, dont sa contrée natale est une partie, quelles occasions favorables pour extirper en lui sa tendance à l'égoïsme, la source principale de la dépravation !

En lui indiquant les institutions et les rapports entre elles, l'utilité d'une administration régulière de l'Eglise et de l'Etat, les droits dont les citoyens jouissent et les devoirs que chacun a à remplir pour maintenir l'ordre et la prospérité générale, on ne peut que vivifier les sentiments patriotiques.

Des narrations, des récits de traits de patriotisme, de générosité, d'héroïsme, exposés d'une manière intelligible pour les enfants, sont d'autres éléments propres à animer l'enseignement et à le rendre plus fructueux pour notre but.

Si l'on saisit ensuite la moindre occasion pour habituer l'enfant à l'exercice des devoirs religieux, à l'ordre, à l'exactitude, à la régularité, à l'application, à l'obéissance, à la fidélité, à la générosité, à la probité, et qu'on ne se lasse point d'arracher de son jeune cœur le poison de l'égoïsme, de l'envie, de la jalousie, de l'amour-propre, de la calomnie ; si, en outre, les parents et les instituteurs se montrent toujours disposés à s'associer au bonheur et aux misères de la patrie, il ne peut manquer de sortir de semblables familles, de semblables écoles, des citoyens qui prendront à cœur la prospérité du pays, qui, dans le malheur comme dans le bonheur, en seront les appuis les plus précieux, qui supporteront courageusement tous les sacrifices pour la gloire de la patrie, et dans le cœur desquels seront inscrites à jamais ces paroles : « L'UNION FAIT LA FORCE. »

DEUXIÈME PARTIE

MÉTHODOLOGIE GÉNÉRALE

CHAPITRE PREMIER

PÉDAGOGIE. — DIDACTIQUE. — MÉTHODOLOGIE.

La méthodologie enseigne les principes à observer et les règles à suivre dans chacune des branches d'enseignement, afin de communiquer aux enfants des notions exactes sur les matières plus ou moins utiles ; mais ce n'est pas assez pour un instituteur de posséder ces règles, il doit aussi savoir sur quelle base sont fondés les principes et quel est le but vers lequel on tend.

L'ensemble de ces principes et des lois fondées sur ces principes constitue la science que nous désignons par le mot d'origine grecque : *Pédagogie,* c'est-à-dire art de conduire les enfants.

La pédagogie se partage en deux parties principales: la science et l'art.

La première s'occupe de la recherche des règles, de leurs modifications, de leur coordination : c'est la *théorie.*

La seconde s'occupe de l'application de ces règles : c'est la *pratique.*

Pour arriver convenablement à l'éducation, le moyen le plus efficace c'est l'instruction.

L'éducation et l'instruction sont en rapport intime et doivent marcher de pair.

Pour réussir, l'instruction doit être donnée avec ordre, systématiquement. Celui qui a la mission d'instruire doit en avoir étudié les principes, les règles et les lois. La science qui réunit ou combine ces règles et ces principes s'appelle *didactique.*

La didactique est une partie de la pédagogie; comme celle-ci, elle se partage en science et en art.

Le succès dans l'enseignement est subordonné à l'emploi de procédés particuliers que l'on désigne sous le nom de *méthode.*

La science qui énumère ces différents procédés, les examine, les apprécie, les condamne ou les approuve, s'appelle la *méthodique* ou la *méthodologie.*

Celle-ci se divise en *méthodologie générale,* et en *méthodologie spéciale :* la première se borne à signaler d'une manière générale les différents procédés employés dans l'enseignement ; la seconde détermine la marche à suivre dans chacune des branches d'enseignement.

CHAPITRE II

PRINCIPES DIDACTIQUES LES PLUS IMPORTANTS.

Les règles, les principes, les axiomes dont l'observation est nécessaire dans un enseignement quelconque ne sont nullement arbitraires ; ils sont essentiellement fondés sur la nature de l'homme, et ils ont les rapports les plus intimes avec son développement intellectuel.

Tous ces principes se rangeraient très-convenablement sous les rubriques suivantes :

Principes relatifs :

1° A l'instituteur ;
2° A l'élève ;
3° Aux objets de l'enseignement.

§ 1er. — *Principes relatifs à l'Instituteur.*

I. *Le maître doit montrer qu'il prend réellement intérêt à ce qu'il fait.*

L'intérêt que l'instituteur attache à ses fonctions donne à son débit de la clarté, de la chaleur, et rend son enseignement fructueux. L'absence de cette qualité dispose au contraire l'élève à la nonchalance ; et quel obstacle plus grand aux progrès de l'instruction !

L'instituteur qui veut le bien de son école doit, de toute nécessité, exciter, entretenir, augmenter en lui cet intérêt réel, sans lequel il n'est pas de succès possible. Ce n'est pas sans intention que je dis *intérêt réel ;* il y a aussi un intérêt simulé, affecté, et celui-ci, loin d'être utile, ne sert qu'à troubler l'enseignement.

II. *Il faut être bien préparé avant d'entrer en classe.*

Le succès d'une leçon quelconque dépend en grande partie de la manière dont elle a été préparée. Cette préparation se fait de *deux manières différentes*. Il y a d'abord le travail par lequel l'instituteur embrasse dans ses études privées toute une section de science, une partie plus ou moins grande de l'ensemble, à l'effet de l'approfondir, de se la rendre familière et de se la graver dans la mémoire. Cette préparation, que j'appelle *préparation éloignée,* consiste par exemple pour une leçon d'histoire, à étudier à fond une série de faits qui ont tous des relations entre eux, et dont l'instituteur doit nécessairement être à même d'apprécier les causes et les effets pour pouvoir les présenter à ses élèves avec un enchaînement convenable, afin que ceux-ci retirent de cet enseignement des avantages réels. Il en est de même pour toutes les autres branches.

La préparation éloignée est indispensable aussi longtemps que, par une expérience et une pratique suffisantes, l'instituteur n'est pas parvenu à une possession absolue de ces connaissances, et à même de se les rappeler à chaque instant. A cette préparation vient s'en joindre une autre, une *préparation prochaine*, c'est-à-dire celle qui précède chaque leçon et qui a cette leçon pour objet.

Cette préparation immédiate ou prochaine ne porte que sur une partie de la matière étudiée, sur ce que l'on veut traiter dans la leçon même. Pour les classes inférieures, cette préparation consiste à se rappeler ce que les élèves ont déjà vu dans les leçons précédentes, afin de procéder à l'étude d'un sujet nouveau sans laisser de lacune ou d'interruption dans leur esprit ; on les rattache ainsi aux connaissances déjà acquises, ou l'on grave ces connaissances plus profondément dans leur mémoire à force de répétitions.

III. *Il faut étudier constamment sous de nouvelles faces les mêmes matières d'enseignement.*

Quelque soin que l'on donne à l'étude d'une branche d'enseignement, il n'est pas possible de l'embrasser dans son entier, ni de l'approfondir sous toutes ses faces. Tout en donnant sa leçon, l'instituteur consciencieux rencontre plus d'un point qui, pour lui, n'a pas encore toute la clarté désirable. Il faudrait ranger parmi les mercenaires celui qui, du commencement à la fin de l'année, traiterait son sujet de la même manière, dans les mêmes proportions, dans les mêmes termes peut-être, et qui ne songerait nullement aux développements nouveaux qu'il pourrait lui donner. Comme un musicien ambulant, à côté de son orgue de Barbarie, il répéterait sans cesse et sur le même ton un chant appris par cœur. Cette manœuvre machinale décèlerait un défaut de cœur ; et une pareille manière d'agir n'exercerait aucune impulsion sur l'âme des élèves.

IV. *En reprenant une matière déjà traitée une première et une seconde fois, il faut éviter soigneusement les fautes commises en premier lieu, et donner à l'instruction le plus grand développement possible.*

Pour atteindre ce but, l'instituteur doit s'observer attentivement ; dépouillant tout amour-propre, il lui faut examiner son enseignement avec une rigueur impartiale, rejeter sans hésiter les erreurs qu'il y rencontre, bien qu'une longue pratique les lui ait rendues familières et presque attrayantes. Un pareil acte exige non-seulement une grande puissance intellectuelle, mais une force morale qui manque souvent aux jeunes praticiens. Un examen attentif, des recherches actives, un choix consciencieux, un triage sévère finiront néanmoins par amener un bon résultat.

V. *Il faut mettre de la dignité et de l'énergie dans l'enseignement.*

Cette règle est de la plus haute importance. On s'étonne souvent que les instituteurs instruits, consciencieux et entièrement dévoués, n'obtiennent pas dans leurs écoles les résultats qu'on serait en droit d'attendre. Ce phénomène s'explique aisément : ces maîtres n'apportent dans leurs fonctions ni la fermeté, ni la dignité convenables. La jeunesse elle-même, objet des soins et des leçons, la jeunesse réclame chez l'instituteur une conduite ferme, assurée et toujours digne. Tout ce qui est faible, incertain, vacillant, ne lui impose point. Il est incroyable combien une juste sévérité, une volonté forte, et un caractère décidé de la part du maître, viennent en aide à l'enseignement. Et qu'on ne se flatte pas de remplacer ces qualités par une doucereuse indulgence, par une amabilité jouée, par une bienveillance qui tolère et pardonne tout, par des saillies et des badinages hors de propos.

On ne peut le nier, ceci tient aux dispositions naturelles du maître ; mais pour peu que la nature y aide, avec quelques efforts on parvient, du moins jusqu'à un certain degré, à acquérir les qualités requises.

VI. *Il faut rendre l'enseignement attrayant.*

En se conformant ponctuellement aux règles qui viennent d'être tracées, on manquera rarement d'intéresser à l'enseignement ; il reste néanmoins bien d'autres choses encore à observer. L'extérieur, la manière d'être de l'instituteur — pur don de la nature, — contribuent singulièrement à exciter et à réveiller chez les élèves l'attrait pour l'étude ; c'est comme une puissance mystérieuse qui les attire doucement vers les objets qu'on leur enseigne. Le maître est semblable à l'aimant qui a un pôle d'attraction et un pôle de répulsion.

L'enseignement a plus d'attrait aux yeux des élèves alors qu'on leur démontre l'*utilité* de telle ou telle branche d'instruction pour la culture intellectuelle en général, et pour les relations sociales en particulier. C'est surtout par une variété adroitement combinée dans les objets de l'enseignement qu'on parvient à captiver l'intérêt de son jeune auditoire. En admettant que cette variété ne puisse jamais être assez grande pour répondre à l'extrême mobilité d'esprit des enfants sans dégénérer en de nuisibles badinages, toujours est-il que, sous peine d'être injuste et d'agir contrairement à son but, il faut y avoir égard.

VII. *Il ne faut pas qu'un instituteur, sous le prétexte qu'il a très-peu d'élèves, s'abandonne à la négligence et tombe dans une complète inaction.*

De même qu'un ménage nombreux exige une activité incessante, sous peine de succomber ; ainsi, faute d'une main ferme pour la diriger, périrait une école peuplée de beaucoup d'enfants. Il n'en est pas tout à fait ainsi d'une école fréquentée par un petit nombre d'élèves. Mais, pour être moins étendues, les obligations n'en sont pas moins graves. L'instituteur qui se trouverait dans ce cas aurait tort de se figurer que son petit troupeau arrivera toujours au but et qu'il est inutile de prendre beaucoup de peine afin de le conduire.

§ II. — *Principes didactiques qui ont rapport aux élèves.*

I. *Il faut que l'enseignement soit élémentaire et non scientifique.*

On comprendra aisément ce que doit être l'enseignement élémentaire de l'école, si l'on se figure la multitude d'objets qui se présentent à l'esprit d'un enfant et si l'on calcule le travail nécessaire à sa faible intelligence pour en acquérir la possession. Quand on se sera fait une juste idée de la dose d'intelligence d'un enfant et que l'on aura su apprécier les formes de son langage on y proportionnera, on y conformera l'enseignement, et alors cet enseignement sera dit *élémentaire*.

Remarquons cependant qu'il n'est pas aussi facile qu'on pourrait le croire de conformer son enseignement à la manière de penser et de parler des enfants. Pour y arriver, il faut que l'instituteur oublie, pendant chaque entretien, sa manière habituelle de penser et de s'exprimer ; ce n'est que par une attention soutenue et une vigilance de tous les instants qu'il parviendra à se rendre maître des jeunes intelligences et qu'il les amènera à la réflexion.

L'enseignement doit être scientifique lorsque la matière à traiter, appartenant à la science, soit directement, soit par analogie, l'exige par sa nature même.

II. *L'enseignement doit être solide et rationnel ; il ne faut pas se contenter de connaissances superficielles.*

La solidité du savoir peut être considérée au point de vue de l'étendue de l'instruction, de la bonté de la méthode, de la capacité de l'instituteur à transmettre aux élèves ses connaissances, et des raisons sur lesquelles on se base à ces deux égards, toutes les fois, bien entendu, que les conditions dans lesquelles se trouvent placés les élèves doivent en permettre ou en exiger l'application.

En ce qui concerne l'école primaire, c'est l'éducation domestique, c'est la condition sociale des parents qui doit déterminer le point de départ, l'étendue et les détails des connaissances à transmettre aux enfants. Beaucoup de notions, utiles d'ailleurs aux enfants du peuple, par exemple, l'histoire naturelle, la géographie, l'histoire, le dessin, le chant, etc., doivent être négligées et même abandonnées dans certaines communes, dans celles surtout où les habitants ont pour unique ressource le mince produit d'un travail manuel, travail auquel peuvent contribuer, dans une certaine mesure, les enfants dans un âge encore tendre, quand ils ne feraient que surveiller leurs jeunes frères et sœurs. Inutile de faire remarquer combien cette participation aux soins du ménage doit être nuisible à l'école, combien elle doit entraver le développement intellectuel aussi bien que le développement physique.

Dans d'autres localités au contraire, où ces obstacles n'existent point, où les enfants appartenant à des familles aisées fréquentent l'école régulièrement et sans interruption, on obtient des résultats tout différents. Toutefois ces circonstances favorables n'autorisent en aucune façon à étendre l'enseignement au delà des limites tracées par la nature même de l'école, ainsi que par la carrière future de l'élève. On ne cherchera donc point à lui apprendre des choses dont il ne pourra jamais profiter et qui doivent être oubliées au sortir de l'école.

III. *Il faut, autant que possible, procéder d'une manière intuitive.*

La première activité de l'esprit est provoquée par les sens, l'intuition est donc le premier moyen, le moyen le plus rationnel d'activer le développement intellectuel. L'instituteur doit procéder conformément à ce principe. Bien que l'intuition s'applique spécialement à l'enseignement élémentaire, ce serait une erreur de croire que l'on ne puisse en faire usage dans un enseignement plus élevé. Chez les adultes même elle facilite la conception d'une manière prodigieuse. On aurait tort aussi de s'imaginer que ce procédé est applicable à quelques branches seulement ; toutes sont à un certain degré susceptibles d'être ramenées à ce moyen si efficace pour approfondir la matière enseignée.

IV. *Il ne faut pas favoriser les élèves à cause de leurs talents, de leurs dispositions naturelles ; il faut, au contraire, fixer son attention sur les plus faibles.*

Il suffit d'un coup d'œil pour s'assurer que trop souvent on agit contrairement à ce principe. Il est certes plus agréable d'avoir à s'occuper d'enfants actifs, intelligents, que de se fatiguer avec des élèves inattentifs et engourdis. Un instituteur qui ne s'est pas posé des principes arrêtés, inébranlables, relativement à ce qu'il doit être pour *tous* les élèves sans exception, sacrifiera involontairement les plus faibles à ceux dont l'activité, la souplesse d'esprit exerceront sur lui une irrésistible attraction. Et cependant, ce sont les malades qui ont besoin du médecin ; ce n'est pas le sol fécond, c'est le champ infertile qui réclame les soins et la main active du cultivateur. D'ailleurs, à un élève bien doué il suffit d'un simple avis du maître pour lui faire atteindre le but auquel un autre ne parvient qu'à force d'indications et d'explications minutieuses.

V. *Il faut diriger les élèves de manière à les faire parvenir d'eux-mêmes, pour ainsi dire, par leurs propres réflexions et à l'aide des connaissances déjà acquises, à acquérir la nouvelle notion qu'on veut leur communiquer.*

Il est impossible que par la seule réflexion, même lorsqu'elle est dirigée par le maître, l'enfant parvienne à acquérir les connaissances qu'il doit avoir. Il ne peut trouver que ce qui se rattache à une intuition, à une idée, à une représentation antérieure, à une conséquence tirée de l'observation d'un fait, ou enfin à une conclusion résultant de connaissances précédemment acquises. Le moyen par excellence de faciliter l'exercice de la réflexion, ce sont les questions.

Nous le reconnaissons sans peine, il est des connaissances positives qui ne peuvent s'acquérir que par la lecture, ou qui doivent être transmises d'une manière spéciale par le professeur ; mais il en est d'autres en rapport avec celles-là, et qui sont à la portée du travail intellectuel de l'élève.

VI. *Il faut graver profondément dans la mémoire des élèves, sinon tout ce qui leur a été appris, du moins tout ce qui est essentiel.*

Les exercices de mémoire sont de deux espèces : ou bien on fait apprendre par cœur littéralement, c'est-à-dire mot à mot, ou bien l'on se borne à faire retenir le fond, les points principaux, les idées les plus saillantes, sans s'astreindre à la lettre ; c'est, pensons-nous, ce dernier mode surtout que l'on emploie le plus fréquemment dans les écoles primaires, excepté pour l'enseignement du catéchisme, et pour les morceaux en vers et en prose qui doivent servir à la déclamation ou à la récitation à haute voix.

Il est presque inutile de faire remarquer ici que l'on facilite le travail de la mémoire en expliquant convenablement la matière qui doit être apprise par cœur ou dont il s'agit de retenir la substance, en mettant l'enfant à même de se rendre compte de l'enchaînement et de la coordination des idées.

Nous ne pouvons également trop recommander à ce sujet : 1° de résumer à la fin de chaque leçon et en phrases très-courtes les points principaux qui ont été traités; 2° de rappeler succinctement, au commencement de chaque nouvelle leçon, le sujet développé dans la leçon précédente ; 3° de faire des répétitions hebdomadaires, mensuelles et trimestrielles sur tout ce qui a été étudié pendant la semaine, le mois ou le trimestre écoulé.

VII. *Il faut stimuler les enfants afin de les habituer à étudier d'eux-mêmes en dehors de l'école.*

Ce n'est pas en se bornant à assister régulièrement et attentivement aux leçons des professeurs que l'on devient instruit ; il est reconnu que le savoir est, en grande partie, le fruit du travail propre, le résultat des réflexions et des recherches spéciales chaque fois qu'une cause extérieure a attiré l'attention, et cela, dans le but de se familiariser davantage avec les connaissances reçues du maître, de les saisir plus clairement et de les approfondir. Ces occasions d'étudier par soi-même seront, par exemple, tantôt un livre qui traite telle ou telle question ayant rapport aux études de prédilection, tantôt une conversation ou une expérience présentant sous un point de vue nouveau un fait que l'on connaît déjà ; c'est ainsi que des rapports plus intimes s'établissent entre l'intelligence et les sujets étudiés, et que l'intelligence les embrasse d'une manière plus complète. Ces remarques sur le développement intellectuel de l'homme fait, sont également applicables aux enfants qu'il faut habituer à s'occuper, en dehors des heures de classe, de ce qu'ils doivent apprendre, et à s'y appliquer par eux-mêmes.

VIII. *Il ne faut rien enseigner aux élèves qu'ils ne soient en état de comprendre ; et ne jamais leur donner des notions sur des choses qui n'ont pour eux aucune valeur.*

Pour que l'élève saisisse certaines choses, son intelligence doit avoir atteint un certain degré de maturité, et ses facultés, développées par des exercices convenables, devront être parvenues à un point suffisant de perfectionnement.

Le second point ne mérite pas moins l'attention du lecteur. Il est inutile d'enseigner aux enfants des choses qui ne leur offrent aucun avantage, ni pour la vie scolaire, ni pour leur carrière future et qui n'ont aucune valeur au point de vue de l'éducation générale.

Les instituteurs qui se pénètreront de la vérité de ce que nous venons de dire, et qui se conformeront à la règle énoncée plus haut, s'apercevront bien facilement, dans la pratique, que leur enseignement, mis ainsi en rapport avec l'intelligence et les besoins des élèves, captivera toujours leur attention ; ceux-ci assisteront aux leçons avec intérêt, et jamais ils ne seront les déplorables victimes de l'inexpérience ou même de l'amour-propre du maître.

IX. *Il faut habituer les enfants à répondre avec franchise, sincérité et en toute liberté.*

Il est très-important d'habituer les enfants à exprimer leurs pensées librement et franchement. On y réussit très-difficilement et surtout à la campagne. Voici le moyen d'arriver à ce résultat. L'instituteur s'approche des enfants avec affabilité, leur parle avec douceur, leur adresse de petites questions à leur portée, sur des objets qui leur sont connus, et les habitue ainsi à se familiariser avec lui. Il se montre bienveillant à leur égard, et les amène à trouver et à reconnaître, dans chacun de ses entretiens, qu'il veut être pour eux un ami, un véritable père.

Dès l'entrée en classe il faut habituer l'enfant à parler et à répondre en bon français ; il faut lui faire remplacer par le mot propre toute expression locale, toute dénomination vulgaire ou triviale : on lui prépare même des exercices pour l'habituer à s'exprimer convenablement.

S'il arrive qu'un enfant formule une mauvaise réponse, il ne faut pas que le maître se fâche, s'emporte ou permette aux autres élèves d'éclater de rire ou de se moquer de leur condisciple ; au contraire, il faut encourager les élèves médiocres lorsqu'ils donnent une réponse à peu près satisfaisante. En agissant de la sorte, on les amènera insensiblement des réponses faciles à de plus difficiles.

§ III. — *Principes qui ont rapport aux objets de l'enseignement.*

I. *Il faut coordonner avec soin la matière à traiter.*

Après avoir fait un choix judicieux de la matière à traiter dans un exercice socratique, il faut déterminer rigoureusement le but qu'on se propose d'atteindre. A cette fin on se demande, par exemple : Quelles sont les expressions que je veux expliquer aujourd'hui? Quelles sont les idées que je vais développer? Quelles sont les bonnes résolutions que je veux provoquer ? Quels sont les sentiments que je me propose d'exciter, etc., etc. ?

Il faut ensuite tâcher de rassembler les vérités, les preuves, les arguments, les explications, les éclaircissements, les conclusions, etc., qui se présentent au sujet de la leçon même et qui conduisent au but proposé. Pour qu'un entretien de ce genre produise de bons résultats, il importe que l'instituteur, avant de travailler à mettre de l'ordre dans le chaos, soit riche en matériaux et les retrouve avec facilité ; il doit encore s'attacher à distinguer avec soin les idées principales et celles qui sont d'une importance secondaire. Il évitera ainsi le danger de pécher contre ce sage précepte de la catéchétique qui enseigne à ne pas passer trop légèrement sur l'explication des premières pour consacrer ensuite trop de temps au développement des secondes.

Il s'agit ensuite de coordonner les différentes idées de manière que les unes soient préparées, expliquées, motivées, provoquées en quelque sorte par les autres.

II. *Ne pas glisser trop légèrement sur les premiers éléments de l'intuition, et avoir soin de ramener souvent les leçons sur les premiers principes.*

Quelques instituteurs passent trop rapidement sur les éléments : on ne tarde pas à en ressentir l'inconvénient. Si les connaissances fondamentales ne sont pas solidement établies dans l'esprit des enfants, il manquera à tout enseignement ultérieur le point d'appui si nécessaire pour comprendre et pour retenir ce qui a été appris. Le temps consacré aux éléments de l'étude, ce temps, trop souvent considéré comme perdu, est en réalité un bénéfice considérable. Plus les élèves s'approprieront, s'assimileront ces éléments, plus leur progrès sera sensible, et, par la suite, ils seront en état de se perfectionner d'eux-mêmes. Le principe en vertu duquel on oblige les élèves à de fréquentes répétitions se lie intimement avec ce que nous venons d'avancer ; nous rappelons à ce sujet cet adage : La répétition est la mère de l'étude.

III. *Aller du connu à l'inconnu.*

Lorsque, dès l'abord, on transporte brusquement l'enfant hors de sa sphère d'intelligence, il lui est impossible de s'orienter. Conduisez une personne, les yeux bandés, dans un endroit inconnu, enlevez-lui le bandeau, cette personne ne sait ni se diriger, ni se rendre compte de sa position : il en est ainsi de l'enfant. Il importe donc d'adopter une marche conforme à ce principe : *aller du connu à l'inconnu.* On crée par ce moyen un enchaînement sans lacune, sans interruption ; on facilite ainsi singulièrement l'étude.

IV. *Traiter le sujet de l'enseignement de manière que le facile et le simple précèdent le difficile et le compliqué.*

Une nourriture légère est de facile digestion. Commencez donc par présenter à l'esprit des aliments qui ne puissent l'incommoder.

La proposition simple offre moins de difficultés et exige, pour être comprise, moins d'explications que la proposition composée. Un problème d'arithmétique qui est simple sera plus tôt résolu qu'un problème compliqué. Le principe énoncé est donc si naturel que toute justification nous paraît superflue.

V. *Séparer le moins important de ce qui l'est davantage; distinguer ce qui est indispensable de ce qui est seulement désirable.*

Les diverses branches d'enseignement ne sont pas d'une égale importance pour l'école. Ainsi l'enseignement de la langue maternelle l'emporte de beaucoup sur celui des formes géométriques, sur la calligraphie, sur le dessin, etc. Les matières les plus importantes réclament sans contredit un développement plus étendu, une étude plus profonde, et par conséquent elles exigent plus de temps que les autres.

On n'observe pas toujours cette distinction, et il n'est pas rare de rencontrer des écoles où les élèves brillent dans les accessoires, et montrent, quant au principal, une connaissance très-superficielle.

A ce propos, je blâmerai la manie de perdre un temps infini au travail compassé de je ne sais quelle calligraphie, alors qu'une bonne expédiée est suffisante.

VI. *Il faut exposer convenablement la matière.*

Une bonne exposition exige :
1° L'expression propre ;
2° Une prononciation pure et française ;
3° Une tenue convenable.

Il faut donc éviter avec soin l'emploi d'expressions inintelligibles pour les enfants et empruntées à l'art ou à la science. Qu'on ne s'imagine point, par là, donner de l'éclat à la leçon et excercer plus d'autorité sur les élèves ; il est permis de se servir de ces expressions dans le cas seulement où elles sont devenues populaires ou lorsqu'on ne pourrait les remplacer que par des phrases trop longues. Si l'on examine bien les enfants, pour distinguer ce qu'ils comprennent et ce qu'ils ne comprennent pas, on trouvera qu'ordinairement ils saisissent plus facilement les expressions concrètes que les expressions abstraites.

Il ne faut pas s'imaginer que l'honneur de l'instituteur exige que ses élèves s'expriment en termes techniques ; ce qui fait plutôt son éloge, c'est qu'ils s'énoncent avec aisance, avec clarté, sur les objets à leur portée, et en employant les mots de la vie usuelle, sans pour cela pécher contre le langage des hommes instruits.

La manière de parler du maître ne doit jamais s'abaisser au point de devenir vulgaire, triviale.

Puisque l'instituteur doit enseigner à parler et à lire, il faut bien que lui-même estime chaque son à sa juste valeur, les consonnes commes les voyelles, et qu'il les prononce avec pureté et d'une manière sonore.

Plus que tout autre, il doit éviter la moindre contravention aux règles de la langue maternelle et de la véritable prononciation française. A cet effet nous conseillons aux élèves-instituteurs de ne jamais parler entre eux le français du village, qui très-souvent est un véritable patois ; d'observer avec soin l'accent français et les intervalles nécessaires entre les mots et les phrases.

Il convient également que l'instituteur ne se rapproche pas trop des élèves ; et il évitera de faire trop de gestes avec les bras, de se mouvoir continuellement; il se tiendra droit sans être roide ou gauche. Une bonne tenue, des habillements bien propres et mis avec goût rehaussent le maître aux yeux des élèves.

VII. *Il faut poser convenablement les questions.*

La question est une proposition à laquelle il manque une ou plusieurs parties et que doit compléter celui à qui on l'adresse. Il en résulte que chaque proposition peut donner lieu à autant de questions qu'elle renferme de parties.

Les propositions sur lesquelles on veut questionner étant bien coordonnées, il importe de formuler les questions de manière que, lorsqu'elles auront été complétées, le but de la catéchisation soit atteint le mieux possible ; il faut donc questionner, non pas sur tout ce qui se prête aux questions mais seulement sur ce qui conduit au but proposé. Chaque pas que l'on fait de côté ou en arrière détourne l'attention, écarte du but, empêche d'arriver au résultat, ou, tout au moins, apporte du retard.

Nous indiquerons ici les qualités nécessaires d'une question bien posée, et les écarts à éviter.

Une question doit être avant tout *courte,* sans périphrase et dégagée de tout mot inutile.

La question doit être *simple.*

Toutes les questions doubles, c'est-à-dire celles qui exigent deux réponses à la fois des enfants peu avancés surtout, sont défectueuses.

Une troisième qualité de la question, c'est d'être *déterminée,* c'est-à-dire formulée de telle sorte qu'elle admette une seule bonne réponse ; une question, prise isolément, peut souvent manquer de cette qualité qu'elle conserve cependant, considérée dans ses rapports avec les autres.

Ce cas se présente chaque fois que l'instituteur doit dire : Cela est bien vrai, mais ce n'est pas ce dont il s'agit dans ce moment.

La question doit être *claire*, elle doit être en rapport avec l'intelligence.

Poser des questions trop difficiles, c'est risquer de décourager l'enfant et de le rendre inattentif. Poser des questions trop faciles, au contraire, c'est le rendre distrait et enlever tout intérêt à la leçon. Dans les classes plus ou moins nombreuses où il y a une très-grande inégalité entre les élèves au point de vue intellectuel, la difficulté de la question doit être en rapport avec le degré d'intelligence de celui auquel on l'adresse ou de la majorité de la classe.

Enfin, les questions doivent être bien *liées entre elles,* bien *coordonnées*. Il faut que l'une prépare l'autre, et que celle qui précède amène celle qui doit suivre.

VIII. *Il faut tenir compte des découvertes et des progrès dans les diverses branches de l'enseignement et se conformer, quant aux methodes, aux améliorations reconnues.*

Nous avons déjà fait observer combien il est nécessaire de mettre l'enseignement donné aux enfants en rapport avec leur état actuel et leur condition future ; nous allons établir, par ce qui suit, combien il importe pour l'instituteur de se tenir au courant des recherches et des progrès opérés dans les sciences qui se rattachent à son enseignement. Des opinions, des assertions et des préceptes qui diffèrent notablement de ce qui a été généralement admis jusqu'à ce jour ou qui sont même en opposition formelle avec les principes adoptés, ne doivent être acceptés et appliqués qu'avec une grande réserve et une prudence extrême. D'un autre côté, l'instituteur doit, sans hésiter, abandonner des idées surannées et ne pas tenir, soit par caprice, soit par routine, soit pour sa commodité, à des procédés condamnés par des hommes plus instruits et plus compétents.

CHAPITRE III.

LES DIFFÉRENTES FORMES OU PROCÉDÉS D'ENSEIGNEMENT.

Lorsque l'on parle de méthodes différentes, on confond les méthodes avec les formes d'enseignement, qui sont nombreuses ; mais chacune de ces formes, pour avoir quelque valeur, doit être ramenée aux règles de la méthodologie.

La méthode s'occupe de l'*intérieur* de la partie spirituelle de l'homme, de l'imagination, de la mémoire, de l'intelligence et de la raison, du cœur ; tandis que la forme d'enseignement ne s'occupe que de l'*extérieur*, Tout son rôle se borne à montrer, à exposer, à écouter, à questionner et à répondre. Il faut donc que l'instituteur acquière la faculté d'appliquer habilement et d'employer convenablement chaque forme d'enseignement, afin d'éveiller, d'exciter les facultés de l'âme selon les principes, c'est-à-dire, de diriger l'enfant de manière que son esprit conçoive et juge, que sa mémoire garde et que son imagination se représente en un seul tous les objets dont il a eu l'intuition. Le but principal de la méthode, c'est d'exercer, en observant ces principes, une influence sur l'âme de l'élève, telle que chacune des facultés intellectuelles agisse convenablement et à propos.

Les formes, prises dans le sens le plus général, se divisent en deux catégories : celle de l'*exposition continue* et celle de l'*exposition non continue, interrompue*.

§ Ier. — *La forme de l'exposition non interrompue ou forme acroamatique* (1).

Cette forme d'enseignement tend à communiquer des connaissances au moyen d'un discours suivi sur un sujet quelconque. Le succès dépend donc entièrement ici de l'attention que prêtent les élèves à ce discours. Employée seule et à l'exclusion de tous autres procédés, cette forme offre d'insurmontables difficultés: comment, en effet, fixer l'attention des enfants dont l'esprit est encore vague et incertain, et qui n'ont pas encore acquis d'idées auxquelles ils puissent rattacher ce qu'ils entendent ? La difficulté s'accroît quand le maître ne possède pas cette facilité d'élocution et cette lucidité d'expressions qui ne sont pas chose si commune.

---

(1) D'un mot grec qui signifie *écouté pour s'instruire*.

Un instituteur habile se servira utilement de ce procédé avec les novices pour leur communiquer les premières idées au moyen d'un récit amusant et avec les écoliers très-avancés dont l'intelligence est assez développée pour suivre un raisonnement et pour saisir une série de faits. L'enseignement qui se donne par un discours non interrompu (forme acroamatique) et pendant lequel l'élève est un simple auditeur, suppose dans les facultés intellectuelles de ce dernier un grand développement, qui le met à même de suivre l'instituteur avec une attention soutenue.

Ce mode d'enseignement exige en outre, de la part du maître, une élocution facile, qui le dispense de recourir aux lectures soporifiques ; un tact exquis, qui l'empêche de fatiguer l'attention ; une imagination féconde, qui sache animer le récit par des exemples intéressants ; un sens parfait, à l'aide duquel il sache se mettre à la portée de ses auditeurs : un esprit systématique, qui ne perd jamais de vue l'ordre dans lequel il convient de traiter un sujet. La clarté et l'ordre sont des qualités bien plus essentielles ici, que des expressions recherchées et un langage fleuri ; aussi doit-il être permis à l'élève d'interrompre le maître, dès qu'il ne comprend pas.

§ II. — *La forme de l'exposition interrompue ou la forme érotématique* (1).

L'exposition interrompue peut se présenter sous plusieurs formes distinctes, entre autres :

1. La forme catéchétique.

---

(1) D'un mot grec qui signifie *demander*, *interroger*.

2. La forme socratique.
3. La forme euristique.
4. La forme répétitoire.
5. La forme examinatoire.
6. La forme analytique et synthétique.
7. La forme dialogique.

La forme la plus indispensable dans l'enseignement élémentaire, c'est celle qui procède par questions et par réponses. On peut l'appliquer indistinctement à toutes les branches, dans une mesure plus ou moins large. Puisque les questions forment la base de la forme catéchétique et de la forme socratique, puisque tout le succès que l'on en attend dépend de l'habileté à profiter des réponses données pour formuler d'autres questions dans un certain ordre et d'après un certain plan, il importe que l'instituteur ait une connaissance parfaite des unes et des autres.

§ III. — *La forme catéchétique.*

La forme catéchétique, dont l'élément distinctif est une action réciproque du maître sur l'élève et *vice versâ,* exige des récits suivis de questions et de réponses.

En employant cette forme, on se propose, d'un côté, de faire trouver ce qui est inconnu, et de rendre clair pour l'élève ce qui est confus dans son esprit ; d'un autre côté, on a en vue d'apprécier le degré de développement du disciple, soit relativement à l'ensemble de ses connaissances, soit à l'égard d'une branche en particulier. Dans ce but, il faut questionner avec habileté et traiter avec adresse les réponses ; il faut rester continuellement maître de la conversation, afin de pouvoir la diriger vers le point que l'on on a vue. La forme catéchétique, quoique ayant une grande analogie avec la forme socratique et la forme euristique, avec lesquelles elle est très-souvent confondue, en est essentiellement différente. La catéchétique est le principe dominant de toutes les autres formes. Elle suppose que l'instituteur connaît le caractère, l'esprit, la manière de voir des élèves, qu'il est maître de son sujet et de sa parole. D'après cette forme, on admet chez l'enfant des notions, des éléments susceptibles de développement ; ces éléments sont : l'expérience, l'intuition, la langue, la connaissance des choses et enfin les facultés de l'âme.

§ IV. — *Distribution des questions.*

Quant à la manière de poser les questions, on aura soin d'observer les règles suivantes :

1. Il faut éviter de questionner les élèves dans un ordre quelconque, par exemple d'après celui dans lequel ils sont placés en classe. Chacun d'eux doit ignorer *si* on lui adressera une question et *quand* cela aura lieu.

2. En règle générale, on questionne individuellement ; c'est par exception que l'on adressera une question à toute la classe, question qui exige une solution de tous les élèves à la fois.

3. Chaque élève aura à répondre au moins une fois pendant une leçon.

4. On n'adressera pas au même élève trop de questions consécutives.

5. On aura égard, dans la succession des questions, au degré d'intelligence et d'instruction des élèves.

6. On désigne l'élève questionné de manière qu'il

n'y ait pas d'erreur possible et que la réponse ne soit pas donnée par un autre.

§ V. — *Règles à observer au sujet des réponses.*

1. L'instituteur doit éviter soigneusement de provoquer la réponse, en fournissant le premier ou les premiers mots.

2. L'instituteur doit s'abstenir de répéter chaque réponse qui est exacte.

3. A chaque bonne réponse, l'instituteur se gardera de manifester sa satisfaction par des paroles louangeuses.

4. L'élève auquel la question a été adressée doit être seul autorisé à répondre.

5. L'instituteur permettra rarement aux élèves de lui adresser des questions pendant la leçon.

§ VI. — *La forme socratique.*

Lorsque Socrate s'entretenait avec ses disciples, qui étaient des hommes d'un âge plus ou moins avancé et possédant un certain nombre de connaissances, il ne disait pas plus qu'on ne le fait dans l'emploi du procédé catéchétique, à ses élèves ce qu'ils devaient apprendre ou ce qu'ils devaient admettre comme vrai ; mais il les dirigeait par des questions intelligentes, de manière qu'ils parvenaient à découvrir par eux-mêmes la vérité et qu'ils se voyaient forcés de l'admettre, quoiqu'ils en eussent.

Si, au premier coup d'œil, le procédé socratique ressemble beaucoup à la forme catéchétique, on reconnaît bien vite combien ces deux formes sont différentes l'une de l'autre. Socrate s'entretenait avec des hommes faits, avec des personnes d'un certain savoir, d'une certaine expérience, mais imbues de préjugés, de préventions, d'opinions erronées, quoiqu'elles eussent, d'un autre côté, l'intelligence développée à un très-haut degré.

Les instituteurs n'ont à instruire que des enfants, de petits êtres dont la sphère intellectuelle est très-restreinte, qui commencent à peine à recueillir quelques simples notions, à faire quelques remarques, et qui ne sont guère aptes à penser et à juger. Une autre différence entre ces deux formes, c'est la gravité de la matière que traitait Socrate avec ses disciples et le peu de profondeur des explications que l'on donne aux enfants d'une école primaire.

§ VII. — *La forme euristique* (1) *ou d'invention.*

Cette forme diffère des deux précédentes en ce que, par son application, on a en vue de faire trouver, discerner et apprendre par l'élève lui-même, au moyen de la méditation et de quelques légères indications du maître, les connaissances que l'on veut lui communiquer.

L'application de cette forme suppose donc chez l'élève 1° les dispositions intellectuelles nécessaires et développées à un degré convenable ; 2° qu'il soit suffisamment exercé dans l'emploi de ses facultés; 3° qu'il ne lui manque ni l'expérience ni l'intuition d'objets propres à servir d'explications pour arriver à une nouvelle connaissance.

A défaut d'une seule de ces conditions, on essayerait

---

(1) D'un mot grec qui signifie *trouver par le moyen de la méditation.*

vainement de pousser l'enfant à chercher et à trouver des vérités, des preuves pour ces vérités et les conséquences qui en découlent. On voit donc que cette forme ne s'emploie avec succès qu'avec des élèves ayant déjà acquis un fonds d'idées, et puisque les enfants en bas âge ne sont riches ni en expérience ni en réflexions, et que la sphère de leur intuition est extrêmement bornée, il est préférable de les diriger au moyen de questions. Ceux-là seulement font exception, qui ont des dons naturels et se distinguent par une grande somme de connaissances acquises, ceux-là seulement se trouvent dans les conditions voulues pour profiter d'un enseignement euristique.

§ VIII. — *Des règles à observer dans l'emploi de la forme euristique.*

1. Les élèves sont présumés posséder un certain degré de connaissances, base nécessaire des matières nouvelles à leur expliquer; sinon l'instituteur leur donnera préalablement les notions à l'aide desquelles ils doivent en acquérir d'autres par eux-mêmes.

2. L'instituteur aura soin de montrer d'abord aux élèves la manière d'exécuter tel travail, de résoudre telle question, afin qu'ils soient en état de satisfaire à sa demande.

3. Il faut que le travail imposé soit toujours en rapport avec la force intellectuelle de l'élève et avec les connaissances qu'il possède : on se basera sur le principe « du facile au difficile, » pour le choix des devoirs.

4. Le maître ne doit intervenir dans la solution d'une question que très-rarement, et lorsque l'embarras de l'élève est tel qu'on ne peut espérer de lui aucune réponse satisfaisante.

5. L'instituteur, après avoir indiqué le sujet à traiter, se convaincra d'abord qu'il a été bien compris par l'élève.

6. Lorsque l'élève sera parvenu à résoudre la question, l'instituteur lui fera indiquer la marche qu'il a suivie pour arriver au résultat.

L'instituteur aura soin de varier les devoirs autant que possible.

§ IX. — *La forme répétitoire.*

L'instituteur n'a pas encore, à beaucoup près, rempli sa tâche, lorsqu'il est parvenu par son enseignement à communiquer à ses disciples des connaissances claires et précises ; il lui faut encore employer les moyens convenables pour graver ces connaissances dans leur mémoire, afin qu'ils puissent en tirer parti au besoin et étendre à volonté le trésor qu'ils ont acquis. Ce n'est que par des répétitions fréquentes et habilement dirigées, qu'on obtient ce résultat. Si l'instituteur croit pouvoir se reposer, quant à ces répétitions, sur la bonne volonté des élèves, il reconnaitra bientôt son erreur ; car ceux-ci ne savent pas toujours comment faire pour se rappeler convenablement et pour confier à la mémoire tout ce qui a été traité en classe. Les enfants s'imaginent qu'il suffit de parcourir légèrement, superficiellement leurs cahiers et leurs manuels ; en outre les préoccupations, les distractions du jeune âge ne leur laissent pas même toujours le loisir d'entreprendre cette besogne, qui, il faut bien le reconnaître, n'offre rien de très-récréatif. Il est donc absolument nécessaire d'établir à cette fin des exercices spéciaux, et l'on a recours à la forme répétitoire, qui consiste essentiellement à diriger la réflexion de l'élève au moyen de questions, moins pour lui apprendre des choses qui lui sont inconnues, que pour lui rendre plus claires les connaissances qu'il possède déjà.

§ X. — *Règles à observer dans l'application de cette forme.*

1. L'instituteur doit prendre des allures telles, que les élèves s'aperçoivent que lui-même attache une haute importance à ces sortes d'exercices, et qu'il s'acquitte de sa difficile besogne, avec cette bienveillance et ce zèle qui distinguent le véritable maître d'école.

2. On se sert de cette forme avec les élèves que l'on a pu apprécier sous le rapport intellectuel, et lorsqu'on veut s'assurer s'ils ont retenu ce que l'on a traité avec eux.

3. Quant aux questions à adresser dans les formes répétitoire et examinatoire, elles sont soumises aux mêmes conditions que celles de la forme catéchétique ; elles ne doivent porter que sur des choses traitées préalablement.

§ XI. — *La forme examinatoire.*

Il y a une différence bien sensible à établir entre *examiner* et *répéter*.

En examinant on a, il est vrai, également en vue d'exciter l'élève à se rendre compte de ce qu'il a appris, mais on ne se propose pas spécialement de graver plus profondément dans sa mémoire, les connaissances acquises ; le but de l'examen est plutôt de s'assurer s'il a saisi, compris et retenu ce qui lui a été expliqué.

Nous avons démontré, dans le paragraphe précédent,

que les répétitions proprement dites sont nécessaires ; nous en dirons autant de l'examen.

La forme examinatoire s'emploie tantôt pendant les leçons consacrées à l'explication de tel ou tel sujet, tantôt dans des heures spécialement assignées à l'examen, dans le but indiqué plus haut. L'instituteur, en agissant ainsi, parvient à apprécier les progrès de ses élèves, à connaître les défauts et les lacunes de leur instruction, et à découvrir ce qu'il reste à faire pour entretenir et fortifier davantage les dispositions de l'élève appliqué et studieux, pour stimuler celui qui manifeste quelque tendance à la négligence ou à la paresse, et enfin pour donner à tous une direction que réclame leur individualité.

Les questions que l'on adresse à l'élève, dans le but de l'examiner, doivent être en rapport avec les connaissances que celui-ci est censé posséder.

§ XII. — *La forme analytique et synthétique.*

Il est un bien petit nombre de personnes qui attachent aux paroles qu'elles prononcent, des représentations parfaitement exactes, des idées claires et nettes ; ce sont pour elles de simples mots, des noms d'objets qu'elles ont vus et dont elles ont entendu parler ; à peine sont-elles en état d'en indiquer l'une ou l'autre qualité plus ou moins saillante, et par laquelle tel objet se distingue de tel autre. Si un objet est d'une nature concrète, il suffit pour en avoir une idée, pour ne pas le confondre avec d'autres, d'en connaître le nom et d'avoir remarqué l'une ou l'autre de ses qualités caractéristiques ; mais lorsque l'objet est d'une nature abstraite, de sorte que ni la vue, ni l'ouïe, ni le toucher ne peuvent nous en faciliter la connaissance, alors cette connaissance est superficielle et ne suffit pas pour empêcher la confusion. C'est ainsi que l'on attribue souvent à la mémoire ce qui est du domaine de la raison, que l'on confond la valeur des expressions à cause de leur analogie, soit par rapport à la forme, soit par rapport au sens.

Acquérir des notions exactes, claires, précises, voilà le seul remède à cette confusion, à ces hésitations, à ce trouble intellectuel, qui peut avoir des conséquences très-graves sur notre manière de penser et d'agir.

Mais comment acquérir cette clarté, cette concision et cette netteté dans les idées, dans les représentations intérieures ?

Le chemin le plus direct pour arriver à ce résultat, est évidemment celui de l'analyse et de la synthèse, de la décomposition et de la recomposition : décomposer d'abord un tout en ses parties constituantes et en réunir ensuite celles que l'on a reconnues comme devant se grouper ensemble.

§ XIII. — *Règles à suivre dans l'application de cette forme de l'enseignement.*

1. Quand on veut faire une analyse, il faut d'abord bien examiner ce qui doit en être l'objet, il faut le décomposer dans son esprit. Si c'est une leçon entière, par exemple, du catéchisme, il faut en rechercher les principales parties. Si c'est une partie subordonnée, il faut y chercher les points et les subdivisions. Si c'est un point particulier ou une sous-division, il faut faire attention aux vérités et aux instructions particulières qui y sont contenues. Si c'est une simple période, il faut remarquer quelles propositions elle contient.

2. Toujours en analysant, il faut faire attention à la

manière dont les parties s'enchaînent les unes aux autres, et contribuent à l'ensemble.

3. Bien que, dans l'emploi de cette forme, on procède par questions comme dans les formes que nous avons exposées précédemment, nous ferons remarquer qu'ici il ne faut pas poser toutes les questions possibles, mais seulement les questions nécessaires.

4. En se livrant avec les élèves à ces exercices d'analyse, il est prudent d'imiter les parents qui, en servant les aliments à leurs enfants, les leur découpent en morceaux d'autant plus minces que leurs enfants sont plus petits et délicats.

§ XIV. — *La forme synthétique.*

La synthèse part de ce qui est déjà connu, mais il faut que l'objet soit connu sous toutes ses faces et choisi de préférence parmi les plus simples. Le maître a une raison particulière d'observer cette règle en ce que le cercle des pensées de ses enfants est encore étroit et borné. Il doit pouvoir déterminer exactement les limites et l'étendue de leurs idées et de leurs connaissances, pour ne rien mettre en avant qui leur soit encore étranger et inconnu. Ainsi, il faut que la matière des livres, aussi bien que des questions explicatives, soit puisée dans ce qui se passe sous leurs yeux, et que les scènes du monde y soient éclairées sous toutes leurs faces. Il ne faut pas s'imaginer que ces éclaircissements minutieux soient inutiles et que l'enfant fixe de lui-même son attention sur les objets qui lui tombent sous les yeux. Les choses ordinaires, par cela même qu'elles sont ordinaires, provoquent rarement l'attention. Une chose nous est souvent d'autant plus inconnue, qu'elle est plus près de nous, et combien de fois n'arrive-t-il pas que nous pensons d'autant moins à une chose, que les occasions d'y réfléchir sont plus fréquentes ?

L'instituteur dispose les premières connaissances ainsi préparées et déterminées, de manière à en faire sortir, comme une conséquence, la vérité qu'il veut enseigner. Chaque proposition de cet arrangement deviendra une question telle que la réponse donnée par l'enfant renferme toujours l'idée principale et nouvelle.

D'après ce que nous venons de dire, on voit que la synthèse commence par assembler les parties, puis elle réunit ces parties en un tout, et finalement elle donne à ce tout un nom.

La catéchisation synthétique commence par la démonstration, laisse à l'enfant lui-même tirer les conséquences, et finit par donner à la vérité ainsi trouvée l'expression propre ; tandis que l'analyse montre à l'enfant la maison toute bâtie, lui apprend la destination de tout, lui en fait remarquer les diverses parties et la manière dont elles concourent toutes au même but ; l'élève apprend à connaître une maison que d'autres ont bâtie. La synthèse conduit l'enfant sur le terrain, délibère avec lui sur les moyens de l'utiliser et d'y bâtir, elle rassemble avec lui tous les matériaux et lui fait accomplir l'œuvre sous la surveillance du maître ; *l'élève apprend à bâtir la maison.* (1)

§ XV. — *Forme dialogique.*

Le mot *dialogique* emporte l'idée d'un entretien, d'une conversation. Le dialogue, considéré comme forme d'enseignement, est une conversation entre deux ou

---

(1) Engling et Parizel.

plusieurs personnes qui ont pour but de s'instruire mutuellement en échangeant entre elles les rôles de maître et d'élève. Cette forme d'enseignement se distingue donc complètement de celles que nous avons examinées jusqu'ici.

1. Les personnes qui veulent s'instruire au moyen de la forme dialogique, doivent se trouver à peu près dans les mêmes conditions d'instruction ; il ne doit pas exister une trop grande différence dans leurs rapports extérieurs, afin qu'aucune des deux ne soit disposée à s'emparer par préférence du rôle de maître.

2. Les questions et les réponses ne doivent pas trop s'éloigner du but proposé ; sinon il en résulterait une causerie vague et qui ne serait d'aucune utilité.

4. Les personnes qui s'entretiennent sous la forme dialogique doivent laisser de côté toute prétention, toute passion et toute partialité ; elles doivent être profondément pénétrées de l'objet de la discussion.

4. De ce qui précède, il résulte évidemment que la forme dialogique ne peut être adoptée pour l'enseignement dans les écoles, puisqu'il y a une trop grande différence, sous tous les rapports, entre les individus qui s'y trouvent. Il peut cependant y avoir des établissements dont le programme désigne l'une ou l'autre leçon comme admettant les observations, questions, doutes, scrupules, opinions, avis, etc., etc , émis par les élèves.

Ces différentes formes d'observations ne peuvent jamais être considérées que comme des éclaircissements, des renseignements, des explications de la part de celui qui dirige la discussion.

CHAPITRE IV

DES DIFFÉRENTS MODES D'ENSEIGNEMENT.

Le mode de l'enseignement est, à proprement parler, la manière dont les connaissances sont transmises eu égard au nombre des élèves, à la disposition de la classe, aux habitudes du maître. Si l'instituteur s'adresse à un seul élève, s'il s'adresse à plusieurs, s'il s'adresse à un nombre tellement considérable qu'il ne puisse pas les surveiller tous, il lui faudra des manières différentes, des modes particuliers pour enseigner dans chacun de ces cas : aussi distingue-t-on plusieurs modes d'enseignement : le mode *individuel*, le mode *simultané*, le mode *mutuel* et le mode *mixte*.

§ Ier. — *Le mode individuel.*

Dans l'enseignement individuel, dit De Gerando, chaque élève reçoit directement et séparément les leçons de l'instituteur ; chacun se comporte à peu près comme s'il était seul ; le maître passe successivement de l'un à l'autre, lui trace sa besogne, le corrige.

Ce mode, qui est celui dont se sert le précepteur chargé d'instruire un ou deux enfants, a été adopté d'abord et très-généralement, parce qu'on s'est préoccupé des avantages qui en résultent dans l'éducation privée, parce qu'on n'a pas songé que les moyens efficaces dans la famille sont souvent tout à fait insuffisants dans l'école, étant fondés pour la plupart sur cette supposition que le maître n'a qu'un élève auquel il faut donner constamment toute son attention. Il est certain que l'enseignement individuel, en mettant le maître en contact immédiat avec chaque écolier, en l'obligeant à donner des soins spéciaux à chaque intelligence, permet d'avoir continuellement égard aux dispositions et à la capacité de l'enfant, à constater chacun de ses progrès, à lui fournir les conseils spéciaux qui lui conviennent. Mais les bienfaits qui résultent de la multiplicité des relations directes du maître et de l'élève sont entièrement paralysés dans toute école un peu nombreuse.

En outre, l'enfant dans l'école ainsi organisée, se trouvant dans la même position que s'il était seul, ne profite d'aucun des moyens d'excitation que toute réunion d'enfants fournit si aisément. En même temps il est exposé aux inconvénients ordinaires de semblables réunions : tout ce qu'il peut y avoir de fâcheux pour la conduite et les mœurs dans une assemblée de jeunes élèves, devient d'autant plus difficile à éviter, que l'obligation où se trouve le maître de s'occuper exclusivement de chacun l'empêche de veiller sur tous. La discipline est à peu près impossible à maintenir, si on ne veut pas avoir recours à toutes ces odieuses ressources de la force brutale qui n'amènent l'ordre et la régularité qu'à l'aide de la terreur et de l'abattement physique et moral.

§ II. — *Le mode simultané.*

L'enseignement simultané a pour objet de faire participer dans le même temps à une leçon donnée par le maître, tous les élèves capables de la recevoir. Elle consiste à diviser, d'après leur degré d'instruction, les enfants en plusieurs classes, et à faire lire, écrire, calculer ensemble tous ceux d'une même classe ; de telle sorte que chaque élève profite de la leçon donnée à tous les autres. On voit, du premier coup d'œil, la supériorité d'un tel enseignement sur l'enseignement individuel. Le temps qui, consacré à un seul, aurait été dérobé, pour ainsi dire, à tous les autres, n'est plus employé que pour l'utilité générale. Les avantages résultant de l'application de ce mode ne peuvent toutefois se produire que sous certaines conditions que nous exposerons plus loin au paragraphe intitulé *mode mixte.*

§ III. — *Le mode d'enseignement mutuel.*

Le mode mutuel consiste à instruire simultanément un grand nombre d'enfants dans un local vaste et approprié à cette fin.

Des élèves, qu'on appelle *moniteurs,* sont chargés d'enseigner la lecture, l'écriture, le calcul, etc., à un groupe de leurs condisciples, en se conformant aux instructions qui leur ont été préalablement transmises par le directeur. Ces moniteurs stimulent, par des récompenses et souvent par des punitions peu méritées et cruelles, l'attention et l'activité de leur petit troupeau. Depuis l'introduction de ce mode d'enseignement par Bell et Lancaster, deux hommes dont nous sommes forcé de respecter les intentions, en applaudissant au but qu'ils se proposaient : *donner à peu de frais de l'instruction à beaucoup d'enfants :* depuis, disons-nous, l'introduction de ce mode, on lui a fait subir certaines modifications qui ont contribué à le rendre tant soit peu plus pratique et rationnel.

Ce qu'il y a de caractéristique dans ce mode, ce sont les points suivants :

1. D'instruire un grand nombre d'enfants par les soins d'un seul instituteur, à l'aide des moniteurs, qui

sont choisis parmi les élèves les plus avancés, les plus sages et les plus dignes.

2. Former des groupes d'enfants qui ont atteint le même degré de connaissance en lecture, en écriture et en calcul, et auxquels le moniteur donne la leçon qui lui a été désignée préalablement par l'instituteur en chef.

N'oublions pas d'ajouter que l'enseignement mutuel exige un arrangement matériel excessivement coûteux et qui souvent rencontrerait de grands obstacles de la part de nos financiers communaux.

§ IV. — *Le mode mixte.*

Ce mode est une combinaison de deux modes précédemment développés : ou du *mode simultané* et du *mode mutuel*, ou du *mode simultané* et du *mode individuel*. Nous avons fait connaître les raisons qui nous portent à ne pouvoir recommander l'introduction dans nos écoles du mode mutuel ; nous jugeons inutile aussi d'entrer dans quelques explications au sujet de la première de ces combinaisons, tandis que nous avons plus de raisons de faire ressortir ici les avantages résultant de l'emploi du mode mixte, c'est-à-dire du *mode simultané-individuel*.

Ce mode d'enseignement est, pour les écoles publiques, celui qui présente le plus d'avantages, attendu qu'il réunit tout ce que l'enseignement individuel et l'enseignement simultané ont de bon, et qu'il répudie tout ce qu'ils ont de mauvais. Il favorise l'émulation en faisant participer tous les élèves à la leçon et en leur procurant l'occasion de montrer ce qu'ils savent ; tandis que les deux modes, pris chacun à part, tuent l'émulation et rendent l'enseignement ennuyeux.

Si maintenant nous ajoutons que l'enseignement, en faisant alterner le mode simultané avec le mode individuel, s'empreint d'un charme tout particulier, qu'il occupe l'enfant et satisfait à son désir naturel de variété, et qu'en outre il permet à l'instituteur d'établir des rapports plus fréquents avec ses élèves, nous croyons en avoir dit assez en faveur d'un mode que nous jugeons seul de nature à produire dans nos écoles des résultats satisfaisants.

TROISIÈME PARTIE

MÉTHODOLOGIE SPÉCIALE

MÉTHODE ÉLÉMENTAIRE.

Si, en suivant le cours de nos idées, nous examinons différents phénomènes de la vie ordinaire, nous pouvons, sans crainte d'un démenti de la part des hommes pratiques, avancer que la méthodologie, science difficile, a été beaucoup étudiée et mal comprise, ou du moins appliquée imparfaitement.

On négligeait la culture des diverses facultés des élèves pour s'occuper exclusivement de la mémoire ; on méconnaissait le caractère et le but de l'enseignement élémentaire, lequel consiste à développer les *éléments* déposés *dans* l'enfant au moyen des éléments qui sont *en dehors* de lui.

Par *éléments intérieurs*, nous entendons les germes, les dispositions naturelles innées, mais qui ne se trouvent pas encore éveillés comme les facultés physiques.

Les *éléments extérieurs* se composent de tout ce qui nous environne et de tout ce qui peut agir sur nos sens.

Or, toute école élémentaire, à moins de manquer à sa mission doit tenir compte de ces *éléments intérieurs* et *extérieurs*, en profitant des impressions accidentelles qu'éprouve l'enfant, au moyen du langage, par exemple, de manière que des exercices habilement gradués conduisent l'élève, à mesure que s'étend l'horizon de ses idées, à une espèce d'indépendance que nous appellerons l'émancipation intellectuelle.

On commencera par se pénétrer de cette vérité fondamentale en éducation , à savoir que toute connaissance nouvelle doit se rattacher à ce que l'enfant sait déjà.

En effet, il est impossible de rien créer de neuf. L'enfant possède des dispositions qu'il tient du Créateur, et il y ajoute ce que le travail des hommes a produit. De même qu'il n'y a pas de moyens artificiels qui puissent changer un pygmée en géant, de même on ne fera pas sortir les facultés intellectuelles des limites que Dieu leur a assignées. C'est au zèle, à l'intelligence, à la volonté du maître, secondé par le zèle, l'intelligence, la volonté de l'élève, à obtenir le plus grand succès possible, pourvu que Dieu bénisse leurs efforts mutuels.

L'école élémentaire doit enseigner l'art de conduire l'élève au plus haut degré de perfectionnement individuel ; il faut donc pour cela une certaine connaissance des principes psychologiques, dont l'application sert à traiter chaque élève, selon son individualité.

Nous pourrions renvoyer nos lecteurs aux ouvrages spéciaux où ces questions sont plus ou moins bien élucidées ; mais il ne sera pas inutile de résumer ici quelques-uns de ces principes.

1. On remontera aux premières manifestations intellectuelles de l'enfant auquel on fera suivre graduellement et sans lacune les phases diverses de la formation de son intelligence.

2. Observer le développement naturel de l'enfant, puis établir une liaison intime entre les connaissances

qu'il possède déjà et celles qu'on veut lui communiquer, sans lui permettre un second pas avant qu'il ait fait avec assurance le premier.

3. Affermir sans relâche chaque force nouvellement développée en la complétant par l'exercice.

4. Montrer aux enfants le chemin, et les abandonner à eux-mêmes pour qu'ils s'orientent et marchent en avant ; enfin exiger d'eux le compte-rendu de ce qu'ils ont fait, et pourquoi ils l'ont fait.

5. Diriger les enfants de sorte qu'ils établissent la différence entre leur manière de se représenter les objets intérieurement et ce qui constitue ces objets ; les accoutumer aussi à juger de l'impression intérieure que leur causent les objets extérieurs, pour qu'ils apprennent à se connaître eux-mêmes.

6 En développant les facultés au moyen de notions utiles, s'attacher à l'unité et à l'harmonie, en évitant de perfectionner une faculté aux dépens d'une autre.

Moyennant l'observation de ces principes généraux, la méthode élémentaire devient solide, attrayante, rationnelle. Elle éveille chez l'élève le sentiment de la force tout en ne le guidant que lorsqu'il a besoin d'être soutenu ; comme elle profite de premières conconceptions de l'enfant, elle réunit *amusement* et *encouragement*.

C'est d'ailleurs le système conforme aux lois de la nature. Ainsi, on commence par ce qui est simple pour aller de là au composé; on procède par intuition, du facile au difficile ; on rend les leçons intéressantes, on captive l'attention de l'élève ; enfin, pour arriver au but, il ne s'agit pas de la matière à traiter, mais de l'enfant à former.

Nous ne craignons point la critique des hommes compétents en soutenant que la méthode élémentaire doit être la même pour toutes les branches d'enseignement. N'est-elle pas fondée sur les lois du développement naturel des facultés de l'homme, lois identiques malgré la diversité des nuances?

Ceci admis, on trouvera logique la question suivante : Par quels exercices chaque méthode élémentaire doit-elle commencer pour rendre l'enseignement ultérieur possible et fructueux ?

Nous entendons par enseignement ou instruction toute communication, tout procédé qui a pour but de faire acquérir des *connaissances* et du *savoir-faire*. Cette communication a lieu par l'intuition ou par la parole. L'intuition se présente généralement de soi, et, à la rigueur, n'appartient point à l'instruction. Mais il n'en est pas de même de représentations que l'intuition laisse dans l'âme de l'enfant, et qui donnent naissance, au moyen de comparaisons ou de combinaisons, à un autre ordre de représentations, aux idées.

Pour traduire les images et les idées, l'esprit a recours à des signes, aux *mots*, lesquels provoquent chez l'auditeur les mêmes représentations que chez celui qui parle.

L'enseignement, ou plutôt le maître qui enseigne, éveille donc dans l'âme de l'élève les représentations qui s'y trouvent déjà, ou suscite en lui de nouvelles combinaisons ; on peut encore étendre le cercle des représentations intérieures en révélant à l'élève des mots nouveaux, et *vice versa* ; enfin, en combinant les représentations analogues de manière à provoquer, même sans intuition, une série d'idées nouvelles.

La réunion des signes au moyen desquels nous exprimons nos idées s'appelle *la langue, le langage* ; c'est la manière de désigner un objet, une qualité, une action quelconques, au moyen de sons articulés. L'intelligence d'une langue, la compréhension du langage, supposent, par conséquent, la connaissance et de l'objet et du signe déterminant cet objet.

Les enfants, qui entrent à l'école, ont, il est vrai, un certain répertoire de mots, un vocabulaire plus ou moins vaste ; mais l'expérience quotidienne prouve combien leurs connaissances sont incomplètes et mauvaises tant pour le sens des expressions que pour la prononciation.

Aussi, avant que les élèves puissent comprendre le maître, avant l'instruction proprement dite, il faut :

1. Exercer l'élève à prononcer clairement, distinctement, correctement les sons, les syllabes et les mots.

2. Faire marcher de front avec cet exercice de la parole le développement des sens comme instruments des intuitions extérieures et intérieures, ainsi que de la connaissance de soi-même.

3. A ces exercices, rattacher la désignation des objets et les intuitions qui constituent l'économie du langage. Ces exercices par intuition et par la parole sont les conditions indispensables pour rendre l'enseignement fructueux, et le moyen certain pour arriver à l'émancipation intellectuelle du jeune élève.

Nous avons dit que les enfants, à leur entrée à l'école, possèdent déjà un certain nombre de mots ; ils ont aussi d'autres notions ; mais il leur manque la clarté, la concision, l'enchaînement. On peut les comparer à un réservoir où l'on aurait réuni plusieurs liquides, se contrariant au lieu de s'amalgamer. Ces idées superficielles, inexactes, fausses, ne peuvent pas servir de base à un enseignement solide ; on bâtirait sur le sable.

Néanmoins, il y a là une provision utile, où il suffit de puiser, en coordonnant les idées et les mots, les objets et leurs signes, pour en faire les fondations de l'édifice de l'enseignement.

L'instituteur aura donc soin de débrouiller ce chaos et de développer par degrés l'intelligence de l'enfant, dans l'âme duquel est inscrit le programme entier de l'enseignement, en caractères faibles sans doute, mais qui guident l'ordre des leçons ; elles n'ont qu'à y ajouter *ordre*, *clarté*, *concision*, *précision* ; *l'habitude* et la *réflexion* feront le reste.

Pour atteindre ce but, l'exercice de la parole est le grand moyen : car c'est par la parole que l'instituteur s'assure si l'enfant a compris, si ses idées sont claires et exactes. Mais combien de difficultés pour faire parler les enfants, surtout ceux des classes ouvrières et rurales ! Pourtant la prospérité de l'enseignement ne s'obtient qu'à ce prix. Sans cela, on ne réparera jamais le vice fondamental d'une instruction manquée, qui croule par sa base.

Il nous serait facile de citer des exemples ; mais tous les hommes d'école les connaissent ; nous dirons seulement qu'il importe de tenir compte des dispositions naturelles des élèves. N'oublions jamais qu'un enfant bien doué sous le rapport de l'intelligence, ne peut pas être dirigé comme son camarade moins heureux à cet égard. Toutefois, malgré la différence des dispositions et des moyens, il n'y a qu'une méthode élémentaire pour tous ; *mais le point de départ varie selon la capacité individuelle de chaque élève.*

MÉTHODE DE RELIGION

CHAPITRE PREMIER

CATÉCHISME, HISTOIRE SAINTE ET LES PRIÈRES

But. — Rendre les enfants heureux en cette vie et en l'autre en leur faisant connaître Dieu le père, Dieu le Fils et Dieu le Saint-Esprit. — En faire de sincères adorateurs et de fidèles serviteurs de Dieu. — Exciter et entretenir en eux un vif désir du ciel joint à une véritable crainte et à un sincère amour de Dieu. — Leur inspirer du goût et du courage pour s'exercer à l'acquisition des vertus. — Enfin, graver dans la mémoire des élèves, les principales vérités de la doctrine chrétienne et les habituer à s'occuper de ces vérités salutaires de la religion et à les pratiquer chaque jour de leur existence.

RÉFLEXIONS GÉNÉRALES

Les sept ou huit premières années d'un enfant sont, de toute sa vie, la portion la plus importante et la plus décisive pour son avenir. On ne peut donc commencer trop tôt l'éducation religieuse et morale de l'enfance. Telle est la volonté du Seigneur : « Faites venir à moi les petits enfants, dit-il, et ne les en empêchez pas ; car le royaume de Dieu est pour ceux qui leur ressemblent. »

Leur caractère impressionnable, leur naïveté d'esprit, la pureté et l'innocence de leur cœur, tout dispose ces petits enfants à écouter la parole de Dieu, à entendre les vérités divines, pourvu qu'on les leur communique d'une manière simple et à la portée de leur intelligence. Autrement, comment concevoir leur tranquillité, leur attention ? comment expliquer leur émotion, leur félicité intérieure quand on leur parle du bon Dieu, de l'enfant Jésus, de l'ange gardien, du premier homme, etc.

Déjà, dès la maison paternelle, on a jeté dans leurs âmes les germes des sentiments religieux. La confiance des enfants dans leurs parents, leur amour et leur attachement pour eux, dirigent leur vue vers Dieu qui est leur père, celui de leurs parents et le père invisible de tous les hommes.

En exhortant les enfants à l'obéissance, en les engageant à se bien conduire, en leur montrant sans cesse Dieu comme notre législateur et notre rémunérateur, les parents donnent l'éveil à leur conscience.

On a dit à l'enfant qu'il est devenu chrétien et enfant de Dieu par le baptême, qu'il appartient à l'Eglise catholique, qu'il est créé pour le ciel. Dans son village il voit l'église où se rassemblent les fidèles pour prier Dieu et pour l'adorer ; il y accompagne ses parents, ses frères et sœurs, il y remarque les cérémonies de la religion ; il prend part lui-même, autant que son âge le permet, aux différents exercices de piété qui s'y pratiquent. Sa mère lui a appris à faire le signe de la croix, elle lui a enseigné les premiers éléments du catéchisme : elle l'a habitué à joindre les mains pour prier, elle l'a disposé à élever souvent son cœur vers Dieu, son père céleste, pour le remercier des bienfaits dont il le comble tous les jours ; il récite tant bien que mal l'Oraison dominicale, la Salutation angélique et les autres prières que sa mère lui a apprises.

L'enfant entre à l'école avec ces premières notions. Ses connaissances sont peut-être encore de pure forme ; les paroles qu'il prononce, il n'en comprend pas la valeur ; ses idées à ce sujet sont vagues et incertaines ; n'importe ! les éléments de la foi et de la morale qu'on lui a enseignés n'en ont pas moins laissé en lui une impression plus ou moins profonde, et il est préparé à recevoir une instruction plus étendue, à mesure que son intelligence se développera.

Se refuser à admettre l'influence de la maison paternelle quant à l'éducation religieuse et morale des commençants, ce serait s'exposer à voir ceux-ci attacher moins d'importance à l'enseignement de la religion qu'aux autres branches. En agissant de la sorte, on donnerait à l'enfant une malheureuse direction : il ferait tous ses efforts pour apprendre ce qui lui promet des succès dans le monde, et il négligerait le plus important, ce qui concerne la vie éternelle.

L'enseignement de la religion doit comprendre tout ce qui est en rapport avec le degré d'intelligence des élèves, tout ce qui est nécessaire à cet âge, pour éveiller le sentiment moral et religieux. Il faut donc enseigner les points principaux de la foi et de la morale. Ensuite, puisque l'enfant prend déjà part aux prières communes, au service divin, à la sainte messe, aux fêtes et aux cérémonies religieuses ; puisqu'il se conforme aux pratiques pieuses, qu'il prend de l'eau bénite, qu'il fait le signe de la croix, etc., etc., il convient de lui donner les explications nécessaires pour qu'il ne remplisse pas ces actes religieux machinalement et sans savoir ce qu'il fait.

Donc le cours de religion embrassera : *a) l'enseignement des prières ; b) l'enseignement de l'Histoire sainte* et *c) l'enseignement du Catéchisme.* Nous aurions dû, afin de procéder méthodiquement, nous conformer dans ce travail à cet ordre ; mais différentes considérations nous ont déterminé à commencer par la chose la plus urgente pour nos écoles et la famille, par l'enseignement du catéchisme.

On sait que chaque leçon du catéchisme contient *une* ou *deux* questions et réponses *principales ;* les autres n'en sont que la conséquence ou l'explication. Pour cette raison nous nous sommes astreint à développer, tout au long, ces questions essentielles, et pour les questions moins importantes, à donner les explications des mots difficiles seulement. Les personnes chargées d'enseigner le catéchisme ne trouveront aucune difficulté à faire le reste, en suivant la marche indiquée par les exemples pratiques.

Il importe encore de faire observer ici que, lorsque la leçon de catéchisme est donnée au cours inférieur, c'est-à-dire, aux enfants très-jeunes encore et dont la conception est très-limitée, il faut être sobre dans l'explication des mots, ou même la réserver pour le cours plus avancé. Ces explications trop multipliées ou inintelligibles encore pour les enfants de cet âge rendraient ceux-ci distraits et la leçon deviendrait pénible. On se bornera, par conséquent, dans la leçon de catéchisme, donnée aux enfants de sept et huit ans :

1° A la lecture convenable des questions et des réponses :

2° à la décomposition de ces dernières en propositions ou en phrases simples ;

3° à expliquer ce qui n'est pas trop difficile à comprendre et enfin

4° à faire apprendre par cœur et à réciter convenablement la leçon.

Manière de donner la leçon.

1° Il faut appeler l'attention de l'élève sur le *chiffre* et sur le *titre* de la leçon ;

2° Faire une petite introduction tirée, soit de la leçon qui précède, soit de celle qu'on doit donner ;

3° Laisser de côté la question même du catéchisme et poser ce qu'on appelle une sous-question en vue de faire reproduire, aussi textuellement que possible, la première phrase qu'on cite ;

Les enfants ont en main le catéchisme ouvert, et ils y cherchent la réponse à la question posée ;

4° Avant de poser la première sous-question, il sera bon de faire lire convenablement une ou deux fois la question et la réponse du catéchisme ;

5° Quand on a expliqué toute la réponse du catéchisme, phrase par phrase, on fait fermer le catéchisme et on fera les mêmes sous-questions ; les enfants tâcheront de répondre de mémoire. A mesure qu'on avance, on réunit les réponses partielles jusqu'au bout. Alors on adresse la *question synthétique du catéchisme*, en ayant soin de l'expliquer au besoin ;

6° On n'oubliera pas d'ordonner aux enfants, comme devoir à remplir chez eux, d'apprendre exactement par cœur la partie du catéchisme qui leur a été expliquée ;

7° On se souviendra que le meilleur moyen de jeter de la clarté, de l'intérêt, sur une leçon de catéchisme c'est l'*application des faits de l'Histoire sainte* ;

8° Dans la partie historique du catéchisme, on exercera les élèves à réciter, d'une manière suivie, les réponses complètes, à mesure qu'ils les auront apprises. Ce sera pour eux un excellent résumé d'histoire sainte ;

9° Qu'on n'oublie pas non plus qu'une habitude naturelle des enfants est de répondre machinalement et sans faire aucune attention à ce qu'ils disent. On veillera donc sans cesse au ton de voix qu'ils prennent, afin de les corriger et d'éviter le ton chantant et criard;

10° Pour s'assurer s'ils ont compris la réponse donnée, il suffit de leur adresser la même question en *d'autres termes*, ou de la faire porter sur une *autre partie* de la proposition.

Manière de préparer la leçon.

Pour préparer convenablement une leçon, il faut :

1° Réduire la réponse du catéchisme en phrases aussi courtes que possible ;

2° Mettre chacune de ces phrases sous forme d'interrogation ;

3° Chercher d'où peuvent naître quelques difficultés ; c'est le moyen le plus sûr de trouver le procédé propre à les faire disparaître ;

Cette obscurité peut avoir pour source :

a) Un mot inconnu des enfants ;

b) Un terme abstrait ;

c) Une expression générale ;

d) Une métaphore ;

e) Un pronom, surtout le pronom indéfini ;

f) Quelque chose de sous-entendu ;

g) Une inversion ;

4° Préparer une application morale résultant naturellement du sujet.

EXEMPLES PRATIQUES.

I. Leçon du Catéchisme de Malines, page 15.

Question. Quelle est la plus salutaire de toutes les connaissances ?

Réponse. C'est la connaissance de la doctrine chrétienne qu'on nous enseigne dans le catéchisme.

A. Décomposition de la réponse du catéchisme en phrases simples.

1. La plus salutaire de toutes les connaissances est la connaissance de la doctrine chrétienne.
2. On nous enseigne la doctrine chrétienne (en abrégé) dans le catéchisme.

B. Sous-questions.

1. La connaissance de *quelle* doctrine est la plus salutaire de toutes les connaissances ?
2. *Où* nous enseigne-t-on la doctrine chrétienne (en abrégé) ?

C. Explications des mots difficiles.

La plus salutaire de toutes les connaissances, c'est-à-dire la connaissance la plus utile, la plus avantageuse pour le salut de l'âme ?

La doctrine chrétienne. DOCTRINE = ce qu'on enseigne.

Doctrine chrétienne = ce que le Christ a enseigné ; donc l'enseignement du Christ.

D. Substitution des mots expliqués aux mots difficiles.

1. La connaissance la plus utile, la plus avantageuse pour le salut de nos âmes est la connaissance des choses que le Christ a enseignées aux hommes.
2. On nous enseigne ces choses dans le catéchisme.

E. Forme de la question synthétique du catéchisme.

Quelle est la connaissance la plus utile, la plus avantageuse pour le salut de nos âmes ?

La connaissance la plus utile, la plus avantageuse pour le salut de nos âmes est la connaissance des choses que le Christ a enseignées aux hommes et qui sont contenues (en abrégé) dans le catéchisme.

Autre question de la même leçon, p. 15.

Question. Qu'est-ce que la doctrine chrétienne ?

Réponse. C'est l'abrégé de tout ce que Jésus-Christ a enseigné et que tout chrétien doit savoir et pratiquer pour être sauvé.

A. Décomposition de la réponse du catéchisme en phrases simples.

1. La doctrine chrétienne (sous-entendu qu'on enseigne dans le catéchisme) est l'abrégé de tout ce que Jésus-Christ a enseigné.
2. Tout chrétien doit : 1° savoir la doctrine chrétienne ;
3. Tout chrétien doit : 2° pratiquer la doctrine chrétienne.
4. Tout chrétien doit savoir et pratiquer la doctrine chrétienne pour être sauvé.

B. Sous-questions.

1. De quoi la doctrine chrétienne (qu'on nous enseigne dans le catéchisme) est-elle l'abrégé ?
2. Qu'est-ce que tout chrétien doit savoir ?
3. Quelle chose tout chrétien doit-il pratiquer ?
4. Pourquoi tout chrétien doit-il savoir et pratiquer la doctrine chrétienne ? — Ou bien : que doit savoir et pratiquer tout chrétien pour être sauvé ?

C. Explications des mots difficiles.

La doctrine chrétienne (telle qu'on nous l'enseigne dans le catéchisme) est l'*abrégé,* c'est-à-dire le *principal* en peu de mots de tout ce que Jésus-Christ a enseigné, et que tout chrétien doit savoir....

— *Tout chrétien doit pratiquer la doctrine chrétienne,* c'est-à-dire : Tout chrétien doit *faire* ce qu'on ordonne dans la doctrine chrétienne.

— *Pour être sauvé* = pour gagner le bonheur du ciel, le paradis.

D. Substitution des mots expliqués aux mots difficiles.

1. La doctrine chrétienne est le principal de tout ce que Jésus-Christ a enseigné.
2. Tout chrétien doit : 1° savoir la doctrine chrétienne.
3. Tout chrétien doit : 2° *faire* ce qui est commandé dans la doctrine chrétienne.
4. Tout chrétien doit savoir la doctrine chrétienne et faire ce qui y est commandé pour gagner le paradis.

E. Forme de la question synthétique du catéchisme.

Qu'est-ce que la doctrine chrétienne (telle qu'on l'enseigne dans le catéchisme) ?

La doctrine chrétienne (.....) est le principal de tout ce que Jésus-Christ a enseigné. Tout chrétien doit savoir la doctrine chrétienne et *faire* ce qui est commandé dans la doctrine chrétienne pour *gagner le paradis.*

F. Application de l'Histoire sainte.

Vous vous rappelez, mes enfants, ce que Jésus a fait à l'âge de 30 ans. Où a-t-il été après avoir reçu le baptême des mains de saint Jean-Baptiste ?

Après avoir passé 40 jours et 40 nuits dans le jeûne et dans la prière au désert, Jésus se mit à parcourir la Judée pour instruire les hommes.

De qui parlait-il souvent aux hommes ? — Pourquoi leur parlait-il de Dieu son père ? — Que disait-il qu'il fallait faire pour se rendre agréable à Dieu ? — Vous rappelez-vous aussi ce qu'il a enseigné sur notre âme ? etc., etc., etc.

Jésus, mes enfants, a encore appris beaucoup de choses aux hommes. Savez-vous comment on appelle toutes les choses qu'il a enseignées ?

Réponse. — On appelle toutes les choses que Jésus a enseignées, la doctrine chrétienne.

Qu'est-ce donc que la doctrine chrétienne ?

Autre exemple.

Si on mettait dans un livre tout ce que Jésus a enseigné, non-seulement ce livre serait grand, mais il en faudrait plusieurs. Vous avez un petit livre, le catéchisme, dans ce livre on a mis les choses les plus importantes que Jésus a enseignées et on les a mises en peu de mots. Quel est ce livre ? Pourquoi dites-vous maintenant que le catéchisme est l'abrégé de la doctrine chrétienne ?

CHAPITRE II.

LA PRIÈRE DANS LES ÉCOLES.

Dans un grand nombre d'écoles, la prière se fait trop souvent du bout des lèvres, sans dignité, d'une façon pour ainsi dire artificielle ; c'est un tumulte, une confusion digne des vendeurs installés dans le temple à Jérusalem.

C'est à l'instituteur surtout qu'il faut nous adresser; c'est à lui qu'appartient l'autorité dans l'école, c'est donc de lui que les enfants doivent apprendre à prier. Pour cela il est nécessaire qu'il sache prier lui-même. Un seul charbon brûlant peut, si le vent souffle, allumer tout un monceau ; un charbon éteint n'enflamme pas. Aussi longtemps que l'esprit de la prière ne s'est pas répandu sur l'instituteur lui-même, celui-ci ne parviendra pas à faire éclore en ses élèves le désir de prier.

Les enfants fréquentent quelquefois l'école pendant six à sept ans, et au bout de ce temps, ils ne savent pas encore *prier*. Après un examen consciencieux de ce qui se passe dans les écoles, nous remarquons que la prière s'y fait sans aucune ferveur, sans aucune piété, sans aucun élan du cœur ou de l'âme ; les enfants récitent les prières comme s'ils récitaient toute autre leçon ; le principal y manque, leur prière n'est qu'une enveloppe sans le fruit. Que faut-il donc pour que la prière se dise convenablement? Prêchez d'abord d'exemple ; montrez aux enfants que vous-même vous priez avec une piété sincère, que vous êtes intimement pénétré de l'efficacité de la prière ; ensuite observez les points suivants.

1. L'enfant doit se trouver dans les dispositions convenables pour s'adresser à celui qui est son Père et le Père de tous les hommes. On exigera donc des élèves une tranquillité absolue et un maintien décent. On évitera avec soin toute espèce de bruit, toute distraction ; on les empêchera d'arranger leurs livres, ou de s'agiter avec trop de précipitation et d'étourderie pour quitter leurs places.

2. Il faut s'opposer énergiquement à ce que les élèves disent la prière machinalement, avec un accent criard ou monotone ; ils doivent avoir les yeux baissés et les mains jointes, prendre un ton grave et s'énoncer lentement.

3. Si l'on récite d'autres prières que celles prescrites par l'autorité ecclésiastique on doit veiller à ce que ces prières soient à la portée des enfants, à ce qu'elles ne renferment aucun terme scientifique, aucune expression inintelligible.

Voici quelques sujets très-propres à faire naître des réflexions pieuses dans l'esprit de la jeunesse.

a. La santé des enfants.

b. L'enfant dans ses rapports avec ses parents.

c. L'enfant dans ses rapports avec l'école et ses condisciples.

d. La nourriture et les habillements.

e. La nature et ses événements.

f. Principalement les vérités de la doctrine chrétienne qui ont des rapports avec la vie de l'enfant.

g. La maladie d'un élève ou de ses parents, etc.

Monseigneur Gruber dit, relativement aux prières : « Si vous aimez Dieu, mes enfants, vous aimerez aussi » à prier. Vous pouvez prier, lorsque, en allant à

» l'école ou à l'église, vous rencontrez des arbres qui » fleurissent ou qui sont chargés de fruits ; lorsque » vous voyez les grains qui mûrissent, et lorsque vous » voyez le soleil, etc. En voyant toutes ces choses, vous » devez diriger vos yeux et votre cœur vers le ciel, » vers Celui qui les a faites, qui les a créées, qui les » conserve, et vous devez alors vous réjouir de ce que » le bon Dieu a fait et l'en remercier. Une autre fois » vous penserez ainsi : O mon Dieu, de même que » vous faites fleurir les arbres, de même aussi veuillez » orner mon âme de vertus ; ou bien : Vous avez fait » produire à cet arbre de bons fruits, aidez-moi, mon » Dieu, afin que je fasse aussi de bonnes œuvres, par » lesquelles je puisse vous montrer mon amour et ma » reconnaissance. Lorsqu'un orage éclate, pensez à » Dieu qui montre sa puissance dans un tel phénomène, » et priez-le de vous préserver de tout malheur ; priez- » le de vous accorder de la persévérance dans l'obser- » vation de ses commandements. Ah ! mes chers en- » fants, aimez toujours Dieu et il vous accordera la » grâce de la prière. »

4. On aura soin de choisir, pour dire la prière, les élèves qui se distinguent par leur conduite ; on leur montrera ainsi que celui-là seul doit prier, qui en est digne.

5. Quant au temps consacré à la prière dans les écoles, nous répétons ce qui est dit dans la circulaire émanant de l'autorité ecclésiastique : Faites prier avant et après la classe. Nous devons commencer la journée en exprimant à Dieu nos sentiments de reconnaissance de ce qu'il nous a préservés pendant la nuit de tout danger et de tout mal. Nous devons la terminer en le remerciant des bienfaits qu'il nous a accordés pendant le jour. Il faut, par une prière efficace, faire pénétrer

dans l'âme de l'enfant les instructions qu'il a reçues pendant les heures de classe ; il faut lui donner dans sa prière une arme avec laquelle il puisse lutter avec énergie contre les tentations du mal, un véritable préservatif contre le vice.

HISTOIRE SAINTE

CHAPITRE III

---

§ Ier. — *Ancien Testament.* — *Dieu le Père, créateur, conservateur et modérateur du monde.*

1. — CRÉATION DU CIEL ET DE LA TERRE.

1. *Récitation de l'histoire.* — Le soleil que l'on voit resplendir au ciel pendant le jour, la lune et les étoiles qui y étincellent la nuit, n'ont pas brillé de tout temps. De même, les montagnes et les vallées, les pierres, l'eau, les poissons, les arbres, les plantes, les oiseaux ont eu un commencement. Mais le bon Dieu a toujours existé ; *il est de toute éternité ; il a fait tout ce qui est.* Dieu a dit : Que la lumière soit ! et la lumière fut. Il a dit : que le firmament soit créé ! et le firmament fut créé aussitôt, etc. etc.

Nous ne voulons point répéter ici tout au long les narrations telles qu'on doit les présenter aux enfants.

Quelques mots suffiront pour indiquer la manière d'entrer en matière et de procéder à l'exercice. Nous nous bornerons à une esquisse rapide.

Dans la récitation, on réserve autant que possible le texte de l'histoire sainte, en s'attachant aux traits principaux, et en supprimant les circonstances accessoires.

2. *Application morale du récit précédent.* — 1. Dieu a créé le ciel et la terre. Il a dit : Que tout soit fait ! et tout fut fait. Dans le ciel, il a placé des anges dont je vous parlerai plus tard. Il a rendu la terre solide, il y a fait couler l'eau, il y a fait croître l'herbe, les arbrisseaux, les arbres. Au-dessus de nos têtes, il a placé le soleil et les étoiles ; sur la terre, les animaux ; dans l'eau, les poissons.

Tout ce que Dieu a voulu créer, il l'a fait. Voilà pourquoi nous disons : *Dieu est le Créateur de toutes choses.*

Par la volonté de Dieu, l'éclatant soleil se lève et produit le jour, afin que les hommes puissent voir et travailler. Par la volonté de Dieu, le soleil se couche pour donner aux hommes fatigués par le travail le temps de se reposer. Que le bon Dieu a bien arrangé les choses ! C'est lui encore qui fait croître chaque année de l'herbe pour la nourriture des animaux, et du blé et des fruits pour la nourriture des hommes. Il veille ainsi à la conservation des êtres qu'il a créés, etc.

Observation. — Un point essentiel, c'est d'éviter la confusion dans les applications. Si l'on veut en rattacher plus d'une à la même histoire, on se bornera à en faire une lors de la première leçon et l'on réservera l'autre pour la répétition de cette leçon.

2. — CRÉATION DE L'HOMME.

1. *Récitation.* — Le ciel et la terre furent créés et destinés à la demeure d'Adam et d'Eve. — Dieu dit, etc. (1)

2. *Application.* — Dieu créa Adam et Eve bons et innocents. Tout ce que Dieu a créé est bon. Tout ce que Dieu fait est bien fait. Dieu aime tous les hommes qui sont bons. Ceux-ci sont ses enfants chéris.

3. — LE PARADIS TERRESTRE.

1. *Récitation.* — Dieu avait créé un très-beau jardin ; il y plaça l'homme qu'il avait formé, etc.

2 *Application.* — Qu'ils furent heureux, Adam et Eve ! Dieu voulait rendre tous les hommes aussi heureux. Combien il aime les hommes ! Que de soins il a pour eux ! Nous devons aussi à notre tour aimer Dieu par-dessus toutes choses.

4. — CHUTE D'ADAM ET D'EVE.

1. *Récitation.* — Adam et Eve pouvaient manger des fruits de tous les arbres ; etc.

2. *Application.* — Adam et Eve avaient désobéi à Dieu ; *ils avaient commis le péché.* — Quelle ingratitude envers le bon Dieu ! ils s'étaient rendus bien coupables.

On continue dans l'ordre suivant :

5. Punition du premier péché.
6. Promesse d'un sauveur.
7. Caïn et Abel.

---

(1) Voir la suite du texte dans le manuel adopté.

8. Le déluge.
9. Noé et ses fils.
10. Tour de Babel.
11. Vocation d'Abraham.
12. Hospitalité d'Abraham.
13. L'obéissance d'Abraham.
14. Joseph vendu par ses frères.
15. Joseph dans la maison de Putiphar.
16. Joseph emprisonné.
17. Délivrance de Joseph.
18. Elévation de Joseph.
19. Le premier voyage des frères de Joseph en Egypte.
20. Le deuxième voyage des frères de Joseph en Egypte.
21. Joseph reconnu par ses frères.
22. Voyage de Jacob en Egypte.
23. L'oppression des Israélites, et Moïse enfant exposé sur le fleuve.
24. Vocation de Moïse. Moïse et Aaron devant Pharaon.
25. Sortie de l'Egypte et passage de la mer Rouge.
26. La manne dans le désert.
27. L'eau sortant du rocher.
28. Les dix commandements de Dieu.
29. Entrée dans la terre promise.

§ II. — *Nouveau Testament. — Dieu le fils, le Sauveur du monde.*

20. — ANNONCE DE LA NAISSANCE DE JÉSUS, LE RÉDEMPTEUR PROMIS.

1. *Récitation.* — Les Israélites, entrés dans la terre promise, y avaient fait un long séjour, lorsqu'un ange

annonça la prochaine naissance du Sauveur que Dieu avait promis aux premiers hommes.

A Nazareth, petite ville du pays des Juifs, vivait avec Joseph son époux, une vierge très-pieuse appelée Marie. C'était la plus pure et la plus sainte de toutes les créatures. Quoiqu'elle fût de la famille royale de David, elle était pauvre. Dieu lui envoya son ange Gabriel. En entrant, l'ange lui dit : « Je vous salue, Marie, pleine de grâce, etc. » Marie fut fort effrayée. « Ne craignez point, Marie, lui dit l'ange, vous avez trouvé grâce devant Dieu. Le Saint-Esprit descendra sur vous, et vous aurez un fils que vous nommerez *Jésus*. Ce fils sera le *Fils de Dieu*. » Marie répondit : « Voici la servante du Seigneur, qu'il me soit fait selon votre parole. » Et aussitôt l'ange disparut.

2. *Application*. — Voici la manière de traiter les passages de cette espèce avec les enfants de la classe préparatoire.

Répétez maintenant, mes chers enfants, ce que je viens de vous raconter :

Chez quelle vierge fut envoyé l'ange Gabriel ?

Comment était cette vierge ?

Etait-elle riche ?

Etait-elle pieuse ?

Quels sont les hommes aimés de Dieu ?

Est-ce que Dieu aime aussi les gens pieux qui sont pauvres ?

Est-ce que Dieu pour nous aimer, a égard à notre fortune ?

Comment faut-il que nous soyons, pour que Dieu nous aime ?

Un homme riche, mais qui n'est pas pieux, est-il aussi aimé de Dieu ?

Où demeurait la sainte Vierge ? etc.

Retenez pour aujourd'hui seulement ceci : « Il y a » en Dieu trois personnes : Dieu le Père, Dieu le Fils » et Dieu le Saint-Esprit.»

La réponse de la sainte Vierge :

« Je suis la servante de Dieu, etc. »

Dieu est aussi le maître de tous les hommes.

Nous tous, nous sommes les serviteurs de Dieu.

Nous devons obéir aussitôt que Dieu nous ordonne.

Mes chers enfants, quel bel exemple d'obéissance la sainte Vierge nous donne ! Eve n'agit point ainsi ! Par suite de la désobéissance d'Eve, nous sommes tombés dans le plus grand malheur ; par l'obéissance de la sainte Vierge, le Sauvenr du monde est venu pour nous rendre heureux et bons.

On appliquera le même procédé aux traits d'histoire suivants :

31. La naissance du Sauveur.
32. L'adoration des mages.
33. Présentation de Jésus au temple.
34. La fuite en Egypte.
35. L'enfant Jésus au milieu des docteurs.
36. Saint Jean-Baptiste.
37. La noce à Cana.
38. Jésus dans le temple.
39. Jésus guérit le fils d'un serviteur du roi.
40. Jésus guérit le paralytique.
41. Le fils de la veuve de Naïm.
42. Jésus sur la mer orageuse.
43. La résurrection de la fille de Zaïre.
44. Multiplication des pains.
45. Transfiguration de Jésus sur le mont Tabor.
46. La Samaritaine.
47. L'enfant prodigue.
48. Jésus bénit les enfants.

49. Résurrection de Lazare.
50. Entrée triomphante de Jésus à Jérusalem.
51. La Cène.
52. Institution de l'Eucharistie.
53. Jésus dans le Jardin des Olives.
54. Trahison de Judas.
55. Jésus est pris et emmené par ses ennemis.
56. Jésus devant le grand prêtre.
57. Jésus devant Pilate.
58. Jésus est conduit au Calvaire pour y être crucifié.
59. Jésus expire sur la croix.
60. Jésus est mis dans le tombeau.
61. Résurrection de Jésus.
62. Jésus apparaît aux apôtres.
63. Jésus monte au Ciel..

§ III. — *Dieu le Saint-Esprit, le Sanctificateur du monde.*

64. Descente du Saint-Esprit sur les apôtres.
65. Mission des apôtres.
66. Les quatre fins dernières.

Les hommes ne restent pas toujours sur la terre. Tous les hommes sont mortels. Nous ne savons ni le jour, ni l'heure de notre mort. Après la mort, l'âme se sépare du corps pour paraître devant Dieu et entendre son jugement. Elle recevra du Juge suprême selon ce qu'elle aura mérité. Dieu la condamne à l'enfer ou au purgatoire, ou il la fait entrer dans le ciel pour être réunie au chœur des anges. Pensez-y souvent et soyez bons et pieux.

II.

MÉTHODE PAR INTUITION

Bᴜᴛ. — Développer l'intelligence et les sentiments religieux et moraux ; agir sur l'esprit et sur le cœur des enfants ; meubler leur mémoire d'idées nettes et déterminées ; les habituer à rendre chaque idée, à représenter chaque objet par des expressions justes et précises ; perfectionner les organes de la parole et exercer les sens.

INTRODUCTION.

Les exercices par intuition constituent un travail précieux pour l'intelligence et *surtout éminemment* conforme aux lois de la nature. On présente à l'enfant, les uns après les autres, les différents objets qui l'entourent ; on les lui fait examiner attentivement dans tous leurs détails. Sa mémoire s'enrichit ainsi jour par jour d'un nombre considérable d'idées nettes et précises, et son esprit devient de plus en plus apte à une réflexion solide. On l'habitue en même temps à trouver et à établir des différences entre les objets déjà connus et ceux que lui présente l'instituteur, entre les idées que l'on avait déjà fait germer dans son cerveau et les idées nouvelles provoquées par l'examen d'un autre objet.

On commence naturellement par ce qui touche de plus près à l'enfant, par ce qui lui est le plus familier. Le cercle s'étend de jour en jour, d'après ce principe de pédagogie qu'on doit procéder du connu à l'inconnu. Il faut s'attacher à rendre chaque idée, chaque représentation, par des *expressions justes*. Toutefois, on le conçoit, les réponses obtenues ne seront pas toujours conformes aux règles de la langue; très-souvent même, on devra se contenter de termes à peine suffisants pour déterminer l'objet en question. Quant aux expressions défectueuses sous le rapport grammatical, on les corrigera autant que possible, etc.

CHAPITRE PREMIER

MARCHE A SUIVRE DANS LES EXERCICES PAR INTUITION.

§ Ier. — *Enumération des objets d'intuition.*

Le champ à exploiter à l'aide de l'intuition est d'une immense étendue, et les détails à donner à ce sujet seraient illimités.

Disons d'une manière générale que les exercices peuvent porter :

a. Sur la nature ;

b. Sur l'homme plus spécialement et sur les produits de son intelligence ;

c. Sur la vie sociale ;

d. Sur Dieu.

La perspicacité du maître se manifestera dans le choix des objets les plus utiles et les plus importants ;

car, on le comprend facilement, il est impossible de traiter à fond toutes les matières indiquées ci-dessus. Il suffit d'avoir désigné à l'enfant les moyens de diriger l'activité de son intelligence en l'exerçant convenablement sur différents objets choisis avec discernement ; par la suite, et sans le secours du maître, l'élève marchera dans cette voie d'un pas assuré et fera à d'autres objets l'application d'un travail analogue.

Le but de cet exercice, c'est l'émancipation intellectuelle de l'enfant, et ce but on l'obtiendra, non par la quantité, mais bien par la qualité des exercices. C'est à l'école que les enfants se forment pour l'existence sociale ; il faut donc exclure des exercices par intuition tout ce qui n'a aucune valeur, aucune utilité à ce point de vue ; il faut choisir uniquement parmi les objets dont l'examen, l'étude approfondie facilite l'initiation des élèves à la société. Mais l'existence elle-même n'est qu'une préparation à un état d'une tout autre nature et bien plus digne de sollicitude ; c'est ici surtout, c'est dans la préparation de cet état plus éloigné que le devoir de l'instituteur devient important. Tous ses efforts tendront à mettre ses élèves à même de *connaître*, de *vouloir* et de *faire* tout ce qui est nécessaire pour arriver dignement à ce but. En d'autres termes, son action la plus attentive se portera sur le développement des sentiments religieux et moraux.

Cette direction rentre, à proprement parler, dans le domaine de l'enseignement de la religion ; mais les exercices par intuition offrent tant de matières, tant d'occasions propres à éveiller ces sentiments dans l'âme des élèves, qu'un instituteur manquerait à son devoir si, dans ces exercices, il songeait exclusivement à développer les facultés intellectuelles.

§ II. — *Produits intellectuels des exercices par intuition.*

Nous sommes arrivés aux résultats des exercices par intuition ; ce sont les produits intellectuels qui se forment dans l'esprit de l'enfant à la suite de l'examen d'un objet et des impressions qu'il a faites sur ses sens. On pourrait classer ces produits de la manière suivante : idées, représentation, jugement.

Les idées que provoque dans l'esprit la vue d'un objet peuvent être très-nombreuses ; elles se rattachent à l'objet considéré en lui-même, ou à une fraction de l'objet.

La représentation que l'on se fait d'un objet résulte de l'association de plusieurs idées ayant rapport à ses qualités essentielles.

Les jugements sont ces actes de notre esprit par lesquels il reconnaît la convenance ou la disconvenance de deux ou plusieurs idées.

§ III. — *Exercices par intuition, considérés sous le rapport religieux et moral.*

Les dispositions morales se manifestent chez l'enfant dès l'âge le plus tendre. A peine a-t-il la force de se tenir droit sur ses petites jambes, que déjà il commence à attacher une idée aux expressions, telles que : *c'est joli ; c'est gentil ; c'est bien fait ; vous êtes sage ; il ne faut pas faire cela.* — Il ne tarde pas à distinguer les actions qui plaisent à ses parents de celles qu'ils lui défendent ; il manifeste déjà par là le sentiment du bien et du mal. Dans le principe, il ne trouve les motifs de faire telle chose ou de s'abstenir de telle autre, que dans la volonté de ses parents, ou tout au plus dans les inspirations de sa conscience. Mais plus tard, lorsque l'enfant remarque que ses parents dirigent leurs yeux vers le ciel, lorsqu'il les voit prier, lorsqu'il entend sa maman lui dire : « Il ne faut pas faire cela, car le bon Dieu ne le veut pas, » alors il commence à réfléchir, à entrevoir qu'il y a un Etre au-dessus des hommes ; que ceux-ci marchent sous sa loi; alors il apprend à faire le bien, parce que c'est la volonté de Dieu ; alors, au sentiment moral, vient se joindre en lui le sentiment religieux, et c'est sur cette réunion de sentiments que l'enseignement religieux viendra par la suite poser ses fondements. Ce qui jusqu'ici l'avait dirigé dans ses actions, sans qu'il pût s'en rendre compte à lui-même lui devient maintenant de plus en plus clair ; il s'explique plus facilement les mobiles de ses actions ; le sentiment religieux lui donne la clef de ce mystère. Il commence à connaître Dieu ; il le connaîtra bientôt comme Etre suprême, comme créateur de tout ce qui existe, et il comprendra qu'il lui doit fidélité, respect, obéissance et amour.

CHAPITRE II

SUJETS A TRAITER.

1° L'école. 2° La maison paternelle. 3° Les habitants de la maison. 4° Les alentours de la maison paternelle. La cour et l'étable. 5° Le jardin. 6° Le village. 7° Les champs, les prairies et les forêts. 8° Les mines et les minéraux. 9° Le ciel. 10° Les astres. 11° La division du temps. Le jour et la nuit. 12° Les saisons.

En suivant le plan que nous venons de tracer, en parcourant successivement l'*école*, la *maison paternelle*, la *cour*, le *jardin*, le *village*, la *prairie*, le *bois*, l'élève a recueilli dans cette espèce de promenade une certaine somme de connaissances utiles. Rien ne s'oppose alors à ce qu'il soit donné de l'extension au cercle parcouru jusqu'ici. On entame des conversations qui ont pour sujet, par exemple, le *canton*, l'*arrondissement*, leur *commerce*, leur *industrie*, leurs *établissements*, etc., etc. On passe ensuite au pays, en disant ce qui semblera convenable par rapport au *roi*, aux *autorités supérieures*, etc., etc.

En terminant, nous nous croyons obligé de faire remarquer que le plan ou la suite des exemples par intuition que nous venons de proposer est une esquisse, un simple croquis. Si l'on nous demandait la raison qui nous a déterminé à ne pas préciser plus minutieusement la matière pour chaque leçon; nous dirons franchement qu'à notre avis une semblable manière d'agir eût indiqué un manque de confiance dans le savoir et dans le dévouement des instituteurs.

Nous formulerons encore quelques préceptes auxquels l'instituteur se conformera dans les exercices d'intuition.

1° Le maître ne perdra jamais de vue le principe : *Aller du connu à l'inconnu.*

2° Il exigera toujours pour réponse des phrases entières, autant que possible simples et courtes.

3° Son langage sera à la portée des enfants et les disposera à se livrer avec joie et animation à ces exercices.

4° Il fera répéter, tantôt individuellement, tantôt simultanément, ce qui a été dit précédemment, en faisant changer très-souvent *le ton* de la voix.

5° Il veillera soigneusement à ce que les enfants s'expriment d'une manière claire et précise.

6° Il présentera l'objet aux enfants sous l'aspect le plus usuel possible.

7° Il dirigera les réponses des enfants de manière à les habituer à suivre un ordre logique.

8° Il exercera leur mémoire en leur donnant à apprendre de petites pièces, soit en prose, soit en vers, en rapport avec la matière qu'il vient de traiter.

9° Il agira sur l'attention des plus rebelles en les habituant à certains signes muets, ou en leur faisant comparer deux ou plusieurs objets mis, ou non, en présence l'un de l'autre.

10° Il habituera, par différents moyens, les enfants à l'expression orale.

11° Il exercera les sens des enfants et plus particulièrement la vue et l'ouïe.

Les exercices par intuition seront d'autant plus parfaits, que l'on aura égard à un plus grand nombre des points récemment indiqués. A défaut d'une préparation consciencieuse, il sera difficile, impossible même, d'atteindre le but que l'on doit se proposer par cette partie si importante de l'enseignement.

III.

DES DIFFÉRENTES MÉTHODES

POUR APPRENDRE A LIRE.

On pourrait former une bibliothèque considérable en réunissant les livres, les brochures, les tableaux destinés à l'enseignement de la lecture. Faut-il en conclure que cette bibliothèque faciliterait aux élèves des divisions inférieures de nos écoles l'étude la plus aride et la plus pénible pour eux et pour le maître ? Nous ne le croyons pas.

L'initiation à la lecture est dans l'enseignement élémentaire, dont elle forme pourtant la base, ce qui laisse le plus à désirer tant pour les procédés employés que pour les résultats obtenus. Ce fait, malheureusement trop vrai, nous a inspiré un travail comparatif, des diverses méthodes de lecture , travail sur lequel nous appelons l'expérience pratique des abonnés de l'Abeille. Nous citerons :

1° La méthode nominale ou par épellation.

2° La méthode phonique.

3° La méthode par émission des sons.

4° La méthode de Jacotot.

Il y a encore d'autres systèmes, qui diffèrent par la coordination et le choix des matériaux, l'emploi des tableaux, des livres avec ou sans images, etc. ; mais tous se rattachent plus ou moins aux méthodes principales que nous avons désignées.

Toutes les méthodes de lecture ont leurs partisans et

leurs adversaires ; on les a soumises à des épreuves, sans constater la supériorité de celle qu'il faudrait adopter de préférence. Cela se conçoit, parce que chaque appréciation a son point de départ spécial et son but déterminé ; de là autant de jugement que d'appréciations. Chacun se demande quelle est la méthode la plus rationnelle, conduisant le plus directement à tel but. Mais ce qui est rationnel pour l'un ne l'est pas pour l'autre ; enfin les buts diffèrent.

Quant à nous, la méthode rationnelle sera celle qui :

1° correspond le mieux à la nature de l'objet à enseigner ;

2° conduit le plus facilement au résultat poursuivi ;

3° excite davantage l'activité intérieure de l'élève en l'accoutumant dans un ordre logique à réfléchir, et par cela même forme un ensemble harmonieux avec les autres branches de l'enseignement.

En fait de lecture, notre but est d'amener l'élève à lire en pensant et à le faire penser en lisant, de sorte que, par sa manière seule de lire, il montre qu'il a compris le sens, qu'il s'identifie avec la pensée de l'auteur.

Maintenant nous demandons :

1° Quelle est la méthode de lecture (pour apprendre à lire) la plus conforme à la nature de cette branche d'enseignement ?

Pour caractériser la lecture on a dit : Celui qui lit ramasse, recueille ce que l'auteur (l'écrivain) a déposé sur le papier.

D'après cette définition, nous ajouterons que le lecteur procède d'abord par l'analyse. Il regarde, il examine les mots qu'il décompose d'abord en syllabes et en lettres, leurs éléments constitutifs. Au travail d'analyse succède immédiatement la synthèse. Le lecteur prononce les sons qui correspondent à ces lettres ; il en forme des syllabes et des mots. C'est déjà lire ; mais ce n'est qu'un travail mécanique. L'action qui suit, ou qui marche simultanément, celle qui nous fait comprendre le passage lu, appartient à l'analyse, puisque l'on considère la signification du mot, quant à l'idée exprimée, le mot étant pris isolement ou considéré dans ses rapports avec la phrase.

Toutefois l'action du lecteur va plus loin, il saisit la pensée de l'auteur, la conçoit en lui-même, la réunit à ses propres idées, et l'identifie à sa manière de penser Ce procédé est encore un acte d'appréciation, de jugement ; par conséquent, il est aussi synthétique. L'intuition de l'idée, c'est-à-dire le travail que l'on fait pour comprendre un mot, une phrase, un discours, repose sur l'analyse.

Au contraire, la représentation extérieure et intérieure de la pensée, reproduite par la lecture, est un acte de synthèse.

Le procédé suivi pour l'écriture est l'opposé de celui de la lecture, il est synthétique par la représentation des lettres selon les sons, et la représentation de l'idée au moyen du mot écrit ; mais il faut que l'analyse du mot parlé dans ses sons constitutifs et la représentation de la pensée en mots précèdent l'écriture.

Il n'y a que cette seule méthode de lire et d'écrire ; mais il y en a plusieurs pour apprendre à lire et à écrire.

En considérant la lecture dans ses rapports avec l'écriture, nous pouvons classer toutes les méthodes dans les trois catégories suivantes :

1° Apprendre à lire seulement sans avoir égard à l'écriture ;

2° Apprendre à écrire indépendamment de la lecture ;

3° Apprendre à lire et à écrire simultanément.

Comme nous ne supposons pas qu'on puisse agir contre le bon sens et enseigner l'écriture sans que l'élève sache lire ou apprenne en même temps à lire ce qu'il écrit, nous ne nous occuperons pas du deuxième point ; et nous concentrerons notre attention sur la première et la troisième catégorie.

I. *Enseignement de la lecture sans qu'il soit uni à l'enseignement de l'écriture.*

La manière à lire est donnée. L'instituteur a pour unique but de faire lire ses élèves ; jusqu'à présent on a suivi ou la marche synthétique, ou la marche analytique, ou bien un procédé mixte réunissant analyse et synthèse.

A. Marche synthétique.

Le signe, la lettre est donnée ; et en même temps on emploie soit :

1° Le nom de cette lettre (épellation) ;

2° Le son de la lettre (phonique) ;

3° Le nom et le son en même temps (épellation et phonique).

a. Méthode par épellation.

D'après l'ancienne habitude suivie dans beaucoup d'écoles de Belgique, l'élève commence par étudier toutes les lettres dans l'ordre de l'alphabet, d'abord les lettres minuscules et ensuite majuscules.

Plus tard, on a employé les vingt-six lettres de l'alphabet, en séparant les voyelles des consonnes, et en groupant celles dont la forme offre de l'analogie ce qui facilite le travail de la mémoire.

Lorsque l'élève connaît et distingue bien les lettres, on passe à la syllabation. La gradation dans ce procédé est déterminée par le nombre des syllabes. Par conséquent, l'élève épelle d'abord des mots d'une syllabe, puis de deux, de trois, quatre syllabes, etc.

Ce procédé est modifié, ou plutôt perfectionné depuis que l'on fait combiner par l'élève plusieurs lettres, sans exiger de lui la connaissance de l'Alphabet tout entier.

b. Méthode phonique.

Elle consiste à désigner les lettres par le son, et diffère de la précédente en ce qu'elle ne demande pas que l'on sache le nom de la lettre. La gradation dans les exercices est déterminée par la différence entre les voyelles et les consonnes ; ensuite par le degré de difficulté que présente l'articulation de ces dernières (consonnes simples, composées, soutenues, non soutenues, muettes, liquides, demi-liquides, aspirées, etc.) ; enfin par la lecture des mots d'une ou de plusieurs syllabes.

Dans les leçons ayant pour but la réunion des sons pour en former des syllabes, on juge comme très-importante la succession des exercices relatifs à la construction des mots, selon qu'il y a une ou plusieurs voyelles, une ou plusieurs consonnes qui sont placées avant ou après.

c. Méthode phonique et par épellation.

C'est la combinaison des deux méthodes précédentes ; elle diffère en ce que le procédé combiné fait connaître en même temps aux élèves le son et le nom de la lettre.

B. Marche analytique.

D'après ce procédé, on met sous les yeux de l'élève la matière à lire dans son ensemble, pour qu'il en décompose les parties constituantes.

C'est la seule méthode à l'aide de laquelle on puisse apprendre à lire sans maître, par soi-même, comme l'a fait Valentin Duval ; il avait un papier sur lequel était imprimé l'Oraison dominicale, qu'il savait très-bien de mémoire ; il procéda à l'analyse du tout en mots, des mots en syllabes, des syllabes en lettres, et parvint ainsi à apprendre les lettres, à épeler, à syllaber, enfin à savoir lire.

Dans l'application de ce procédé analytique, on peut employer comme tout :

a. Une phrase imprimée que l'on répète, en indiquant du doigt les mots au fur et à mesure qu'on les prononce, jusqu'à ce que l'élève sache par cœur la phrase en mots, en syllabes, en lettres, (Méthode Jacotot).

Ou bien :

b. Le tout est un seul mot imprimé, dont on fait décomposer les parties ; méthode Gedike, également désignée par le nom de méthode verbale.

C. Méthode mixte ou analytique, synthétique.

Elle consiste à faire décomposer, comme exercices préliminaires, des phrases énoncées oralement en mots, les mots en syllabes, et celles-ci en sons. Ensuite on procède en sens inverse pour reconstruire, à l'aide des sons reconnus, des syllabes, des mots; et enfin, au moyen de ces derniers, on recompose toutes les phrases. Ce procédé d'enseignement a été introduit par Olivier. Dans l'application de cette méthode, au lieu de l'indication par les sons, on peut aussi faire nommer les lettres d'après le système de l'épellation.

La lecture et l'écriture réunies ; ou la lecture et l'écriture simultanées.

En tout temps, l'écriture a été sous la dépendance de la lecture, parce qu'on ne fait écrire que ce que l'élève doit lire. Mais à part cette considération, l'enseignement de l'écriture, quant à la gradation et à la coordination des exercices, se trouve entièrement indépendant de la lecture, et chacune de ces branches a pu devenir l'objet d'enseignement séparé, dans lequel on ne voit aucune relation.

Cependant la réflexion démontre entre l'écriture et la lecture des rapports si intimes, si naturels, que l'on a dû s'arrêter forcément à l'idée de réunir ces deux branches en une seule, en les appuyant l'une sur l'autre. Leur mutualité et leur simultanéité se sont fait jour. A l'école normale de Nivelles appartient l'honneur d'avoir la première pratiqué ce genre d'essais.— Nous n'avons point à rappeler comment cette innovation fut accueillie, et la révolution qu'elle opéra dans l'enseignement. L'application de l'écriture et de la lecture simultanées peut avoir lieu de deux manières différentes, selon que l'on commence par l'écriture ou par la lecture.

A. *Méthode de lecture au moyen de l'écriture, connue sous le nom de Méthode par émission des sons.*

Cette Méthode est basée sur cette considération que, de même que la lecture doit toujours être précédée de l'écriture, de même aussi celle-là doit se faire au moyen de celle-ci.

L'écriture vient en premier, et la lecture en second lieu. Mais avant d'écrire, on fait analyser oralement la syllabe ou le mot dicté. Il va de soi que l'ouïe et l'œil de l'enfant doivent avoir été suffisamment exercés pour satisfaire à cette exigence. Tout le monde sait combien cette méthode commence à se généraliser dans le pays, et nous désirons vivement qu'elle soit suivie partout, parce qu'elle est, selon nous, la plus rationnelle et la plus expéditive.

Nous résumons en quelques mots le procédé de cette méthode :

1° Analyse du mot dicté ;
2° Synthèse par le moyen de l'écriture ;
3° Analyse orale du mot écrit ;
4° Synthèse du mot écrit en le lisant.

Nous reviendrons plus loin sur l'efficacité de ce procédé, en exposant le plus clairement possible les avantages qu'offre son emploi.

B. *Méthode de lecture suivie de l'écriture.*

Cette méthode n'est rien qu'une modification de

celle dont nous venons de parler, en ce que l'on commence par lire et que l'on fait écrire ce qui a été lu. — Dans la précédente, les exercices se succédaient ainsi :

1° Analyse de sons ;
2° Synthèse au moyen de l'écriture ;
3° Analyse du mot écrit ;
4° Synthèse au moyen de la lecture ;

Dans celle-ci, voici la suite des exercices :

1° Analyse des mots ;
2° Synthèse par l'émission des sons ;
3° Analyse du mot énoncé ;
4° Synthèse au moyen de l'écriture.

Pour tout le reste, il n'y a pas de différence entre les deux méthodes.

Dans l'article suivant nous examinerons laquelle de ces méthodes est la plus conforme à la nature de l'enseignement dont il s'agit, et celle qui répond le mieux au but poursuivi dans l'instruction primaire.

Depuis longtemps déjà, l'idée de traiter simultanément dans la pratique plusieurs branches d'enseignement, a préoccupé les hommes d'école, a donné lieu à un échange d'opinion et à des dissertations de différente nature. On est arrivé à reconnaître qu'il n'y a que certaines branches seulement qui permettent cette simultanéité, et que c'est surtout l'enseignement de l'écriture et celui de la lecture.

Il est évident que pour faire marcher de front dans l'école primaire, la lecture et l'écriture, il faut bien que la première serve de matière à la seconde, c'est-à-dire que ce qui a été lu soit écrit ensuite. Selon le procédé suivi, l'un servira de moyen à l'autre pour arriver au but proposé.

Il importe maintenant de savoir laquelle de ces

deux branches doit être considérée comme étant la plus propre à servir de moyen à l'autre. Or, si nous examinons les caractères, ceux de l'expression ainsi que ceux de l'écriture, nous remarquons facilement et l'expérience le prouve tous les jours, que l'enfant peut parvenir à la lecture au moyen de l'écriture seulement tandis que l'on n'est pas encore parvenu à faire apprendre à écrire par la lecture des lettres imprimées. En commençant donc, comme on l'a fait jusqu'ici, l'enseignement de la lecture au moyen des caractères d'impression, et en considérant l'écriture comme quelque chose d'accessoire, en la traitant séparément et comme calligraphie seulement, il est évident que l'on rend par ce procédé cette partie de l'enseignement primaire beaucoup plus difficile et moins attrayante pour l'enfant. Abstraction faite d'ailleurs de cet avantage, on ne peut révoquer en doute que l'enseignement bien donné de la calligraphie soit en outre pour l'élève un excellent moyen d'intuition, moyen que l'on ne trouve pas dans la lecture restreinte à la connaissance des lettres imprimées.

L'école doit habituer l'enfant à observer, à examiner, à réfléchir et à comprendre, et cela autant que possible de la même manière qu'il l'a fait jusqu'alors, c'est-à-dire avant son entrée à l'école. Or, la sphère des observations de l'enfant étant la nature et la vie qui se manifestent partout, il faut aussi chercher à répandre la vie dans les matières qui composent l'enseignement, et à rendre la leçon attrayante et instructive à la fois.

Les caractères d'impression sont loin de satisfaire à cette condition, ce ne sont que des signes roides et morts, et les moyens que certains auteurs emploient et cherchent à propager pour les rendre intuitifs et vivants, sont souvent peu rationnels, sinon ridicules.

Il en est tout autrement de l'écriture ; elle vivifie les signes, elle fait naître la lettre devant les yeux des enfants ; ceux-ci ont aussi l'occasion de remarquer comment une partie se joint à l'autre, et comment à la fin toutes les parties réunies forment un ensemble qu'on appelle *a*, *b* ou *c*. Cette intuition devient plus animée encore lorsque l'enfant, bien dirigé cherche à reproduire lui-même ces signes sur l'ardoise et sur le papier ; lorsque l'instituteur vient, de cette manière, satisfaire un désir naturel chez l'enfant, celui de dessiner. Ce procédé fournit en même temps à l'enfant une occupation agréable, en le prémunissant contre l'ennui.

L'enfant est aussi exercé à observer, à examiner, à réfléchir, à comparer, à juger et ensuite à parler, à s'exprimer avec justesse ; la main et l'œil se forment, et des rapports affectueux s'établissent bientôt entre l'enfant et l'instituteur. Les avantages de cet enseignement ne peuvent donc être méconnus que par des personnes qui n'en ont qu'une idée trop superficielle pour les juger, ou qui, par amour-propre, par camaraderie, ou parce qu'elles tiennent avec trop de ténacité à l'héritage de leurs aieux, continuent à se déclarer ennemies de toute innovation et cherchent à s'attirer des adeptes par d'autres procédés, que nous respectons sans les approuver.

Après avoir résumé dans ce qui précède les avantages qui résultent de l'emploi d'une méthode de lecture qui a pour principe de faire marcher l'écriture de pair avec la lecture et de baser celle-ci sur l'émission de sons purs, nous attirerons l'attention du lecteur sur certaines accusations dirigées contre cette méthode, par des personnes qui souvent jugent et apprécient les choses trop légèrement.

1. L'application de cette méthode est difficile dans les écoles primaires dirigées par un seul instituteur, parce qu'elle exige continuellement la présence du maître, qui ne peut se faire convenablement remplacer par un moniteur.

2. Elle pourrait troubler l'ordre dans la classe, parce que les enfants ayant un mot à écrire, doivent, en l'écrivant, prononcer toutes les lettres à demi-voix, et l'on sait combien ils aiment à sortir de leur diapason.

3. Elle est aussi pour la langue française un système qui pèche par la base. Elle détruit, dès le premier principe, dès le premier exercice, certaines règles de syllabisation et de prononciation.

Ces griefs sont aussi injustes que peu raisonnables. Qu'on se donne la peine de visiter les écoles dirigées par un instituteur *capable,* on s'assurera que ce que l'on appelle si légèrement impraticable est parfaitement praticable ; on leur fera voir une fois que les élèves sont au courant, avec quelle facilité et quelle aisance l'instituteur peut donner sa leçon et, au besoin, comment un moniteur pourrait le remplacer. On pourra s'assurer avec quel ordre et quelle tranquillité les enfants transcrivent les mots qui ont fait l'objet de la leçon de lecture. Les prétendus troubles que l'on signale sont au contraire remplacés par le respect de la discipline, et par un silence que l'on cherche vainement à obtenir dans les écoles où l'on suit telle ou telle autre méthode. De semblables assertions prouvent à la dernière évidence, que ceux qui les font valoir ont une trop faible idée de la méthode dont il s'agit, pour être en état de la juger ; elles prouvent que l'efficacité de l'enseignement simultané n'est pas encore appréciée comme elle le mérite ; car si les enfants troublent la classe en prononçant simultanément les sons à mesure qu'ils les écrivent, cela se renouvellera dans toutes les branches où l'on emploiera ce mode d'enseignement. D'ailleurs, ce que l'on reproche ici à la méthode n'est pas indispensable ; — l'instituteur aperçoit que cette manière de procéder occasionnant quelque dérangement pour les autres classes n'exigera point des enfants de soutenir les sons à mesure qu'ils écrivent. Quant à l'objection que les enfants seraient portés dans ces exercices à sortir du ton convenable, il suffit de faire observer qu'un véritable maître d'école trouvera facilement moyen de les contenir dans de justes limites à cet égard.

Nous demandons à notre tour comment en suivant une autre méthode, on parvient à occuper les enfants convenablement. Sera-ce en les tenant, pendant des demi-journées, les yeux fixés sur les tableaux d'image qui recouvrent les murs de l'école ? Si l'on ne veut pas s'exposer à faire peser sur ces pauvres enfants un joug tyrannique, en les obligeant de lire continuellement en silence dans leur petit livre, hélas ! qu'on ne se fasse point illusion : les enfants ne s'y soumettront qu'avec infiniment de peine et en cédant à des mesures de sévérité rigoureuse de la part de celui qui leur parle sans cesse de douceur et de patience.

Quant au troisième point, nous admettrons sans peine que les exercices indiqués dans la méthode soient susceptibles de quelques modifications ; tel mot pourrait être remplacé par un tel autre, telle syllabe devrait être placée à une autre page ; — mais cela n'altère en rien l'esprit de la méthode, et les principes sur lesquels celle-ci est basée.

Nous osons avancer, sans crainte d'être démenti

par des hommes compétents, que la méthode par émission des sons, bien mieux que toute autre, développe les organes de la parole ; que les élèves qui ont appris à lire au moyen de cette méthode ont une prononciation ferme et pure; qu'ils prononcent les consonnes composées (bl. pl. gr. pr. etc.) sans omettre la seconde lettre, et sans ajouter une voyelle à ces consonnes. On objecte encore que nous donnons de fausses règles de prononciation à l'égard des voyelles *in, im, am, em, um,* etc. Pour combattre cette accusation, il suffirait de dire que beaucoup de mots de la langue exigent cette prononciation, par exemple : inhérente, inique, inoculer, inodore, inondation, inoperné, inouï, inattendu, inattention, inexact, inexcusable, inexorable, inexprimable, inexpérience, inextinguible, inapte, inapplicable, inanimé, inamovible, inabordable, inaccessible, etc. Mais ce n'est point là le motif principal qui nous a fait admettre ces combinaisons de sons qui, d'après certaines opinions, présenteraient de grandes difficultés.

Nous considérons l'écriture comme un moyen d'arriver à la lecture : elles doivent donc marcher de pair et se prêter un mutuel appui. L'écriture est une partie essentielle de la méthode de lecture par émission des sons, car il ne s'agit pas de calligraphie, mais d'une application indispensable, inhérente à la méthode même, tandis que pour la lecture phonique ou par épellation, l'écriture constitue une branche entièrement séparée. On l'enseigne, non comme moyen d'arriver à la lecture, mais exclusivement au point de vue calligraphique.

Le problème à résoudre exigeait encore que l'on fît concorder la prononciation avec les sons des lettres faisant partie des mots c'est-à-dire que l'on prit le son pour base de la méthode, de la lettre écrite ; le signe qui représente ce son, comme moyen de faciliter la lecture.

C'est en cela que la méthode diffère des autres méthodes phoniques d'après lesquelles on enseigne la lecture séparément de l'écriture : car ces deux branches sont alors sans relation entre elles.

En vertu de ces principes, dans la méthode par émission des sons, on commence par faire connaître aux enfants, d'une manière synthétique et intuitive les éléments de la lettre écrite.

Lorsque la lettre entière a été reproduite sous leurs yeux, on leur fait émettre le son correspondant à cette lettre.

Voilà pourquoi nous avons voulu appliquer, d'une manière absolue dans le premier chapitre du manuel des enfants, ce principe, base de la méthode ; c'est le motif pour lequel nous faisons d'abord prononcer *in*, comme on prononce cette syllabe dans les mots que nous avons cités.

Cette marche nous paraît logique ; exprimer la règle générale avant d'aborder les exceptions. Nous avons aussi voulu dès le premier exercice, habituer les enfants à représenter exactement sur l'ardoise les sons qu'ils entendent en suivant l'ordre de la transmission des différentes combinaisons de voyelles et de consonnes. Une fois familiarisés avec ce genre de travail, ils passent aux difficultés et aux exceptions.

Qu'y a-t-il là d'illogique ? Cette manière de procéder n'est-elle pas rationnelle et conforme aux principes didactiques ? Cette partie de la méthode a rencontré précisément le plus de sympathie chez les hommes d'école, elle a été considérée comme la plus favorable au développement intellectuel de l'élève, parce qu'il travaille toujours en connaissance de cause et d'après une règle immuable.

Ajoutons qu'il n'y a aucune difficulté dans les exercices du chapitre II, faisant envisager comme nasales les combinaisons telles que, *in*, *en*, *am*, *un*. Malgré l'enchaînement qui existe entre les différentes parties de la méthode, bien qu'elle soit reconnue comme rationnelle et qu'elle traite d'une matière spéciale toutes les difficultés de la lecture mécanique, loin de nous la prétention d'avoir fait une œuvre parfaite ; elle porte nécessairement le cachet de toutes les conceptions humaines, c'est-à-dire qu'elle est susceptible de perfectionnement.

La méthode par épellation est tout à fait mécanique, parce qu'elle habitue l'élève à répéter machinalement, sans penser, sans réfléchir. « Il est vrai, dit M. Kersten dans son savant ouvrage intitulé : *Essai sur l'activité du principe pensant considérée dans l'institution du langage*, que les enfants qui ont de l'intelligence, apprennent à lire malgré cette folle et ridicule méthode ; à force de mémoire leur tête réunit et amalgame ces idées hétéroclites. Mais que cela soit raisonnable et conforme à la nature, mais que cela soit propre à former des esprits médiocres, des intelligences moins bien organisées, c'est ce qu'on peut contester et nier hardiment.

» La principale difficulté vient des noms qu'on a primitivement imposés aux lettres et qui leurs sont restés. Ces noms bien souvent ne ressemblent point du tout à la valeur planétique des lettres; il est évident qu'en les prononçant successivement dans l'acte d'épellation, on ne trouve point les véritables éléments des syllabes et des mots ; et par conséquent, l'épellation, qui, pour être utile, devrait présenter une analyse, une décomposition véritable, nous présente au contraire une opération mensongère et trompeuse, dont le principal effet est de doubler les difficultés.

« L'épellation est l'apprentissage de la lecture. Pour lire, il faut que nous reconnaissions à la vue les éléments séparés, afin de les prononcer ensemble. Dans l'épellation, nous reconnaissons les éléments par la voix, en les prononçant d'abord chacun à part ; puis nous les résumons et nous formons la synthèse, comme dans la lecture. »

« Mais comment pouvons-nous prononcer, après la séparation, ce que nous n'avons pu prononcer avant la séparation ? Si la voix a été incapable de séparer le *k* de l'*a*, de le prononcer à part, afin d'analyser le son *ka*, de quelle manière le prononcera-t-elle après l'analyse faite par l'entendement ? La chose est évidemment impossible ; et cependant l'épellation n'est pas autre chose. Epeler, c'est nommer toutes les lettres qui composent un mot, et en former des syllabes en les réunissant ensemble. Dans cet acte la voix est obligée de prononcer l'élément qui n'est pas son, aussi bien, que celui qui l'est. Que fait-elle pour vaincre cette difficulté ? Elle unit un son à l'élément, qui n'est pas son, c'est-à-dire qu'elle joint une voyelle à l'articulation et qu'elle les prononce ensemble. En sorte que pour épeler le son articulé *ka*, elle dit : *ka, a, ka*. On voit que la difficulté a été éludée et qu'elle est demeurée au fond. »

Enfin, nous disons avec M. Kersten : « l'épellation est une opération qui manque de vérité et de raison ; puisque la voix unit deux éléments dont l'un n'est fait pour la voix qu'à la condition de n'être pas séparé de l'autre. Est-il étonnant qu'elle cause tant d'embarras aux maîtres et aux élèves ? Mais (le croira-t-on ?) cette mauvaise routine est encore en ce moment le plus en usage, quoique depuis 1834, elle ait été constamment blâmée. Combien d'hommes ne pourrions-nous pas citer, qui, dans l'espace de trois siècles, l'ont combattue et ont travaillé à l'abolir..... »

La méthode phonique synthétique est simple, mais elle aussi néglige entièrement l'activité individuelle de l'élève, par conséquent, elle n'est pas de beaucoup supérieure à la méthode par épellation. La méthode analytique, la méthode par émission des sons est entièrement calculée et basée sur le concours individuel de l'élève ; il travaille avec connaissance de cause, apprécie la valeur de chaque son et de la lettre correspondante; il emploie celle-ci pour représenter les sons au moyen desquels il a décomposé le mot, il écrit le mot pour désigner l'idée, exprimée par ce mot.

Enfin il nous reste encore à examiner :

Quelle est la méthode la plus conforme au but que l'on se propose en matière de lecture ?

Nous avons déjà déterminé plus haut le but final de l'enseignement de la lecture : L'élève doit lire de manière à faire voir qu'il a compris ce qu'il lit, et qu'il en saisit le sens.

Il pourrait sembler étrange que nous attribuions une grande influence à la méthode que l'on suit pour les premiers exercices de ce genre, eu égard à la lecture expressive, et cela d'autant plus que l'on envisage les premières leçons presque exclusivement au point de vue mécanique, tandis que la lecture perfectionnée et logique n'entre en ligne de compte que beaucoup plus tard, lorsque les élèves sont arrivés à la division supérieure. Mais hâtons-nous de dire que nous n'approuvons nullement cet arrangement, et que nous sommes loin d'apprécier la chose de cette manière. Nous admettons que les élèves, avant de pouvoir porter leur attention sur le sens des mots à lire doivent avoir vaincu toutes les difficultés que présente la lecture mécanique. C'est une erreur de croire que les enfants, préoccupés du soin de décomposer les mots en syllabes et celles-ci en sons, puissent encore faire en même temps des réflexions sur la signification des mots. Il est de toute nécessité que l'enfant ait acquis l'habilité nécessaire pour lire le mot entier à la première vue.

Les personnes qui attachent une si grande valeur à ce que les élèves, dès le commencement, ne lisent que des syllabes et des mots ayant une signification, se font illusion, en ce sens que les enfants se préoccupent bien peu de cette signification. Il en est tout autrement des élèves capables d'embrasser d'un seul coup-d'œil, un assemblage de lettres formant un mot et de prononcer avec une certaine rapidité ; à ce dégré, nous reconnaissons également l'importance de ne faire lire que des mots et de petites phrases à la portée du lecteur, qui doit penser en lisant, et lire de façon à prouver qu'il a compris ce qu'il lit.

Entre les mains des enfants qui, par des exercices bien gradués, ont acquis cette habileté indispensable à la lecture mécanique, on mettra donc un livre contenant des matières propres à exciter chez eux la réflexion ; sans cela on les réduit à l'état de machine à lire.

Les considérations dans lesquelles nous sommes entré au sujet des différentes méthodes propres à enseigner la lecture feront aisément apprécier les points essentiels sur lesquels l'instituteur doit diriger son attention avec les commençants.

IV.

MÉTHODE DE LECTURE

PAR ÉMISSION DES SONS.

BUT. — Préparer les organes de la voix en obligeant l'élève à prononcer les différents sons clairement, purement et avec une articulation ferme et juste. Habituer l'enfant à travailler avec connaissance de cause, à se rendre compte de ce qu'il fait, provoquer ainsi la réflexion, et développer l'intelligence. Faciliter l'enseignement de la langue *maternelle* en général et de l'orthographe en particulier. Initier l'enfant par le chemin le plus court et le plus rationnel à la lecture courante et à la calligraphie ; fournir au maître d'excellents moyens d'occuper les enfants d'une manière utile et agréable, soit à l'école, soit à la maison paternelle.

CHAPITRE PREMIER.

EXERCICES DE LECTURE PROPREMENT DITE.

—

§ Ier. — *Préliminaires.*

Préparation des organes de la parole. Exercices pour lier les sons afin d'en faire des syllabes, et pour décomposer les syllabes en sons constituants.

Afin de préparer les enfants aux exercices ultérieurs en les habituant à prononcer exactement les voyelles et les consonnes, l'instituteur s'occupera le plus souvent possible des élèves nouveaux venus. Il émettra devant eux des sons qu'il leur fera reproduire aussitôt; il veillera soigneusement, dès le principe, à ce qu'ils prononcent avec pureté, justesse et netteté; à ce qu'ils prennent un maintient convenable et évitent toute contraction grimaçante. Il est presque inutile de le dire : ces points doivent fixer l'attention spéciale de l'instituteur, non-seulement lors des exercices de lecture, mais aussi pendant ceux d'intuition, de mémoire, etc., qui alterneront avec les premiers.

Plus d'un instituteur verra peut-être de grandes difficultés dans l'application de nos procédés pour la formation des sons, procédés qui servent de base à la méthode entière. Il n'en est rien cependant : une exposition, que nous tâcherons de rendre claire et concise, montrera combien cette méthode est facile, et combien elle est propre à prévenir une prononciation défectueuse ; on y remarquera surtout que toujours le signe écrit et le son marche de pair et se lient au point de ne pouvoir être disjoints.

La prononciation exacte d'un mot exige en premier lieu la prononciation exacte de chacun des sons qui le composent, ou (si l'on se représente le mot écrit ou imprimé) de chacune des lettres qui servent à le former. Il serait trop long et même hors de propos de rechercher ici l'origine des sons de la langue. Nous nous contenterons de les classer d'une manière rationnelle, en nous occupant de la formation de chacun d'eux en particulier, et en fixant pour chaque son le signe qui le représente, afin d'éviter qu'on ne les confonde entre eux. Nous nous bornerons aux généralités; nous éviterons ainsi à la fois des distinctions trop subtiles et des recherches trop profondes sur chaque son en particulier.

CHAPITRE II

DÉCOMPOSITION D'UN TOUT EN SES CONSTITUANTS ET LIAISON DE PLUSIEURS SONS ENTRE EUX.

Lorsque les enfants seront en état de prononcer chaque son pris isolément, on les exercera à décomposer un *tout* en ses sons constituants, et ensuite à lier plusieurs sons entre eux, de manière à en former un tout.

A cet exercice succédera celui que nous avons indiqué plus haut, plus propre que le premier à attirer l'attention des enfants, il a surtout pour but de les préparer au mécanisme de la lecture; il consiste, comme nous l'avons dit, à réunir deux ou plusieurs sons, pour en former une syllabe ou un mot.

Cette liaison de deux sons présentera dans le principe quelque difficulté aux enfants ; la synthèse leur est moins facile que l'analyse. Aussi l'instituteur devra-t-il répondre lui-même aux premières questions qu'il adressera sur ce sujet. Qu'il se garde surtout de se rebuter trop promptement, il ne doit pas perdre de vue que ses élèves auront déjà fait un grand pas, quand ils seront parvenus à lier des sons.

CHAPITRE III

EXERCICES PRÉPARATOIRES POUR FORMER LA MAIN ET L'ŒIL.

En même temps que l'on parcourra oralement et de la manière indiquée toutes les combinaisons de deux sons, on commencera les exercices préparatoires tendant à former la main et l'œil.

Il sera d'abord question du tracé des lignes. Les enfants apprendront à connaître la ligne grosse, la ligne fine, la ligne droite, la ligne brisée, la ligne courbe, les lignes perpendiculaires, les obliques, les parallèles; ils distingueront la ligne supérieure, la ligne inférieure, la ligne de droite, celle de gauche ; le tout aussi bien que le permettront les circonstances.

A cette étude des lignes se rattachera, en premier lieu, la connaissance des quatre lignes nécessaires pour l'écriture et dont voici la disposition. On appellera l'attention des enfants sur le rapport des distances qui séparent ces quatre lignes parallèles. Il sera bon de donner à celles-ci des noms qui rappellent leur position, pour faciliter par la suite, lors de la formation des lettres, les demandes et les réponses, et dispenser le maître de les indiquer au tableau chaque fois qu'il en parlera dans les exercices ultérieurs. Les dénominations suivantes pourront être adoptées :

______________ Ligne extrême d'en haut.
______________ Ligne moyenne d'en haut.
______________ Ligne moyenne d'en bas.
______________ Ligne extrême d'en bas.

Une portée dans le genre de celle-là devra être tracée avec un instrument pointu sur les ardoises dont se servent les enfants.

CHAPITRE IV.

EXERCICES D'ÉCRITURE.

Le but principal de ces exercices est de faire comprendre d'une manière précise aux enfants les formes des lettres, pour qu'ils les distinguent parfaitement, qu'ils sachent se rendre compte de leur différence et qu'ils parviennent à les imiter le plus exactement possible. Dans ce but, l'instituteur devra diriger leur attention sur chaque partie d'une lettre et sur sa liaison avec les autres parties ; il leur fera souvent comparer des lettres entre elles, en leur signalant ce qu'elles ont de commun et ce qui les caractérise.

On suivra exactement la marche progressive observée dans le livre, en commençant par la formation de la lettre *i*.

L'instituteur fera répéter les noms des quatre lignes

auxiliaires dont il a été parlé précédemment, et il procédera de la manière indiquée dans des leçons pratiques qui se trouvent à la suite de cette méthode.

La pose droite du corps, la manière de tenir le crayon de l'ardoise, etc., sont autant de points de la plus haute importance, et auxquels l'instituteur veillera avec soin dès le commencement ; au bout d'un certain temps, les observations à ce sujet seraient peut-être tardives. Il est d'ailleurs plus facile de ne pas commettre de fautes, que d'éviter celles dont on a déjà contracté l'habitude. Pour ce qui concerne le maintien du corps pendant l'écriture, nous indiquerons quelques points sur lesquels nous appelons toute l'attention de l'instituteur. Les pieds doivent garder leur position naturelle et ne doivent pas être posés l'un sur l'autre ; la poitrine avance un peu ; la tête est droite et à une distance convenable de la table ; le bras droit est dirigé vers le côté gauche ; la main gauche va dans la direction opposée. La main droite conduit le crayon, qui doit longer l'index contre lequel il est légèrement appuyé ; le pouce presse le côté gauche du crayon ; le majeur est vis-à-vis du pouce, du côté opposé ; l'index repose légèrement sur le crayon et dirige le mouvement de celui-ci. L'annulaire est un peu recourbé dans l'intérieur de la main et repose par son extrémité sur l'auriculaire qui sert d'appui à toute la main. Les petits enfants contractent aisément l'habitude de plier le majeur dans l'intérieur de la main ; cela rend par la suite l'écriture très-difficile, et on les en déshabitue avec beaucoup de peine. Il faut donc que l'instituteur y veille de bonne heure.

Nous nous permettrons encore de recommander aux instituteurs de ne rien précipiter ; ce serait une grande erreur de croire qu'il est aussi facile à l'enfant de saisir d'un trait la lettre tout entière, que de se familiariser successivement avec les diverses parties dont elle se compose. Les choses qu'il apprend à connaître dans leurs parties, qu'il voit en quelque sorte naitre sous ses yeux, s'impriment aisément dans son esprit ; il sait mieux se les approprier ; la reproduction lui en est plus facile. L'enseignement acquiert par là plus de vie, l'intérêt des élèves est plus vivement excité, et l'on se procure en même temps l'occasion de les exercer à bien s'exprimer et à examiner attentivement les objets.

Il est sans doute inutile de le faire remarquer, l'instituteur doit savoir lui-même écrire convenablement; il doit être en état de décomposer les lettres, d'en nommer les diverses parties et d'indiquer les proportions de chacune d'elles par rapport à l'ensemble ; il ne manque pas de bons modèles d'écriture où ces détails sont exposés.

CHAPITRE V.

EXERCICES SIMULTANÉS D'ÉCRITURE ET DE LECTURE.

§ 1er. — *Lettres fondamentales.*

1. — Syllabes avec des voyelles simples et des consonnes soutenues.

Dès que les enfants seront parvenus à ecrire un *i* et un *u*, on commencera par le n° 1, chapitre Ier, première section, de l'ouvrage intitulé : *Livre élémentaire ou Première instruction,* n° 1, et on leur dictera clairement et lentement *i.....n* A un signal donné par le maître, les enfants prononceront tous ensemble *in*. Suivra alors une décomposition de *in* en ses sons constituants, comme cela s'est fait dans les *exercices préparatoires*.

On procède ensuite aux autres exercices d'écriture et de lecture en suivant l'ordre du livre susdit.

Tous ces exercices devront être traités de la même manière ; l'instituteur, après avoir expliqué la *composition* d'une nouvelle lettre, de telle sorte que les élèves en connaissent parfaitement toutes les parties, la leur fait écrire sur l'ardoise. Il dicte ensuite des syllabes et des mots, en se conformant à l'ordre suivi dans le livre qui se trouve entre les mains des enfants. Ceux-ci les répètent tantôt individuellement, tantôt simultanément, et les décomposent ensuite dans leurs sons constituants. Cette décomposition se fait d'abord lentement ; les enfants soutiennent le premier son du mot aussi longtemps que l'instituteur leur montre le pouce; ils ne passent au second que lorsqu'il soulève l'index, et ainsi de suite jusqu'au dernier son.

Après que les élèves auront écrit le mot, il sera bon que l'instituteur l'écrive à son tour à la planche noire ; au fur et à mesure qu'il formera les lettres au tableau, les enfants devront émettre les sons correspondants, et ils les soutiendront jusqu'au moment où le maître commencera à tracer la première ligne de la lettre suivante.

A la fin de chaque leçon, on fera lire par un élève, ensuite par un autre, enfin par tous à la fois, ce qui aura été écrit pendant la leçon.

La liaison des voyelles avec les consonnes muettes présente une nouvelle difficulté, en ce qu'une liaison immédiate n'est pas possible lorsqu'on les prononce lentement. On devra donc ici exercer les enfants à lier rapidement la consonne à la voyelle qui suit, en faisant passer aussitôt le son de la première sur la seconde. L'instituteur devra donner les explications nécessaires touchant la différence de la prononciation des lettres *c* et *g*, suivant qu'elles précèdent les voyelles *e* et *i*, ou qu'elles sont suivies des voyelles *a, o, u*. On fera sentir cette différence par une prononciation nette et bien accentuée; sans cette précaution, les enfants ne répondraient jamais avec assurance et contracteraient facilement une prononciation vicieuse.

2. — Syllabes avec des voyelles simples et des consonnes non soutenues.

§ II. — *Voyelles composées.*

Les voyelles composées seront traitées ainsi qu'il a déjà été dit précédemment; on les prononce comme un son unique.

CHAPITRE VI

EXERCICES D'ÉCRITURE ET DE LECTURE A L'AIDE DE MOTS QUI ONT UNE SIGNIFICATION.

Quand l'élève sera parvenu à lier des sons pour en former des mots qui ont une signification, on pourra commencer l'exercice qui a pour but la décomposition des mots en syllabes. On fait entendre légèrement l'*e* muet final ; sans cela, on se verrait obligé d'omettre un trop grand nombre de mots qui sont parfaitement à la portée des enfants.

On commence par les mots dans lesquels toutes les lettres se prononcent, et l'on procède dans l'ordre indiqué dans le livre n° II, *Première Instruction*, etc.

CHAPITRE VII

LES CONSONNES COMPOSÉES.

Avant de s'exercer sur les consonnes composées, il faut se livrer à un exercice préliminaire. L'instituteur prononce toutes les combinaisons possibles et usitées ; il les fait écrire ensuite en demandant de les émettre comme un seul son. — Exemple : *blu*, *bl-u, pro, pr-o*, *blouse*, *bl-ouse,* etc.

Exercice d'écriture et de lecture des mots contenant une consonne composée :

a. Au commencement des mots.

b. Dans le corps des mots. — Par exemple : *é-blou-ir*, *ou-vra-ge*, *re-clu-se*.

c. A la fin des mots. — Par exemple: *sa-bre*, *ta-ble*, *re-gis-tre*.

d. *Deux consonnes équisonnantes dans le mot*, *et dont une seule se fait entendre*. — Par exemple : *nap-pe, af-fa-mé*, *mas-se, fil-le*.

e. *Deux consonnes équisonnantes dans le mot*, *et qui se prononcent toutes deux*. — Par exemple : *im-mor-tel, in-no-vé, ir-ri-ta-ble*.

Lorsque les enfants seront en état d'écrire correctement des mots dictés, l'instituteur leur fera *trouver*, par des questions habilement posées, le mot qu'il désire leur faire écrire. Ils devront ainsi écrire un mot qu'ils auront eux-mêmes énoncé ; ce sera une nouvelle difficulté : c'est tout autre chose en effet d'écrire un mot prononcé d'abord bien distinctement par l'instituteur, ou bien d'écrire un mot qu'ils se sont dicté à eux-mêmes.

CHAPITRE VIII

MOTS DANS LESQUELS UNE OU PLUSIEURS LETTRES FINALES NE SE PRONONCENT PAS.

Au point où nous sommes arrivés, les enfants doivent être en état de lire et d'écrire sans difficulté les mots dont *toutes les lettres se prononcent.* Il s'en faut encore de beaucoup, on le voit, qu'ils sachent couramment lire et écrire un mot pris au hasard. Disons comment on devra procéder pour les mots qui forment exception.

L'instituteur fera préalablement observer qu'un très-grand nombre de mots de la langue française s'écrivent autrement qu'ils ne se lisent. Nous remarquons d'abord les mots terminés par une ou plusieurs lettres qui ne se prononcent pas. « Dans la leçon de ce jour, dira le maître à ses élèves, nous allons apprendre à connaître tous les mots, ou du moins une grande partie des mots qui, dans l'écriture, sont terminés par un *s* que l'on ne prononce pas. « L'instituteur devra recourir à des exercices particuliers pour les leur imprimer dans la mémoire. Ainsi, par exemple, il lira, en suivant l'ordre du livre, un certain nombre de mots qui finissent par un *s* muet ; il les écrira ensuite sur la planche noire, et les fera lire plusieurs fois aux élèves: ceux-ci les copieront sur leur ardoise.

Voici un autre exercice, que nous recommandons spécialement, et que nous regardons comme excellent pour faire apprendre des mots par cœur. L'instituteur supprime successivement la première, la seconde, etc., lettre des mots qu'il a écrits au tableau; chaque fois, les élèves lisent le mot entier, en rétablissant la lettre ou les lettres qui manquent, et ils le copient ensuite sur leur ardoise.

L'institutuer fera bien aussi de donner aux enfants une explication convenable de la signification des mots inscrits au tableau; cela leur en facilitera la reproduction. Si notre syllabaire est entre leurs mains l'instituteur leur fera copier chez eux tel ou tel numéro, lu préalablement trois ou quatre fois.

Si nous recommandons les exercices précédents comme un moyen efficace pour habituer à écrire correctement les mots dont la représentation écrite diffère sensiblement de la prononciation, c'est que l'orthographe de ces sortes de mots n'est que le fruit de la mémoire, le résultat d'une lecture attentive, ou celui de dictées et de copies souvent répétées ; nous ne voulons cependant pas méconnaitre que, pour certains mots et pour les élèves les plus avancés, les règles de la grammaire puissent être d'un grand secours. Ajoutons encore que les exercices, tels que nous les avons présentés plus haut, offrent, entre autres avantages, celui de varier l'instruction et de prévenir l'ennui.

Nous croyons devoir, à l'occasion de ces exercices, recommander aux instituteurs de ne pas trop exiger des enfants, de ne pas vouloir, par exemple, qu'ils écrivent désormais tous ces mots sans faute. Ils ne doivent pas perdre de vue qu'il y a ici pour leurs élèves une grande difficulté à vaincre, et que ce résultat ne s'obtient pas au premier essai; il faut à l'instituteur du courage, de la patience et de la persévérance ; il doit se rappeler souvent le proverbe : *L'arbre ne tombe pas du premier coup ;* il aura plus d'une fois dans sa classe l'occasion d'en voir l'application.

A.— Une seule lettre finale est muette,

B. — Deux consonnes à la fin, dont l'avant-dernière se prononce.

C. – Une voyelle et une consonne à la fin, dont la voyelle seule se fait très-faiblement sentir.

D. — Deux consonnes muettes à la fin.

E. — Trois consonnes finales dont les deux dernières ne se font pas entendre.

F. — *Ent* (terminaison des verbes) a le son presque imperceptible de l'E muet.

CHAPITRE IX

EXERCICES DE LECTURE ET D'ÉCRITURE SUR L'APOSTROPHE ET SUR LA LETTRE *h*.

1. L'explication de l'apostrophe.
2. Observations sur l'*h* aspiré.
3. *H* aspiré entre deux voyelles. — Par exemple : *trahir*, *cohorte*.
4. *Ph*. — Par exemple : *philosophie*, *phénomène*.
5. *Th*. — Par exemple : *théorie*, *théâtre*.
6. *Rh*. — Par exemple : *Rhin*, *rhume*.
7. *H*. nulle *au milieu* des mots. — Par exemple : *malheur*, *bonheur*.

CHAPITRE X.

EXCEPTIONS.

Exercices de lecture et d'écriture sur des mots dont la prononciation n'est pas conforme à l'orthographe. — Par exemple : AOÛT, SCULPTEUR, COMPLÈTE, etc.

Nous laissons au discernement des instituteurs expérimentés le choix du moment où il sera convenable de procéder à la lecture des caractères d'impression. Il ne faut cependant pas trop reculer ce moment, car on trouve dans ces exercices une occupation instructive pour les enfants dans la maison paternelle ; les parents, disposés à juger principalement par ce point des progrès de leur progéniture, éprouvent ainsi une satisfaction à laquelle l'instituteur ne peut rester indifférent. On pourra les exercer simultanément sur les deux genres de caractères (l'impression et l'écriture), les formes des uns et des autres se ressemblant beaucoup à quelques exceptions près ; dans ce cas, il devra toujours y avoir des exercices spéciaux pour la lecture des caractères imprimés. Chaque page devra être lue et transcrite, jusqu'à ce que les élèves aient acquis un certain degré de fermeté et d'assurance, car c'est là précisément ce qu'on se propose par cet exercice. L'instituteur se gardera de jamais entreprendre trop à la fois ; il veillera à ce que tout s'exécute convenablement et conformément aux règles.

Si, à la fin de la première année, les élèves sont parvenus au point d'écrire régulièrement toutes les lettres, majuscules ou minuscules, et s'ils sont à même de bien lire et de transcrire correctement tous les mots de la première et de la deuxième partie du livre intitulé : *Livre élémentaire ou Première instruction,* les premiers fondements seront posés : le résultat obtenu sera très-satisfaisant ; c'est en effet, tout ce que l'on s'était proposé.

Nous sommes loin de vouloir prétendre qu'il n'existe qu'une seule méthode bonne et efficace pour enseigner la lecture et l'écriture. Nous sommes persuadé, au contraire, que toutes les méthodes connues jusqu'à ce jour peuvent amener les enfants à lire exactement, vite et bien, avec cette différence toutefois qu'une méthode pourra être plus facile, plus rationnelle, moins fatigante, et plus expéditive qu'une autre. Si nous accordons la préférence à la nôtre, c'est qu'elle est la plus conforme au développement intellectuel de l'enfant, elle exige le moins de temps, et elle est la seule qui réunisse avec un ordre et une gradation raisonnés, toutes les matières qui, jusqu'à présent, ont été traitées séparément dans les ouvrages destinés aux élèves de la classe inférieure, dans les écoles élémentaires.

V.

MÉTHODE DE CALLIGRAPHIE

INTRODUCTION

L'écriture est l'art de représenter par des signes connus, que l'on appelle *caractères* ou *lettres*, les sons qui forment le langage.

Il a fallu une longue suite de siècles et même une civilisation avancée pour que des peuples appartenant à la plus haute antiquité aient découvert ce procédé, dont l'honneur est revendiqué par les Egyptiens pour Hermès et Thot, par les Phéniciens pour Cadmus.

Quoi qu'il en soit de ces prétentions à une découverte qui a dû se produire chez différentes nations, il importe de ne pas confondre l'écriture populaire, celle que nous connaissons, avec les systèmes hiéroglyphiques et symboliques employés par différents colléges de prêtres.

Dans le système hiéroglyphique des Egyptiens, par exemple, on reproduisait d'abord des images matérielles, pour les symboliser ensuite en les appliquant à des idées abstraites.

Mais l'usage ne pouvait adopter qu'un mode d'écriture plus rapide, plus facile, mieux à la portée de toutes les intelligences, mode d'écriture presque universellement employé, qui consiste à assigner aux lettres une forme connue, de manière à composer des mots, et par l'assemblage de ces mots, des phrases, expression des idées.

Peu importe que ces signes convenus de l'écriture se gravent sur la pierre ou sur le bois ; peu importe qu'ils soient tracés avec la pointe d'un stylet sur des tablettes de cire, ou peints sur le papyrus égyptien, sur le parchemin de Pergame, ou bien que la plume d'oie ou métallique, trempée dans l'encre, les écrive sur nos papiers de chiffons ; peu importe, le procédé est toujours le même : il s'agit de disposer les lettres de manière que l'œil les saisisse dans leurs détails et leur ensemble, pour lire de suite ce que l'on a voulu exprimer.

Par l'écriture, qui exige une méditation plus profonde que l'expression orale, nos pensées acquièrent plus de netteté, et sans elle, le développement, le perfectionnement de la langue devient plus difficile.

Notre mémoire ne peut pas retenir tout ce que nous voulons conserver ; d'ailleurs, cette faculté s'affaiblit avec l'âge : sans le secours de l'écriture, nous serions embarrassés dans maintes circonstances.

L'écriture doit être considérée comme une connaissance indispensable aujourd'hui à toutes les conditions sociales. Par ce moyen, des personnes séparées peuvent se communiquer mutuellement leurs sentimen,ts leurs impressions. Aussi reconnaît-on tellement son utilité, que, même dans les classes inférieures, c'est presque une chose honteuse que de ne pas savoir écrire.

En considérant l'art d'écrire comme l'art de représenter, au moyen de signes visibles (les lettres), nos pensées et nos impressions, de même que nous entendons par l'art de parler celui de manifester, au moyen d'articulations (les sons), nos idées, on peut diviser l'enseignement de l'écriture en *trois exercices principaux*, sur lesquels il importe de fixer l'attention.

Ces points sont :

1° *L'écriture considérée au point de vue du beau (esthétique), la calligraphie :*

2° *L'écriture considérée au point de vue de la prononciation et de la grammaire, l'orthographe ;*

3° *L'écriture considérée au point de vue des idées et de la liaison de ces idées ou le style, la rédaction.*

Nous prions nos lecteurs de ne pas oublier la division que nous venons d'établir. Nous n'avons à nous occuper ici que de :

LA CALLIGRAPHIE.

Nous ne pouvons pas cependant admettre le mot *calligraphie* dans toute son acception ; nous sommes forcés par notre but de nous astreindre à ce qu'il offre d'application à l'enseignement de nos écoles primaires et moyennes.

Cela posé, nous entendons par *calligraphie,* l'habileté de tracer d'une manière lisible et agréable à l'œil les lettres de l'alphabet, en les liant entre elles conformément aux règles de l'esthétique.

Il est presque impossible d'exiger des enfants de nos écoles qu'ils deviennent des calligraphes.

Mais autre chose est d'écrire nettement, lisiblement avec goût ; ce résultat, on peut l'obtenir dans toute école bien dirigée, pourvu que l'instituteur suive une marche rationnelle et qu'il mette de bons modèles sous les yeux de ses élèves.

Le procédé à suivre pour l'enseignement de l'écriture (*calligraphie*) requiert, avant tout, de la coordination dans les exercices, simple et bien graduée, précédée d'exercices tendants à former *l'œil et la main* de l'élève, et à procéder ensuite de manière que les enfants ne se bornent pas à copier machinalement les lettres, mais qu'ils parviennent à raisonner sur ces lettres et sur leurs parties, enfin à les reproduire avec connaissance de cause.

MÉTHODE PROPREMENT DITE

I. — Exercices préliminaires.

A. — *Exercices préliminaires pour le corps.*

1° *Exercices préliminaires pour le maintien convenable du corps.*

2° *Exercices préliminaires pour la pose de la main et des doigts.*

3° *Exercices préliminaires dans l'emploi de l'ardoise et de la touche.*

Pour pouvoir acquérir un trait de main assuré, ferme, et en même temps facile, il importe que, en écrivant, les enfants ne soient point gênés, et que les bancs et les pupitres permettent aux élèves d'y être placés à l'aise ; l'avant-bras droit devra, de toute nécessité, reposer sur le pupitre, et cela de manière à pouvoir faire les mouvements sans obstacle.

Il ne suffit pas que les enfants ne soient pas serrés sur les bancs, mais il convient aussi que la partie supérieure du pupitre soit assez large, afin de pouvoir placer l'ardoise ou le cahier à distance voulue du corps pour l'approcher ou l'éloigner au besoin.

La partie supérieure (la tablette) du pupitre ne doit pas non plus avoir une inclinaison trop forte ; celle-ci ne doit jamais dépasser *trois à quatre* centimètres.

Les ardoises ne seront pas trop petites ; les touches auront la longueur voulue, c'est-à-dire, qu'elles dépasseront la main de quelques centimètres.

Quant au maintien du corps, on observe ceci : les jambes reposent dans leur position naturelle. Il ne convient pas de les croiser l'une sur l'autre.

La poitrine un peu courbée en avant, la tête droite et à 15 centimètres au moins du pupitre.

Le bras droit se place dans la direction du côté gauche, tandis que le bras gauche repose sur le pupitre dans la direction opposée et un peu de haut en bas. Cette position oblige l'élève à toucher légèrement le pupitre du côté gauche ; la main gauche est placée en partie sur l'ardoise (cahier) pour la tenir. Le pouce, un peu courbé, se place du côté gauche contre la touche (plume) ; l'index occupe le dessus de celle-ci de manière à longer l'ongle du médius. L'index, dans sa position sur la touche (plume), empêchera celle-ci de glisser ; il en dirigera en outre les mouvements.

L'annulaire sert de support au médius ; il est un peu courbé en dedans, reposant sur l'auriculaire qui forme l'appui de la main entière.

B. — *Exercices préliminaires sur la planche noire et sur l'ardoise.*

1. Exercices au moyen de points : voir manuel de l'élève, 1re partie, planche 1.

a) Un point.

b) Deux points dans diverses positions, l'un sur l'autre.

c) L'un à côté de l'autre, obliquement.

d) Trois points.

e) Quatre points dans différentes positions.

f) Cinq points dans différentes positions.

2° Exercices au moyen de lignes :

a) Deux points l'un à côté de l'autre, ou l'un au-dessus de l'autre, et réunis par une ligne droite.

b) 2, 3, 4, 5, 6 lignes droites issues d'un seul et même point.

c) Une ligne horizontale.

d) Une ligne verticale.

e) Des lignes obliques de droite à gauche et de gauche à droite dans des directions différentes.

f) Deux lignes parallèles, des lignes horizontales, verticales et obliques.

g) 3, 4, 6 lignes parallèles, non parallèles.

h) Deux lignes droites qui se touchent à une de leurs extrémités.

i) Deux lignes droites qui se coupent.

k) Des angles aigus.

l) Des angles droits

m) Des angles obtus.

n) Joindre deux points donnés par une ligne courbe.

o) Des lignes courbes dont les extrémités sont ouvertes par en haut et par en bas.

p) Une ligne courbe dont les extrémités sont ouvertes en bas, à gauche, à droite.

q) Réunir une ligne droite à une ligne courbe dans des directions et à des distances différentes.

r) Joindre des courbes à des courbes.

s) Des lignes flammes.

t) Des lignes ondulées.

u) Des nœuds, des nœuds allongés, des boucles.

3° Exercices au moyen de lignes ombrées.

a) Des lignes fines.

b) Des lignes grosses.

c) Des lignes fines-grosses.

d) Des lignes grosses-fines.

e) Des lignes fines-grosses-fines.

f) Des lignes grosses-fines-grosses.

L'instituteur doit lui-même tracer sur la planche noire les différentes figures que les enfants ont a reproduire. Ceux-ci, à leur tour, doivent bien regarder, bien examiner ce qui leur sert de modèle, et à cette fin, il importe d'attirer leur attention sur les différentes parties qui composent telle ou telle figure, d'en indiquer le nom. Après avoir effacé la figure qui a été tracée sur la planche noire, un des élèves est désigné pour reproduire à la craie cette figure, tandis que les autres enfants suivent attentivement, pour être à même d indiquer les défectuosités ou les erreurs commises par leur camarade. Après plusieurs répétions, tous les enfants traceront sur leur ardoise la figure indiquée et y apporteront autant de soin et de précision que possible.

Pendant que les enfants sont ainsi occupés, l'instituteur circule, et intervient à gauche et à droite en distribuant des avis, des conseils, selon le besoin.

Il est très-important que les élèves comprennent leur tâche avant de commencer le travail. A cet effet, il faut les obliger à exposer verbalement ce qu'ils ont à faire, et ne pas leur permettre de placer la touche sur l'ardoise avant d'être entièrement certain que les enfants en ont une représentation intérieure tellement exacte, qu'ils sont à même d'en indiquer les parties constituantes sans avoir le modèle sous les yeux.

Il est à remarquer que le temps employé à ces exercices préliminaires n'est point perdu, et nous rappellerons aux instituteurs que si l'on néglige ces premiers exercices, on formera difficilement de bons calligraphes. Qu'on le sache bien, le maintien du corps, la pose des doigts et de l'ardoise (cahier), sont des choses qui méritent l'attention du maître, et dont dépendent en grande partie les progrès des élèves.

Il s'agit ici de se hâter lentement et de ne pas abandonner les exercices que nous avons indiqués avant que la main n'ait acquis une certaine force et de la souplesse.

II. — Exercices d'écriture proprement dits, au moyen de la touche et de l'ardoise, pourvue de lignes auxiliaires.

A. — *Les lettres minuscules d'après leur analogie et leur dérivation.*

1° Les dérivés de la lettre *i* dans l'ordre suivant :

i, u, t, l, b, r.

2° Les dérivés de la lettre *n* dans l'ordre suivant :

n, m, r, v, w, p, h, k.

3° Les dérivés de la lettre *c* dans l'ordre suivant :

c, e, o, a, d, q, g, x.

4° Les dérivés de la lettre *l* dans l'ordre suivant :

l, b, h, k, f, s.

5° Les dérivés de la lettre *j* dans l'ordre suivant :

j, y, q, z, s, p, f.

6° Les lettres irrégulières dans l'ordre suivant :

s, z, ss.

B. — *Les lettres majuscules d'après leur analogie et leur dérivation.*

1° Les dérivés de la lettre C dans l'ordre suivant :

C, O, Q, G, T, X, H E.

2° Les dérivés de la lettre S dans l'ordre suivant :

S, L, I, J, H, K, V, W, T, F, P, B, R, D.

3° Les dérivés de la lettre A dans l'ordre suivant :

A, M, N.

4° Les dérivés de la lettre V dans l'ordre suivant :

V, U, N, X, Y, Q.

5° Les lettres irrégulières.

Z, B, R, L, M, N, X, Z.

C. — *Les chiffres arabes, d'abord d'après leur dérivation, et puis dans l'ordre naturel.*

a. — D'après leur analogie (dérivation).

1. Le chiffre 1.
2. Le chiffre 7.
3. Le chiffre 4.
4. Le chiffre 2.
5. Le chiffre 5.
6. Le chiffre 3.
7. Le chiffre 0.
8. Le chiffre 9.
9. Le chiffre 6.
10. Le chiffre 8.

b. — Dans l'ordre naturel.

1, 2, 3, 4, 5, 6, 7, 8, 9, 0.

D. — *Les signes de ponctuation.*

1° Le point.
2° Deux points.
3° La virgule.
4° Point et virgule.
5° Point d'exclamation.
6° Point d'interrogation.
7° Les guillemets.
8° Les parenthèses.

E. — *Les chiffres romains.*

I, II, III, IV, V, VI, VII, VIII, IX, X, L, C, D, M.

F. — *Ecriture de syllabes composées de lettres minuscules, en observant la liaison convenable des lettres, la distance entre celles-ci et leur inclinaison.*

Dans l'ordre qu'on a observé pour l'explication des lettres.

G. — *Ecriture de mots qui commencent par une lettre majuscule, dans l'ordre qu'on a observé dans l'explication de ces lettres.*

DEUXIÈME PARTIE.

H. — *L'écriture à la plume, dans des cahiers pourvus d'un réseau de lignes auxiliaires.*

Les exercices préliminaires indiqués dans la première partie de la méthode ont déjà contribué à former l'œil et la main ; ils avaient particulièrement pour but de familiariser avec les divers éléments qui constituent les lettres de l'alphabet et de rendre l'élève apte à tracer ces lettres sur *l'ardoise* en leur donnant une forme convenable.

Mais dès qu'il s'agit d'écrire sur le *papier*, il importe d'avoir recours à d'autres exercices pour habituer l'enfant à manier la plume et pour donner aux mouvements des doigts, de la main et du bras, l'assurance et la souplesse nécessaires.

A cet effet, nous regardons les exercices préliminaires suivants comme efficaces pour vaincre toutes les difficultés que présentent ordinairement les premiers essais de l'écriture sur le papier.

Disons encore que ces exercices peuvent se faire d'abord à l'aide d'un *crayon*, ensuite avec une plume *sans encre*, et après, lorsque l'enfant aura saisi le mouvement, avec une plume trempée dans l'encre.

Il nous reste enfin à faire remarquer qu'on peut, pour ne point occasionner une trop grande dépense en papier, faire exécuter tous ces exercices sur des cahiers qui ont déjà servi à d'autres, et qui sont remplis d'écriture.

Nous distinguons trois genres principaux d'exercices préliminaires, selon les mouvements du bras, de la main ou des doigts.

I. Exercices ayant pour principes les mouvements du bras légèrement soulevé.

II. Exercices reposant sur les mouvements du poignet.

III. Exercices ayant pour base les mouvements des doigts.

1er *Exercice.* — Mouvement du bras et de la main sans mouvements des doigts dans la direction horizontale et oblique, comme fondement de l'inclinaison dans l'écriture.

2me *Exercice.* — Mouvements de la main et du bras dans diverses directions pour acquérir de l'assurance et de la hardiesse.

3me *Exercice.* — Mouvements libres du bras et de la main. — Des figures courbes.

4me *Exercice.* — Des nœuds allongés.

5me *Exercice.* — Mouvements de la main également sans déplacer le bras.

6me *Exercice.* — Mouvements des doigts. — Principe d'ombrage.

FORMATION DES LETTRES.

1° Formation de lettres composées d'éléments basés sur les exercices préliminaires faits jusqu'ici.

2° Liaison de lettres différentes par rapport à leurs éléments constituants.

3° Formation de lettres et de nœuds allongés alternativement.

4° Lettres et traits.

5° Formation des lettres dans la position perpendiculaire l'une par rapport à l'autre.

Ces différents exercices souvent répétés auront exercé l'élève au point d'écrire des mots et des phrases avec des lettres minuscules.

A. En procédant de nouveau à l'application des lettres à la planche noire, on doit les diviser en quatre groupes:

1° *Lettres minuscules qui ne dépassent pas les lignes moyennes.*

2° *Lettres minuscules qui dépassent seulement la ligne moyenne d'en haut.*

3° *Lettres minuscules qui dépassent seulement la ligne moyen d'en bas.*

4° *Lettres minuscules qui dépassent les deux lignes moyennes.*

B. Les lettres majuscule sdivisées, d'après leur étendue, en deux groupes :

1° Lettres majuscules qui s'étendent depuis la ligne moyenne d'en bas jusqu'à la ligne extrême d'en haut.

2° Lettres majuscules qui s'étendent depuis la ligne extrême d'en haut jusqu'à la ligne extrême d'en bas.

D. Ecriture de mots, commençant par les lettres majuscules.

E. Ecriture de phrases entières.

F. Ecrire dans le cahier sur des lignes simples.

G. Les chiffres arabes.

H. Les signes de ponctuation.

I. Tableau comparatif des trois genres de l'écriture anglaise.

TROISIÈME PARTIE.

Différents genres d'écriture.

1° L'écriture ronde.
2° — coulée.
3° — bâtarde.
4° — belge.
5° — gothique.

VI.

MÉTHODE DES EXERCICES DE MÉMOIRE

BUT. — Perfectionner la mémoire et la fortifier dans ses diverses opérations ; faciliter la culture intellectuelle par des moyens rationnels et compatibles avec l'enseignement élémentaire ; exercer une influence salutaire sur le langage ; procurer à l'enfant la satisfaction de donner, par une récitation convenable, une preuve de son application, et le disposer à retenir les choses apprises et à mieux comprendre l'ensemble d'un sujet littéraire ; faire recueillir, dans la jeunesse, un précieux trésor de vérités, de règles de conduite, de maximes, etc., qui peuvent être considérées comme une source de consolations dans les peines de la vie.

CHAPITRE PREMIER.

IMPORTANCE ET BUT DES EXERCICES DE MÉMOIRE.

Il fut un temps où, grâce à l'insouciance des instituteurs et à leur mode de procéder, toute branche d'enseignement était rabaissée au niveau d'une opération purement mécanique, d'un simple travail de mémoire. On exerçait la mémoire au détriment de toutes les autres facultés. Aujourd'hui encore, il est des établissements d'éducation où l'on ne vise qu'à cultiver la mémoire à l'aide de matériaux choisis avec aussi peu de discernement que d'intelligence et de goût. On a cependant reconnu que, pour retirer quelque utilité de ce travail, il faut employer des moyens simples et naturels, et soumettre les enfants à des exercices propres à perfectionner en eux la mémoire et à la fortifier dans ses diverses opérations.

Sans la mémoire, il ne resterait en notre esprit aucune image ; un levier puissant ferait défaut à l'intelligence, toute intuition cesserait d'exercer son influence au moment même où s'arrêterait son action. En un mot, sans la mémoire, toute culture intellectuelle, toute connaissance historique serait impossible.

De ce qui précède, il résulte que le développement de la mémoire rentre dans les attributions de l'école élémentaire.

On distingue habituellement la mémoire des nombres, celle des mots et celle des choses. Il serait, à notre avis, plus convenable d'établir la division suivante : la mémoire des objets et celle des représentations de ses objets ; ou, s'il est permis de s'exprimer ainsi : la mémoire *matérielle* et la mémoire *formelle*. Relativement à l'école primaire, l'une et l'autre sont d'une égale importance.

Le but des exercices de mémoire dans l'école élémentaire doit être, sans contredit : 1° de concevoir la leçon, 2° de la retenir, 3° de la répéter.

Nous conseillons fortement de commencer de bonne heure les exercices de mémoire, puisque avec l'âge cette précieuse faculté de l'âme devient moins susceptible de culture.

La culture de la mémoire par les moyens artificiels, connu sous le nom de mnémonique, est incompatible avec la nature de notre enseignement élémentaire ; il n'est donc pas sérieusement à craindre de la voir introduire dans nos écoles. On ne doit employer dans celles-ci que des moyens naturels, tels que faire apprendre par cœur et exiger de fréquentes répétitions. A coup sûr les élèves en retireront plus de profit que si on leur appliquait toute la science de la mnémotechnie, qui au fond est plus ou moins entachée de charlatanisme.

CHAPITRE II

EXERCICES DE MÉMOIRE.

Dans la classe élémentaire, la mémoire s'exerce d'abord sur les sons et les lettres qui les représentent, sur les nombres et les chiffres ; vient ensuite la répétition de petites phrases dans les exercices par intuition; puis la nomenclature des objets servant à ces exercices, les qualités qui les distinguent, les noms par lesquels on désigne leurs diverses parties. Mais ces exercices, dont le *but principal* est tout autre que de former la mémoire, sont incomplets et insuffisants ; il en faut d'autres qui aient essentiellement pour objet la culture de cette faculté.

A un jour fixe, chaque semaine, on explique soit une maxime religieuse ou morale, soit un proverbe, soit une sentence qui se rattache spécialement à la leçon de religion ou à celle par intuition.

On commencera par des maximes de deux lignes et l'on aura soin de n'augmenter la matière que si l'enfant manifeste lui-même le désir d'apprendre davantage. On procédera de la manière suivante : Le lundi, par exemple, après la leçon de religion, l'instituteur débitera, à voix haute et claire et avec l'accent convenable, une maxime qu'il aura choisie. Un des élèves la répètera, plusieurs autres la rediront successivement, puis on procédera à la répétition sumultanée. Avant le départ des enfants (à onze heures), il est nécessaire de rappeler à leur souvenir la maxime apprise, afin qu'ils y pensent encore dans la maison paternelle. A la rentrée en classe, après midi, on fait derechef réciter la maxime ou les vers expliqués le matin ; bien entendu, après la prière. Du moment que les enfants ont acquis une certaine facilité dans la lecture mécanique, l'instituteur leur lira une maxime ou un vers de leur livre, et fera répéter tantôt individuellement, tantôt simultanément, ce qu'il aura lu. Pour cet exercice, le livre de lecture mis entre les mains des enfants doit renfermer un choix de maximes et de morceaux de poésie à leur portée.

Dans le choix de la matière à apprendre par cœur, l'instituteur doit s'assurer non-seulement si elle est intelligible pour l'enfant, mais encore si elle est propre à exercer une influence favorable sur le cœur de l'élève. Il convient d'éviter toute expression de nature à blesser l'oreille ou le sentiment du jeune auditoire.

En même temps que ces exercices déjà indiqués, nous en recommandons un autre, que voici :

A la fin d'une leçon quelconque, l'instituteur, pour perfectionner la mémoire, citera trois, quatre, cinq, six mots et davantage, que les enfants répèteront après une pause plus ou moins longue.

Pour faciliter cet exercice aux enfants, voici la marche que l'on pourra adopter :

1° On choisit des mots indiquant des objets réunis habituellement dans le même endroit ; par exemple : arbre, plante, fleur, jardin, fruit, etc. ;

2° Ces mots indiqueront les parties constitutives d'un objet ; par exemple : porte, fenêtre, escalier, plancher, cheminée, etc. ;

3° On choisira des mots commençant tous par la même lettre ; par exemple : pupitre, pomme, porc, planche, pince, pepin, etc.

Afin de varier ces exercices et d'y introduire des difficultés, on aura recours à différents moyens.

a. On aura soin de choisir des mots tout à fait hétérogènes, ou des termes abstraits, ou des synonymes, ou des homonymes.

b. On exigera ensuite que les enfants répètent ces mots : 1° dans l'ordre que l'on a suivi en les leur dictant, 2° dans l'ordre inverse, 3° en omettant successivement le deuxième mot, le troisième, le quatrième, etc.

Un maître intelligent n'éprouvera aucune difficulté à multiplier ces exercices et à leur donner en les variant à l'infini, tout le charme de la nouveauté.

Ces exercices sont d'une utilité incontestable. Leur action s'étend sur l'existence entière ; ils facilitent aux enfants les moyens de s'acquitter plus tard avec succès des diverses obligations que leur imposera leur état, leur condition.

Avant de nous occuper de la division moyenne, nous devons recommander un exercice dont l'application nous a toujours procuré un grand avantage. Voici ce procédé :

Le maître raconte une petite histoire, une anecdote à la portée des enfants, et débitée en termes bien intelligibles pour les auditeurs de cet âge ; il leur adresse ensuite des questions auxquelles ils sont tenus de répondre en récitant quelques-unes des phrases de l'histoire même. Cela fait, l'un des élèves essaye de reproduire la narration jusqu'à l'endroit désigné par l'instituteur. Un autre lui succède et continue, soit jusqu'à un autre point indiqué, soit jusqu'à la fin.

Il va de soi qu'il ne faut pas se montrer trop exigeant, ni par rapport à l'enchaînement des idées, ni relativement aux expressions employées.

L'enfant ne sera d'abord astreint qu'à retenir les noms des principaux personnages et les faits les plus importants ; plus tard le maître s'occupera de perfectionner le langage, d'améliorer la diction, etc.

Pour terminer, on tirera de l'histoire racontée une déduction morale ; les enfants devront la trouver eux-mêmesà l'aide des questions que le maître leur posera.

Les exercices spéciaux de mémoire pour la division moyenne, ont pour objets des fables, des narrations, des poésies morales et religieuses, etc., à la portée des enfants : ensuite des sentences morales, quelques prières d'école, les évangiles des dimanches, l'histotre sainte, le catéchisme et l'histoire du pays.

Ces devoirs, donnés à jour fixe chaque semaine, seront d'abord lus à haute voix et très-distinctement, puis très-clairement expliqués. Dans le courant de la semaine on rappelle au souvenir des élèves la leçon qu'ils ont à savoir par cœur ; par ce moyen ils n'ajourneront pas la besogne jusqu'au dernier moment.

Il est d'ailleurs très-avantageux de mettre entre leurs mains un recueil de petites poésies, de chansons dont les sujets sont empruntés à la vie de l'enfance et qui soient propres à développer en eux le sentiment religieux, la piété filiale et l'amour de la patrie.

Dans le paragraphe suivant, nous exposerons la manière de procéder la plus rationnelle, à notre avis, dans les exercices de ce genre.

Quant à la division supérieure, voici en quoi consiste la matière des exercices de mémoire :

1° Des chansons morales et religieuses ;

2° Des sentences et des vers biens choisis ;

3° Des fables et d'autres poëmes, des discours appropriés à l'âge et à la force intellectuelle des enfants de cette classe.

Il sera bon de consacrer une heure par semaine à ces exercices ; on aura grand soin en même temps d'expliquer convenablement la matière avant de la faire apprendre par cœur. Cette observation a un triple but :

1° De faire disparaître une manière d'apprendre toute machinale ;

2° De prévenir une récitation sans expression ;

3° Enfin, de ne pas exposer les élèves à choisir des sujets qui ne leur conviennent point.

Bien que l'instituteur doive décider en dernier ressort quelle est la pièce à apprendre par cœur, il peut néanmoins permettre aux élèves de lui faire des propositions ; il trouvera ici le moyen d'apprécier leur discernement.

L'enseignement de l'histoire sainte et du catéchisme, celui de l'histoire profane, de la géographie et de l'histoire naturelle contribuent puissamment au développement de la mémoire ; cependant, il ne faut pas le perdre de vue : dans ces diverses études on se propose un tout autre but, et il ne faut pas ici une récitation littérale, comme l'exigent certains exercices de mémoire proprements dits.

CHAPITRE III.

MANIÈRE DE FAIRE RÉCITER PAR CŒUR.

On est généralement porté à croire qu'il est à peu près indifférent de faire réciter, soit par le maître, soit par le moniteur, soit par toute autre personne, ce que les enfants ont appris par cœur, ou d'employer pour cette récitation tel ou tel autre moyen Je suis d'un avis opposé. Il est évident que, si l'on veut se donner la peine d'imprimer à ces exercices une direction convenable, il y a moyen d'y rattacher une foule d'observations d'une grande utilité pour les élèves.

Tout ce que nous avons à dire sur ce point se rattache aux trois questions suivantes :

1° Quand faut-il faire réciter ?

2° Qui doit faire réciter ?

3° Comment faut-il réciter ?

A la première question, je réponds : il faut faire réciter à jour et à l'heure fixes. L'enfant doit savoir positivement l'heure consacrée à la répétion de ce qu'il a appris ; sinon il aura recours à des prétextes pour réclamer l'indulgence du maître. En second lieu, il faut, entre les deux exercices, un intervalle suffisant pour que l'élève puisse apprendre ce qu'il doit savoir.

Qui doit faire réciter ? — C'est l'instituteur lui-même. Notre but est ici d'obtenir, non pas une récitation machinale, mais bien une narration à laquelle doivent prendre part et l'esprit et le cœur de l'enfant ; il faut en outre, en dirigeant la répétition, proportionner les indications à l'intelligence de l'élève, tantôt lui expliquer ce qu'il ne comprend pas, tantôt lui apprendre ce qu'il ignore ; cette double tâche est trop importante et trop difficile pour qu'on l'abandonne à un moniteur. On ne peut supposer à ce dernier le discernement nécessaire pour apprécier si c'est par paresse, par défaut d'intelligence ou peut-être à la suite de circonstances domestiques particulières, que l'enfant n'a pas appris sa leçon. Celui qui fait répéter les élèves doit encore examiner si, dans ce dernier cas, il y a légèreté, timidité ou négligence. Toutes ces conditions réunies indiquent assez qu'à l'instituteur seul il appartient de faire réciter les leçons.

Comment faut-il faire réciter ? — Il y a deux manières de procéder : en s'adressant à toute la classe ou à chaque élève individuellement. Bien que la récitation simultanée fasse gagner du temps et offre d'autres avantages dont nous parlerons plus bas, nous donnons néanmoins la préférence à la répétition individuelle. En voici les raisons.

Par la récitation simultanée on ne peut atteindre qu'en *partie* le but que l'on se propose dans ces exercices. Jamais on ne distinguera les élèves qui ont *bien étudié* de ceux qui l'ont fait *superficiellement ;* ceux qui *parlent bien* et qui prononcent avec expression de ceux qui récitent *machinalement,* etc., etc. Par la répétition individuelle, au contraire, on parvient à connaître la force de chaque élève et l'on peut proportionner aux besoins de chacun le secours à offrir. Cependant ce n'est pas un motif pour exclure absolument la récitation simultanée. Il sera bon d'employer l'un de ces procédés sans rejeter absolument l'autre.

Outre l'avantage signalé plus haut, la récitation simultanée en présente d'autres encore : en parlant, pour ainsi dire, en chœur, l'enfant timide sera entraîné par ses compagnons ; la récitation simultanée exerce une influence salutaire sur les élèves distraits, sur ceux qui éprouvent de la difficulté à parler couramment, et sur ceux dont l'accent est ordinairement trop monotone. Nous ne pouvons que répéter : Employez l'un des procédés, mais ne rejetez pas l'autre.

Quant à cette troisième question, nous ajouterons encore : Il faut tâcher de faire réciter par chacun des élèves une partie plus ou moins considérable de la leçon. Par ce moyen, le maître procure à l'enfant la satisfaction de donner, par une récitation convenable, une preuve de son application.

Quant à la manière d'être de l'instituteur pendant la leçon, voici quel est notre avis. Il faut éviter d'intimider les enfants, soit par un ton trop rude, soit par une physionomie sombre, soit en leur infligeant trop légèrement des punitions ; il pourrait en résulter que la leçon bien apprise à la maison, serait mal récitée à l'école.

D'un autre côté l'instituteur mettra dans sa longanimité paternelle une certaine dose de juste sévérité ; l'indulgence portée trop loin produirait de mauvais résultats.

Une faute grave que l'on commet fréquemment pendant ces exercices, faute sur laquelle nous appelons l'attention spéciale des instituteurs, c'est de venir mal à propos en aide à la mémoire des enfants. Il peut très-bien se faire qu'ayant parfaitement appris leur leçon, ils éprouvent de l'hésitation au moment de la réciter. La mémoire ressemble à une montre ; une fois montée, elle marche pendant un certain temps. C'est donc au commencement de la leçon que l'enfant a besoin de l'assistance du maître et que celui-ci lui vient ordinairement en aide en lui soufflant les premiers móts de la phrase. Nous ne pouvons assez énergiquement blâmer cette façon d'agir, et voici pourquoi : l'enfant ne se donnera plus à l'avenir la peine d'apprendre sa leçon de manière à la posséder à fond ; il comptera sur la complaisance du maître; bien plus, jamais il n'acquerra cette fermeté, cette assurance si nécessaire pour commencer un récit ; il ne s'habituera pas à réfléchir sur l'enchaînement des diverses parties de son sujet; enfin, une fois sorti de l'école, il ne parviendra jamais à se rappeler ce qu'il y a appris. Il faut donc chercher un autre moyen d'intervention, par lequel on oblige l'enfant à réfléchir sérieusement et à apprendre par cœur d'une manière plus efficace. Voici celui que nous proposons :

On pose à l'enfant une série de questions qui insensiblement l'amènent à se rappeler la première ou la seconde idée. En se représentant l'une ou l'autre, et en se souvenant de la manière dont elles s'enchaînent, l'enfant parvient à se rappeler en même temps le mot qui lui manque pour commencer ou pour continuer.

En l'habituant ainsi à trouver et à retenir les idées dont se compose la leçon apprise par cœur, on cultive sa mémoire, on développe son intelligence, et on la dispose à mieux comprendre l'ensemble d'un sujet littéraire. On aura soin surtout d'empêcher absolument les élèves de se souffler les uns les autres : ce serait faire beau jeu à la paresse et au mauvais vouloir.

Les exercices de mémoire ayant pour but principal, non pas d'apprendre *beaucoup*, mais d'apprendre *bien*, il convient de procéder de temps en temps à une répétition générale. Nous conseillons fortement d'y recourir, d'abord à la fin du mois, ensuite à l'expiration de chaque trimestre, et enfin à chaque semestre. A chacune de ces époques on passera en revue, sinon tous, du moins un grand nombres des morceaux que les élèves auront appris.

VII

MÉTHODE DE DESSIN

But. — Développer l'intelligence. Préparer les jeunes gens aux professions industrielles. Procurer à la jeunesse d'agréables passe-temps et des plaisirs innocents. Exercer la main, la rendre plus habile à maint autre exercice, et spécialement à la calligraphie. Habituer l'enfant à être attentif. Exercer la perspicacité. Eveiller l'imagination. Inspirer aux élèves le sentiment du beau, former le goût et faire naître chez eux l'amour de l'ordre. Combattre l'oisiveté, et les préserver contre les plaisirs qui gâtent le cœur.

INTRODUCTION.

Les enfants, dès leur bas âge, montrent en général plus de dispositions pour le dessin que pour toute autre branche d'enseignement. Ne voyons-nous pas le bambin de deux à trois ans s'amuser, de son propre mouvement et sans direction aucune, à tracer des lignes et à les réunir pour en former une figure? D'autres, plus avancés, vont jusqu'à essayer de représenter par une forme quelconque, l'objet dont leur imagination s'est préoccupée. On ne doit pas négliger ces dispositions naturelles : il faut, au contraire, chercher à les développer convenablement.

Une autre considération nous engage à signaler cet enseignement comme devant faire partie du programme d'une bonne école élémentaire, c'est l'utilité du dessin. Les avantages que l'on en retire sont plus grands qu'on ne le pense généralement. Il n'est pas dans notre plan d'énumérer ici *toutes* les circonstances dans lesquelles l'enfant, devenu grand, pourra retirer un profit réel de ses connaissances en dessin ; cependant nous croyons utile d'entrer dans quelques détails, afin de démontrer l'influence qu'exerce cette branche d'enseignement sur le développement intellectuel des élèves ; nous montrerons ainsi jusqu'à quel point elle est en harmonie avec le but final de l'instruction.

L'utilité générale du dessin se résume dans les points suivants :

1° Le dessin produit les plus heureux effets sur la culture de l'esprit en général ; il éveille le sentiment intuitif : il habitue l'enfant à être attentif ; il exerce la perspicacité, excite l'imagination, inspire le sentiment du beau, forme le goût et fait naître l'amour de l'ordre ; il est très-propre à combattre l'oisiveté, et c'est en outre un excellent préservatif contre les plaisirs qui gâtent le cœur.

2° Il contribue efficacement à développer l'intelligence.

3° Il procure beaucoup d'agrément dans la pratique, et il est la source de mille plaisirs innocents. Par le dessin, nous parvenons à conserver le souvenir des objets qui nous ont laissé des impressions agréables.

4° Le dessin exerce la main ; il la rend plus habile à maint autre exercice, et spécialement à la calligraphie.

En résumé, nous croyons l'avoir suffisamment prouvé, l'enseignement du dessin constitue une branche d'une haute importance pour beaucoup d'établissements : la méthode employée pour parvenir au but qu'on se propose d'atteindre mérite donc toute notre attention.

CHAPITRE PREMIER

INDICATIONS GÉNÉRALES DES EXERCICES FORMANT LE COURS DE DESSIN.

Tous les exercices de dessin se résument en deux classes, savoir :

1° Ceux qui ont pour but de développer l'habileté technique ;

2° Ceux qui tendent à perfectionner le sentiment du beau, l'esthétique.

On pourrait encore les combiner pour en former une troisième classe, les exercices technico-esthétiques.

Les exercices techniques précèdent dans tous les degrés les exercices esthétiques.

I. — On commence par le *point,* et l'on passe ensuite à la ligne. — On fera réunir plusieurs points *placés dans différentes positions* et à *des distances différentes.* Ces exercices ont spécialement pour but de former l'œil.

II. — *Les lignes droites dans différentes directions et à des distances diverses.*

Il ne sera pas sans importance d'appeler immédiatement l'attention des enfants sur la *grosseur des lignes.* Généralement, on a le tort grave de glisser trop rapidement sur les exercices relatifs aux lignes. Les lignes sont les éléments du dessin. Du moment que ces éléments sont défectueux, que l'étude en est manquée, on ne peut guère attendre de bons résultats.

III. — *Les lignes courbes dans les différentes positions.*

IV. — *La division des lignes.*

V. — *Quelques combinaisons des lignes.* (Dessin des formes géométriques.)

Les premiers essais dans ces combinaisons se font au moyen de lignes droites, comme plus faciles à tracer que les courbes. On fait ensuite réunir des lignes courbes entre elles, et enfin des lignes droites avec des lignes courbes ; nous avons donc :

VI. — *Combinaison ou réunion de lignes droites.* (Réunion de plusieurs figures.)

VII. — *Combinaison ou réunion de lignes courbes.*

VIII. — *Combinaison ou réunion de lignes droites et de lignes courbes.*

Ces exercices procurent une grande diversité de sujets et ils peuvent être considérés comme une transition au :

IX. — *Dessin en contour de différents objets.*

En réunissant quelques lignes, on parvient à représenter, par exemple, une maison, une porte, une fenêtre, un pont, une casquette, une lampe, et une infinité d'autres objets.

Le dessin en contour doit nécessairement précéder le dessin ombré. Plus tard on se verrait arrêté si l'on avait négligé ou abandonné trop tôt les exercices de contour.

Une fois les élèves bien exercés au dessin de contour, on passera :

X. — Au *dessin ombré ;* et à la fin

XI. — Au *dessin de perspective.*

Nous le ferons encore remarquer ici, il serait insuffisant de faire copier des modèles représentant des objets dessinés d'après les principes de la perspective ; il faut au moins donner aux élèves les indications principales concernant les règles fondamentales de la perspective.

Il est difficile de déterminer le point où il faudra conduire les élèves dans cette branche ; cela dépendra des dispositions naturelles et du temps consacré à cette étude.

CHAPITRE II.

CONDITIONS EXTÉRIEURES CONCERNANT L'ENSEIGNEMENT DU DESSIN.

1 La place destinée à l'enseignement du dessin doit être bien éclairée, assez vaste ; et les élèves placés de manière à recevoir le jour du côté gauche.

2. Les pupitres doivent être d'une largeur convenable ; on aura adapté à la partie supérieure une planche de dix à douze centimètres de large pour y placer les solides.

3. Il est préférable d'avoir des siéges isolés ou des bancs que leur poids rend immobiles, afin que le mouvement d'un élève ne gêne pas les autres.

4. La planche ou le papier sur lequel les élèves dessinent doit être parfaitement carré, pour leur faciliter l'appréciation de la direction des lignes.

5. La touche ou le crayon doit avoir une longueur convenable, et être bien taillé : il ne doit être ni trop mou ni trop dur ; trop dur, il déchire le papier ou laisse

des traces sur l'ardoise ; trop tendre, il n'est pas propre à tracer une ligne fine.

6. L'élève doit d'ailleurs être pourvu des objets nécessaires : une règle, un fil, de la gomme, etc., etc.

Nous dirons, en terminant que l'on distingue ordinairement trois méthodes différentes dans cette partie de l'enseignement, savoir :

1° *La méthode de dessin d'après des corps naturels.*

Cette méthode, qui a été inventée (si toutefois une méthode peut être inventée) par le célèbre dessinateur Pierre Schmid, commence d'emblée et sans aucun modèle la reproduction des corps de la nature, en admettant, comme figure fondamentale, *le cube, la sphère*, *le cylindre* et la niche.

D'après les comptes rendus des journaux et des *revues pédagogiques*, cette méthode conduit l'élève au but avec une rapidité et une facilité incroyables.

2° La seconde méthode, que l'on désigne simplement par l'épithète d'*ancienne,* consiste à imposer à l'élève la copie d'une série de modèles concourant graduellement à produire un ensemble. Ce procédé, la chose est évidente, soumet l'enfant à un travail mécanique, et en fait une machine à copier.

Cependant, on ne peut le méconnaître, il est des élèves qui acquièrent par cette méthode une certaine habileté à reproduire une figure quelconque. On peut donc, grâce à son emploi, atteindre l'un des principaux buts de l'enseignement du dessin : le développement du goût, la netteté du trait, l'habileté de la main.

3° La méthode de Pestalozzi, enfin, réunit les avantages des deux méthodes que nous venons d'indiquer. Son point de départ est l'enseignement des formes *Formenlehre*).

L'exercice sur les solides tend d'abord à développer la force productive chez l'enfant ; ensuite la reproduction de bons modèles gradués facilite le dessin des objets réels. Nous n'hésitons point à donner la préférence à cette méthode pour l'enseignement primaire.

VIII.

MÉTHODE D'ARITHMÉTIQUE

—

RÉFLEXIONS GÉNÉRALES

§ I. — *Double but de l'enseignement d'arithmétique.*

1° Donner à l'élève certaines connaissances nécessaires, utiles ou agréables dans sa position future ;

2° Eveiller et développer les facultés intellectuelles de l'élève et le rendre plus apte à remplir avec avantage les devoirs de son état, tel est le but que l'on doit se proposer par l'enseignement des mathématiques à tous les degrés.

§ II. — *Application de ce qui précède.*

1° Par l'enseignement de l'arithmétique, on veut mettre l'élève à même de résoudre avec facilité et assurance les problèmes qui peuvent se présenter dans la position sociale qu'il occupera un jour. A cet effet, il importe que :

a) L'enfant parvienne à résoudre ces problèmes d'une manière exacte, vite et en y procédant avec ordre.

b) Qu'il acquière la facilité et l'habileté d'appliquer ses connaissances aux différentes circonstances de la vie usuelle.

2° L'enseignement de l'arithmétique doit être considéré aussi comme un moyen efficace pour le développement des facultés intellectuelles. L'utilité d'un tel enseignement peut se résumer ainsi:

a) L'élève s'habitue à un travail d'esprit sérieux ;

b) L'étude de cette branche d'enseignement stimule l'élève à raisonner rigoureusement, à penser et à juger avec justesse ;

c) Elle encourage à saisir et à approfondir par la réflexion, les autres branches d'étude ;

d) Elle inspire à l'esprit une certaine répugnance pour le savoir superficiel et pour les connaissances indéterminées ;

e) L'arithmétique donne à l'élève de la confiance dans sa propre force ;

f) Elle préserve du danger de vouloir tout connaître et tout savoir ;

g) Elle favorise l'attention ;

h) Elle met à nu les jugements téméraires, précipités ;

i) Elle habitue à penser logiquement ;

j) Elle exerce l'élève à mettre de l'ordre dans les connaissances acquises et à les appliquer dans tel cas donné ;

k) Elle rend apte à tirer des conclusions, des conséquences du point connu pour arriver au point inconnu.

l) Elle facilite l'exposition orale des idées dans des termes exacts et déterminés.

§ III. — *Ce qui est nécessaire de la part de l'instituteur pour atteindre ce but.*

Pour qu'il soit possible de parvenir aux différents résultats énumérés plus haut, il importe que l'instituteur ait les qualités suivantes :

1° Il possédera à fond les connaissances arithmétiques ;

2° Il doit avoir une connaissance parfaite de la

méthode à suivre et être exercé à la pratique de l'enseignement ;

3° Il aura la volonté de vaincre toutes les difficultés qui se présentent dans la pratique, et sera animé du désir de se rendre aussi utile aux élèves que possible.

§ IV.— *Qualités requises d'une bonne méthode d'arithmétique spécialement pour les écoles primaires.*

La méthode doit 1° être conforme au but, et 2° applicable à l'enseignement public.

Elle le sera, si elle n'exige pas de la part de l'instituteur :

a) Des connaissances trop étendues ; *b*) des efforts trop grands ; *c*) trop de temps pour les préparations ; *d*) si elle est intelligible pour les enfants et *e*) si elle ne demande pas le temps que l'on doit consacrer à l'enseignement des autres branches essentielles.

§ V. — *Différence entre les méthodes mécaniques et les méthodes rationnelles.*

Dans l'enseignement de l'arithmétique, le point capital ce sont les problèmes, les questions ; — la solution de ces problèmes est le but vers lequel en doit conduire l'élève.

Tout le reste, par exemple les explications, les principes fondamentaux, les signes, etc., ne sont que les moyens pour arriver au but. Mais les règles, d'après lesquelles on procède pour trouver la solution, ne sont ni arbitraires, ni le résultat de l'expérience : elles ont leur raison d'être invariablement déterminées par la nature du calcul et la manière dont l'esprit humain se représente intérieurement les choses. Cependant, on peut très-bien procéder dans le calcul d'après ces règles sans les comprendre, sans s'en rendre compte, et dans ce cas, le calcul est mécanique (sans raisonner — sans penser).

Mais lorsqu'on comprend que tel procédé, telle opération doit conduire à tel résultat, et que l'on travaille ainsi avec connaissance de cause, on calcule rationnellement, on calcule mentalement, on raisonne sur les nombres et l'on sait pourquoi on est arrivé à tel ou tel résultat, dont on peut constater et prouver l'exactitude. Voilà la différence entre le calcul mécanique et le calcul raisonné.

Appréciation de la méthode mécanique.

Le premier but déterminé plus haut n'est pas atteint par le calcul mécanique, car celui qui calcule ainsi ne peut pas 1° résoudre toutes les questions qui se présentent dans la vie usuelle ; 2° il est souvent exposé à commettre des erreurs ; 3° il ne travaillera jamais avec assurance, et 4° il lui faudra plus de temps qu'à celui qui raisonne ses opérations.

Le second but que l'on doit se proposer dans l'arithmétique n'est pas atteint non plus, car il est inutile et même nuisible pour le routinier.

Valeur des méthodes raisonnées.

Il est clair que les méthodes rationnelles méritent à tous égards la préférence. Mais comme les élèves diffèrent entre eux sous le rapport de l'âge, des dispositions naturelles, du degré de connaissances acquises, enfin en raison des autres circonstances particulières dont il faut tenir compte, il s'ensuit qu'on doit établir une classification des méthodes rationnelles.

Classification des différentes méthodes raisonnées pour l'enseignement de l'arithmétique.

Les règles nombreuses qui ont servi à déterminer les différents procédés à suivre pour l'enseignement de l'arithmétique dans les écoles publiques, peuvent être présentées sous une forme plus simple, et rangées en deux catégories que voici :

A) La méthode a pour but de faire comprendre à l'élève les vérités fondamentales, les principes généraux, les règles pour trouver les solutions des problèmes, et enfin de faire l'application de ces règles dans des cas déterminés. — C'est construire un système scientifique, et le cours terminé, l'élève doit être à même de donner une explication exacte de chaque idée, et exposer en termes généraux les théorèmes et les motifs. Pour arriver à ce résultat on peut admettre les deux voies principales suivantes :

a) Les théorèmes et les règles sont donnés aux élèves comme des vérités, des principes admis par tout le monde, et dont on démontrera ultérieurement l'exactitude. — Ce procédé admet d'aller de la règle du théorème à la justification, à la raison, au motif.

b) On conduit l'élève à trouver le principe de la règle, le théorème, au moyen de conclusions, de déductions, en procédant du connu à l'inconnu, pour arriver ainsi à découvrir une vérité nouvelle, de sorte que le système (la science) se forme, pour ainsi dire, sous les yeux de l'élève. Cette marche procède de la raison, du motif au principe, à la règle, au théorème.

Dans l'un et l'autre cas, le maître emploiera la

forme de l'exposition continue, en laissant l'élève suivre, dans son esprit, les explications données ; ou bien il se servira de la forme de l'exposition interrompue, c'est-à-dire, en dirigeant l'élève au moyen de questions habilement posées, afin de l'aider à trouver la conclusion, la vérité.

B) La seconde catégorie des méthodes n'a nullement en vue de conduire l'élève à la connaissance raisonnée des principes généraux, des règles et des théorèmes, mais elle a seulement pour but de préparer l'élève à réfléchir sur les questions d'arithmétique et à en trouver la solution. Cette méthode ne veut point construire un système au moyen de principes et de théorèmes arithmétiques ; mais elle se borne à développer, au moyen d'exercices pratiques, bien gradués et bien coordonnés, les dispositions pour l'arithmétique innées chez l'enfant, de sorte que celui-ci soit capable, à l'avenir, de trouver le procédé ou la marche pour résoudre les problèmes qui peuvent se présenter, et cela sans le souvenir d'aucune règle déterminée. Il y a également deux voies différentes qui conduisent à ce but, les voici :

a) On cherche et l'on explique tous les cas et toutes les formes sous lesquels les nombres peuvent se présenter dans l'arithmétique ordinaire, dans le calcul usuel et, par des exercices nombreux et bien gradués à l'aide des intuitions de la part de l'élève et des démonstrations de la part du maître, celui-là parvient à acquérir une habileté telle qu'il peut résoudre sans difficulté et avec connaissance de cause les problèmes de la vie usuelle. C'est apprendre le calcul par les exercices pratiques sans le secours d'une théorie basée sur des principes abstraits et absolus.

b) Le second moyen consiste à préparer l'élève et à

le rendre apte à ce calcul raisonné, en développant chez l'enfant la force, l'aptitude, le raisonnement en général, par d'autres moyens que ceux indiqués sous la lettre et de manière que l'élève, par la justesse et la pénétration de son esprit trouve la solution du problème.

Lois et règles générales de la méthode pour faire parvenir les élèves, par la voie de l'invention, à la connaissance du calcul.

Chaque méthode de l'enseignement est le chemin, la voie, pour arriver à un but déterminé ; et l'instituteur a l'intention de conduire ses élèves par cette voie vers le but proposé. Par conséquent, celui qui veut se former une méthode pour une branche quelconque, doit connaître le but vers lequel il veut diriger ses élèves, et chercher à découvrir la voie qui y conduit sans obstacle grave.

Le but de l'arithmétique est, comme il a été dit tout au commencement, de rendre l'élève capable de résoudre avec connaissance de cause et avec habileté les problèmes de la vie usuelle.

L'instituteur trouvera la voie qui conduit ses élèves vers ce but en examinant la nature, en réfléchissant sérieusement sur les qualités caractéristiques de l'objet de sa leçon, sur le rapport qu'il y a entre celui-ci et l'esprit humain, c'est-à-dire, l'instituteur cherchera à découvrir les forces qui agissent particulièrement sur cet objet, de quelle manière ces forces se manifestent et par quoi sont déterminées leur réaction et leur influence ; s'il examine comment les hommes en général sont parvenus à la connaissance et à la pratique de l'arithmétique et comment celle-ci s'est développée dans le cours des temps. Le développement naturel de l'esprit de l'homme doit être le guide et la mesure de la marche à suivre — Toutes les connaissances humaines, eu égard à la manière dont elles ont été acquises peuvent être divisées *a*) en *connaissances d'expérience*—c'est-à-dire celles que l'homme acquiert par l'observation et au moyen des sens et *b*) en *connaissances rationnelles*, c'est-à-dire des connaissances pour l'acquisition desquelles le principe, le germe est dans l'homme, qui sont par conséquent déterminées par l'organisation des facultés de notre âme. De ce que nous venons de dire on peut déduire, pour l'enseignement de l'arithmétique, les principes suivants :

1° Il ne faut pas considérer l'arithmétique comme une science exposée arbitrairement par l'homme ou adoptée par convention ;

2° Les règles et théorèmes ne doivent pas être présentés à l'enfant comme étant des résultats d'expérience dont on peut vérifier l'exactitude par des contre-preuves ;

3° On ne doit pas, en général, *enseigner* l'arithmétique, mais

4° L'instituteur doit partir de ce point de vue, que les dispositions pour l'art de calculer se trouvent dans l'homme, et que par conséquent il importe seulement de développer cette disposition naturelle et de diriger l'élève à s'en rendre compte.

Ici se présente naturellement la question, comment il faut agir sur l'élève pour qu'il trouve par lui-même, qu'il invente la marche qu'il faut suivre dans les opérations arithmétiques.

On fait des inventions, des découvertes *a*) par hasard, *b*) à moitié à dessein, *c*) complétement à dessein.

L'instituteur ne peut vouloir que la dernière manière et il doit se partager avec son élève dans le travail. Si l'élève ne trouve pas la solution, le maître doit intervenir et l'aider. Il s'agit seulement de déterminer à quoi cette intervention doit se borner, et comment l'assistance du maître peut être considérée comme étant contraire au but, ce que nous allons examiner :

L'assistance de l'instituteur a lieu de différentes manières et elle peut être déterminée de la manière suivante :

1° Par une division progressive du cours d'arithmétique ;

2° Par une gradation méthodique des problèmes ;

3° Par une rédaction claire et concise des problèmes ;

4° Par quelques avis propres à faciliter à l'enfant le point principal ou le commencement du problème ;

5° En faisant faire ou indiquer la solution par l'élève le plus avancé ou au besoin en le faisant lui-même ;

6° En faisant trouver et reconnaître par l'élève la marche la plus facile pour arriver à la solution ;

7° En donnant à l'enfant l'idée avant le signe qui représente cette idée ; et en veillant à ce que l'élève soit minutieux dans l'emploi exact des signes.

Que doit faire l'instituteur pour que l'élève n'oublie pas ce qu'il a appris ?

Il est de toute nécessité que l'enfant ait des idées claires et nettes sur ce qu'il a trouvé. On oublie difficilement ce que l'on a bien compris, pour cela il faut observer :

1° Un exemple de chaque nouvelle opération doit être fait à haute voix et puis écrit à la planche noire.—

Exposition claire et précise. — Minutie dans l'emploi des termes. — Différentes manières de procéder pour trouver la solution. —

Attention soutenue de la part de tous les élèves de la classe).

2° Permettre et même provoquer des objections contre le procédé ; (Il est recommandable de suivre parfois une démonstration fausse dans le but de la faire rectifier par les élèves).

3° Lorsque les résultats sont fautifs, l'instituteur cherchera à découvrir l'erreur, et tout en l'indiquant d'une manière vague, il laissera à l'élève le soin de la rectifier et de la corriger ;

4° Il est nécessaire de faire suivre chaque point nouveau d'exercices pratiques tant que l'élève ne travaille pas avec assurance et facilité ;

5° Certaines connaissances, telles que la table de multiplication et de division, doivent être profondément gravées dans la mémoire des élèves ;

6° Il importe de faire de nombreuses et de fréquentes répétitions sous des formes différentes ;

7° On peut établir de temps en temps des concours, pour savoir qui trouvera le plus vite la réponse à une question posée.

Division du cours en trois sections principales.

Tout le cours d'arithmétique se divise en deux parties principales : Les quatre opérations fondamentales et les applications de ces opérations aux problèmes combinés.

Mais puisqu'on ne peut pas commencer l'enseignement de l'arithmétique par l'étude des quatre opérations, puisque l'élève doit d'abord avoir acquis des idées précises sur les nombres, sur la représentation des nombres, sur leurs combinaisons simples et sur le système de la numération, on peut, eu égard à ces connaissances préliminaires, diviser le cours complet d'arithmétiquecomme suit :

1° Le cours préparatoire ou notions préliminaires ; (calcul sans l'emploi des chiffres).

2° Les quatre opérations fondamentales ;

3° Les combinaisons et les cas compliqués des quatre opérations fondamentales ainsi que leur application aux problèmes de la vie usuelle ;

4° Les fractions décimales ;

5° Le système légal des poids et mesures;

6° Les fractions ordinaires ainsi que leur application aux problèmes de la vie usuelle.

MÉTHODE PROPREMENT DITE

PREMIER DEGRÉ

Formation et connaissance des dix premiers nombres. Commencement de l'addition et de la soustraction.

CHAPITRE PREMIER

FORMATION ET DÉNOMINATION DES DIX PREMIERS NOMBRES

Calcul mental

§ Ier. — *Addition de l'unité.*

a. *Explication.* — Il y a trois genres de questions à poser :

1° Les questions avec *intuition*. Exemple : Le *maître*, tenant dans chaque main une pomme : Comment nomme-t-on *une* pomme et *une* pomme ?

2° Les questions sans *intuition*, mais avec *dénomination* de l'objet. Exemple : *Une* pomme et *une* pomme font combien de pommes ? (Sans montrer de pommes aux enfants.)

3° Les questions sans intuition et sans dénomination de l'objet. Exemple : Combien font *un* et *un* ? etc., etc.

On procédera de la même manière pour parvenir à la connaissance des autres nombres fondamentaux ; nous appelons ainsi les neuf premiers.

b. *Exercices*. — *Une* pomme et *une* pomme font... ? Et ainsi de suite jusqu'à *neuf* pommes et *une* pomme font ?

Après cela, *une* et *une* font... ? Et ainsi de suite jusqu'à *neuf* et *une* font ?

c. *Enonciation des nombres*. Enoncez les nombres de *un* à *huit*. — De *trois* à *neuf*, etc.

Quel nombre suit le nombre *quatre* ? — Lequel précède le nombre *sept* ? — Quel nombre se trouve entre les nombres *quatre* et *six*, etc.

d. *Faire compter divers objets*. — Par exemple : Combien se trouve-t-il d'*enfants* sur ce banc ?

Combien y a-t-il de *fenêtres* dans l'école ?

Combien de *boutons* avez-vous à votre habit ?

§ II. — *Soustraction de l'unité*.

a. *Explication*.

b. *Exercices*. — Par exemple : *Dix* pommes moins *une*-pomme, reste *neuf* pommes.

Neuf pommes moins une pomme, reste *huit* pommes, jusqu'à

Une pomme moins *une* pomme, reste *rien.*

c. *Enoncer les nombres de dix à un.*

§ III. — *Comparaison d'un nombre avec celui qui précède et avec celui qui suit.*

a. *Explication.* — 1° Les deux nombres que l'enfant doit comparer sont donnés, et l'élève doit chercher la différence. Par exemple : De combien *sept* est-il plus grand que *six* ?

2° On donne la différence et le plus petit nombre, et l'enfant doit chercher le plus grand. Par exemple : quel est le nombre qui est *un* de plus que *quatre* ?

3° On donne la différence et le plus grand nombre, il suffit de chercher le plus petit. Par exemple : *Cinq* est *un* de plus que quel nombre ?

b. *Exercices sur la comparaison des nombres.* — Par exemple :

Une pomme est *une* pomme de moins que *deux* pommes, jusqu'à

Neuf pommes sont *une* pomme de moins que *dix* pommes.

Dix pommes sont *une* pomme de plus que *neuf* pommes, jusqu'à

Deux pommes sont *une* pomme de plus que *une* pomme.

Calcul écrit.

§ IV. — *Formation de groupes de points.*

Le maître diversifie convenablement les groupes et en fait former par les élèves.

Avant que les enfants forment les groupes, l'instituteur doit s'entretenir avec eux sur la disposition de ces points. On forme des groupes de 2, 3, 4, 5, 6, 7, 8 et 9 points.

§ V. — *Représentation des nombres au moyen de lignes.*

Par exemple : Faites *six* lignes.

Représentez le nombre *neuf* avec des lignes. Faites autant de lignes qu'il y a de fenêtres à notre école. Faites autant de lignes que je lève de doigts. Représentez tous les nombres jusqu'à *dix* avec des lignes.

§ VI. — *Formation des nombres au moyen de lignes, en ajoutant successivement une ligne.*

N. B. — Avant de faire cet exercice, il faut donner aux enfants la connaissance des signes suivants :

Le signe +, qui signifie *plus*.
Le signe =, » *font* ou *égalent*.
Le signe —, » *moins*.

CHAPITRE II.

ADDITION OU SOUSTRACTION DU NOMBRE *deux*.

Calcul mental

§ Ier. — *Addition avec le nombre* DEUX.

a. *Explication.*
b. *Exercices.* (Questions et exemples.)

§ II. — *Soustraction avec le nombre* DEUX.

a. *Explication.*

b. *Exercices et questions sur la suite de la soustraction.*

§ III. — *Comparaison des nombres.*

a. *Explication.*
b. *Exercices* au moyen de questions.

CHAPITRE III.

ADDITION ET SOUSTRACTION AVEC LE NOMBRE *trois*

Observation. (Mêmes exercices et même ordre qu'au chapitre II.)

CHAPITRE IV.

ADDITION ET SOUSTRACTION AVEC LE NOMBRE *quatre.*

Observation. (Mêmes exercices et même ordre qu'au chapitre II.)

CHAPITRE V.

ADDITION ET SOUSTRACTION AVEC LE NOMBRE *cinq.*

Observation. (Mêmes exercices et même ordre qu'au chapitre II.)

CHAPITRE VI.

DIFFÉRENTES MANIÈRES DE DÉCOMPOSER UN NOMBRE EN DEUX PARTIES.

Calcul mental.

Avec *quatre* pommes on peut faire *trois* pommes et *une* pomme.

On peut décomposer *cinq* en *quatre* et *un,* en *trois* et *deux,* jusqu'à

La décomposition du nombre *dix.*

Calcul écrit.

Les enfants doivent représenter les nombres deux, trois, quatre, etc., au moyen de lignes et les décomposer de différentes manières en deux parties.

CHAPITRE VII.

CONNAISSANCE DES CHIFFRES ARABES.

Le maître écrit sur la planche noire.

I	= 1.	IIIII I	= 6.
II	= 2.	IIIII II	= 7.
III	= 3.	IIIII III	= 8.
IIII	= 4.	IIIII IIII	= 9.
IIIII	= 5.		

Il dit aux enfants que les signes 1, 2, 3, 4, etc., se nomment des *chiffres,* et en même temps que le maître écrit les égalités, les enfants énoncent les nombres correspondants à ces signes. Au moyen de questions et d'exercices, on fera en sorte que les enfants parviennent à se représenter convenablement la valeur des différents chiffres.

N. B. — En même temps qu'on leur apprend à connaître ces chiffres, on les exerce à les former. Mais ce n'est qu'au degré suivant qu'il faut en faire usage.

DEUXIÈME DEGRÉ.

Calcul avec les nombres de dix à vingt. — Premier cas de l'addition et de la soustraction.

CHAPITRE PREMIER.

CONNAISSANCE DES NOMBRES DE *dix* A *vingt,* ET MANIÈRE DE LES REPRÉSENTER PAR ÉCRIT.

Calcul mental.

a. *Explication* — Le maître écrit sur la planche noire les nombres de dix à vingt de la manière suivante :

IIIII IIIII + I = XI.
IIIII IIIII + II = XII, etc.

Les enfants énoncent d'abord tous ces nombres de la manière suivante : Dix et un, dix et deux, dix et trois, etc. L'instituteur leur dit ensuite : Au lieu de *dix,* on peut dire : *une dizaine.* Les enfants recommencent alors l'énonciation de cette façon : Une dizaine et un ; une dizaine et deux ; jusqu'à deux dizaines.

Le maître fait remarquer aux enfants qu'au lieu de : une *dizaine et un*, on dit *onze;* au lieu de une *dizaine et deux*, *douze ;* au lieu de : une *dizaine et une dizaine,* ou *deux dizaines, vingt.*

b. *Exercices.* — 1° *Sur la dénomination des nombres de* dix *à* vingt.

2° *Sur la composition de ces nombres au moyen d'une* dizaine *et d'*unités.

3° *Sur la décomposition de ces nombres en* dizaines *et en* unités.

c. *Addition et soustraction du nombre* un, *et comparaison du nombre avec celui qui le précède ou avec celui qui le suit.*

d. *Enonciation des nombres, de* dix *à* vingt, *et vice versâ.*

e. *Compter divers objets.*

Calcul écrit.

Représentation des nombres de dix à vingt avec les chiffres arabes.

a. *Préparation.* — De combien de dizaines et d'unités sont composés les nombres onze, douze, etc. ?

b. Exercices sur la manière d'énoncer les nombres de 10 à 20 consécutivement, et questions relatives à ces nombres.

CHAPITRE II.

ADDITION DU NOMBRE FONDAMENTAL *deux* A TOUS LES NOMBRES JUSQU'AU NOMBRE 18, ET SOUSTRACTION DE *deux* DE CES MÊMES NOMBRES.

§ Ier. — *Addition du nombre* DEUX.

Calcul mental.

1° Répétition des cas précédents.

2° Application de la même marche à tous les nombres compris entre *un* et *vingt*.

Calcul écrit.

Remarque. — Les enfants se servent maintenant des chiffres arabes.

Exercices. — 1° Former tous les nombres de 1 à 20, en ajoutant successivement une unité au nombre obtenu précédemment. Par exemple :

$$1 + 1 = 2.$$
$$2 + 1 = 3, \text{etc.}$$

On fait encore ajouter 2 successivement à tous les nombres jusqu'à ce qu'on ait obtenu ce résultat :

$$18 + 2 = 20.$$

2° Décomposer tous les nombres de 1 à 20 en deux parties dont l'une soit le nombre 2, par exemple : 4 = 2 et 2, 5 = 2 et 3, 6 = 2 et 4, jusqu'à 20 = 2 et 18.

Remarque. — Les élèves ayant formé sur leurs ardoises la suite des nombres, telle que nous venons de l'indiquer, l'instituteur les oblige à repasser plusieurs fois et en silence le travail qu'ils ont fait, afin de savoir ces exercices par cœur et d'être en état de répondre aux questions.

Exemple. — Combien font *quinze* et *deux* ?

Décomposez 19 en deux parties dont l'une soit égale à 2.

§ II. — *Soustraction du nombre* DEUX.

Calcul mental.

Trois pommes sont égales à 2 pommes et 1 pomme, donc 3 pommes — 2 pommes, reste 1 pomme.

jusqu'à

20 pommes = 2 pommes et 18 pommes, donc 20 pommes — 2 pommes = 18 pommes.

Remarque. — A la suite de ces exercices, on donne aux enfants quelques questions à résoudre sur leurs ardoises, en rendant compte de la marche qu'ils ont suivie dans leurs opérations.

Questions. — Combien font 8 — 2 ?

Les enfants opèrent de deux manières ; la première est celle-ci : 8 — 1 = 7, par conséquent 8 — 2, reste 6.

La seconde est celle-ci : 8 — 1 = 7, 7 — 1 = 6.

Calcul écrit.

Les enfants ôtent successivement le nombre 2 de tous les nombres, depuis 3 jusqu'à 20.

Exemple : 3 — 2 = 1, 4 — 2 = 2, 5 — 2 = 3, etc.

Remarque. — On procédera de la même manière pour l'addition et la soustraction des autres nombres fondamentaux.

CHAPITRE III.

ADDITION DE NOMBRES DIFFÉRENTS AVEC UN MÊME NOMBRE FONDAMENTAL ; COMPARAISON DU RÉSULTAT AVEC LE NOMBRE AUQUEL ON A AJOUTÉ.

---

§ 1er. — *Addition.*

Calcul mental.

Questions et exercice oral sur la suite des opérations.

Calcul écrit.

$1 + 1 = 2,$
$1 + 2 = 3,$
$1 + 3 = 4,$

On peut ajouter tous les nombres fondamentaux à 3, 4, 5, 6, 7, 8, 9, 10.

§ II. — *Comparaison.*

Calcul mental.

Deux = *un* et *un,* c'est pourquoi *deux* est *un* de plus que *un.*

Trois = *un* et *deux,* c'est pourquoi *trois* est *deux* de plus que *un.*

Jusqu'à

Onze = *un* et *dix,* c'est pourquoi *onze* est *dix* de plus que *un.*

Ensuite quelques questions avec la suite de l'opération.

Calcul écrit.

Ici on fait usage du signe > qui marque l'inégalité. Le nombre placé entre les deux côtés de l'angle est le plus grand, et celui placé au sommet est le plus petit.

Exemple : 2 > 1 de 1
3 > 1 de 2, etc.

On fait les mêmes exercices avec 3, 4, 5, 6, 7, 8, 9, 10.

CHAPITRE IV.

DIFFÉRENTES MANIÈRES DE DÉCOMPOSER LES NOMBRES DE 10 A 20 EN DEUX NOMBRES FONDAMENTAUX.

Calcul mental.

Combien font 9 et 4 ?

Nommez deux nombres faisant ensemble 12, dont aucun ne doit surpasser 10.

Nommez deux nombres dans lesquels on peut décomposer 15.

Calcul écrit.

13 = 10 et 3. 13 = 8 et 5.
13 = 6 et 7. 13 = 9 et 4.

TROISIÈME DEGRÉ.

Calcul avec les nombres de 1 à 100.

Addition et soustraction en ajoutant un nombre formé seulement d'unités simples aux nombres composés de dizaines et d'unités, ou en soustrayant le premier de ces derniers.
Premier cas de la multiplication et de la division.

CHAPITRE PREMIER.

CONNAISSANCE DES NOMBRES DE 20 A 100 ET LEUR REPRÉSENTATION ÉCRITE.

Calcul mental.

§ Ier. — *Connaissance des dizaines*

a. *Explications.* — L'instituteur fait ici connaître les dizaines aux enfants, et pour cela il emploie les moyens qu'il juge convenables ; lorsqu'il sera arrivé à une réunion de dix dizaines, il dira aux élèves : Au lieu de dire *dix dizaines,* on dit *cent* ou *une centaine.*

b. *Exercices.*

Addition et soustraction du nombre *dix.*

Le résultat est ensuite comparé avec les dizaines qui suivent et qui précèdent immédiatement.

d. Exercices sur la dénomination des dizaines en suivant l'ordre.

§ II. — *Connaissance des nombres compris entre les dizaines.*

1° On explique la formation des nombres compris entre 20 et 30, entre 30 et 40, etc., puis on fait des exercices sur ces nombres par l'addition et la soustraction, en rapportant toujours ces exercices aux dizaines.

2° Exercices sur les nombres de 1 à 100.

a. Questions sur la formation, composition et dénomination des nombres.

b. Addition et soustraction du nombre 1, et comparaison du résultat avec les nombres qui précèdent et ceux qui suivent immédiatement.

Calcul écrit.

a. Exercices qui ont rapport à la décomposition des nombres.

b. On fait lire plusieurs nombres.

CHAPITRE II.

AUGMENTATION ET DIMINUTION DES NOMBRES COMPOSÉS DE DIZAINES ET D'UNITÉS SANS CHANGEMENT DE DIZAINES.

§ Ier. — *Addition.*

§ II. — *Soustraction.*

§ III. — *Comparaison.*

CHAPITRE III.

AUGMENTATION ET DIMINUTION DES NOMBRES COMPOSÉS DE DIZAINES ET D'UNITÉS, AVEC CHANGEMENT DES DIZAINES.

§ Ier. — *Addition.*

a. Explications.

b. Exercices au moyen de questions.

c. Ajoutez successivement le même nombre au résultat obtenu précédemment.

d. Exercices de vive voix et par écrit consistant dans l'addition continue d'un même nombre au résultat précédemment obtenu, comme on l'a fait à la lettre *c*, avec cette différence qu'on ne répète pas chaque foi celui-ci.

e. Additionnez mentalement et par écrit une suite de nombres.

§ II. — *Soustraction.*

Mêmes exercices et même suite qu'à l'addition.

§ III. — *Comparaison.*

Les questions qu'on donne ici seront résolues à peu près comme celles du chapitre précédent (*Comparaison*).

CHAPITRE IV.

MULTIPLICATION DES NOMBRES FONDAMENTAUX PAR UN MÊME NOMBRE FONDAMENTAL, ET DIVISION DU PRODUIT OBTENU PAR LE DERNIER.

Multiplication et division par 2.

§ Ier. — *La multiplication des nombres de 2 à 10 par 2.*

Calcul mental.

Remarque. — Au commencement, on opère toujours sur des nombres concrets.

a. *Explications.*

b. Exercices sur la suite de la multiplication. Une grande quantité de questions.

Remarque. — On commence à donner ici des problèmes ayant rapport à la vie usuelle.

Calcul écrit.

On explique aux enfants le signe de la multiplication × et celui de la division qui s'écrit ainsi (:).

Multiplication des nombres fondamentaux par le nombre 2.

§ II. — *Trouver la moitié des nombres 2, 4, 6, 8, jusqu'à* 20.

Calcul mental.

a. *Explications.* — On fait connaître aux enfants ce qu'on entend par *la moitié* d'un nombre.

b. Exercices et questions.

Observations. — On donnera aussi des problèmes tirés de la vie usuelle.

Calcul écrit.

D'abord on fait connaître aux enfants comment, dans le calcul écrit, on représente un demi par $\frac{1}{2}$. Les enfants appliquent ensuite cette connaissance aux exercices suivants.

On multiplie tous les nombres jusqu'à 10, depuis 2, et les divers produits sont divisés par 2.

CHAPITRE V.

LES MÊMES NOMBRES FONDAMENTAUX SONT SUCCESSIVEMENT MULTIPLIÉS PAR TOUS LES NOMBRES FONDAMENTAUX ET LES PRODUITS SONT COMPARÉS AVEC LE MULTIPLICANDE.

Multiplication et division.

§ Ier

Calcul mental.

Multiplication du nombre 2 et comparaison de ce nombre avec le produit.

Le nombre 2 est multiplié par tous les nombres depuis 1 jusqu'à 10.

a. *Explications.* — On dit aux enfants que 3 fois 2 pommes sont autant de pommes que 2 fois 3 pommes, et qu'ainsi on peut substituer l'un à l'autre deux nombres dont on fait le produit. Vient alors cet exercice : 2 fois 2 pommes font 4 pommes; ainsi 4 pommes font 2 fois 2 pommes, etc.

b. Pour familiariser les enfants avec cet exercice, on leur pose un certain nombre de questions et on leur fait énoncer la suite.

Calcul écrit.

2 fois 2 = 4, $4 = 2 \times 2.$
3 fois 2 = 6, $6 = 3 \times 2.$ etc.

On fait trouver par les enfants quelle partie du résultat est le nombre 2. — Ces exercices continuent jusqu'au nombre 20.

§ II.

Calcul mental.

a. *Explications.*

b. Adresser beaucoup de questions sur ces exercices et énoncer des suites.

Calcul écrit.

2 est de 4 la $\frac{1}{2}$, ou 2 = $\frac{1}{2}$ de 4,
2 est de 6 le $\frac{1}{3}$, ou 2 = $\frac{1}{3}$ de 6, etc.,
jusqu'à 2 est de 10 le $\frac{1}{5}$, ou 2 = $\frac{1}{5}$ de 10.

On opère de la même manière avec les nombres 3, 4, 5, 6, 7, 8, 9, et l'on compare les produits avec chacun de ces nombres.

Remarque : Après avoir traité avec les enfants les nombres 3, 4, 5, 6, 7, 8, 9, de la même manière que l'on a opéré sur le nombre 2, les élèves sont censés connaître la table de multiplication et de division. — Cependant il importe que des exercices mécaniques, et ayant pour but de faire apprendre par cœur, marchent de pair avec ces exercices raisonnés, sinon l'instituteur pourrait se créer des illusions sur ce point. L'expérience nous a montré la nécessité de faire une large part à la mémoire dans les exercices qui ont rapport à la table de multiplication, et que l'habileté d'effectuer des calculs dans les problèmes qui suivent, dépend de cette connaissance.

QUATRIÈME DEGRÉ

Calcul avec les nombres de 1 à 1000.

Addition et soustraction des nombres composés d'unités et de dizaines. Mêmes opérations avec les nombres composés d'unités, de dizaines et de centaines. Multiplication et division avec les nombres composés d'unités simples seulement.

CHAPITRE PREMIER

CONNAISSANCE DES NOMBRES DE *cent* A *mille*, ET LEUR REPRÉSENTATION.

Calcul mental.

1° Explication des centaines.

2° Les centaines sont jointes aux nombres de 1 à 9.

Remarque. — Il faut surtout attirer l'attention sur le passage des centaines accompagnées de 9 dizaines et de 9 unités à la centaine suivante.

3° Décomposition des nombres en centaines, dizaines et unités, et leur recomposition au moyen de ces parties.

Calcul écrit.

Représentation et énonciation des nombres écrits en chiffres de 100 à 1000.

Observation. — Il faut ici bien faire connaître ce qu'on appelle *ordre d'unités,* et ce qu'on entend par *valeur absolue* et *valeur relative* d'un chiffre ; c'est également ici qu'il faut exercer les élèves à écrire et à se représenter les nombres.

CHAPITRE II.

ADDITION.

Calcul mental.

Addition de deux nombres dont chacun s'écrit à l'aide de deux chiffres.

1. La somme des unités, ainsi que celle des dizaines, ne peut surpasser 9.

2. La somme des unités et celle des dizaines peuvent surpasser 9.

Addition de deux nombres écrits à l'aide de trois chiffres.

3. La somme des unités, ainsi que celle des dizaines et centaines, ne peut surpasser 9.

4. La somme des unités, celle des dizaines, peuvent surpasser 9, tandis que celle des centaines ne peut aller que jusqu'à 1000 *excl.*

Calcul écrit.

Plusieurs nombres de deux ou de trois chiffres seront additionnés ensemble.

1. La somme des unités de chaque colonne est plus petite que 10.

Observation. — Il faut indiquer ici ce qu'on entend par les postes et la somme.

2. La somme des unités d'un même ordre peut surpasser 10.

CHAPITRE III.

SOUSTRACTION.

Calcul mental.

1. Soustractions dans lesquelles toutes les parties du nombre inférieur sont moindres que les parties correspondantes du nombre supérieur.

2. Soustractions dans lesquelles une ou plusieurs parties du nombre inférieur peuvent surpasser leurs correspondantes du nombre supérieur.

Calcul écrit.

Soustraction des nombres renfermant deux ou trois chiffres.

1. Les chiffres qui composent le nombre inférieur ont une valeur moindre que celles des chiffres correspondants dans le nombre supérieur.

2. Un ou plusieurs ordres du nombre inférieur peuvent renfermer plus d'unités que les mêmes ordres dans le nombre supérieur.

Remarque. — L'instituteur ne rencontrera pas de difficultés à faire comprendre aux enfants qu'il est plus facile de procéder en commençant la soustraction par les unités simples.

—

CHAPITRE IV.

MULTIPLICATION.

Calcul mental.

Multiplication d'un nombre composé de dizaines et d'unités par un nombre ne renfermant que des unités simples.

1. Le produit de chaque ordre d'unités du nombre composé de dizaines et d'unités, par les unités simples, ne peut surpasser 9.

2 Le produit de chaque ordre d'unités du nombre composé de dizaines et d'unités par un des nombres fondamentaux peut surpasser 9.

Calcul écrit.

1. Le produit de chaque ordre d'unités du nombre composé de dizaines et d'unités par un des premiers nombres ne peut surpasser neuf unités de la nature de celles qu'on multiplie.

Observation. — On explique ici ce qu'on entend par *multiplicande, multiplicateur, facteurs, produit.*

2. Le produit de chaque ordre d'unités du multiplicande par le multiplicateur peut surpasser dix unités de la nature de celles qu'on multiplie.

CHAPITRE V.

DIVISION.

Calcul mental.

Division des nombres composés d'unités et de dizaines, ou d'unités, de dizaines et de centaines, par les nombres fondamentaux, sans toutefois que le quotient puisse être moindre que 10.

Observation. — Ces exercices doivent être précédés de questions sur le cas de division où le dividende et le diviseur étant des nombres fondamentaux, le quotient est inexact.

1. Les différents ordres d'unités du dividende con-

tiennent chacun un nombre d'unités exactement divisible par le diviseur.

2. Le nombre d'unités contenues dans certains ordres du dividende n'est pas exactement divisible par le diviseur, et la division peut même donner un reste.

Calcul écrit.

1. Toutes les parties du dividende se divisent sans reste par le diviseur.

2. Parmi toutes les parties du dividende, il n'y en a aucune exactement divisible par le diviseur.

CINQUIÈME DEGRÉ.

Calcul avec les nombres jusqu'aux millions ou les 4 règles fondamentales sur les grands nombres.

CHAPITRE PREMIER

EXPLICATION DES NOMBRES JUSQU'AUX MILLIONS ET LEURS REPRÉSENTATIONS.

Calcul mental.

1. Énonciation des nombres depuis 1,000 jusqu'à 999,999.

2. Réunion de ces nombres avec ceux de 1 à 999.

3. Décomposition des nombres dans leurs parties, et leur recomposition à l'aide de ces mêmes parties.

4. Faire convertir des unités d'un ordre en unités de l'ordre immédiatement inférieur, et réciproquement.

Calcul écrit.

1. Représentation et énonciation des nombres.

2. Exercices propres à occuper les enfants pendant qu'on donne la leçon à une autre division.

a. Le maître écrit les parties d'un nombre sur la planche, et les élèves doivent avec ces parties former les nombres, c'est-à-dire représenter ces nombres en chiffres. Par exemple : Représentez un nombre qui est composé de huit centaines de mille, trois dizaines de mille, cinq unités de mille, trois centaines, sept dizaines, six unités.

b. Le maître écrit des nombres sur le tableau et les enfants les décomposent dans leurs parties.

CHAPITRE II.

ADDITION.

Calcul mental.

1. Addition de deux nombres uniordinaux.

2. L'un des nombres est uniordinal et l'autre pluriordinal.

3. Les deux nombres sont pluriordinaux.

Calcul écrit.

Addition de plusieurs nombres compris entre 1 et 1,000,000 et dont le résultat ne dépasse pas 999,999.

CHAPITRE III.

SOUSTRACTION.

Calcul mental.

1. Chaque ordre d'unités dans le nombre inférieur contient moins d'unités que l'ordre correspondant du nombre supérieur.

2. Un ordre d'unités du nombre inférieur peut contenir plus d'unités que l'ordre correspondant du nombre supérieur.

a. Un nombre uniordinal est soustrait d un autre nombre uniordinal.

b. Un nombre uniordinal est soustrait d'un nombre pluriordinal.

c. Soustraire un nombre pluriordinal d'un nombre pluriordinal.

3. Plusieurs ordres d'unités du nombre inférieur peuvent contenir plus d'unités que les ordres correspondants du nombre supérieur.

Calcul écrit.

La même marche que pour le calcul mental.

CHAPITRE IV.

MULTIPLICATION PAR LES NOMBRES FONDAMENTAUX, AINSI QUE PAR DES NOMBRES COMPOSÉS.

Calcul mental.

1. Multiplication par les nombres fondamentaux.

Remarque. — Il y a à observer que le produit des facteurs ne peut surpasser 999.999.

2. *Multiplication par des nombres uniordinaux.*

a. Multiplication par 10, 100, 1,000.

Observation. — On multiplie un nombre par 10, en multipliant chaque partie de ce nombre par 10, c'est-à-dire en changeant les unités en dizaines et les dizaines en dizaines, etc. On multiplie un nombre par 100, en multipliant d'abord ce nombre par 10, et ensuite en multipliant le produit encore une fois par 10.

b. Multiplication par un nombre uniordinal renfermant plusieurs dizaines ou plusieurs centaines.

Observation. — On multiplie un nombre par 40, en multipliant d'abord ce nombre par 4, et ensuite le résultat par 10.

On multiplie un nombre par 500, en multipliant d'abord par 5 et ensuite le résultat par 100.

3. *Multiplication par un nombre pluriordinal.*

a. Multiplication par 25.

Observation. — On multiplie un nombre par 25 en le multipliant d'abord par 100 et en divisant par 4 le produit obtenu.

b. Multiplication par 15.

Observation. — On multiplie un nombre par 15, en multipliant ce nombre par 10 et en ajoutant au produit la moitié de ce même produit.

c. Multiplication par un nombre qui renferme une unité de plus ou de moins qu'un nombre uniordinal.

Observation. — Ce n'est pas sans raison que nous avons suivi l'ordre précédemment indiqué pour la multiplication par des nombres pluriordinaux. Il est sans contredit plus facile de multiplier par 10, 25, 19, 11, etc., que par un nombre intermédiaire tel que 12, 13, 14, 16, 17, 18. Ceci justifie l'ordre que nous avons apporté dans la succession des exercices.

d. Multiplication en décomposant le multiplicateur en facteurs.

e. Multiplication par un nombre qui renferme plusieurs unités de plus ou de moins qu'un nombre uniordinal.

Exemple : Multiplication par 13, 17, 23, 37, 43, etc.

Observation. — On multiplie un nombre par 13, 17, en multipliant d'abord le nombre par 10, puis ce même nombre par 3, 7, et en additionnant les deux produits obtenus.

Calcul écrit.

On suit la même marche que pour le calcul mental.

CHAPITRE V.

DIVISION.

a. Le diviseur est un nombre fondamental.
b. Le diviseur est un nombre quelconque.

Calcul mental.

Même ordre que pour la multiplication.

Calcul écrit.

Même remarque que précédemment.

CHAPITRE VI.

Des problèmes appliqués aux usages de la vie et qui exigent pour être résolus l'une ou l'autre règle fondamentale ; ensuite des problèmes qui demandent l'application de plusieurs de ces règles à la fois.

SIXIÈME DEGRÉ.

Addition, Soustraction, Multiplication et Division des nombres complexes.

CHAPITRE PREMIER.

RÉDUCTION DE L'UNITÉ PRINCIPALE DANS SES SUBDIVISIONS, ET RÉCIPROQUEMENT.

1. Transformation de l'unité principale en unités de ses subdivisions.

2. Recherche du nombre d'unités principales et des subdivisions comprises dans un nombre donné d'unités de subdivisions inférieures.

CHAP. II. — *Addition.*
CHAP. III. — *Soustraction.*
CHAP. IV. — *Multiplication.*
CHAP. V. — *Division.*

SEPTIÈME DEGRÉ.

Des Fractions.

CONNAISSANCE DES FRACTIONS.

Calcul mental.

1. Explication d'une fraction obtenue par le partage d'un seul entier.

Observation. — Les enfants auront déjà acquis, à

l'aide de lignes ou de petits morceaux de bois, la connaissance de ce que c'est que $\frac{1}{2}$, $\frac{1}{4}$, $\frac{1}{5}$, $\frac{1}{6}$, etc.

2. Manière de représenter les fractions par écrit. Explication du numérateur et du dénominateur.

3. Fraction proprement dite et fraction impropre.

4. Réduction des nombres entiers et des nombres fractionnaires en fractions impropres.

5. Réduction d'une fraction impropre en nombre entier et en nombres fractionnaires.

6. Application de ce que nous venons de dire (1 à 5).

Calcul écrit.

Même marche que pour le calcul mental.

CHAPITRE II.

ADDITION DES FRACTIONS AYANT MÊME DÉNOMINATEUR.

Calcul mental.

1. Addition de deux fractions ayant même dénominateur.

2. Addition d'une fraction et d'un nombre fractionnaire.

3. Addition de deux nombres fractionnaires.

4. Application des cas précédents à des problèmes de la vie usuelle.

Calcul écrit.

1. La somme des fractions est moindre qu'une unité.

2. La somme des fractions surpasse une unité.

3. Application des cas précédents à des problèmes de la vie usuelle.

CHAPITRE III.

SOUSTRACTION. DES FRACTIONS AYANT LE MÊME DÉNOMINATEUR.

Calcul mental.

1. La fraction à soustraire ainsi que le reste sont des fractions.
2. La fraction à soustraire est une fraction proprement dite, tandis que le reste est un nombre fractionnaire.
3. Le nombre à soustraire est un nombre fractionnaire, le reste est une fraction proprement dite.
4. Application de ces cas à des problèmes de la vie usuelle.

Calcul écrit.

1. La fraction dont on soustrait est plus grande que celle à soustraire.
2. La fraction à soustraire renferme plus de parties d'unités que celle dont on doit soustraire.
3. Application des cas précédents à des problèmes de la vie usuelle.

CHAPITRE IV.

MULTIPLICATION DES FRACTIONS PAR DES NOMBRES ENTIERS.

Calcul mental.

a. On multiplie la quantité d'unités de la fraction.
1. Le multiplicande est une fraction.
2. Le multiplicande est un nombre fractionnaire.
3. Application des cas précédents à des problèmes de la vie usuelle.

b. On multiplie la grandeur de l'unité de la fraction.

1. Le multiplicande est une fraction.

Opération. 6 fois $\frac{1}{6} = \frac{6}{6} = 1$; donc 6 fois $\frac{5}{6} = 5$ fois $1 = 5$.

2. Le multiplicande est un nombre fractionnaire.

3. Application.

Calcul écrit.

1. Le multiplicande est une fraction proprement dite.
2. Le multiplicande est un nombre fractionnaire.
3. Application.

CHAPITRE V.

DIVISION.

Calcul mental.

Le dividende et le diviseur sont des nombres entiers.

Calcul écrit.

La même chose.

CHAPITRE VI.

DIVISION DES FRACTIONS PAR DES NOMBRES ENTIERS.

Calcul mental.

a. On divise le nombre d'unités.

1. Le quotient est une fraction.
2. Le quotient est un nombre fractionnaire.
3. Application de ces cas, etc.

b. On divise la grandeur des unités.

1. Le quotient est une fraction.
2. Le quotient est un nombre fractionnaire.
3 Application, etc.

Calcul écrit.

1. Le quotient est une fraction.
2. Le quotient est un nombre fractionnaire.
3. Application de ces cas, etc.

HUITIÈME DEGRÉ

Nombres Décimaux.

I. *a.* Formation des ordres d'unités inférieurs à l'ordre des unités simples. — *b.* Extension de la numération écrite des nombres entiers aux nombres décimaux.— *c.* Influence du déplacement de la virgule sur la valeur d'un nombre décimal. — *d.* Multiplication et division d'un nombre décimal par une unité d'un ordre quelconque. — *e.* Transformation d'une fraction décimale en fraction ordinaire, et d'une fraction ordinaire en fraction décimale.

II. Addition des nombres décimaux.

III. Soustraction des nombres décimaux.

IV. Multiplication des nombres décimaux :

a. Un nombre décimal par un nombre entier ;
b. Un nombre décimal par un nombre décimal.

V. Division des nombres décimaux :

a. Un nombre décimal par un nombre entier ;
b Un nombre décimal par un nombre décimal.

NEUVIÈME DEGRÉ.

Système métrique.

I. *a*. Unité principale de longueur (*mètre*). — Ses multiples et sous-multiples décimaux.—Mesures effectives c'est-à-dire celles qui existent réellement). — Mesures itinéraires.

b. Énoncer de différentes manières un nombre décimal exprimant une longueur. Exemple : $45842^{m},456$. On énoncera 45 kilom. 842 mèt. 456 millim., ou 45 kilomètres 8 hectom. 4 décam. 2 mèt. 4 décim. 5 centim. 6 millim., ou, etc.—Réciproquement écrire en chiffres une longueur exprimée en kilomètres, mètres, centimètres, etc.

II. A. *a*. Unité principale des surfaces (*mètre carré*). Les multiples et sous-multiples du mètre carré. Comparaison de ces unités à l'unité principale.

b. Énoncer un nombre décimal exprimant une surface en mètres carrés, etc. Exemple : $4834^{m.ca.}$, 826583.—Réciproquement écrire en chiffres une surface exprimée en mètres carrés, etc.

B. a. Unité principale des mesures agraires (*are*). Ses multiples et sous-multiples décimaux usités.

b. Énoncer un nombre décimal exprimant une superficie en hectares, ares, centiares. Exemple : 832^{are},84. — Réciproquement écrire en chiffres une superficie exprimée en ares, etc.

c. Rapport des unités mètre carré, etc., aux unités hectare, are, centiare. Passage de l'expression d'une superficie en mètres carrés, etc., à l'expression correspondante en hectares, ares, etc., et réciproquement.

III. A. *a*. Unité principale des volumes (*mètre cube*). Les multiples et sous-multiples du mètre cube. Comparaison de ces unités à l'unité principale.

b. Énoncer un nombre décimal exprimant un volume en mètres cubes, etc. Exemple : 8245 m. cub.,840254526. Réciproquement écrire en chiffres un volume exprimé en mètres cubes, etc.

B. Unité principale pour la mesure du bois de chauffage (*stère*). — Moyen employé pour mesurer le bois de chauffage.

C. *a*. Unité principale des mesures de capacité(*litre*). Ses multiples et sous-multiples décimaux. Mesures effectives. Forme de ces mesures.

b. Énoncer un nombre décimal exprimant un volume en hectolitres, litres, etc. Exemple : 4840l.,32, Réciproquement écrire en chiffres un volume exprimé en hectolitres, litres, etc.

c. Rapport des unités mètre cube, décimètre cube, etc., aux unités hectolitre, décalitre, litre, etc. Passage de l'expression d'un volume donné en mètres cubes, décimètres cubes, etc., à l'expression correspondante en hectolitres, litres, etc., et réciproquement.

IV. *a*. Unité principale des poids (*gramme*). Les multiples et sous-multiples décimaux du gramme. — Poids effectifs : les gros poids, les poids moyens et les petits poids. — Forme et matière de ces poids.

b. Énoncer un nombre décimal exprimant un poids en kilogrammes, grammes, etc. Exemple : 4042gr.42. —Réciproquement, écrire en chiffres un poids exprimé en kilogrammes, grammes, etc.

c. Passage d'un volume donné d'eau (soit en mètres cubes, etc., soit en litres, etc.), à son poids, et réciproquement.

d. Passage d'un volume donné d'un corps (dont on

connaît le *poids spécifique*) à son poids, et réciproquement.

V. *a*. Unité principale des monnaies (*franc*). Sous-multiples usités. — Pièces de monnaie en or, en argent et en cuivre. — Leur poids et leur titre.

b Trouver le poids d'une somme donnée en or, en argent, en cuivre. Réciproquement, trouver quelles pièces il faudrait employer et en quelle quantité, pour faire un poids donné.

c. Trouver en mètres cubes, etc., ou litres, etc., le volume d'eau dont le poids serait le même que celui d'un certain nombre de pièces de monnaie.

VI. Récapitulation générale ayant surtout pour but de faire reconnaître les avantages du nouveau système sur l'ancien, et plus spécialement la liaison intime qu'il y a entre les différentes unités principales du premier.

DIXIÈME DEGRÉ.

Problèmes de la vie usuelle à résoudre mentalement et par écrit.

IX.

MÉTHODE D'ORTHOGRAPHE

L'orthographe est incontestablement une des branches les plus difficiles et les plus ingrates de toutes celles qui composent le cadre de l'enseignement primaire.— Nous croyons complétement inutile de prouver ce que nous venons d'avancer, et s'il pouvait y avoir encore quelque doute à cet égard, nous nous bornerons à faire observer que la grande majorité de nos élèves quittent définitivement l'école sans savoir écrire correctement. — Une des causes de ce mal doit être attribuée à la nature de l'orthographe de la langue française ; mais on ne disconviendra point que la manière de procéder pour initier les enfants à l'art d'écrire sans faire des fautes d'orthographe y entre également pour beaucoup. Quoique l'on soit généralement revenu de l'erreur de vouloir enseigner l'orthographe en suivant un système savamment combiné à l'aide d'une longue série de règles, on ne fait pas encore tout ce qui peut contribuer à faciliter à l'enfant l'observation de l'orthographe.

Les pédagogues renommés se sont efforcés de prouver dans leurs écrits qu'il était inutile d'instituer des exercices d'orthographe proprement dits; selon eux on devrait s'en occuper simultanément avec la lecture, l'écriture, les exercices de style et l'enseignement de la grammaire.

La pratique nous a démontré que cette opinion est mal fondée, et que ce procédé n'aboutit, pour la langue française au moins, à aucun résultat satisfaisant. Notre propre expérience nous l'a prouvé ; dans une école primaire il est indispensable d'introduire des exercices d'orthographe proprement dits. On doit même commencer de bonne heure, avant que l'enfant aît contracté une manière vicieuse d'orthographier ; il faut, nous le répétons, que l'enfant s'habitue à l'orthographe et qu'il l'apprenne dans des leçons exclusivement consacrées à cet enseignement.

Nous pensons donc qu'il ne sera point mal à propos d'attirer l'attention de nos instituteurs sur cette question et de l'examiner au moyen des expériences faites.

Pour initier les élèves à l'orthographe, on peut procéder de deux manières essentiellement différentes: ou en *faisant appel à l'ouïe et à la réflexion*, ou en *s'adressant à la vue et à la mémoire des élèves.*

En suivant la première de ces méthodes, il importe : 1° d'habituer l'élève, avant tout, à s'exprimer correctement; 2° on doit l'exercer à décomposer les mots en syllabes et celles-ci en sons, et 3° on le rendra apte à se représenter, toujours intérieurement, les signes (les lettres) qui correspondent aux sons et à transcrire convenablement ces signes.

Par conséquent, nous plaçons en première ligne le précepte *d'habituer les élèves à parler exactement.* — C'est là un des buts de chaque branche enseignée dans l'école primaire, — mais c'est le but *principal* des exercices par intuition (des exercices relatifs à l'art de penser et de parler) ; on ne peut l'atteindre qu'en parlant aux enfants et en les faisant beaucoup parler.

Nous n'entrons pas ici dans des explications détaillées à cet égard ; on trouvera les explications nécessaires à ce sujet dans notre *Cours de pédagogie,* vol. II, p. 66-81.

Dans toutes les circonstances où les élèves sont obligés de s'exprimer verbalement, soit pendant la leçon, soit en dehors de la classe, il est de la plus haute importance d'exiger d'eux une prononciation et une articulation pures ; l'instituteur ne saurait être trop sévère sous ce rapport ; il faut qu'il soit armé d'une patience et d'une persévérance à toute épreuve.

Dès l'entrée de l'enfant à l'école il faut qu'il s'habitue à parler correctement et avec une prononciation pure ; à cette fin il importe que le maître ne tolère rien qui soit contraire à ce but ; qu'il corrige chaque fois les enfants qui commettent une faute de grammaire ou de prononciation. Qu'on ne regarde point ceci comme du pédantisme, c'est indispensable.

L'habitude joue un trop grand rôle dans l'éducation pour ne pas prendre les précautions nécessaires afin de prévenir des inconvénients qui, en apparence, sont insignifiants. L'instituteur lui-même parlera donc toujours un langage correct. Pendant les leçons il aura soin de faire parler les élèves aussi fréquemment que possible et toujours en exigeant d'eux pour réponse des phrases complètes. Il convient en outre que les élèves s'énoncent à haute voix, et articulent clairement. C'est un grand obstacle aux progrès des élèves que ceux-ci s'expriment à demi-voix ; d'ailleurs il importe de combattre cette tendance surtout chez les enfants des communes rurales pour des motifs d'un ordre supérieur, attendu qu'il faut, dans bien de cas attribuer cette manie de parler trop bas au manque de volonté, à la paresse. — Pourvu que l'instituteur se montre patient, indulgent et ferme à la fois, les enfants, les plus jeunes surtout, s'habitueront insensiblement à bien parler, à bien articuler, à bien prononcer, et cette habitude sera d'un grand secours pour l'orthographe en particulier, et pour l'enseignement de la langue en général.

En second lieu, il faut exercer les enfants à décomposer les mots en syllabes et celles-ci en sons. — Les exercices propres à cette fin sont surtout les exercices de lecture par émission des sons. Aussi avons-nous déjà démontré, dans une des livraisons de *l'Abeille*, combien ce procédé d'enseigner la lecture est favorable à l'orthographe, et s'il y avait encore, parmi les lecteurs de cet article, des incrédules, nous les prierions avec instance de se rendre dans la première école venue où cette méthode de lecture est suivie, et nous ne doutons pas qu'ils seraient entièrement convertis en peu de temps, à moins que notre visiteur se soit tellement prévenu contre cette méthode, que l'évidence même ne puisse rien sur lui. Il y a bien des gens qui nient la lumière en plein jour !

Lorsque les élèves sont parvenus à savoir lire passablement, on continuera les exercices en faisant analyser en syllabes et en sons les mots du morceau qui a été lu.

Mais il ne faut pas perdre de vue que la représentation intérieure de chaque son qui entre dans la composition de tel ou tel mot, n'est utile à l'orthographe que pour autant que cette représentation provoque dans l'esprit de l'élève le signe, la lettre correspondante, et que l'élève ait en outre acquis l'habileté nécessaire pour reproduire cette lettre avec la touche ou la plume. Afin que l'élève puisse avec plus de facilité, et d'une manière plus durable se représenter intérieurement l'image des lettres, il est bon de faire naître celles-ci devant ses yeux, c'est-à-dire, de les décomposer en parties, de tracer ces dernières sur la planche noire et de les réunir pour en constituer la lettre complète. Il faut bien admettre qu'il y a une énorme différence entre *voir écrire et voir ce qui est écrit.*

Nous n'entrons pas dans d'autres détails au sujet du procédé qui doit familiariser les enfants avec la connaissance des lettres et la correspondance des sons. Cela appartient plus particulièrement à la méthode de lecture par émission des sons, et nous avons suffisamment exposé celle-ci dans la livraison susmentionnée. de l'*Abeille.* Nous nous bornerons seulement à rappeler une fois de plus que quiconque possède cette dernière méthode y trouvera un guide certain pour l'orthographe ; la décomposition des mots en facilite en effet singulièrement la représentation, qui est en résumé, une partie essentielle de l'orthographe. — Nous ne pouvons pas assez le répéter, les sons constituent les éléments de l'étude d'une langue, et c'est par eux que doit commencer son enseignement. L'élève ayant appris parfaitement les sons dans la lecture élémentaire, possède les fondements nécessaires : il peut aborder l'étude de la grammaire. L'enfant, habitué dès son bas âge à décomposer les mots en sons et à représenter par écrit les signes correspondants, ne peut manquer de faire des progrès rapides dans l'orthographe. De plus l'élève parviendra à écrire exactement, avec connaissance de cause au lieu de le faire seulement par habitude ou par mémoire. — Cependant, nous devons admettre que la représentation exacte des sons que l'on a découverts dans un mot quelconque, et le souvenir des signes correspondants, ne peuvent conduire à l'orthographe qu'autant que chacun de ces sons ne puisse être représenté que par un seul et même signe. Mais tout le monde sait que malheureusement il n'en est pas ainsi en français. D'abord chaque son peut être représenté dans notre système d'écriture de deux manières différentes : par une lettre minuscule et par une lettre majuscule. Ensuite nous avons un grand nombre de sons que l'on représente de deux, trois, jusqu'à quatre manières différentes ; par exemple le son *o, au, eau ;* le son *in, ain, yn, ein, aim, ein*. Il en est de même pour beaucoup d'autres. Nous nous bornons à signaler encore *f* et *ph, é* et *er, c, k,* et *qu* etc. Il résulte de ce que nous venons de constater qu'à la représentation d'un son quelconque dans l'intelligence de l'enfant se rattachent toujours plusieurs signes, plusieurs lettres et partant l'élève est exposé à un choix qui lui rend sa tâche souvent fort pénible. Ici se présente naturellement une question bien grave. Comment faut-il procéder pour que l'enfant rencontre toujours juste, c'est-à-dire que le son entendu dans la prononciation du mot, reveille en lui l'idée exacte de la lettre voulue pour représenter ce mot par l'écriture.

D'après l'opinion de certains grammairiens on y parviendrait au moyen de *règles ;* et l'on ne peut pas mettre en doute que c'est là le but de ces dernières. Ainsi lorsque l'enfant sait bien que les substantifs terminés au singulier par *al* forment leur pluriel en *al* en *aux* cet enfant, disons-nous, en parlant de plusieurs chevaux ne se tromperait point sur le son *aux* et le signe correspondant ; ce son réveillera en lui indubitablement, dans la supposition que la règle énoncée soit bien connue, le signe *aux* et non le signe *o*..

Nous pourrions faire ici une longue énumération de règles relatives à la grammaire, qui, certes, ont leur valeur et qui sont propres à faciliter l'étude de l'orthographe, mais qu'on ne se trompe cependant pas au point de croire que la connaissance de ces règles puisse suffire pour éviter les fautes ordinaires. En interrogeant l'expérience et la pratique la question sur l'utilité des règles d'orthographe sera généralement considérée comme étant de très-peu d'importance, elles n'offrent qu'un secours bien faible pour écrire correctement. Les enfants savent ordinairement la règle, mais ils ne s'en souviennent plus lorsqu'il faut l'appliquer.

Ce phénomène s'explique facilement : ou bien, les règles apprises sont des images qui ont produit des impressions trop faibles ou bien il n'y a pas de liaison entre le mode à écrire et la règle elle-même ; il manque la connaissance théorique à l'application de la pratique. Pour ne pas exposer les élèves à ces mécomptes, l'instituteur doit être sobre et judicieux à la fois dans le choix des règles ; il ne fera retenir que celles qui présentent une importance réelle et dont les nombreuses exceptions ne jettent pas l'élève dans le doute et l'incertitude. Il importe en outre que les règles, qui ont été indiquées et dont l'utilité est péremptoire soient comprises et apprises par cœur de manière à être toujours bien appliquées. A cet effet nous conseillons de ne jamais donner la règle seule, de la mettre toujours en regard d'un mot auquel elle s'applique et de faire retenir l'un et l'autre.

Si ce procédé pouvait être suivi pour tous les mots de la langue, chaque fois que l'enfant douterait au sujet de la manière d'orthographier, la règle lui serait d'un secours efficace, mais le nombre des mots dont se compose la langue française est trop considérable et ces mots subissent en outre des modifications trop grandes pour pouvoir admettre ce système.

On conviendra que quelques règles relatives à l'orthographe sont des auxiliaires puissants ; par conséquent, il ne faut pas les exclure de l'enseignement, par esprit de système, mais on aura soin de ne pas isoler ces règles. On doit, au contraire, les grouper dans la mémoire des enfants, et les rattacher à des exemples qui peuvent former une utile série d'exercices.

Ces exercices contribuent à faire retenir les règles que chaque élève s'assimile, autrement elles deviennent un fardeau inutile, ne valant pas le temps qu'elles coûtent.

Cette liaison entre la règle et l'exemple n'est pas seulement produite par une simple récapitulation, mais au moyen d'un troisième auxiliaire leur servant d'arbitre. Si, par exemple, l'élève avait des doutes sur la manière d'écrire la dernière syllabe du mot *parlant*, il suffit qu'il se rappelle que *parlant* est un participe présent, aussitôt se présente à son esprit la règle qui concerne l'orthographe de tous les participes présents.

Ainsi, dans beaucoup de cas, les règles grammaticales peuvent être considérées comme arbitres en matière d'orthographe. On comprendra donc aisément jusqu'à quel point la plupart des règles grammaticales offrent ce caractère et facilitent l'orthographe.

Malgré cela, le souvenir de la règle, soit orthographique, soit grammaticale, jettera souvent dans l'incertitude à cause des modifications nombreuses, des fréquentes exceptions qui rendent difficile ou douteuse l'application rigoureuse de la règle.

Il en résulte qu'il est impossible de baser exclusivement sur ces règles l'observation de l'orthographe, et qu'il importe de trouver un autre chemin pour arriver au but désiré.

Ce chemin le plus court et le plus sûr est celui *de la vue et de la mémoire ;* il consiste à graver dans la mémoire des élèves des assemblages de lettres par la vue ; il suffit de les reproduire exactement sans se préoccuper des raisons grammaticales, des recherches étymologiques, ni des principes de la logique. Ce chemin nous le répétons, le plus court et le plus sûr, est généralement suivi.

Dans la majeure partie des cas, on arrive ainsi à écrire correctement ; toutefois nous ferons quelques exceptions pour les mots qui exigent une connaissance plus développée de la grammaire.

On doit donc, dans les écoles primaires, appliquer ce moyen, faire copier en certaines observations qui aident au succès. Mais il importe surtout d'éviter tout assemblage de lettres constituant, une incorrection ; il ne faut jamais placer sous les yeux des élèves des mots mal orthographiés ; par conséquent, GUERRE A LA CACOGRAPHIE !

En considérant la chose au point de vue psychologique il est facile de comprendre qu'une incorrection produit sur un enfant la même impression que ce qui est exact ; il la retiendra et la répétera à son tour. De plus ces déplorables exercices de cacographie jettent du doute dans l'esprit de sorte que les fautes d'orthographe deviennent une conséquence du moyen défectueux que l'on emploie pour les éviter. L'instituteur veillera donc pour que les regards de ses élèves ne s'arrêtent pas sur des mots incorrects et il s'efforcera de les conduire à la reproduction fidèle et normale de l'orthographe ; il est inutile de faire ressortir l'importance des bonnes éditions de livres classiques :

auteurs et imprimeurs doivent à cet égard seconder les efforts des instituteurs et des institutrices. *Tout livre incorrect sera impitoyablement banni des écoles.*

En second lieu il importe de ne jamais laisser les élèves écrire de mémoire des termes trop difficiles, des phrases dans lesquelles on prévoit qu'ils se tromperont. Malheureusement, beaucoup d'instituteurs et d'institutrices, même des régents et des professeurs, négligent d'observer cette prescription. Pour éviter de nombreuses méprises, nous indiquerons un exercice que nous employons avec les plus jeunes élèves et qui nous a toujours réussi.

Après avoir fait lire un passage du livre de lecture, nous appelons l'attention sur les mots dont l'orthographe présente des difficultés,et nous recommandons aux élèves de bien regarder, puis d'épeler à voix basse ces mots qui s'apprennent presque de mémoire. Après cela , à un signal donné tous les élèves ferment leurs livres et doivent simultanément épeler *à haute voix* le mot ainsi étudié. Nous procédons de la même manière pour tous les mots dont l'orthographe ne correspond pas à la prononciation, et qui, dans une dictée, seraient écrits défectueusement. Lorsqu'on a agi ainsi avec un certain nombre de mots, toujours en suivant l'ordre dans lequel ils sont placés, les élèves ferment leurs livres, et le maître leur fait épeler successivement tous les mots étudiés. Vient ensuite la dictée, seulement les élèves doivent écrire lentement et de leur mieux. La leçon se termine par la correction de ce qu'ils ont écrit. Nous rappellerons ici l'utile exercice qui consiste à ordonner aux élèves de se passer leurs ardoises les uns aux autres. Ce changement s'exécute de la manière suivante au commandement de l'instituteur

Le maître : — Attention. Echangez les ardoises. (On prononce ce dernier mot lentement en appuyant sur les dernières syllabes).

Ces mots suffisent pour exciter l'attention des enfants, qui à ces syllabes *doises* échangent leurs ardoises, lesquelles passent de l'un à l'autre avec ordre et rapidité. Afin d'éviter toute espèce de fraude, le premier élève de la classe passera son ardoise à son voisin de droite et ainsi de suite jusqu'au dernier qui portera la sienne au premier. On écarte ainsi tout moyen de collusion : car si les élèves se transmettaient réciproquement leurs ardoises, au lieu de marquer, de souligner et d'indiquer les fautes, comme ils doivent le faire, ils se les corrigeraient mutuellement pour tromper le maître.

Cette opération effectuée, on commence la correction. Chaque élève doit épeler un mot à haute voix ; les autres, la touche à la main, examinent le mot épelé et le soulignent, s'il est écrit contrairement à l'épellation.

Pour stimuler l'attention, nous recommandons de faire désigner, tout haut, le nombre de fautes trouvées dans le travail de chaque élève, et d'adresser, selon l'occurrence, quelques paroles de blâme ou d'éloge. Cela fait, les ardoises seront rendues dans l'ordre précédemment indiqué ; enfin l'exercice se termine par la correction des mots soulignés et par une inspection minutieuse que l'instituteur doit accomplir.

La reproduction au tableau (planche noire) des mots mal orthographiés, afin que les élèves les corrigent, aura lieu seulement pour les termes connus, que chaque élève sait écrire d'une manière régulière, et à l'égard desquels l'erreur provient du manque d'attention.

L'instituteur enrichira autant que possible le vocabulaire de ses élèves au point de vue de l'orthographe. A cet effet, il commencera, dès que les enfants tracent des lettres à leur faire écrire des mots. Que l'on ne regarde point comme défectueuse la transcription réitérée des mêmes mots, soit copiés, soit dictés. Nous condamnons, au contraire, l'emploi d'une matière nouvelle qui ne se grave pas dans la mémoire. Par conséquent, il vaut mieux pour la première année d'étude choisir un petit nombre de mots en exigeant qu'ils soient bien orthographiés et bien retenus. Ce choix aura lieu de sorte que les enfants se familiarisent avec toutes les lettres de l'alphabet comme avec les règles les plus ordinaires de l'orthographe.

Lorsque l'élève transcrit exactement les morceaux contenus dans un livre de lecture, et reproduit sous la dictée des mots dont la prononciation est conforme à l'orthographe, on peut recourir aux exercices suivants :

1. Former des mots dérivés à l'aide d'un mot qui en constitue la racine :

BON : *boni, bonne, bonté, bonifier, bonnasse, bonbon.*
FIL : *filer, fileur, fileuse, filature, filament.*
CORDE : *cordeau, cordon, cordelier.*
VIE : *vif, vivant, vital, vitalité.*
CHAR : *chariot, char-à-bancs, charretier, charrier.*

2. Mots dérivés d'autres plus simples :

A. *Carrosse, carrossier.*
Charbon, charbonnier.
Poisson, poissonnier.
Cuisine, cuisinier.
Jardin, jardinier, etc.

B. *Neige, neiger, plâtre, plâtrer, couronne, couronner. Mousse, mousser. Souhait, souhaiter.*

C. *Cultiver, cultivateur. Pécher, pécheur. Arpenter, arpenteur.*

D. *Conclure, conclusion. Saluer, salutation. Agiter, agitation.*

3. Mots opposés par leur signification à d'autres qu'on en rapproche :

A. *Beauté, laideur. Bonté, méchanceté. Richesse, pauvreté.*

B. *Nouveau, vieux. Long, court. Poli, grossier. Gras, maigre.*

C. *Punir, récompenser. Gronder, louer. Trouver, perdre. Aimer, haïr,* etc.

4. On transformera des adjectifs en substantifs : *Malade, maladie. Haut, hauteur. Bas, bassesse. Grand, grandeur.*

5. Ecrire par cœur des noms d'objets qui se trouvent dans un local désigné :

A. Objets qui se trouvent à l'école.
B. » » » dans un salon.
C. » » » dans une chambre à coucher
D. » » » dans une étable.
E. » » » dans les champs.

6 Ecrire les noms de certains objets d'après les éléments ou les matériaux dont ils se composent :

A. Objets en pierres.
B. » en verre.
C. » en terre.
D. » en fer ou en acier.
E. » en bois.

7. Ecrire des noms d'objets d'après l'usage qu'on en fait.

A. Aliments (cuits, crus, cuits au four).
B. Ustensiles de ménage.
C. Habillements, etc., etc.

8. Ecrire des noms d'objets ou de personnes d'après

les travaux auxquels on emploie les premiers, ou selon la profession des seconds.

9. Ecrire des noms d'animaux ·

A. Quadrupèdes.

B. Oiseaux.

C. Poissons.

10. Plantes. — Minéraux.

11. Faire énumérer et écrire les parties d'un tout :

A. Les parties de la tête.

B. Les parties d'un arbre.

C. Les parties d'un couteau.

A ces exercices s'ajouteront les premières notions de grammaire, et surtout les règles concernant l'orthographe.

A. Connaissance du substantif.

B. Distinction du genre.

C. Formation du pluriel des substantifs.

D. Caractère de l'adjectif qualificatif.

E. Formation du féminin dans les adjectifs.

F. » du pluriel » »

G. Conjugaison des verbes auxiliaires.

H. Les quatre conjugaisons.

Parmi les moyens les plus efficaces à employer pour que les enfants apprennent à écrire correctement, nous insisterons de nouveau sur la copie et la dictée ; il importe que ce moyen s'applique avec intelligence.

Nous recommanderons encore la reproduction écrite des morceaux appris de mémoire, en invitant les instituteurs à faire d'abord épeler oralement les mots dont l'orthographe présente plus ou moins de difficultés.

Nous avons toujours constaté comme un procédé très-favorable à l'étude de l'orthographe la transcription par les élèves plus avancés d'un morceau, dont ils changent le mode des verbes, ou en mettant au pluriel ce qui est au singulier. Voici un exemple de ce genre :

La souris prudente.

Une souris passa près d'une souricière dans laquelle on avait placé du lard fraîchement grillé. Je me garderai bien d'y toucher, dit-elle. Mais le flairer cela ne peut me nuire. Elle l'approcha, flaira le lard, y toucha avec son museau, la porte se ferma. Elle était prise au piége.

Transcription de ce morceau en mettant les substantifs au pluriel.

Des souris passèrent près de souricières dans lesquelles on avait placé du lard fraîchement grillé. Nous nous garderons bien d'y toucher, dirent-elles. Mais le flairer, cela ne peut nous nuire. Elles approchèrent, flairèrent le lard, y touchèrent avec leur museau ; les portes se fermèrent. Elles étaient prises au piége.

On peut changer encore le mode en employant le futur.

Une souris passera, etc.

Maintenant, si nous jetons un regard rétrospectif sur les différents procédés à employer pour l'étude de l'orthographe, nous devons reconnaître que celui qui repose exclusivement sur les règles est *incertain* même *impraticable ;* tandis que le procédé dépendant de la vue est trop lent. Il en résulte que l'école doit comme nous l'avons indiqué, mettre à profit ce qu'il y a de bon dans les deux systèmes, en obtenant une combinaison mixte qui représente la meilleure méthode pour enseigner l'orthographe.

MÉTHODE DE LANGUE MATERNELLE

BUT. — Rendre l'enfant apte à parler *exactement* et à transcrire *correctement* ses pensées ; lui apprendre à connaître les formes de la langue et les idées qu'elles représentent ; le mettre à même de comprendre et de dire lui-même ce qui est dit, écrit ou imprimé ; l'habituer à donner à ses pensées la forme la plus exacte, à les revêtir d'un corps, d'une expression qui y réponde parfaitement. — Cultiver les diverses facultés intellectuelles, telles que la mémoire, l'imagination, l'intelligence, la raison, la faculté de combinaison, de jugement et même le sentiment et la faculté de vouloir.

CHAPITRE PREMIER.

IMPORTANCE DE L'ENSEIGNEMENT DE LA LANGUE.

Si l'enfant ne parle pas bien sa langue maternelle, s'il ne la comprend pas parfaitement, il lui est impossible d'acquérir aucune autre connaissance. Et cependant cette langue ne s'apprend pas aussi facilement qu'on semble le croire. Combien ne rencontre-t-on pas d'hommes faits qui n'ont pas, dans leur enfance, reçu à cet égard une instruction convenable ? On s'en aperçoit aussitôt ; il n'y a le plus souvent dans leur conversation ni clarté, ni précision; ils ne comprennent pas bien la signification des mots, les emploient mal à propos, confondent les tournures de phrase, les lient de la façon la plus gauche ; enfin, c'est un accident, un hasard, s'ils parviennent à saisir le sens de quelques phrases mises bout à bout.

Chez l'enfant, le mal est plus grave et plus fréquent: il a la conscience de l'embarras qu'il éprouve ; il n'ose adresser la parole aux personnes dont l'entretien serait pour lui si instructif ; le germe de sa pensée ne se développe pas et demeure frappé d'inertie ; souvent l'élève comprend mal, ou encore il ne comprend pas du tout ce que dit le maître, et il finit par devenir inattentif et même indifférent aux leçons. « *Nous pensons parce que nous parlons,* » a dit un philosophe célèbre ; la culture de la langue est la base de la culture intellectuelle. Si l'enfant n'apprend pas l'art de la parole, il restera étranger à l'art de la pensée, qui distingue essentiellement l'homme de tous les autres êtres. Il est inutile d'ajouter : celui qui ne parle pas avec précision, qui n'est pas en état d'énoncer convenablement ses pensées à l'aide de sons articulés, ne sait pas non plus écrire avec justesse ; en d'autres termes, il ne sait pas fixer matériellement sa pensée par les signes qui représentent des sons. La langue maternelle, nous croyons l'avoir suffisamment indiqué, fait nécessairement partie des matières à enseigner dans les écoles primaires.

Toutefois une question se présente : Cet enseignement ne doit-il pas être renfermé dans de certaines limites ?

La réponse à cette question n'est pas difficile. La destination de l'école primaire, où l'on n'a pas encore en vue une science déterminée, mais avant tout le développement et la culture des facultés de l'homme, le nombre assez étendu des connaissances à communiquer à l'élève, et par suite le peu de temps qu'il est permis de consacrer à chacune des branches enseignées, tout fait une loi de restreindre dans des limites assez étroites l'enseignement de la langue maternelle. Il faut donc exclure tout ce qui n'est pas absolument nécessaire, tout ce qui est du domaine de la *grammaire envisagée comme science ;* il faut au contraire enseigner ce qui est indispensable pour *bien comprendre, parler et écrire notre langue.*

CHAPITRE II.

A QUELLES ÉPOQUES IL FAUT COMMENCER L'ENSEIGNEMENT DE LA LANGUE DANS LES ÉCOLES PRIMAIRES.

Afin d'être bien compris dans la solution de cette question, nous croyons devoir faire remarquer que nous établissons une distinction entre *la doctrine* du langage et *la grammaire.* Si, pour être aptes à recevoir l'instruction les enfants sont tenus à savoir parler et comprendre la langue, le premier devoir de l'instituteur est de leur procurer cette aptitude, à défaut de laquelle nul autre enseignement n'est possible. Mais nous n'aurons pas recours à l'enseignement grammatical de la langue française, proprement dit; ce serait un procédé irrationnel, diamétralement opposé à la marche que suit la nature dans le développement de l'intelligence. La première instruction à donner, ce n'est pas la *grammaire,* c'est bien plutôt la *science* ou la *doctrine du langage.* Nous entendons par là l'exercice de la faculté de parler, de prononcer clairement et conformément au génie de la langue, et la culture des instruments ou des organes de la parole ; la syntaxe est alors la formation élémentaire de l'expression de la pensée.

A mesure que l'on avance dans *la doctrine* du langage (nous l'appellerons désormais *l'art de parler,* et il ne faudra pas le confondre avec la grammaire), à mesure que les élèves s'initient aux mystères de cet art, les exercices prennent de l'importance et réclament une leçon spéciale. Tous les devoirs ayant pour objet l'expression écrite de la pensée doivent être proposés oralement, et d'après une même marche progressive. Cette préparation orale n'est pas seulement le meilleur moyen de favoriser l'expression écrite de la pensée ; elle a une utilité plus immédiate, celle d'habituer à bien parler ; utilité plus générale peut-être que la première, puisque nous communiquons nos pensées plus souvent de vive voix que par écrit. D'ailleurs, que de circonstances dans la vie où le succès d'une affaire, d'une démarche importante, dépendra de cette aptitude à s'exprimer oralement, à présenter les choses avec clarté, concision, exactitude ! Cette exposition orale de la pensée peut, lorsque les devoirs présentent une certaine difficulté, être préparée par les élèves, auxquels on accorde pour cela un certain temps. Toutefois, on leur interdira de prendre des notes par écrit. Rien n'empêche de procéder par forme d'entretien. Par exemple, un élève affirmera une proposition qu'un autre cherchera à contredire.

CHAPITRE III.

COMMENT DOIT-ON PROCÉDER A L'ENSEIGNEMENT DE LA LANGUE MATERNELLE POUR LE RENDRE ATTRAYANT ET INSTRUCTIF AUX ÉLÈVES.

—

I. — *L'enseignement de la langue maternelle doit être élémentaire.*

Cette règle indique d'une manière générale sous quel point de vue il faut considérer et traiter cette branche d'enseignement.

Le but que l'on se propose d'atteindre est élémentaire, puisqu il s'agit de comprendre la langue et d'acquérir l'habitude de la parler ; les moyens qui tendent à ce but doivent être également élémentaires.

La connaissance d'une langue étrangère (la comprendre et la parler) n'exigeant pas indispensablement l'étude des formes, il est évident que cette étude est encore moins nécessaire pour la langue maternelle.

L'enseignement élémentaire concernant la langue maternelle ne peut pas avoir pour objet la connaissance exclusive des règles grammaticales, ce qui n'est ni dans son but ni dans son intérêt. Avec cet enseignement élémentaire se trouve en opposition l'enseignement scientifique qui a particulièrement pour objet la connaissance des formes grammaticales. La matière à traiter est donc tout à fait différente.

Si l'on nous demande quelle est cette matière, nous répondrons :

C'est la langue comme elle vit, comme elle se manifeste vivante, et non son corps mort, son cadavre.

Les différents sujets à traiter, la matière en elle-même est quelque chose de bien éloigné de l'enfant, tandis que sa langue est déjà devenue sa propriété.

Pour être conséquent nous devons donc condamner toutes les grammaires qui énumèrent et arrangent successivement la matière ; nous déclarons que ces traités n'ont rien d'élémentaire. Suivons ici comme toujours la marche de la nature. L'enfant apprend à parler par imitation, à l'aide de ses dispositions naturelles pour le langage, il observe les lois de la grammaire sans les connaître.

Rattachons, par conséquent, nos premières leçons à ce que l'enfant possède déjà lorsqu'il nous arrive à l'école, et faisons-le parvenir, par l'expérience d'abord, ensuite par le sentiment et l'oreille, à se rendre compte de ce qui n'existait chez lui que dans une pratique instinctive et une pure imitation.

La langue doit donc être présentée à l'enfant d'une manière active, c'est-à-dire dans des rédactions se rapportant aux objets de la vie ; ainsi on le conduira par l'expérience à la théorie. Dans tous les cas, la grammaire proprement dite appartient à la fin du cours de langue.

De ce qui précède découle le principe élémentaire concernant la méthode de cet enseignement, méthode qui se caractérise par l'analyse. La méthode élémentaire doit toujours rattacher ce qui est nouveau à ce que l'enfant possède déjà. Cette possession est sa langue, comme on l'acquiert naturellement, la langue comme un tout vivant. La lettre, le son, le mot même sont des choses dont l'enfant ne s'occupe point.

« L'homme ne parle, lorsqu'il imite la nature, jamais par des mots isolés, mais bien en phrases complètes (1). »

---

(1) Becker.

Même dans les expressions isolées des enfants, il y a toujours un jugement (par exemple, un désir, un commandement).

Par conséquent, la proposition, comme expression de la pensée, serait le tout le plus petit qui doit servir de point de départ. La proposition serait donc l'unité et le centre, autour duquel viennent se grouper toutes les observations grammaticales *nécessaires*. En agissant ainsi, on ne part point des définitions ou des règles : l'enfant, en suivant ses lois de réflexion et de sentiment, trouvera la vérité par lui-même ; tout ce qui est aride, mécanique, disparaît ; la règle sèche fait place à l'esprit ; et le système inerte, pétrifié, est remplacé par la nature et la vie.

II. — *Il faut que l'enseignement de la langue soit rationnel.*

On se tromperait en croyant que cette exigence d'un système rationnel dépasse le cadre de l'enseignement élémentaire. Au contraire, elle est justifiée par l'essence même de la langue qui, comme un ensemble organique, vivant et spirituel, n'est accessible à notre intelligence qu'autant que cette intelligence précoce la conçoit, et peut y pénétrer. Le procédé rationnel signifie ici l'opposé du mécanisme et de la routine ; il consiste à faire comprendre la langue dans ses détails et son ensemble, comme dans sa véritable acception. Ce but, nous l'atteignons à notre point de vue d'une manière spéciale, et non scientifique, en scrutant la matière systématiquement et par la synthèse.

On demandera : Est-ce possible ? — Oui : car la possibilité ressort de la langue, comme *langue maternelle ;* et ce procédé nécessaire nous est révélé par la nature même des enfants. Comment mettre en doute la possibilité et la facilité pour l'enfant de développer tous les détails grammaticaux utiles, au moyen de rédactions et d'exercices de composition dans lesquels se manifeste la vie de la langue ?

Avec l'analyse, les détails se trouvant toujours dans leur véritable signification s'expliquent par l'exemple, c'est-à-dire par la langue même. En effet, la conception de la langue est le produit de la vie de la langue. Si, au contraire, on présente à l'enfant la langue comme un objet inconnu, étranger, il sera difficile et presque impossible qu'il en acquière une conception rationnelle.

Même en parvenant à en saisir certaines règles, certaines formes, il ne connaîtra pas la langue. Combien diffère le procédé que nous recommandons, par lequel on rattache continuellement ce que l'enfant sait déjà à ce qu'il doit apprendre au moyen d'un développement graduel : comme à l'aide des rampes d'un escalier, on monte d'étage en étage !

Si l'on nous demande quelle extension nous assignons dans l'enseignement élémentaire à la conception de la langue maternelle, et jusqu'à quel degré la connaissance de la grammaire est nécessaire pour cela, nous rappellerons seulement le but élémentaire de notre enseignement, en déclarant en même temps que les opinions varient à ce sujet ; enfin, que sur ce point un enseignement même élémentaire admet différents degrés.

Toutefois, qu'on n'oublie pas que le procédé élémentaire de l'enseignement grammatical ne peut jamais être envisagé comme le véritable moyen, mais plutôt comme le résultat ; par conséquent, il devient moins important d'en fixer les limites. Mais en ce qui regarde la conception de la langue en général, il faut ne point perdre de vue que la profondeur spirituelle de la langue n'est pas exclusivement l'objet de l'esprit, elle relève aussi du sentiment, c'est-à-dire du goût, de l'euphonie, etc. Il est donc bien établi que le procédé analytique contribue de la manière la plus efficace à son développement.

III. — *Il faut que l'enseignement de la langue soit intuitif et vivant (animé).*

La première règle, développée plus haut, implique ce caractère d'enseignement intuitif et vivant.

Intuition, *animation*, ces deux qualités qui se prêtent un mutuel appui, ressortent de la langue maternelle ; quoique la langue soit quelque chose de spirituel, d'intérieur, en dehors de l'intuition : mais par la parole et par l'écriture, par la rédaction et ses éléments, elle rentre dans la sphère de l'intuition extérieure. La langue maternelle touche à l'intuition intérieure, dont elle est le constant intermédiaire, attendu que c'est déjà une propriété acquise à l'enfant par son expérience.

Notre enseignement de la langue sera donc intuitif, en ayant pour point de départ une rédaction se reliant à la vie, à l'expérience, présentant la langue dans son application, et en rendant ainsi la langue intuitive par les pensées, puis les pensées par la parole.

Un tel enseignement deviendra animé, vivant, si l'instituteur sait le rendre attrayant. La langue a sa vie propre, et l'enfant initié de prime abord à cette vie doit s'animer de suite. C'est avant tout, le sujet de la leçon qui doit produire cette animation chez l'enfant, et donner de l'intérêt par ce qui est élevé à ce qui est inférieur, par le tout à la partie, du général au particulier ; depuis le son et la lettre, tout dans sa véritable acception et ses rapports, devient vivant.

Au moyen de ce procédé, l'enfant qui voit clairement tout ce qui se passe, qui trouve si naturel cet ensemble vivant, animé, éprouve infailliblement de la joie intérieure : ce qui nous garantit le succès d'un enseignement conforme à notre but.

IV. — *Il faut que l'enseignement soit simple et solide.*

Ces conditions élémentaires d'un enseignement quelconque sont indispensables dans l'enseignement de la langue maternelle qui a pour but le développement intellectuel de l'enfant. En effet, tout ce qui est vague, accessoire, artificiel, obscur, sans liaison, doit devenir d'autant plus nuisible que l'objet traité offre étendue et profondeur.

D'un autre côté, il parait bien difficile de satisfaire à ces conditions de simplicité et de solidité dans l'enseignement de la langue maternelle. Examinons d'abord s'il n'y a pas contradiction, c'est-à-dire si la simplicité n'exclut pas la solidité, et si à son tour la solidité est compatible avec la simplicité.

Non : ce qui est solide peut fort bien être simple ; même la véritable simplicité s'allie à la solidité; axiome confirmé surtout par l'enseignement judicieux de la langue maternelle. Précisément la richesse et la diversité des matériaux que présente cet enseignement font que la simplicité rend la solidité possible, et celle-ci constitue le moyen de simplifier cet enseignement.

Si l'on voulait chercher la simplicité dans des omissions arbitraires de la matière à traiter, comme lorsqu'on veut suivre la méthode synthétique, la solidité aurait à souffrir ; mais ce danger disparaît, dès que l'on ne néglige rien sous le rapport de la solidité. Dans les écoles primaires où l'on mettra en pratique le procédé que nous préconisons, la chose ira naturellement : car l'enfant sera de suite placé au milieu même de la langue d'où il observe, travaille, agit ; dont il conçoit l'ensemble dans les détails et les détails dans l'ensemble. Par conséquent, on est moins exposé au morcellement et à une étude superficielle. Malgré les étroites limites où l'on se meut, on conserve un tout bien déterminé et bien coordonné. Ainsi se concilient simplicité et solidité, en suivant une méthode rationnelle, l'analyse.

Du reste, il dépend de l'instituteur d'éviter dans son enseignement tout ce qui est superflu pour s'attacher à l'essentiel qu'il fait entrer dans l'esprit des élèves par la voie la plus directe et la plus courte, en suivan une gradation et une coordination rationnelles.

V. — *Il faut que l'enseignement de la langue soit pratique.*

Plusieurs de nos lecteurs ont peut-être des doutes sur le caractère pratique de l'enseignement de la langue, tel que nous le présentons, c'est-à-dire, ils se demandent s'il produira facilement et sûrement les fruits attendus. Ces fruits consistent dans le développement des facultés intellectuelles, la facilité de penser, la rectitude du jugement sur les choses de la vie et la justesse de l'expression orale et écrite.

Nous répondrons : Peut-on obtenir ces résultats par d'autres moyens, sans présenter la langue dans ses rapports avec la vie et sans suivre cette direction pratique ? C'est seulement ainsi que l'enseignement de la langue marche de pair avec son application ; et si sur un point, en orthographe, par exemple, ce système ne portait pas tous ses fruits, ne vous en prenez qu'au maître qui n'a pas suivi tous les exercices prescrits par la méthode. Si, avec le procédé opposé, on cherche le côté pratique dans l'application d'exemples isolés, chez nous tout l'enseignement n'est qu'exercice et application.

VI.— *Il faut enfin que l'enseignement de la langue soit méthodique.*

Cette règle exige pour cet enseignement un plan bien arrêté afin d'éviter des écarts et ce qui est arbitraire. Tout enseignement sans plan est sans charme, sans intérêt pour l'élève, dont il ne développe pas l'intelligence. Nous croyons pouvoir dire qu'on manque souvent à ce principe dans l'enseignement de la langue. Il importe donc de le rendre méthodique par le fond et la forme, le plan et l'application.

D'après ce que nous avons dit : la forme analytique doit être préférée, en descendant du tout (la rédaction) aux parties, aux détails. Ce procédé, quant à l'enseignement de la langue, se présente sous deux aspects : ou bien on développe au point de vue de la langue tout ce qu'offre un morceau en suivant l'ordre naturel, ou bien on suit dans ces développements le progrès intérieur de l'enfant, en se bornant aux explications des choses connues. Dans ce dernier cas, la méthode est analytique-synthétique ; on doit la préférer lorsqu'on a pour but particulier de faire ressortir la partie grammaticale.

Les deux procédés exigent pourtant, quant à la méthode, qu'on observe une gradation sage et naturelle, indépendamment d'un choix convenable des sujets à rédiger ou des morceaux de lecture à traiter au point de vue grammatical, il importe de partir toujours du contenu du morceau pour expliquer ensuite les formes grammaticales ; ainsi d'abord les idées, leur relation entre elles, ensuite l'examen des expressions et des phrases employées pour établir ces rapports, enfin tout ce qui est du domaine de la grammaire et spécialement de l'orthographe. La mémoire et l'intuition viennent à leur tour soutenir l'analyse. La forme de l'enseignement à employer doit être en général *socratique*. La langue maternelle se trouve dans l'enfant comme quelque chose qui lui est propre, qu'il possède déjà, que l'enseignement doit seulement vivifier et rappeler à l'esprit pour le confier à la mémoire par des exercices spéciaux. Il importe donc de provoquer chez l'enfant une activité aussi facile pour lui que naturelle et nécessaire.

La langue ne s'apprend qu'en travaillant et en produisant en elle et par elle. L'enfant se trouve, dans l'enseignement de sa langue maternelle, si bien disposé à créer par lui-même, qu'il suffit de le bien diriger. Si par ce motif nous avons désigné la forme socratique comme celle qui convient le mieux, qui est le plus naturelle, nous n'avons pas voulu dire que cet enseignement devait consister exclusivement en thèmes ; nous entendons par la forme socratique, préparer l'élève, au moyen d'un entretien catéchétique (par questions et réponses) à trouver de soi-même, en le mettant en état de se rendre compte de ce qu'il pense, de ce qu'il dit.

Les thèmes (comme devoirs) n'arrivent que lorsque la chose est devenue, par une série graduée d'explications, claire pour l'élève. En ce qui concerne ces thèmes, on aura soin de n'exiger que ce qui est en rapport avec le degré de savoir de l'élève ; et l'on ne passera à des sujets plus difficiles que lorsqu'il aura acquis une certaine habileté dans les premiers, sans jamais provoquer chez lui d'ennui ni de fatigue.

CHAPITRE IV.

RÈGLES DIDACTIQUES A OBSERVER DANS L'ENSEIGNEMENT DE LA LANGUE MATERNELLE.

1° On fera en sorte que, par des phrases intelligibles, l'élève acquière une notion bien claire de ce qu'on veut lui enseigner. Il faut le familiariser par la parole, la lecture et la transcription, avec les formes du langage sur lesquelles on veut fixer son attention.

2° Aussitôt que ces formes lui seront familières, on s'attachera à lui donner, par la décomposition (par la voie analytique), une notion exacte de la pensée qui y est renfermée.

3° On exposera en termes clairs et précis la règle que l'on vient de découvrir, et l'on exigera de nombreux exemples où elle soit appliquée.

4° Ce qu'on aura découvert par la voie analytique, on le fera mettre immédiatement en rapport avec d'autres parties de la langue, c'est-à-dire qu'on expliquera synthétiquement la découverte. Si, par exemple, on a trouvé, par l'analyse des phrases, le régime indirect, on formera un grand nombre de phrases dans lesquelles il y ait un régime indirect.

5° Dans tout examen de ce genre il faut étudier attentivement le fond, l'idée exprimée, de façon que, tout en comprenant clairement les formes de la langue, les élèves acquièrent en même temps une connaissance précise de la pensée rendue par ces formes.

6° L'enseignement des formes de la langue, l'enseignement grammatical proprement dit, ne doit pas dépasser de justes bornes ; amener les élèves au point d'exprimer exactement leur pensée, avec une certaine habileté, tant de vive voix que par écrit, voilà le but principal auquel on s'efforcera d'atteindre. On y parviendra au moyen de nombreux exercices pour lesquels le temps ferait défaut si l'on voulait entrer trop avant dans les particularités de la grammaire.

7° A chaque parole énoncée, à chaque mot écrit dans l'école, le maître tiendra, sans jamais se relâcher sur ce point important, à la précision grammaticale.

8° Le manuel restera le principal point de ralliement. On ne peut trop recommander la lecture grammaticale et l'analyse des morceaux de lecture.

9° De l'exercice, de l'exercice toujours, soit de vive voix, soit par écrit ! *Que jamais la théorie ne marche sans la pratique !* PEU DE RÈGLES ET BEAUCOUP D'APPLICATIONS !

10° Si dans une même école plusieurs instituteurs donnent des leçons de langue française, il est indispensable que tous suivent le même Manuel, sans cela il y aurait confusion ; il faut aussi qu'ils se mettent parfaitement d'accord sur la marche à suivre dans l'enseignement.

11° Les leçons de grammaire, d'orthographe, de lecture, de style (expression de la pensée par écrit), doivent, lors même qu'il y aurait des heures spéciales consacrées à l'une ou à l'autre de ces branches, être mises en rapport et envisagées comme un ensemble dans tous les exercices.

12. Les élèves parlant déjà la langue maternelle, les limites des matières d'enseignement, pour chaque subdivision, ne seront pas tellement rigoureuses, que l'instituteur ne puisse empiéter quelquefois, dans une classe, sur ce qui est plus particulièrement réservé à la classe suivante. Il doit corriger et instruire partout où le besoin s'en fait sentir, partout où il se présente quelque chose de défectueux ; néanmoins l'enseignement spécial d'une branche doit être réservé à la classe à laquelle on l'a attribué.

CHAPITRE V.

SUJETS A TRAITER.

1° La connaissance du substantif.
a) Définition.
b) Nombre singulier et pluriel. — *Exercices.*

2. L'adjectif qualificatif.
a) Définition.
b) Le genre et le nombre des adjectifs.
c) Les degrés des adjectifs.
d) L'accord de l'adjectif avec le substantif auquel il se rapporte.— *Exercices.*

3. Les adjectifs déterminatifs.
a) Les adjectifs déterminatifs possessifs.
» » » démonstratifs.
» » » numéraux.
» » » indéfinis.

4. Le pronom.

a) Définition.

b) Le pronom personnel.

c) Le pronom possessif.

d) Le pronom démonstratif.

e) Le pronom relatif. — *Exercices.*

5. Le verbe.

a) Définition.

b) Connaissance des trois temps principaux du verbe.

c) Verbes auxiliaires.

d) Explication de l'imparfait des trois passés, du futur simple et du futur passé.

e) Mode indicatif, mode subjonctif, mode conditionnel, mode infinitif et mode impératif.

f) Explication du participe.

g) Conjugaison des verbes avoir et être.

h) Le complément du verbe.

i) Le verbe actif. — Le verbe passif. — Le verbe neutre.

k) Les verbes réfléchis, pronominaux, réciproques.

l) Le verbe impersonnel ou unipersonnel.

m) Modifications que subissent quelques verbes, bien qu'ils soient réguliers.

n) Les verbes irréguliers.

o) Applications ayant rapport au verbe.

p) Le régime en complément direct.

» » indirect. — *Exercices.*

6. *a*) Le développement de la phrase par la détermination du lieu.

b) » » » » du temps.

c) » » » » l'indication de la cause.

d) Le développement de la phrase par la manière d'être du verbe.

e) » » l'indication de l'avantage ou du désavantage que nous occasionnent les objets ou les animaux. — *Exercices.*

7. L'adverbe.
a) Définition.
b) Les degrés dans l'adverbe. — *Exercices.*

8. La prépositon.
a) Définition.
b) Classification des prépositions. — *Exercices.*

9. La conjonction
a) Définition.
b) Classification des conjonctions. — *Exercices.*

10. L'interjection ou l'exclamation.
a) Définition. *b*) *Exercices.*

XI

MÉTHODE DE LECTURE EXPRESSIVE

BUT. — Mettre les élèves en état de vaincre toutes les difficultés que présente le mécanisme de la lecture. Les amener à prononcer distinctement tous les sons de chaque mot et à observer le temps nécessaire à l'émission de chaque syllabe. Faire disparaître l'accent spécial à telle ou telle localité. Mettre à profit le sujet de lecture pour y rattacher des exercices d'orthographe, de grammaire et de style. Habituer à lire à voix haute, claire, sans cependant dépasser les limites naturelles, et sans précipitation. Faire en sorte que les enfants soient bien pénétrés de ce qu'ils lisent, qu'ils en comprennent bien le sens, afin que leur esprit se perfectionne et qu'ils s'habituent A PENSER EN LISANT ET A LIRE EN PENSANT. Les amener à discerner l'accessoire du principal et à faire sentir cette distinction.

INTRODUCTION.

Quelle que soit la méthode adoptée pour enseigner à lire, les enfants parviendront toujours plus ou moins vite à se familiariser avec le mécanisme de la lecture. Mais le plus souvent ce ne sera qu'une récitation monotone, sans expression et sans sentiment.

La manière de s'exprimer en lisant doit être conforme à celle dont nous nous exprimons dans la conversation ordinaire ; dans ce dernier cas, nous faisons cependant preuve d'une plus grande habilete, ce qui provient : 1° *de l'exercice,* 2° *de ce que, dans la conversation, nous exprimons nos propres sentiments, et que, par suite de cela, nous en sommes plus intimement pénétrés.*

C'est ce que nous indiquons toujours, quoique involontairement, par notre manière de parler. Ainsi sans y mettre d'intention, nous observons toutes les règles nécessaires à une bonne déclamation; nous prenons un ton plus ou moins élevé, nos paroles se succèdent plus ou moins rapidement à mesure que nos sentiments sont plus ou moins vifs ; ce ton devient plus énergique si nous voulons produire chez les autres une impression plus profonde ; nous faisons des pauses après les mots ou après les phrases, afin de respirer, mais aussi et surtout afin de laisser à notre auditeur le temps nécessaire pour se pénétrer des sensations que nous voulons produire en lui, et pour exciter sa curiosité, son intérêt. En un mot, nous réunissons dans un seul effort la *mélodie, l'expression* et le *rhythme,* et nous produisons ainsi sur notre auditeur l'effet que nous nous proposions. Il devrait en être de même dans la lecture qui, en fin de compte, est une conversation ordinaire.

Dans les écoles élémentaires, on ne peut recourir aux règles d'accentuation fondées sur la grammaire ; car dans la pratique, le lecteur doit s'écarter de ces règles : l'accentuation n'est pas invariablement la même; elle se modifie suivant les intentions du lecteur, selon le but qu'il se propose d'atteindre.

Ce que nous venons de dire se résume en une loi générale que nous établirons en ces termes : *Accentuez plus fortement dans chaque phrase l'idée sur laquelle vous voulez attirer l'attention de vos auditeurs.* C'est ordinairement une réflexion, une sentence, une définition, une image.

Les considérations dans lesquelles nous sommes entré feront aisément apprécier les points essentiels sur lesquels l'instituteur devra diriger son attention. Nous allons cependant soumettre cette matière à un examen plus approfondi et nous passerons en revue les parties les plus dignes de la sollicitude active de l'instituteur.

1. Le maître tâchera d'abord de faire surmonter entièrement à ses élèves les difficultés du mécanisme de la lecture; mais cette condition essentielle, ils ne parviendront jamais à la *lecture euphonique*. Si l'enfant est encore trop préoccupé des lettres qui constituent les mots, il ne pourra pas diriger son attention vers le sens de ces mêmes mots. Il lira ; mais après avoir lu, il n'aura rien retenu, rien compris.

2. Outre cette habileté dans le mécanisme, l'enfant doit, dès le commencement, prononcer distinctement chaque lettre, soit isolée, soit combinée avec d'autres pour former les mots.

3. Les enfants, en lisant, doivent observer le temps nécessaire à l'émission de chaque syllabe.

4. On s'attachera soigneusement à faire disparaître dans la lecture, l'accent local, cachet de telle ou telle partie du pays La prononciation doit être exclusivement française et nullement modifiée par le ton d'une localité isolée ; un débit vicieux, une accentuation inaccoutumée ôtent beaucoup à la clarté du sens, à l'intérêt d'une lecture.

5. L'instituteur lui-même n'oubliera pas qu'il lui est de toute nécessité d'avoir une prononciation pure, d'appuyer le temps nécessaire sur chaque syllabe, afin que ses élèves aient un bon exemple à imiter.

6. Quand un élève entre dans une classe supérieure, il doit avoir surmonté toutes les difficultés antérieures, afin de ne plus s'y arrêter. L'œuvre du maître devient,

en effet, de plus en plus compliquée ; à mesure que les élèves avancent, il doit leur faire pénétrer plus profondément le sens de ce qu'ils lisent, afin que leur esprit ne reste jamais stationnaire, et se perfectionne sans cesse.

7. On doit toujours exiger qu'ils lisent d'une voix assez haute et bien claire surtout. Cette observation s'applique particulièrement aux élèves les plus avancés, qui sont toujours tentés de lire trop vite ; chez les plus jeunes, il y a toujours plus ou moins de timidité ou de faiblesse. Mais, dans tous les cas, le ton ne doit jamais dépasser les limites naturelles, comme cela se rencontre trop souvent dans les écoles des campagnes. La raison en est trop simple et trop évidente pour que nous devions l'expliquer ici.

8. L'élève lira clairement et bien haut ; de plus, il procédera sans précipitation ; car, a dit Demeter : « *La lecture rapide est la mère de la mauvaise lecture.* »

Un débit trop précipité empêche le lecteur de faire des réflexions sur le sens de ce qu'il lit. Cette trop grande rapidité amène, chez les enfants surtout, l'habitude des répétitions, le bégayement et autres défauts analogues.

9. D'après ce que nous venons d'expliquer dans les derniers numéros, chaque fois que nous entendrons des enfants lire plus ou moins vite, nous serons en droit de tirer cette conclusion : L'instituteur de ces enfants n'a pas eu le talent d'attirer leur attention sur le sens de ce qu'ils lisaient.

10. Pour qu'un enfant lise bien, il est essentiel qu'il saisisse le sens de sa lecture : la matière doit donc être à la portée de son intelligence. On ne peut exiger de lui qu'il lise bien ce qu'il ne comprend pas. On n'ira pas demander à un homme qui ne sait pas le latin, de

lire un morceau écrit dans cette langue, avec l'accent que lui aurait donné Cicéron !

11. Lorsque l'enfant est en état de comprendre ce qu'il a lu, son esprit discerne l'essentiel de l'accessoire, son cœur est ému, et sa voix, organe de ce sentiment intérieur, manifeste ses émotions au dehors par sa manière d'accentuer sa lecture.

12. Quelquefois, et par un heureux hasard, l'enfant lira bien ce qu'il ne comprendra pas ; mais l'instituteur ne peut espérer atteindre ce but que par la force de sa parole et de son exemple.

13. A toutes les règles, qui d'ailleurs ne produisent le plus souvent qu'une manière de lire dépourvue de tout naturel, nous préférons la conversation du maître avec l'élève sur la matière de la lecture ; il est indispensable aussi de lire à haute voix.

En récapitulant ce que nous avons dit, nous pourrons poser les quatre points principaux suivants :

A. L'enfant doit lire clairement, bien distinctement et assez haut.

B. Il ne doit pas lire trop vite.

C. Il doit comprendre ce qu'il lit, en être touché.

D. Il doit manifester qu'il a compris ce qu'il lit.

Maintenant que nous connaissons les points les plus dignes de l'attention de l'instituteur, examinons les moyens de mettre en pratique les préceptes qui s'y rapportent.

MÉTHODE PROPREMENT DITE

CHAPITRE PREMIER.

L'ENFANT DOIT LIRE CLAIREMENT, BIEN DISTINCTEMENT ET ASSEZ HAUT.

Pour améliorer la prononciation des enfants, il est évident que l'instituteur devra lui-même savoir lire clairement, distinctement, à voix haute, et distinguer la bonne prononciation de la mauvaise. Celui-là seul qui possédera ces qualités indispensables obtiendra un heureux résultat, car dans cet enseignement l'imitation est la principale affaire. Quel doit donc être le modèle à proposer aux enfants, si ce n'est l'instituteur ? Si celui-ci a une mauvaise prononciation, comment sera-t-il capable de distinguer le bon du mauvais, et de corriger les défauts de ses élèves ?

La méthode par émission des sons est le moyen le plus propre et le plus naturel pour arriver à une bonne prononciation. Ici, comme partout ailleurs, l'instituteur doit obliger l'enfant à prononcer exactement chacune des voyelles et à ne pas les confondre. Chez les enfants on rencontre parfois des difficultés de prononciation ; nous ne parlerons que de celle qui résulte de l'engourdissement des organes ; elle se fait surtout sentir quand il s'agit de prononcer deux consonnes qui se suivent immédiatement ; les enfants sont toujours tentés d'intercaler une voyelle entre ces deux consonnes. L'instituteur doit lutter par tous les moyens possibles contre ces difficultés qui réclament toute sa patience et toute sa persévérance.

Pour obtenir des enfants un volume de voix convenable pendant la lecture, on les encourage d'abord par quelques paroles amicales ; si ce moyen échoue, il faut en employer de plus énergiques, surtout si l'on s'aperçoit que cette lecture à voix basse provient de l'entêtement ou de la paresse. Dans ce cas on confine le récalcitrant dans un coin de la classe assez éloigné de ses compagnons et on l'oblige de lire assez haut pour que les autres le comprennent.

CHAPITRE II.

POUR BIEN LIRE, IL NE FAUT PAS LIRE TROP VITE.

Si les élèves sont accoutumés à lire trop vite, soit par suite d'une mauvaise direction imprimée par le maître, soit pour d'autres raisons, le premier soin doit être de faire observer les signes de ponctuations ; sans cette précaution, il est impossible de bien saisir le sens d'une lecture. Voici quelques moyens très-simples que l'on peut employer dans ce but. A chaque signe de ponctuation, on impose aux enfants l'obligation de compter, suivant la valeur du signe, par exemple : pour une virgule, un; pour un point-virgule, un, deux; pour deux points, un, deux, trois ; enfin, pour un point, ils comptent jusqu'à quatre ; si l'alinéa est fini ou après le titre du morceau, on compte un, deux, trois, quatre, cinq. — Au commencement cet exercice se fait de vive voix ; plus tard, on y procède mentalement.

Ce procédé peut paraître un peu machinal : mais il s'agit ici de lutter contre une mauvaise habitude et de la remplacer par une bonne. Pour déraciner ce vice invétéré, il faut recourir à un remède héroïque et dont l'emploi ait une précision mécanique.

Cependant, tout en observant exactement les signes de ponctuation, on peut encore lire trop rapidement la phrase renfermée entre deux de ses signes. Pour obvier à cet inconvénient, on astreindra l'enfant à lire en même temps que le maître. Si celui-ci est un bon lecteur, l'enfant obligé de le suivre dans sa lecture, en réglant son pas sur le sien, en s'arrêtant quand il s'arrête, en se conformant en tout à son guide, finira par s'habituer à un débit convenable. Un autre moyen très-propre encore à atteindre ce but, c'est d'employer la méthode simultanée après avoir soumis les élèves séparément à des exercices de lecture.

CHAPITRE III.

L'ENFANT DOIT COMPRENDRE CE QU'IL LIT, EN ÊTRE TOUCHÉ.

La première condition pour comprendre ce qu'on lit, c'est de lire *attentivement*. Voilà pour l'instituteur le véritable point de départ.

Pour obliger les enfants à lire avec attention, le maître ne suit pas l'ordre dans lequel ils sont assis ; il interpelle tantôt l'un, tantôt l'autre ; il agit ainsi sur l'esprit des élèves qu'il contraint à lire, ne fût-ce que machinalement , avec celui qui est désigné pour lire à haute voix.

C'est ici surtout que la lecture peut venir puissamment en aide à l'orthographe, qui s'apprend principalement par la vue. Il est nécessaire d'employer un autre moyen pour diriger l'intelligence de l'enfant sur ce qu'il lit, pour le lui faire bien comprendre. Ce moyen, sanctionné par l'expérience, nous allons l'exposer ici.

Un jour ou deux avant la leçon, l'instituteur impose à tous les élèves l'obligation de lire, à la maison, le morceau désigné. Persuadés alors qu'ils seront interrogés sur le contenu de ce morceau, les enfants sont forcés de faire attention, non-seulement à la forme des phrases, mais encore au sens.

Si, tout en procédant comme nous venons de l'indiquer, on ajoute des explications sur les mots que les élèves pourraient ne pas comprendre, toute la lecture leur deviendra compréhensible. Après les avoir questionnés sur tout le morceau, on fait rassembler les divers éléments fournis par les réponses, et l'un des élèves est chargé de reconstruire toute la pièce dans son style propre. Mais, nous ne saurions trop le répéter, le sujet doit être en rapport avec les jeunes intelligences auxquelles on s'adresse. Bien que cet exercice n'ait qu'un rapport indirect avec la lecture, c'est un des plus puissants moyens de faciliter l'expression. Aussi nous le recommandons fortement, car, à notre avis, la lecture est le point principal pour l'enseignement bien entendu de la langue.

Si les élèves sont à même de reproduire en termes qui leur soient propres le contenu d'un morceau de lecture, c'est une preuve qu'ils ont compris ce qu'ils ont lu ; il est très-important pour l'instituteur d'acquérir cette conviction.

CHAPITRE IV.

CE QUE L'INSTITUTEUR DOIT FAIRE POUR AMENER LES ENFANTS A SENTIR CE QU'ILS LISENT.

Tous les raisonnements que l'on essayerait d'établir à ce sujet n'aboutiraient à rien. Il faut demander aux choses de la vie ordinaire un exemple, un précédent analogue, afin de trouver la solution de ce problème. Sans être obligé de recourir à une démonstration théorique, l'instituteur qui met dans ses moindres actes le zèle et l'ardeur nécessaires, aura bientôt résolu la question. S'il a bien saisi la matière, s'il en est profondément pénétré, il est à même de communiquer cette sensibilité à ses élèves, de leur transmettre ce qu'il éprouve : ainsi passe d'un corps à un autre l'étincelle électrique. Les dissertations longues et souvent abstraites tiraillent et fatiguent l'esprit des enfants ; la parole encourageante, les manières affables du maître le caressent, le touchent et le font vibrer. Il est dans la nature de l'homme, et par conséquent dans celle de l'enfant, de comprendre et de saisir les choses qui le concernent particulièrement avec plus d'ardeur que les objets les plus éloignés de lui, et auxquels il attache moins d'intérêt. L'instituteur profitera de cette circonstance, commune à tous, pour faire naître le sentiment chez ses élèves. *Il rapprochera le plus possible du petit lecteur l'objet de sa lecture ;* il fera de lui le centre de l'action, et l'enfant finira par douter s'il n'est pas lui-même le héros de l'aventure.

Si l'action racontée dans le morceau de lecture n'est pas demeurée étrangère à l'enfant, s'il se regarde comme le héros du récit, il y attachera de l'intérêt, il y donnera toute sa sympathie. Cette sympathie que l'instituteur demande aux élèves, lui-même doit, à plus forte raison, l'éprouver.

Un autre point, digne de l'attention du maître, c'est que l'élève sache distinguer, dans sa lecture, *le principal de l'accessoire,* et en faire ressortir la différence par sa manière de lire. Ce résultat ne peut être atteint que par la méthode catéchétique, car les enfants doivent se rendre compte de leur lecture. Du moment qu'ils comprennent ce qu'ils lisent, ils sont par là même en état de discerner l'accessoire de l'essentiel et d'en faire sentir la distinction, souvent même sans y songer.

CHAPITRE V.

MOYEN A EMPLOYER POUR QUE LES ÉLÈVES FASSENT VOIR QU'ILS ONT SENTI ET COMPRIS CE QU'ILS LISENT.

Le meilleur procédé à recommander, le moyen d'action le plus efficace, c'est, de la part de l'instituteur, beaucoup de douceur et de patience. Il devra venir en aide à ses élèves, les encourager lorsqu'il leur verra faire des progrès ou se donner de la peine. Le blâme, la réprimande entravent le succès ; une persévérance infatigable, une patience inaltérable contribueront à amener d'heureux résultats. On y parviendra surtout en offrant de bons modèles à imiter.

Ces bons modèles peuvent être, ou l'instituteur lui-même, ou des élèves. Ces derniers exercent toujours une influence favorable ; les autres enfants, voyant exécuter par quelques-uns de leurs camarades la besogne imposée par le maître, considèrent la chose comme moins difficile ; de plus, la tendance à l'imitation est excitée chez eux, leur volonté est plus ferme, et ils travaillent avec plus de courage. Au reste, l'exemple de l'instituteur est toujours le plus salutaire ; si un mauvais calligraphe peut obtenir des succès dans l'enseignement, on n admettra jamais qu'un mauvais lecteur puisse former des élèves capables de bien lire. On rencontre partout des exemples d écriture bien faits, et propres à servir d'objets d'intuition ; on parviendra à former son écriture d'après ces modèles, où la théorie se trouve réalisée, réduite en pratique. Un maître qui lit mal ne pourra jamais être pour ses élèves un objet d'intuition. En calligraphie, un élève incertain d'avoir bien ou mal écrit n'a qu'à jeter les yeux sur son modèle. En lecture, si l'ouïe des enfants manque de guide, si l'organe de l'instituteur n'est pas de nature à fournir un objet d'intuition, on ne peut espérer de leur voir réaliser aucun progrès.

L'instituteur doit savoir très-bien lire ; sinon les enfants ne feront rien de bon. S'il lit convenablement, il obtiendra presque toujours des succès, quand même il donnerait médiocrement sa leçon de lecture ; au contraire la meilleure volonté du monde et la méthode la plus perfectionnée ne seront jamais que de faibles instruments entre les mains d'un instituteur qui lit mal.

XIII.

MÉTHODE DE STYLE

BUT. — Donner à la pensée de la justesse, de la régularité ; à l'expression, de la précision et de la clarté ; à l'arrangement des propositions, de l'ordre et de la concision ; et par conséquent amener la culture générale de l'homme comme homme. — Habituer les élèves à méditer sur un sujet quelconque avec le même soin que s'il s'agissait d'écrire. — Les rendre capables de satisfaire à certaines obligations importantes de la vie sociale et de la vie industrielle. — Leur donner plus d'aptitude pour les autres branches de l'instruction.

INTRODUCTION.

L'art de transcrire ses propres pensées est de la plus haute importance sous bien des rapports ; il l'est, en premier lieu, quant à la culture intellectuelle, quant à l'individualité, en ce qu'il contribue puissamment à la justesse, à la précision, à la régularité de la pensée.

C'est seulement à l'aide de l'écriture que l'idée est fixée, et soumise dans tout son ensemble à notre intelligence. Dans la conversation, au contraire, le premier mot a déjà disparu en partie lorsqu'on arrive au dernier.

Sans l'écriture il n'est pas de parfaite culture de la langue. La parole, à moins d'être écrite, ne peut se perfectionner ni dans son ensemble, ni dans ses parties ; et il y aura toujours quelque irrégularité, quelque défectuosité. Pour cette dernière raison, celui qui écrit pense ordinairement avec plus de justesse que celui qui parle, et l'homme bien élevé et instruit a l'habitude de méditer, sur n'importe quel sujet, avec le même soin que s'il était occupé à écrire. Cette réaction de l'écriture sur la faculté de penser doit être mise à profit *aussitôt que la main est apte à tracer les lettres ;* car l'enfant a déjà beaucoup parlé et pensé, et il ne s'agit plus maintenant que de fixer ses pensées d'une manière précise.

En mettant nos idées par écrit, nous cherchons à les communiquer à d'autres avec précision et d'une manière intelligible, afin qu'elles produisent sur eux l'effet que nous avons en vue ; c'est seulement alors qu'elles acquièrent de l'ordre, de la netteté, de la correction. Il serait superflu de vouloir démontrer combien l'art de transcrire ses propres pensées est important dans la vie sociale comme dans la vie industrielle ; le fait est trop évident ; aussi personne ne le contestera, cet enseignement appartient de droit à toute école primaire.

La nature des écoles primaires et la destination présumable des enfants qu'on y élève disent assez qu'en cette branche d'enseignement, il ne faut pas se proposer un but aussi élevé que dans les institutions d'un ordre supérieur. Il n'est question ici ni du haut style, ni de l'art du rhéteur ; il s'agit uniquement d'acquérir une certaine aptitude à s'exprimer avec la justesse, la clarté et l'espèce d'élégance qu'exigent les besoins généraux des hommes et ceux de la vie journalière. Toutefois l'éducation restera toujours le but principal.

CHAPITRE PREMIER.

DES DIFFÉRENTS GENRES DE RÉDACTION.

Il convient de procéder à l'enseignement de la langue écrite avec une gradation prudente guidée par une sage expérience et fondée sur la nature. Tout ici dépend de la direction imprimée par l'instituteur à l'activité intellectuelle de l'enfant. L'instruction commence par la transcription ou la représentation par écrit des perceptions les plus simples ; elle enseigne à les lire, à les mettre en ordre et à les exprimer par de certaines formes, et comme la transcription de nos propres pensées n'est au fond qu'une pensée écrite, elle marche pour ainsi dire de pair avec les exercices de pensée. L'instituteur aura donc particulièrement en vue ces deux points :

1° Que l'enfant pense par lui-même.

2° Qu'il exprime convenablement par des signes visibles ce qu'il a pensé.

Voici la marche que nous proposons de suivre si l'on veut obtenir d'heureux succès dans l'emploi de ces exercices.

CHAPITRE II.

EXERCICES D'ÉCRITURE ET DE PENSÉE, AYANT POUR OBJET D'HABITUER L'ÉLÈVE A LA RÉFLEXION (1).

I. — Noms d'objets qui se trouvent en différents endroits.

---

(1) Voir ces exercices dans notre manuel de style destiné à être mis entre les mains des élèves.

II. —Noms des objets d'après les matériaux dont ils sont composés.

III. — Classification des objets d'après les matériaux dont ils sont confectionnés.

IV. — Noms d'objets d'après l'usage qu'on en fait.

V. — Classification des noms d'objets d'après leur usage.

VI. — Noms des personnes par rapport à leurs travaux et à leurs professions.

VII. — Noms d'animaux.

VIII. — Noms de plantes et de minéraux.

IX. — Classification des noms d'animaux, de plantes et de minéraux.

X. — Noms des parties d'un tout.

CHAPITRE III.

JUGEMENTS SIMPLES SUR DIFFÉRENTS OBJETS PRIS ISOLÉMENT.

En ce qui concerne le premier degré ou les préliminaires, il y a peu de chose à observer, car ce n'est ici qu'un simple travail de la pensée. Maintenant qu'il s'agit de composition libre, nous mettrons en première ligne la description. Elle se rattache tout à fait aux exercices d'intuition (en supposant qu'on y ait eu recours), et elle peut être envisagée comme la continuation de ces exercices.

Dans la description il ne suffit pas de saisir avec justesse les qualités des objets, il faut encore distinguer les qualités essentielles des qualités accessoires, accidentelles ; il faut en outre distinguer les matériaux en suivant l'ordre indiqué par la raison ou par le goût.

Le maître présentera l'objet à l'élève, il lui en fera saisir l'exacte intuition, le conduira par des questions à la connaissance de ce qui est essentiel et à l'arrangement nécessaire des parties ; il fera en sorte que l'enfant crée d'abord lui-même la description dans son esprit et la traduise ensuite de vive voix. Une fois qu'avec l'aide du maître l'enfant aura représenté, suivant ses forces, l'objet à décrire et communiqué sa perception au moyen d'expressions correctes, l'instituteur dira : Je vais vous répéter une fois encore ce que vous voyez et ce que vous décrivez. Il lit ensuite à haute voix et distinctement la description que lui-même a tracée, et il invite l'enfant à se mettre à la besogne. S'il s'agit de la description d'objets que l'élève a déjà vus, d'objets qu'il connaît, mais qui ne sont pas actuellement sous ses yeux, il aura recours à sa mémoire, et l'instituteur l'aidera par quelques questions. On pourrait prendre pour exemples la description du tilleul, du chêne, etc., etc... Dans le cas où il y a impossibilité, comme en cette circonstance, de placer l'objet sous les yeux, on pourrait se servir de dessins bien faits. Le point principal, c'est de rendre les écoliers attentifs ; c'est de n'employer, dans la description, des qualités accidentelles ou secondaires que s'il s'agit de *distinguer* un individu d'un autre individu semblable. Nous recommandons encore, comme occupation utile en même temps qu'agréable pour les élèves, la description d'un événement ou d un fait historique, par exemple, l'analyse raisonnée d'une gravure convenablement exécutée et représentant un épisode de l'histoire sainte expliquée précédemment.

A. Objets dans l'école.

Observation. — Tous les thèmes proposés à la suite de cet exemple, donné comme modèle, doivent être traités par le maître à l'aide de questions bien appropriées.

1. La table.

La table est un meuble. Elle se compose de la tablette, du châssis et des pieds. La table est faite de bois. Le menuisier l'a construite. On se met à table pour manger et pour écrire.

2. La fenêtre.
3. L'ardoise.
4. Le mur.
5. Le poêle.

B. Objets dans la maison.

C. Divers bâtiments.

D. Objets dans le jardin.

E. Différents outils.

F. Différents oiseaux.

G. Différents arbres.

H. Différents métaux.

I. Différents effets d'habillement.

K. Les phénomènes de la nature (météores, météorologie).

L. Les aliments.

CHAPITRE IV.

LA DESCRIPTION PROPREMENT DITE (PREMIER DEGRÉ) EN FORME ORDINAIRE.

1. *La table.*

Modèle. — 1. Espèce. — 2. Matériaux. — 3. Parties. — 4. Couleur. — 5. Forme. — 6. Constructeur. — 7. Utilité.

1. La table est un meuble. — 2. Elle est faite de bois. — 3. Elle se compose du dessus, du châssis et des pieds ; elle a quatre pieds. — 4. Elle est peinte en rouge. — 5. Elle est carrée. — 6. Le menuisier l'a faite. — 7. L'utilité de la table est multiple. Sur une table on écrit, on joue, on mange, on place divers objets. On lui donne différents noms suivant sa destination. Ainsi, on a des tables de jeu, de salon, de cuisine, de nuit, etc.

2. Le livre de lecture.
3. La plume.
4. La chaise.
5. Le papier.
6. La craie.
7. Le chapeau, etc., etc.

CHAPITRE V.

COMPARAISONS D'OBJETS.

Les exercices de comparaison sont une préparation nécessaire à l'acquisition de notions claires et intuitives.

Or, c'est dans les notions que l'on doit réunir, sous un seul point de vue, les qualités semblables et communes à plusieurs objets, qualités que l'élève ne pourra trouver avec facilité qu'après avoir été soigneusement exercé à rechercher les similitudes Pour cette raison nous avons divisé les exercices de manière à n'offrir en premier lieu que deux objets à comparer par rapport à leurs *similitudes ;* après avoir agi de même pour les *dissimilitudes,* on procède aux comparaisons complètes. Les élèves ne seront pas toujours en état de puiser dans leur propre fonds, et sans avoir recours à une aide étrangère, tous les points de similitude entre les objets à comparer ; ils n'ont pas encore acquis toutes les connaissances nécessaires. Mais cela n'est pas indispensable, leur esprit ne doit point fournir à tout ; il est impossible d'exiger qu'il soit également cultivé sur tous les points ; il faut bien qu'il y ait sur ce terrain quelques coins pour y semer le germe de moissons futures ; car il est un fait digne de remarque, c'est que la culture intellectuelle exige aussi bien la communication faite par autrui que le développement spontané.

Aussi les ressemblances ou similitudes que l'élève ne serait pas en état de trouver par lui-même, l'instituteur les lui indiquera, et les éclaircira sans autre préambule. Cette explication ne fera d'ailleurs qu'ajouter au trésor des idées de l'élève.

A. — *Ressemblance entre deux objets.*

Par exemple : 1. Un couteau et des ciseaux. — 2. L'eau et le lait — 3. Le cheval et l'âne. — 4. L'église et la maison, etc.

B. *Différence.*

1. La plume et le canif.— 2. Le chien et le chat.— 3. La pomme et la cerise. — 4. Le champ et le jardin.

C. — *Comparaison, ressemblance et différence des objets.*

1. La craie et le crayon. — 2. La table et l'ardoise. — 3. Le vaisseau et la voiture.—4. L'enfant et le bouton de rose. — 5. Le jour et la nuit. — 6. La porte et la fenêtre, etc.

CHAPITRE VI.

LA NARRATION.

Pour la narration, la parabole et la fable, l'instituteur agira sagement en évitant les détails trop étendus et en ayant égard à la manière de s'exprimer des enfants ; il se bornera à une forme simple, dépourvue d'art, et par cela même bien compréhensible. Les explications seront plus détaillées et plus compliquées avec le temps et à mesure que l'esprit de l'élève se développera. Ce sont là les moyens les plus propres à passer de la transcription de phrases simples à une composition spontanée et dans laquelle règne un certain enchaînement. L'instituteur communiquera d'abord aux élèves une narration, la fera fréquemment, surtout dans le principe, répéter de vive voix ; ensuite viendra la transcription. En répétant plusieurs fois le même sujet, l'instituteur évitera de se servir constamment des mêmes mots, des mêmes locutions. Sans cette précaution, les écoliers n'auront pas la conception nette de l'objet qui leur est soumis ; ils chercheront simplement à retenir les mots, ce qui non-seulement compliquera le travail, mais fera manquer le but principal. Il importe qu'ils saisissent bien le fond de l'histoire et qu'ils le rendent ensuite à leur manière. L'instituteur pourra aussi se servir du livre de lecture qui est entre les mains des élèves.

L'expérience nous l'apprend : en récitant un conte ou une narration qu'ils comprennent parfaitement, non-seulement les élèves observent les repos, mais encore ils accentuent passablement bien les phrases principales et les phrases secondaires. Ils baissent la voix en arrivant au terme de la pensée principale, ils prononcent correctement les mots et ils les coordonnent entre eux avec ce sentiment du rhythme qui ferait croire la phrase composée d'un seul long mot.

CHAPITRE VII.

LA FABLE ET LA PARABOLE.

M. Ehrlich fait ressortir d'une manière frappante l'usage qu'on peut faire de la fable comme sujet de composition.

« *Les fables,* dit-il, *en leur qualité d'yeux de l'imagination, s'adressent agréablement aux enfants.* Mais il en faut choisir de très-faciles, dont la morale ne dépasse pas leur faible conception. Des fables dont les enseignements se rapportent aux situations de l'âge viril, qui ne peuvent pas être comprises par les élèves; par exemple, des fables sur le mariage, sur l'autorité, sur la constitution ou la forme du gouvernement, ne conviennent pas à l'école élémentaire. Un choix fait avec soin dans les riches collections qui existent est d'autant plus nécessaire, que ce n'est pas le maître qui donne la morale, mais l'élève qui la doit chercher dans le but d'exercer sa faculté de penser et de réfléchir. Si aucun des enfants ne trouve la morale, ce sera une preuve que la fable est au-dessus de leur portée. Il ne s'agit pas pour l'instituteur de lire les fables, mais de les raconter librement, afin que la diction gagne par l'accentuation et la modulation. Si elles sont écrites en vers, la lecture faite d'après le livre, après que le maître les aura racontées en prose et fait répéter par les élèves avec des variantes dans les expressions, aura le caractère d'une véritable récréation. »

Tout dépend d'une exacte préparation et de l'intelligence claire de l'objet de la part de l'instituteur. La manière de poser les questions se trouvera bien d'elle-même en classe. La non-réussite d'un entretien provient ordinairement de deux choses : ou bien l'instituteur n'a pas une conception nette du sujet sur lequel roule l'entretien, ou bien il n'a pas une connaissance suffisante des enfants en général, et en particulier de celui qu'il interroge. Sans ces deux points, les règles enseignant à catéchiser ou à poser des questions (*questionnaire*) ne sont d'aucune utilité ; mais on peut fort bien s'entretenir avec les enfants sans connaître aucunement la théorie de l'art du questionnaire, pourvu qu'on ait compris complétement le sujet de l'entretien et que l'on connaisse le degré d'entendement de ses élèves. C'est ce qui a lieu chez beaucoup de parents dépourvus de toute éducation scientifique et qui s'entretiennent néanmoins fort bien avec leurs enfants. Leurs paroles se rapportent à des choses qu'ils comprennent, et ils connaissent parfaitement leurs petits interlocuteurs.

CHAPITRE VIII.

LA NARRATION.

Le sujet est donné en petites phrases.

CHAPITRE IX.

LA NARRATION EN FORME DE LETTRES.

Lorsque les élèves sont convenablement exercés à réciter, la narration en forme de lettre marche tout à fait de pair avec les autres narrations. Le commencement et la fin en doivent être simples et sans art. Le maître communique oralement une narration dans le genre descriptif ; il invite ensuite les enfants à la raconter à un camarade éloigné, et il lui fournit les indications nécessaires à propos de la forme, pour laquelle la lettre rapportée dans le *Manuel de l'Élève* sert de modèle.

CHAPITRE X.

TRANSMUTATION DE LA POÉSIE EN PROSE.

Dans presque toutes les écoles, on s'attache plus ou moins à faire apprendre par cœur des morceaux de poésie. Cet exercice est, sans contredit, propre à fortifier la mémoire et à ennoblir la faculté du sentiment ; mais, pour atteindre le but, il faut que les enfants comprennent d'abord le sens de ces poésies ; il faut donc qu'elles soient expliquées, rendues en d'autres termes, traduites de vers en prose. Le procédé est fort simple. Le maître lit un conte revêtu de la forme poétique, il le dicte aux élèves : ceux-ci essayent de le reproduire par cœur et de vive voix. Lorsqu'ils l'ont bien compris et qu'ils ont distingué le fond, la forme, les détails, ils le transcrivent en prose. En cela, comme dans tout le reste, il faut procéder du simple au composé, du facile au difficile, c'est-à-dire à des morceaux où l'amplification poétique est plus compliquée, sans s'écarter néanmoins des limites du programme de l'école primaire.

Une difficulté plus grande, c'est de reproduire une suite de pensées, car les enfants saisissent plus facilement la marche d'une narration que la succession d'une série de maximes détachées. Cependant, en observant une gradation bien calculée, l'instituteur ne tardera pas à obtenir des résultats satisfaisants. Important au point de vue de la pensée, cet exercice mettra encore l'élève à même de profiter des récits oraux, tels que sermons, instructions, etc. Un travail plus difficile encore, c'est la traduction de petits morceaux de poésie non historiques, parce qu'on y distingue difficilement le vêtement poétique d'avec le sens de la pièce. Ces exercices sont cependant d'une grande utilité, car ils servent à former le style et à faire bien comprendre le langage poétique. Dans la traduction orale en prose, l'instituteur fera toujours établir la distinction entre l'*image*, l'*amplification*, l'*exposition* et le *sujet*, et, par des questions, il amènera son auditoire à trouver la phrase simple et dénuée de tout ornement.

CHAPITRE XI.

LA DESCRIPTION.

Deuxième degré.

CHAPITRE XII.

LA DESCRIPTION EN FORME DE LETTRE.

Dans l'élaboration des descriptions du premier degré, on a indiqué la succession des pensées par des plans, des résumés, des annotations écrites, ainsi que par des lectures, tandis qu'ici le travail de la composition est entièrement abandonné à l'habileté acquise par les élèves.

CHAPITRE XIII.

LA LETTRE NARRATIVE.

Deuxième degré.

Tout le monde le reconnaîtra avec nous, parmi tous les genres de compositions littéraires auxquelles nous appellent les exigences de la vie sociale, la lettre occupe la première place et par conséquent il faut accorder des soins spéciaux à l'art de la rédiger. On juge une personne d'après une lettre, et l'on exige aujourd'hui de tout homme qui n'est pas entièrement dépourvu d'éducation, qu'il sache présenter ses pensées sous la forme épistolaire avec *clarté*, avec *ordre, d'une manière conforme au caractère de la langue* et *aux règles de la bienséance.*

Le caractère de l'école primaire indique assez par quelle espèce de lettres il faut débuter, quelle espèce on doit aborder ensuite, quel genre d'épîtres il faut exclure absolument de l'école, et enfin par quelle préparation orale il faut faire précéder le travail de l'élève.

Les lettres les plus faciles à composer sont certainement celles que les enfants adressent à leurs parents, à leurs frères et à leurs sœurs, à leurs camarades ; ils n'ont ici qu'à exprimer les pensées de leur esprit, les sentiments de leur cœur. S'ils s'adressent, au nom de leurs parents, à des frères et à des sœurs aînés, la rédaction offre déjà quelque difficulté, parce qu'il s'agit de se figurer les idées et les sentiments d'autrui. Une circonstance facilite pourtant la besogne. Ces sortes d'épîtres ont en général pour objet des circonstances et des faits particulièrement connus du petit écrivain.

Mais les lettres les plus difficiles à rédiger pour des élèves d'une école primaire, sont celles qui ont trait à des relations étrangères à l'enfant et où il faut exprimer des sentiments qu'il n'a pas encore éprouvés. Il doit s'attacher d'abord à se former de ces relations une idée claire, nette ; ensuite il doit se rendre compte de l'impression que peut produire le récit sur la personne à laquelle la lettre est adressée ; ces deux conditions ne seront pas souvent remplies.

Il est très-facile de composer une lettre à propos de l'école, de ce qu'on y fait, des plaisirs que l'on goûte, du logis qu'on habite, etc. ; l'élève n'a qu'à se représenter clairement ce que son ami, son frère ou son cousin désire apprendre sur tout cela. Une missive adressée, *au nom des parents*, à un parent éloigné que l'on charge de quelque commission, présente déjà un peu plus de difficultés. Une lettre d'un maître ouvrier, d'un laboureur dans ses relations civiles, est plus compliquée encore. Les réclamations concernant une administration, les pétitions pour demander la remise d'une amende, un emploi ou une grâce quelconque, les épîtres qui doivent exprimer les sentiments d'un époux, d'un père, d'un tuteur, ne sont point du domaine de l'école primaire. On ne peut exposer clairement par écrit ce que l'on ne connaît que confusément ; on ne saisirait pas l'expression juste et précise ; on n'atteindrait pas le ton convenable ; ce ton, d'ailleurs, aussi varié que les teintes intermédiaires entre des couleurs qui se touchent, se détermine d'après les rapports de l'écrivain avec la personne à laquelle il s'adresse.

N'omettons pas un point important, c'est que l'instituteur doit, avant tout, faire connaître le but de ces compositions. Par une lettre, dira-t-il, une personne veut exprimer à une autre ce qu'elle ne peut pas lui dire à cause de la distance qui les sépare La lettre se fait donc lorsque je transcris ce que je voudrais dire à quelqu'un de vive voix. Mais comme, en écrivant, on a plus de temps pour choisir ses mots et raisonner l'objet de la communication, la lettre exige naturellement un choix plus sévère d'expressions, un arrangement plus logique des phrases. Une autre raison d'ailleurs impose une attention particulière ; on ne peut ici, comme dans l'entretien oral, questionner son interlocuteur sur ce qu'il ne comprend pas ou ne saisit pas bien ; on ne peut se faire dire ce qu'on a besoin de savoir pour bien saisir, apprécier avec justesse ou connaître parfaitement. L'écriture veut donc plus de précision, de perfection et de clarté que la communication orale. Pour obtenir du succès dans le genre de composition dont nous nous occupons ici, on commencera par dicter aux enfants quelques petites lettres, en leur faisant observer la forme ordinaire : l'entrée en matière, la conclusion, la signature, le lieu de domicile de celui qui écrit, le millésime et la date; ensuite on s'entretiendra avec eux sur la réponse à donner à la lettre dictée ; lorsque les divers points de la réponse seront bien arrêtés et coordonnés, on les leur fera transcrire, et enfin ils composeront la réponse complète.

L'instituteur ne se bornera pas à faire remarquer aux enfants les points principaux de la lettre à composer, mais il les mettra en ordre de concert avec eux et les élaborera jusqu'à ce qu'ils soient devenus en quelque sorte la pensée propre des élèves. Pour leur apprendre à inventer eux-mêmes, on se contentera de leur indiquer le but de la lettre ; mais dans les premiers temps il faudra nécessairement leur venir en aide par des demandes. En corrigeant les compositions, on saisira l'occasion de placer les observations nécessaires sur les règles ordinaires de la bienséance. Il n'est pas moins important de leur communiquer toutes les indications propres à prévenir l'oubli des convenances ; on les engagera à écrire sur une feuille entière ; on leur indiquera la manière de la plier, de la cacheter et d'inscrire l'adresse.

CHAPITRE XIV.

EXPLICATION D'EXPRESSIONS FIGURÉES ET DE PROVERBES.

CHAPITRE XV.

LE TABLEAU.

Les morceaux de cette catégorie supposent chez les élèves un développement assez étendu de la faculté de penser, et une grande connaissance de la langue ; ils marquent par conséquent la limite des travaux par écrit dans les meilleures écoles élémentaires, limite que l'instituteur de ce degré ne doit pas dépasser ; c'est d'ailleurs le but vers lequel on doit tendre dans les écoles primaires où se réunissent des enfants de treize à quatorze ans.

CHAPITRE XVI.

EXERCICES DE COMPOSITIONS PROFESSIONNELLES OU COMMERCIALES.

Tous les instituteurs sont sans doute convaincus de l'importance de ces exercices ; tous reconnaîtront combien les enfants sont gauches, lorsque, après avoir quitté l'école, ils se trouvent dans le cas d'écrire pour leurs parents ou pour leurs maîtres un compte, une quittance, une lettre etc. La faute en est à l'instituteur ; il a négligé de les exercer à des compositions de cette espèce et de leur faire ainsi acquérir une certaine habileté ; il s'est borné à leur dicter les modèles, ce qui les a empêchés d'écrire couramment leurs pensées; et enfin les moyens ne leur en étant pas fournis, ils n'ont pas eu l'occasion de se former une collection de modèles à l'usage de leur vie à venir, et auxquels ils pourraient, dans des cas embarrassants, avoir recours.

Par ces considérations, nous nous permettrons de conseiller aux instituteurs de faire inscrire proprement, dans un cahier solidement relié, les travaux atisfaisants qui auront été scrupuleusement examinés et corrigés. Ce livre sera soumis à l'inspection des personnes qui viendront assister aux examens. On conseillera souvent aux enfants, et particulièrement au moment de quitter l'école, de bien conserver ce livre, parceque, plus tard, ils en feront certainement un bon et utile emploi.

Il est évident que les comptes, les quittances, les certificats, etc., doivent figurer parmi les compositions écrites. Ces sortes de rédactions sont obligatoires dans les relations sociales. Or, l'école n'étant que la préparation aux différentes phases de l'existence, a pour mission de donner à l'élève les enseignements nécessaires pour les parcourir avec honneur.

Outre que l'occasion de dresser des comptes se présente fort souvent, une raison d'intérêt bien entendu veut qu'on en établisse dans toute entreprise professionnelle, commerciale, et même dans les affaires de ménage. Aussi est-il nécessaire de donner aux enfants dans l'école les instructions exigées pour la confection de ce genre de compositions. L'instituteur leur en fera comprendre l'importance, il leur présentera des modèles dans lesquels il indiquera les conditions indispensables d'un compte bien établi ; il leur fera imiter ces modèles, et composer ensuite plusieurs devoirs dans le même genre.

XIII.

MÉTHODE DE CHANT

Il est inutile de définir la différence qui existe entre le langage parlé et le chant. C'est surtout en français, l'idiome le moins prosodique du monde, où revient à chaque instant une lettre sourde comme l'*e* muet, qu'il serait ridicule de vouloir introduire, même en récitant des vers, les modulations de tons qui caractérisaient les langues grecque et latine, et dont on retrouve un écho affaibli dans quelques langues modernes.

Cependant l'introduction de l'enseignement du chant dans les classes a une double utilité ; depuis l'école gardienne jusqu'au collége, c'est un puissant moyen d'amélioration physique et morale, dont le gouvernement belge se préoccupe à bon droit. Aussi nous voyons avec bonheur cette branche d'enseignement inscrite dans le programme des écoles normales ; et nous applaudissons aux efforts que font MM. les inspecteurs provinciaux et cantonaux pour propager autant que possible une étude dont on peut apprécier les importants résultats par ce qui se passe en Allemagne.

Le chant fait partie intégrante de la musique ; et comme celle-ci rentre de nos jours dans le cercle de l'enseignement, on peut faire du chant un instrument d'éducation.

Tous les hommes d'école ont été dans le cas d'observer et de constater l'influence heureuse que le chant exerce sur les organes de la parole en fortifiant la voix, en corrigeant certains défauts de prononciation, tels que le bégaiement, le nasillement ; il paraît même qu'il est utile contre l'asthme, et qu'il remédie à la faiblesse de la poitrine. En effet, tous les membres, tous les organes se développent, se fortifient par un exercice modéré et judicieux. Pourquoi n'en serait-il pas de même de la voix, de la parole, de la respiration, en un mot d'une faculté qui joue un si grand rôle dans toutes nos relations de famille et de société ? A cet égard, nous invoquerons un fait dont tous les professeurs de musique vocale et même tous les parents ont pu se convaincre. Au commencement de leurs leçons de chant, les enfants sont à peine en état de soutenir une note, une blanche ou une noire ; ils n'articulent pas nettement des doubles et des triples croches. Au bout de quelques jours d'exercice, non-seulement ils soutiennent des sons de la plus longue durée, mais encore ils ont acquis, avec cette faculté de résistance, une volubilité qui d'abord leur semblait impossible.

Par une corrélation facile à expliquer, les organes de la parole se développent en même temps que le sens de l'ouïe qui en acquiert plus de justesse, plus de finesse; et cette acquisition ne se borne point à l'appréciation de la mesure, de l'harmonie, de la mélodie, c'est-à-dire à la musique proprement dite ; ses effets vont plus loin. Ils agissent sur l'âme et sur l'esprit, comme sur l'imagination et sur le cœur. C'est ainsi que le goût se forme.

Sans sortir du domaine de l'enseignement élémentaire, nous ajouterons que l'habitude du chant a surtout la plus grande importance pour les enfants auxquels manque l'éducation de la maison, dont les parents ne peuvent pas leur inculquer les principes d'une bonne prononciation, d'une articulation nette et régulière.

Cette vérité ressortira palpable de l'examen d'une école rurale ; interrogez les enfants, faites-les lire à haute voix, vous reconnaîtrez de suite à la manière de parler et de lire ceux qui ont reçu quelques notions de chant, principalement ceux qui les ont reçues de bonne heure dans une école gardienne.

Les avantages de l'enseignement du chant au point de vue de l'éducation morale et du sentiment du beau sont encore plus grands que ceux que nous avons énumérés pour l'éducation physique.

Mais si les merveilles attribuées à Orphée, à Linus, à Amphion, ne peuvent pas se reproduire de nos jours, on est forcé de reconnaître, même avec l'esprit le plus positif, que le chant cultivé depuis l'école gardienne jusqu'au collége contribuera puissamment à susciter, à nourrir le sentiment du beau chez une foule d'enfants qui, sans cela, n'en auraient pas la moindre idée.

La musique sera toujours le plus populaire des arts, celui qui se comprend, se devine presque à première audition ; il ne faut pas d'instruction technique pour saisir le caractère d'un morceau de chant, soit qu'il exprime l'adoration envers Dieu, soit qu'il reproduise des sentiments purement humains, comme la tristesse, l'espérance, la joie.

Néanmoins, une éducation musicale, même incomplète et simplement pratique, sans approfondir les théories qui constituent les règles de l'art, lesquelles exigent de longues études spéciales, souvent même une véritable vocation ; cette éducation musicale, qui peut fort bien se donner dans nos écoles des divers degrés, agira sur la masse même de la population.

On connaît les heureux effets de l'union de la musique avec la poésie, union qui rend accessible aux intelligences les plus vulgaires, les moins cultivées, l'appréciation des idées, des sentiments, des images que le poëte exprime dans ses vers, lesquels, sans le secours de la musique, ne seraient qu'à moitié compris. Malheureusement la plupart des vers écrits pour être mis en musique sont de la plus déplorable insignifiance, de la plus complète médiocrité. C'est comme un bloc de plomb que l'on attache aux ailes de la musique qui doit emporter l'imagination dans la sphère éthérée de l'idéal, et que le bloc de plomb ramène à chaque instant à terre.

Les grands poëtes, il est vrai, ne veulent pas déroger jusqu'à arranger des vers pour le compositeur qui leur demande ici un son plein, là une élision, qui voudrait presque leur imposer un hiatus, au mépris des règles de la prosodie française, si différente des inspirations de la mélodie et de l'harmonie musicales.

De la prose rimée, sans élévation dans les idées, sans poésie dans les expressions, sans mouvement dans les images : voilà ce que nous avons comme chants populaires, comme chants d'école, même comme chants religieux en français. On devrait bien sortir de cette triste ornière, et désigner à de bons musiciens les beaux vers des plus grands poëtes vivants et morts, pour en faire l'objet de compositions où paroles et chant, tout serait remarquable.

Seulement il faudrait un goût exercé pour présider au choix de ces morceaux, car tous les vers français, même les plus beaux, ne sont pas susceptibles d'être mis en musique On cite à cet égard plusieurs productions des plus grands lyriques français qui ont été l'écueil de compositeurs célèbres, dont tout le talent n'a pu parvenir à surmonter les difficultés que leur présentait une poésie trop parfaite, vivant trop bien de sa propre substance, pour se plier aux combinaisons musicales. De là, le préjugé répandu, et passé en axiome : Le poëte doit s'effacer devant le compositeur.

En attendant, que devient l'intelligence des enfants que l'on désire former, épurer, ennoblir à l'aide de l'union de la poésie et de la musique, union si puissante chez les Hébreux et chez les Grecs ?

Appliqué à la vie usuelle, le chant produit un excellent effet sur les dispositions morales du peuple qui s'y livre ; il a surtout la plus heureuse influence sur les enfants qui sentent mieux qu'ils ne raisonnent. Au point de vue religieux, l'importance du chant est encore plus grande. Il est si facile, en effet, de graver les vérités de la religion dans le cœur impressionnable des enfants au moyen des cantiques, que nous ne concevons pas que l'on puisse négliger un moyen aussi puissant.

Tous les peuples de la terre rendent hommage à Dieu par des chants d'adoration ou de reconnaissance. Dans toutes les langues, à toutes les époques, le chant s'est marié à la prière ; il en a fait partie intégrante. Moïse, David, les prophètes de l'ancienne loi nous ont laissé à cet égard d'admirables inspirations, dont l'Église catholique a encore agrandi les trésors.

Rien de plus suave, de plus pénétrant, de plus religieux que d'entendre des milliers de fidèles chanter ensemble les louanges du Seigneur, que de les voir s'unir aux offices, comme cela a lieu dans les églises d'Allemagne ! Le plain-chant bien exécuté par des voix exercées, avec ce sentiment pieux qui en double le charme, produit des effets vraiment prodigieux. C'est l'école qui doit donner aux enfants les premières leçons de plain-chant, c'est l'école qui doit leur apprendre à s'unir à tous les autres offices de l'Église.

Quant aux chants nationaux, aux chants d'école et

autres compositions musicales qui peuvent être exécutées par des voix d'enfants, il y a une pénurie réelle de paroles appropriées à l'âge des enfants, avec lesquels la *naïveté* ne doit jamais dégénérer en *niaiserie*, en *enfantillage* Tout est à créer sous ce rapport ; et ce n'est pas le poëte qu'il importe de guider et de surveiller, c'est aussi le compositeur qui, pour le chant de même que pour l'accompagnement, doit se conformer au but élémentaire à atteindre. Une école n'est pas une succursale de l'opéra. Tout y sera grave, religieux, en même temps mélodieux et facile.

Car ni le maître ni les élèves ne sont des virtuoses : la musique est un simple accessoire, une distraction agréable, à laquelle on donnera une direction morale par le sens des paroles, utile quant aux exercices, sans que cet accessoire détourne du but principal, c'est-à-dire de l'éducation et de l'instruction à acquérir dans l'école, au point de vue de la famille, de la société, de la patrie.

Comme nous avons essayé de le démontrer plus haut, le chant exerce la plus heureuse influence sur le développement moral ; il peut servir à calmer les passions, à élever l'intelligence ; il a surtout pour effet de porter l'âme aux idées religieuses ; c'est le langage de la prière.

Nous ajouterons que c'est surtout avec les tout petits enfants que l'on obtient les meilleurs résultats. Nous connaissons des écoles gardiennes, fréquentées par des élèves âgés de deux à six ans, où, à l'aide d'un violon seulement qui accompagne les enfants, on a appris trente à quarante morceaux chantés avec beaucoup d'aplomb ; ce qui serait impossible avec la méthode ordinaire d'enseignement appliquée à la musique.

MÉTHODE PROPREMENT DITE

(PAR AUDITION.)

Nous indiquerons maintenant ce qu'il faut observer dans une leçon de chant, et nous engageons les instituteurs à suivre des conseils dont le résultat n'est pas douteux.

L'instrument le plus convenable pour les exercices de chant dans les écoles, et pour former la voix des enfants, c'est le violon. Le son de cet instrument offre le plus d'analogie avec le voix humaine ; il est assez fort pour dominer dans une classe nombreuse, et il présente l'avantage d'un accompagnement simple au moyen d'accords.

Comme prix, il se trouve à la portée des plus humbles ressources financières, puisqu'on peut acheter pour dix franc un violon avec son archet.

D'un autre côté il permet à l'instituteur de parler,de marcher, de se rapprocher ou de s'éloigner des élèves, d'exercer sur une classe élémentaire cette surveillance de tous les instants indispensable avec la première enfance. Tout cela l'instituteur peut le faire sans se fatiguer ; ce qui aurait lieu inévitablement s'il chantait lui-même pour donner le ton aux élèves. Précisément les enfants ont une tendance naturelle à baisser le ton après quelques mesures ; l'instituteur, en se servant du violon, peut les suivre d'abord, puis en continuant à les accompagner, il les ramène insensiblement au ton voulu.Ce n'est pas tout, ce même instrument s'accorde à tous les tons, de sorte que le maître ne risque jamais de fatiguer les élèves en leur faisant forcer la voix, et qu'il n'a pas besoin de transposer un morceau, ce qui exige des connaissances musicales assez approfondies. Enfin quelques mois suffisent pour acquérir sur le violon le talent nécessaire à l'accompagnement que nous indiquons. Nous avons, par conséquent applaudi à la décision qui fait figurer l'enseignement du violon dans le programme d'études des écoles normales pour les élèves de troisième année. Cette disposition nous autorise à espérer que l'on ne s'arrêtera pas là.

—

L'ordre à suivre dans l'arrangement des élèves est très-important pour une leçon de chant. Aux extrémités et au centre (nous supposons les élèves disposés sur trois ou quatre rangs en lignes parallèles) on placera ceux qui ont le plus d'aptitude musicale.

Ensuite on mettra un faible auprès d'un fort, celui qui a une tendance à baisser doit se trouver à côté d'un élève dont la voix a le défaut contraire : il faut aussi chercher les contrastes de caractère ; ainsi l'enfant timide aura pour voisin un camarade aux allures décidées et hardies. De ces combinaisons résultera un ensemble au moins supportable.

De même qu'on remarque chez les chanteurs naturels, par instinct, sans aucune instruction musicale, des dispositions innées les portant à faire une seconde partie, en accompagnant la mélodie par tierce, ou par sixte ; de même ce phénomène se présente dans une classe élémentaire un peu nombreuse. Les enfants qui offrent ces dispositions deviennent d'excellents auxiliaires, dès qu'il s'agit de chanter des morceaux à plusieurs voix.

A l'égard du maintien, l'instituteur exigera que chaque élève se tienne debout, la poitrine un peu en saillie afin que le son sorte plus librement. Voici maintenant ce qu'il doit surveiller pour les intonations; il faut réunir :

1° *La netteté ;*
2° *La fermeté ;*
3° *La pureté d'articulation ;*
4° *La plénitude d'intonation.*

L'intonation est *nette* lorsqu'il ne s'y mêle ni sifflement nasillard, ni cris, ni hurlement, ni effort. Elle est *ferme* quand du premier jet elle atteint la hauteur requise pour la conserver jusqu'à la fin. La *pureté d'articulation* permet de distinguer toutes les syllabes prononcées ; enfin l'*articulation* n'est pleine qu'à condition de réunir toutes les exigences que nous venons d'énumérer, et qui tiennent à la bonté des organes.

L'instituteur étudiera d'abord chez ses élèves la conformation des organes qui concourent à la formation d'un ton ; il examinera leur manière de respirer, pendant les leçons de musique, comme dans les autres branches d'enseignement. Une respiration douce et régulière indique des organes propres à la musique vocale ; une poitrine étroite, des poumons malades agissent sur la respiration qui est bruyante, saccadée, et nuit à la force du ton. Les enfants qui se trouvent dans ce cas ne participeront pas aux exercices de chant; leur santé exige cette exclusion.

Nous avons dit que les exercices de chant favorisaient le développement de la poitrine et des organes intérieurs,pourvu qu'ils soient pratiqués avec modération ; il faut les entrecouper d'interruption et de repos, sans les faire durer une heure.

Les élèves chanteront l'un après l'autre, afin que le maître ou l'institutrice apprécie la force respective de chacun, et les fasse reposer tour à tour. On évitera de crier et de forcer la voix. On aura soin aussi de ne pas placer cet exercice immédiatement après le repas, ou à la suite d'une récréation pendant laquelle les enfants se seraient fatigués ou échauffés.

Les règles suivantes doivent être observées à l'égard de l'intonation :

1° Pour la respiration, faire provision d'une quantité suffisante d'air.

2° Employer l'air respiré avec économie et dans une juste mesure.

3° Aspirer de nouveau avant d'avoir consommé toute sa provision d'air.

3° Ouvrir la bouche de manière à pouvoir y introduire un doigt qui jouera librement. Conserver la même ouverture durant l'émission du son ; sans quoi l'intonation ne sortirait pas ; elle resterait dans la gorge, ou se briserait entre les dents.

5° Aussi longtemps que l'on soutient le ton, la langue doit rester en repos et toucher légèrement les dents vers la pointe.

6° A la fin de l'intonation, la bouche se ferme sans que les lèvres se posent l'une sur l'autre.

7° Il est à désirer que chaque instituteur sache produire une intonation convenable, et appliquer avec fruit les règles précédentes.

Ces conditions remplies, on apprend aux enfants à battre la mesure. L'instituteur la bat d'abord une fois, puis, à un signal donné, les élèves font la même chose juspu'à ce qu'ils s'arrêtent à un signe du maître.

On les exercera d'abord à battre la mesure à deux temps, en ayant soin de faire bien accentuer le premier temps ; on passe ensuite à la mesure à quatre temps, en faisant appuyer le premier et le troisième temps, et on finit par la mesure à trois temps dans laquelle le premier temps, seul doit être accentué.

Les paroles à étudier se trouvent entre les mains des élèves, ou bien elles sont écrites lisiblement et correctement sur la planche noire. Un élève, désigné par l'instituteur, doit lire le texte en observant les règles prescrites pour la *lecture expressive ;* à leur tour, les autres élèves feront la même chose simultanément. Les mots difficiles seront ensuite *expliqués,* et lorsque tout le morceau est ainsi rendu intelligible aux enfants, on commence la *lecture rhythmique,* c'est-à-dire à lire le morceau sur le même ton (monotone), en appuyant les syllabes qui, selon l'intention du compositeur, doivent être accentuées. Ceci plusieurs fois répété, tantôt individuellement, tantôt simultanément, aidera les enfants à retenir la mélodie. On peut ensuite continuer le chant proprement dit. L'instituteur aura soin de chanter d'abord, ou de jouer sur le violon, le morceau en entier. Il reprend ensuite une partie, c'est-à-dire la première phrase musicale (on entend par phrase musicale un ensemble de notes après le chant desquelles l'oreille est satisfaite) ; quelques-uns des meilleurs chanteurs ayant répété cette phrase, toute la classe essayera de faire la même chose. On procèdera de la même manière pour toutes les autres phrases musicales. et on répètera jusqu'à ce que les enfants soient capables de chanter tout le morceau sans le secours du maître. Nous terminons ces avis dont la pratique s'apprend plus facilement par la démonstration que par une simple *lecture,* en insistant sur un point souvent négligé, et qui consiste à ce qu'on se borne à faire apprendre *un seul couplet.* Il importe que les enfants soient capables ensuite de chanter *tous les couplets* et qu'ils sachent parfaitement par cœur les paroles.

XIV.

MÉTHODE DE GÉOGRAPHIE

But. Donner aux élèves les connaissances les plus importantes en matière de géographie. Stimuler le sentiment religieux en leur indiquant les phénomènes les plus ordinaires de la nature, et en leur faisant reconnaître dans chacun d'eux la haute sagesse et la toute-puissance du Créateur. Dégager l'esprit des préjugés et des superstitions vulgaires. Inspirer l'amour de la patrie, le dévouement au roi et à la constitution ; amener, par un enseignement approprié et bien dirigé, les citoyens futurs à regarder l'établissement des lois et leur exécution comme une chose nécessaire, indispensable au bonheur de la patrie. — Communiquer aux élèves les indications les plus utiles, et quelquefois même indispensables au point de vue de leur éducation en général, et en particulier relativement à la condition d'existence à laquelle ils sont appelés.—Venir puissamment en aide, par la connaissance des lieux, à l'enseignement de l'histoire. — Prémunir la jeunesse contre les décevantes illusions, contre les fourberies des intrigants, contre les mensonges des prospectus à l'aide desquels on abuse si souvent de sa bonne foi et de son ignorance.

INTRODUCTION.

La géographie est une science dont la plus grande

partie repose sur l'intuition. Puisque peu d'hommes, dans leur jeunesse, ont eu l'occasion de franchir les limites de leur pays, de voir d'autres contrées et de connaître d'autres villes que celles qui se trouvent dans leur voisinage, il est indispensable qu'un enseignement, soit verbal, soit écrit, vienne compléter les idées restées imparfaites à défaut d'une intuition immédiate. Cependant il importe que ces explications supplémentaires soient également basées sur l'intuition, si l'on tient à donner aux enfants une représentation claire et précise des choses que l'on veut leur apprendre. On profitera donc de l'intuition appliquée à la commune natale et à ses environs, pour faire connaître par analogie d'autres contrées. Ainsi, la connaissance de la nature du sol, des eaux et des produits d'une contrée qui nous est devenue familière servira à faire connaître d'autres contrées sous ces mêmes rapports.

La marche progressive que l'on suit dans tout enseignement doit donc être adoptée pour la géographie. Nous ne voulons pas ici déterminer d'une manière absolue ce que l'on doit enseigner dans chaque degré. Notre expérience, que nous prenons toujours et avant tout pour guide, nous a démontré les avantages de la division que nous allons indiquer.

Après avoir étudié la localité habitée par les élèves, on passera en revue les environs. L'enfant s'habituera à remarquer tout ce qui s'offre à ses regards et l'instituteur rattachera à ces intuitions les explications nécessaires et qui peuvent avoir rapport à l'aspect de la contrée, aux plaines, aux collines, aux montagnes, aux vallons, à la fertilité et à la stérilité du sol, aux ruisseaux, aux rivières, aux fleuves, aux canaux, aux marais, etc.

Mais comme chaque pays a ses avantages caractéristiques, que, par exemple, dans tel pays on cultive le tabac et d'autres plantes officinales, tandis que dans tel autre on exploite des minerais, des pierres de taille, le marbre, et que dans une troisième contrée on travaille de préférence le bois, etc., on attirera l'attention des enfants sur cette diversité dans les industries. On leur fera distinguer les différences qu'il y a entre la ville et le village, entre les occupations des habitants de l'une et de l'autre, etc.

Cette partie de l'enseignement de la géographie sera nécessairement autre pour les enfants des villes et pour ceux des campagnes : c'est à l'instituteur de discerner ce qui convient à ses élèves et de conformer son enseignement aux besoins locaux.

Dans le deuxième cours, c'est la patrie qui fait l'objet principal de l'enseignement géographique. On s'occupera de la division politique et administrative du pays. Les explications porteront successivement sur les points caractéristiques des différentes provinces, sous le rapport de leur situation, de leur aspect, de leur population, des moyens de communication ; de l'agriculture, du commerce, de l'industrie ; des autorités civiles et ecclésiastiques ; des arts, des sciences et des faits historiques qui s'y rattachent ; des lois, de la constitution et des langues parlées dans le pays. Pour faire naître et développer l'amour de la patrie, on aura soin de faire ressortir combien la Belgique se distingue par ses progrès dans l'industrie, les arts et les sciences; combien le peuple belge a été, surtout dans les derniers temps, l'objet de l'admiration des autres peuples, en restant fidèle à son roi et aux institutions qu'il s'est données ; combien il s'est toujours signalé par son activité, sa probité, son intelligence, etc., etc.

Dans le troisième cours on étudiera les autres pays

de l'Europe. Un champ vaste et fertile s'ouvre ici au maître intelligent. C'est une tâche difficile que de bien choisir ce qui convient aux élèves, et ce choix exige à la fois une connaissance spéciale de leurs besoins et beaucoup de discernement chez l'instituteur. Quant aux autres parties du monde, on ne peut guère, dans les écoles primaires, se livrer à une étude détaillée ; il suffit d'en donner une description sous forme de résumé, afin de ne point en laisser ignorer les principales particularités et de porter l'attention sur ce qui est un intérêt spécial pour les habitants de l'Europe.

La cosmographie, quoique présentant certaines difficultés, ne doit point être totalement exclue de l'école primaire.

MÉTHODE PROPREMENT DITE

PREMIER COURS.

LE LIEU NATAL. — LA COMMUNE. — LE CANTON. — L'ARRONDISSEMENT. — LA PROVINCE.

Nous venons de dire que l'enseignement de la géographie s'étend, en allant du *connu* à l'*inconnu*, de la maison paternelle au pays natal et ensuite au globe entier. Cependant, à mesure que l'horizon s'élargit, l'intérêt diminue, et par conséquent les développements doivent se restreindre de plus en plus.

Voici maintenant la marche à suivre dans le premier cours avec des enfants de 9 à 11 ans.

I. — *Le lieu natal.*

Il est nécessaire qu'avant tout l'enfant connaisse son lieu natal : comme nous le disions dans l'introduction, il y rencontrera à peu près tout ce qu'il peut trouver dans le monde. Par exemple, on y remarque de la terre et de l'eau. L'instituteur dira, en passant, que la plus grande partie du monde est recouverte par les eaux. Un petit ruisseau qui arrose le jardin de l'école servira à donner une idée des rivières et des fleuves. L'étang qui s'ouvre dans la prairie voisine sera la représentation en petit des lacs et des mers. A une petite élévation de terre connue des élèves on rattachera l'explication des montagnes, des plaines, des vallées, des volcans et des caps. Les variations de la température conduiront à l'explication des climats, etc., etc.

On aura soin de ne rien négliger de ce qui peut offrir une certaine importance. On parcourra le terrain dans tous les sens avec les enfants à l'effet de bien leur en inculquer l'image. Enfin pour pouvoir rattacher à cette première connaissance des connaissances nouvelles, on fixera exactement la situation du lieu natal par rapport au *lever* et au *coucher* du soleil, et on déterminera, à l'aide de ces deux points, les points cardinaux. Dès que l'enfant sera parvenu à pouvoir indiquer ces derniers *dans la nature même*, l'instituteur tracera sur la planche noire une croix représentant le nord, le sud, l'ouest, l'est, avec les lignes intermédiaires; et en déterminant plus tard la situation géographique d'un lieu quelconque, les élèves auront recours à ce moyen intuitif.

II. — *La commune.*

Il serait bon de faire réellement parcourir peu à peu la commune par les enfants : car c'est le seul moyen de leur en inculquer une représentation exacte. Lorsqu'ils auront une connaissance suffisante de la configuration du territoire, on le dessinera en petit sur la planche noire, de manière à pouvoir y indiquer les parties principales.

Par l'énumération des divers produits des trois règnes, l'enseignement de la géographie servira plus ou moins de préparation à l'histoire naturelle. En obligeant les enfants à copier la carte, on leur gravera dans la mémoire les lieux et les objets divers. A cet effet les enfants auront toujours dans la main une feuille de papier sur laquelle ils dessineront le sujet de la leçon à mesure que le maître avancera dans ses explications.

III. — *Le canton.*

Pour traiter avec fruit les différents points qui se rattachent à ce sujet, il faut bien que l'instituteur soit pourvu d'une carte indiquant les bornes exactes du canton, attendu que les enfants ne peuvent, à l'aide de l'intuition, trouver par eux-mêmes cette circonscription.

Le contour de la carte ayant été dessiné sur le tableau au commencement de la leçon, la carte sera complétée au fur et à mesure de l'étude du canton.

Après avoir dit, par exemple, tout ce qu'il y a à dire par rapport au chef-lieu, on passera de l'examen d'une commune à l'autre en indiquant en même temps par un *rond* ou un *point* la situation du lieu, objet de la leçon.

On aura soin d'établir autant que possible des rapprochements entre ces communes, le chef-lieu et le lieu natal des enfants. On n'omettra pas les observations relatives aux usines, hauts-fourneaux, moulins, carrières, savonneries, commerce des produits extraordinaires ; on dira un mot des diverses fonctions des employés cantonaux. Inutile de dire qu'on ne peut pas traiter ainsi en détail tous les cantons et que nos indications se rapportent seulement au canton dans lequel est située l'école.

IV. — *L'arrondissement.*

Quant à la manière de procéder pour l'étude de l'arrondissement, nous n'avons rien à ajouter à nos observations antérieures. Le contour de la carte de l'arrondissement doit être tracé avec soin, avec indication des endroits déjà étudiés dans le canton.

V. — *La province.*

DEUXIÈME COURS.

LA PATRIE. (LE PAYS ENTIER.)

L'instituteur, après avoir tracé le contour du pays sur la planche noire, y marquera ensuite les cantons, les arrondissements et la province étudiés dans les leçons antérieures. Les limites des autres provinces seront ensuite indiquées en se bornant à en citer les noms.

On fera remarquer que les provinces de Luxembourg de Namur et de Liége sont montagneuses, que les autres sont des plaines et qu'on divise le pays en deux bassins: celui de la Meuse et celui de l'Escaut, déterminés par le cours de ces deux fleuves.

Une fois les fondements bien posés, comme nous l'avons établi dans ce qui précède, on procédera à un examen *général* du pays, dans le but de familiariser les enfants avec la carte et de leur donner l'intuition de l'*ensemble* de leur pays, qu'ils vont bientôt étudier dans ses détails.

En étudiant convenablement le pays, les enfants sont préparés à tirer de cette étude des conclusions générales. Tout le monde le reconnaîtra avec nous, l'étude ainsi dirigée procurera de grands avantages pour la vie usuelle. En additionnant les nombres d'habitants de chacune des provinces, l'élève sera à même de trouver le chiffre total des habitants du pays; il se représentera une idée juste de l'aspect du pays; il connaîtra les rapports entre les différentes provinces et les localités les plus importantes; les différents produits, exploitations, communications, établissements scientifiques, industries, administrations, mœurs, etc., etc., de la patrie. Il est nécessaire de se servir d'une bonne carte. Celle-ci doit être disposée de façon que tous les élèves puissent distinguer facilement les diverses contrées qui y sont dessinées. Un point important, c'est d'assigner à chaque province un fond d'une couleur différente. L'expérience l'a suffisamment constaté, l'emploi des cartes muettes et confectionnées de cette manière favorise singulièrement les progrès des élèves. L'opinion unanime de ceux qui ont fait une étude spéciale de cette branche d'enseignement nous dispense de toute démonstration à cet égard.

Quant aux répétitions, nous insistons sur le moyen suivant: Exécuter verbalement des voyages par terre, sur les fleuves ou sur les canaux ; sur les voies ferrées et les routes pavées ; des excursions à pied à travers les montagnes et les forêts les plus remarquables.

TROISIÈME COURS.

Si l'on a suivi, dans les deux premiers cours de géographie, la marche que nous avons indiquée, on pourra alors passer au troisième cours, qui commence par quelques notions générales de cosmographie, notions nécessaires pour procéder avec connaissance de cause à la description du globe.

Dans les cours inférieur et moyen, nous suivions la marche synthétique, en allant du connu à l'inconnu ; maintenant il s'agit de suivre une voie tout à fait opposée : la voie analytique. L'élève, par les notions cosmographiques, doit embrasser la terre dans son ensemble et passer à l'examen des parties qui constituent le globe. De cette manière, il terminera sa course en revenant à la patrie qu'il envisagera alors comme une des parties constitutives du globe.

L'enseignement de la géographie, finissant ainsi au pays natal, offre cet avantage que l'élève, devenu plus raisonnable et ayant l'intelligence plus développée, sera aussi plus à même de comprendre et d'apprécier ce qui, pour lui, doit être la partie la plus importante du monde. L'instituteur s'efforcera de donner à ce cours surtout une forme toute pratique, en ayant égard aux diverses circonstances de la vie ordinaire ; avant de livrer son élève aux vicissitudes de la vie sociale, il doit lui donner aussi quelques avis qui l'aideront à s'orienter sur un terrain où bientôt il devra se mettre en quête des moyens de se procurer une existence honorable. Pour que les leçons traitant de ces matières soient intuitives et par conséquent intelligibles pour les enfants, il faut se servir d'un globe artificiel. On aura soin de montrer sur ce dernier les différentes parties dont on parle, afin de venir ainsi, par l'intuition et l'exercice, en aide à la mémoire.

Nous devons derechef faire observer que dans l'école primaire, l'enseignement de la géographie doit être restreint aux choses les plus nécessaires. L'étude de l'Europe ne doit pas s étendre au point d'empiéter sur le temps qu'il faut consacrer à l'étude de la géographie du pays. Quant aux autres parties du monde, on se borne aux observations générales les plus essentielles.

Le globe artificiel seul ne suffit pas ici, l'emploi des cartes est indispensable. Cependant chaque fois qu'il s'agit de déterminations mathématiques, ou lorsque l'image de l'ensemble de la terre est nécessaire pour rendre une explication plus claire et plus précise, il faut avoir recours au globe. Les cartes les plus recommandables sont celles qui sont dressées sur une échelle assez grande pour pouvoir être vues de loin ; qui ne sont pas surchargées et qui frappent la vue par leur coloris. Nous avons dejà recommandé, pour l'étude de la géographie du pays, comme moyen d une efficacité toute spéciale, l'obligation pour les élèves de dessiner les cartes eux-mêmes. Nous rappelons ici cette recommandation, attendu que par ce moyen ils parviennent à se représenter l'Europe d'une manière intuitive. Aussitôt qu'on a terminé l'étude d'un pays quelconque, on fait des répétitions, et le meilleur procédé, c'est de faire voyager les élèves dans les contrées déjà connues.

I. — *Notions sur la géographie physique.*

1. La surface de la terre et ses divisions.

2. Division de l'Océan ;
3. Situation des mers par rapport aux parties du monde ;
4. Les montagnes et les chaînes de montagnes ;
5. Les volcans.

II. — *Division et classification des hommes qui habitent le monde.*

1. Différence entre les hommes d'après leurs qualités physiques, d'après leur origine, leur langue, leur religion, leurs occupations, leurs mœurs et leur civilisation ;
2. Indication des contrées où les différentes races se trouvent ;
3. Peuples civilisés ;
4. Peuples sauvages.

III. — *Différentes formes de gouvernement.*

IV. — *Connaissance de l'Europe.*

1. Situation de l'Europe ;
2. Étendue de l'Europe ;
3. Bornes de l'Europe ;
4. Surface de l'Europe ;
5. Nombre d'habitants de l'Europe ;
6. Climat de l'Europe ;
7. Montagnes et chaînes de montagnes ;
8. Division politique de l'Europe ;
9. Les fleuves et les lacs de l'Europe ;
10. Étude détaillée de chacun des États de l'Europe ;
11. Comparaison entre les divers États de l'Europe ;
12. Voyages par eau dans les différentes directions de l'Europe ;
13. Étude des principales lignes de chemins de fer (voyages) ;
14. Récapitulation générale ;
15. Quelques notions historiques par rapport aux différents pays.

V.— *Connaissance générale des autres parties du monde.*

1. Étude générale de l'Afrique ;
2. Étude générale de l'Asie ;

3. Étude générale de l'Amérique ;
4. Étude générale de l'Australie.

VI. — *Cosmographie.*

1. Forme de la terre ;
2. Grandeur de la terre ;
3. Les pôles de la terre ;
4. L'axe de la terre ;
5. L'équateur ;
6. Les tropiques ;
7. Les cercles polaires ;
8. Les zones ;
9. Définition des autres cercles tracés sur la surface du globe
10. Division de ces cercles en degrés, minutes, etc. ;
11. Longitude et latitude ;
12. Premier méridien ;
13. Détermination de la situation géographique d'un lieu quelconque à la surface du globe ;
14. Exercices pratiques pour déterminer la situation des différents lieux ;
15. Le soleil et ses rapports avec la terre ;
16. Rotation de la terre et phénomènes qui en résultent ;
17. Distance du soleil à la terre ;
18. Diamètre du soleil, et calcul de sa circonférence, de sa surface et de son volume ;
19. Révolution de la terre autour du soleil et phénomènes qui en résultent. Les saisons, l'équinoxe.
20. Écliptique ; inclinaison de l'écliptique sur le plan de l'équateur ;
21. La lune, le satellite de la terre dans le cours de celle-ci autour du soleil ;
22. Distance de la lune à la terre ;
23. Grandeur de la lune. Comparaison avec les dimensions correspondantes de la terre ?
24. Les phases de la lune ;
25. Les étoiles ; planètes ; étoiles fixes ; comètes ;
26. Grandeur des planètes comparée à celle de la terre ;
27. Considérations morales pour faire comprendre aux enfants les belles paroles du prophète : « Les cieux racontent la gloire de Dieu et le firmament manifeste ses œuvres. »

XV.

MÉTHODE D'HISTOIRE

BUT. — Former le cœur et l'esprit. — Habituer à distinguer le bon du mauvais, le vrai du faux. — Ouvrir aux regards de l'élève un trésor de faits remarquables, propres à exercer la mémoire, à faciliter ainsi la comparaison entre le passé et le présent, et à en déduire les probabilités de l'avenir. — Développer le sentiment esthétique, le goût pour les arts et les sciences ; faire naître l'amour du vrai, de la justice et de la morale, en esquissant en même temps les actions les plus nobles et les actions les plus basses. — Inspirer l'enthousiasme pour le perfectionnement du genre humain ; amener les enfants à reconnaitre les dispositions divines dans les événements des temps écoulés, et les convaincre de la vérité de ces paroles : *L'homme s'agite et Dieu le mène.*

CHAPITRE PREMIER.

BUT ET NÉCESSITÉ DE L'ENSEIGNEMENT DE L'HISTOIRE.

Les pédagogues modernes reconnaissent unanimement qu'il n'est aucune des branches d'instruction dans laquelle on puisse se borner exclusivement au mécanisme ; que toutes, au contraire, doivent contribuer pour une part plus ou moins large au développement de l'intelligence, à la formation du caractère, à l'éveil de nobles sentiments. En un mot, il s'agit de rechercher, dans chacune d'elles, un moyen plus ou moins propre à conduire vers le grand but qui est de former l'homme tout entier, *l'homme religieux et moral, l'homme intellectuel comme aussi l'homme physique et sociable.*

L'enseignement de l'histoire, par sa nature même, tend vers ce but d'une manière toute spéciale.

Cette science exerce une influence heureuse sur toutes les facultés intellectuelles : elle fait naître des idées, elle anime, elle développe et forme l'esprit et le cœur. En alimentant l'imagination par une foule de représentations diverses, elle offre en même temps à l'esprit des matériaux abondants sur lesquels il peut convenablement s'exercer. Sur ce vaste terrain où l'ivraie croît à côté du bon grain, l'élève s'habitue à distinguer le bon du mauvais, le vrai du faux. L'histoire, en ouvrant aux regards un trésor immense de faits remarquables, exerce la mémoire de l'élève ; elle le force à se créer des représentations à l'aide desquelles il établit entre le passé et le présent des comparaisons qui lui font préjuger l'avenir avec plus ou moins de fondement.

L'enseignement de l'histoire contribue à la formation du sentiment esthétique, il provoque et dirige le goût. En déroulant une foule de graves événements ou de calamités, en exposant les traits des caractères les plus nobles, en même temps que les actions les plus basses, l'histoire fait naître le sentiment du vrai, de la justice et de la morale, et exerce ainsi une grande influence sur la volonté des enfants. En rappelant les victoires remportées avec l'aide de la Providence ou l'heureuse issue que l'intervention divine procure à quelque événement important, elle ouvre les âmes au vrai et au bien

Enfin elle enthousiasme pour le perfectionnement du genre humain et pour la gloire de Dieu.

Il est évident que la nature des écoles primaires ne permet pas de donner à l'enseignement de l'histoire assez d'extension pour embrasser tous les points indiqués; mais rien n'empêche de se rapprocher de ce but, et de donner par conséquent aux enfants d'une première division des écoles primaires :

DANS LE PREMIER COURS,

1° Une connaissance des hommes remarquables et des faits qui ont eu une influence extraordinaire et continue, et spécialement de ceux qui se rapportent à notre pays ;

DANS LE DEUXIÈME COURS,

2° Une connaissance plus détaillée de l'histoire de la patrie et spécialement des faits heureux pour le pays, et qui sont de nature à lier les biographies des personnages dont il a été question dans le premier cours et à compléter de cette manière l'histoire de la patrie ;

DANS LE TROISIÈME COURS,

3° Un aperçu général sur l'histoire universelle des peuples et la nomenclature des principaux événements. Quelques indications sur la chronologie.

CHAPITRE II.

MÉTHODE PROPREMENT DITE.

La manière de procéder dans ce genre d'enseignement est très-diverse : les uns veulent employer des *tableaux,* d'autres *un procédé synchronistique ;* un troisième recommande la méthode *progressive,* tandis que le quatrième préfère la méthode *régressive,* enfin il est encore question d'une méthode *pragmatique* et *pratique.*

Si l'on n'avait en vue un résultat plus noble que de charger la mémoire des élèves de faits et de dates historiques sans se préoccuper de savoir s'ils parviendront à y mettre de l'enchaînement et à en tirer des conséquences, nous concevrions qu'un enseignement par tableaux, un enseignement de pure mémoire pût suffire. Mais un instituteur intelligent ne pourra se contenter d'un pareil résultat : il mettra sans doute l'histoire audessus de ces exercices mécaniques et la traitera de manière à se rapprocher plus ou moins du but indiqué précédemment. Il n'y arrivera que par l'emploi de la méthode *pragmatique,* c'est-à-dire en faisant considérer les faits importants, dans leurs rapports comme *causes* et *effets,* en amenant les élèves à les déduire les uns des autres, et enfin en appliquant les résultats de ces considérations à la vie pratique, de manière à rendre cet enseignement aussi utile que possible.

L'histoire traitée de cette manière (*pragmatiquement*) acquiert de la vie, de l'attrait pour les enfants, et exerce sur eux la plus heureuse influence. On peut d'ailleurs joindre à ce procédé pragmatique l'enseignement par tableaux. Les connaissances historiques s'appuient trop sur la mémoire pour que l'on puisse dire que les tableaux historiques ne contribuent pas essentiellement à la soulager. « Le premier soin que l'on doive apporter dans l'étude de l'histoire en général, dit Rollin, est d'y mettre beaucoup d'ordre et de méthode, afin de pouvoir distinguer nettement les faits, les personnes, les temps, les lieux, et c'est à quoi peuvent contribuer la chronologie et la géographie, qu'on a raison d'appeler les deux yeux de l'histoire, puisqu'elles y répandent beaucoup de lumière, et qu'elles en écartent toute confusion. »

Quand nous recommandons l'étude de la chronologie, nous sommes bien éloigné de vouloir jeter les jeunes gens dans l'examen des questions difficiles et épineuses que cette matière peut faire éclore, et dont la discussion appartient aux érudits. Il suffit d'avoir une idée nette et distincte, non de l'année précise de chaque fait particulier, ce qui irait à l'infini et causerait de la confusion, mais des faits en masse et en général du siècle où sont arrivés les événements les plus considérables.

PREMIER COURS.

(COURS PRÉPARATOIRE)

Biographies des hommes remarquables, afin d'inspirer aux enfants l'amour de la patrie, d'exalter leurs âmes et d'ennoblir leurs cœurs par des exemples tirés de la vie de ces grands hommes.

On choisira particulièrement les biographies auxquelles on peut rattacher toute une époque, de manière à former un noyau autour duquel viendront se grouper toutes les autres parties. L'exposition doit être telle, que les élèves acquièrent une représentation exacte de l'époque ainsi que des personnages, objets de la leçon. En étudiant les grands hommes, les personnages célèbres qui se sont distingués en bien ou en mal dans chaque nation, il faut s'appliquer avec soin à étudier le génie, le naturel, les vertus, les défauts, les qualités particulières et personnelles, en un mot, un certain fonds d'esprit et de conduite qui domine chez eux, et qui les caractérise ; car c'est là proprement les connaître. Autrement on n'en voit que la surface et les dehors, et ce n'est pas par un vêtement ni même à la figure qu'on apprécie les hommes et qu'on peut les juger. Il ne faut pas croire non plus que ce soit principalement par les actions d'éclat qu'on les peut connaître. Quand ils se donnent en spectacle au public, ils peuvent se contraindre, en prenant pour quelque temps le visage et le masque qui conviennent au personnage qu'ils ont à soutenir. C'est dans le particulier, dans l'intérieur, dans le cabinet, dans l'intimité, qu'ils se montrent tels qu'ils sont, sans déguisement et sans apprêt. C'est là qu'ils agissent et qu'ils parlent d'après leur nature.

Aussi c'est surtout par les côtés qu'il faut étudier les grands hommes, afin de porter sur eux un jugement certain.

1° *Préliminaires.*

a. Origine des Belges.
b. Bornes et aspect de la Belgique ancienne.
c. Situation des six principaux peuples de la Belgique ancienne.
d. Mœurs et habitudes des Nerviens.
e. Mœurs et habitudes des Ménapiens.

I. *Boduognat* (1).
(Bataille de Presles.)
II. *Ambiorix.*
(Révolte des Belges.)
III. *Clovis.*
(Influence du peuple franc sur notre pays.)
IV. *Pepin de Landen.*
V. *Pepin de Herstal*

(1) On trouve ces biographies, appropriées aux besoins des élèves d'une école primaire, dans le *Nouveau Livre de lecture,* par Th. Braun. Liége, 1867, H. Dessain, éditeur.

VI. *Charles Martel.*
VII. *Pepin le Bref.*
VIII. *Charlemagne.*
IX. *Baudouin Bras-de-Fer.*
X. *Godefroid de Bouillon.*
XI. *Charles le Bon.*
XII. *Thierri d'Alsace.*
XIII. *Baudouin de Constantinople.*
XIV. *Jean Ier.*
XV. *Jacques Van Artevelde.*
XVI. *Philippe le Bon.*
XVII. *Charles le Téméraire.*
XVIII. *Marie de Bourgogne.*
XIX. *Charles-Quint.*
XX. *Comte d'Egmont.*
XXI. *Roland de Lattre.*
XXII. *Albert et Isabelle.*
XXIII. *Juste Lipse.*
XXIV. *Rubens*
XXV. *Louis XIV.*
XXVI. *Marie-Thérèse.*
XXVII. *Joseph II.*
XXVIII. *Napoléon.*
XXIX. *Le chanoine Triest.*
XXX. *La révolution belge.*

Quant à la manière de traiter ces différents sujets, afin d'atteindre le but proposé, nous recommandons l'observation des points suivants :

1° L'instituteur, prenant un maintien et un langage appropriés au sujet, exposera d'abord lui-même la biographie. Cette notice sera rédigée en termes très-simples, dégagée de détails trop étendus ; il ne faut pas se perdre dans l'énumération des faits accessoires. En détaillant trop minutieusement, on s'expose à surcharger la mémoire des élèves qui ne parviennent pas à saisir un aperçu exact de l'ensemble. Il est complètement inutile de les entraîner dans des détails dont le résultat serait de rendre obscur pour eux un enseignement qui doit tendre à élever leur esprit en l'éclairant.

2° L'instituteur posera des questions bien choisies dans le but unique de graver la matière dans la mémoire. Il fait ensuite répéter le sujet, soit en partie, soit entièrement, sans cependant exiger un récit littéral. Une trop grande exigence à cet égard serait plus nuisible qu'utile. Mais comme il ne s'agit pas ici d'une répétition machinale du récit, il faut nécessairement provoquer chez les enfants des réflexions et les amener par d'autres questions à se former une opinion sur les faits et les personnages mis en scène. Cette opinion, l'instituteur la leur fera formuler en termes propres à les convaincre que cette récitation ne doit pas être une simple affaire de mémoire, mais bien un travail de l'intelligence, un produit de la réflexion. C'est le seul moyen de rendre cet enseignement fructueux et d'agir avec succès sur l'esprit et sur le cœur des élèves ; c'est un procédé efficace, nous semble-t-il, pour donner de l'attrait à cette étude qui, sans cela, n'est qu'une aride leçon de mémoire.

DEUXIÈME COURS.

Dans le premier cours, il s'agit, nous venons de le dire, de communiquer aux élèves la connaissance de diverses biographies. On a enrichi leur mémoire de tableaux historiques, que dans ce deuxième cours on doit réunir afin d'en constituer un ensemble chronologique, et de donner un cours d'histoire nationale plus complet. Par une exposition acroamatique, l'instituteur développe les faits, il indique les personnages qui dans l'ordre des temps viennent s'intercaler entre ceux dont il a été question dans le cours précédent. Les réflexions morales ne doivent pas dépasser de justes bornes ni se multiplier au point de rendre la leçon ennuyeuse. L'instituteur préviendra cet inconvénient en rédigeant et en présentant la matière de façon à s'emparer de l'attention de la classe et à prendre de l'empire sur l'esprit de ses auditeurs.

On procède dans ce cours d'une manière analogue à celle que nous avons exposée pour le précédent et que nous nous sommes efforcé de rendre le plus claire possible par le modèle catéchétique, que l'on trouvera plus loin. L'instituteur, au commencement de la leçon, annonce un nouveau fait historique remarquable.

Aujourd'hui, dit-il, mes élèves, je vous parlerai d'un événement très-important, et qui est connu sous le nom de : *Horrible massacre des Éburons* (53) L'instituteur, dans le récit acroamatique qu'il doit faire par cœur et en conformant le ton de sa voix et l'expression de sa physionomie à l'importance des faits et aux nuances dont ils se colorent, s'interrompra de temps en temps pour adresser aux élèves des questions examinatoires et euristiques, et ensuite encore pour leur montrer sur la grande carte le lieu où se passe le fait historique. Les élèves, ayant pris les notes nécessaires pour remplir les colonnes de leur cahier synchronique, seront ensuite tenus de répondre aux différentes questions dont nous avons montré l'utilité dans le premier cours.

Tous les sujets traités dans le cours de biographies se représentent ici comme étant en rapport avec les faits nouveaux ; il faudra les répéter brièvement pour ne pas interrompre l'ordre chronologique et afin de conserver, par cette répétition, dans la mémoire des élèves les choses apprises antérieurement.

A. — NOTIONS PRÉLIMINAIRES.

(Répétition. — *Voir* premier cours.)

1° Connaissance géographique de la Gaule et de la Germanie;
2° Bornes et aspect de la Belgique ancienne ;
3° Mœurs et habitudes des Nerviens (descendants des Germains) ;
4° Mœurs et habitudes des Ménapiens(descendants des Gaulois).

I. — *Boduognat.*

a. Bataille de Presles ;
b. Sort des Atuatiques ;
c. Résistance héroïque des Morins et des Ménapiens ;

II. — *Ambiorix.*

a. Massacre du camp de Sabinus et de Cotta, et siége du camp de Cicéron ;
b. Horrible massacre des Éburons (53) ;
c. Soumission complète de la Belgique (49) ;

B. — DOMINATION ROMAINE.

1° Repeuplement des contrées désertes : *a.* les Tongrois; *b.* les Taxandres, peuples germains, transportés entre le Rhin et la Meuse, par Auguste et Tibère ;
2° Le christianisme s'introduit dans le pays. Influence salutaire qu'il exerce sur la civilisation ;
3° Origine de quelques villes ;
4° Invasion des peuples barbares.

C. — DOMINATION DES FRANCS.

1° Origine des Francs. Leur établissement dans le nord de la Belgique (409) ;
2° Pharamond élu roi (420) ;
3° Clodion uni à Aëtius, général romain ; défaite complète d'Attila, roi des Huns (451).

III. — *Clovis.*

a. Ses exploits, sa conversion, son caractère, le bien qu'il fit à la Gaule en travaillant à son unité ;
b. Partage des États de Clovis (511) ;

c. Réunion des quatre royaumes (558) ;
d. Nouveau partage du territoire franc (561) ;
e. Lutte des Austrasiens et des Neustriens (571) ;

D. — MAIRES DU PALAIS.

IV. — *Pepin de Landen.*

Grimoald veut usurper le trône d'Austrasie en faveur de son fils (656).

V. — *Pepin de Herstal.*

VI. — *Charles Martel.*

a. La bataille de Poitiers (732).

VII. — *Pepin le Bref.*

VIII. — *Charlemagne.*

a. Partage du vaste empire de Charlemagne (traité de Verdun (843) ;
b. Royaume de Lotharingie (855) ;
c. Invasion des Normands.

IX. — *Baudouin Bras-de-fer.*

a. Les Normands sont chassés de la Lotharingie, par Arnould (891) ;
b. Regnier au Long-Col ;
c. Division du duché de Lotharingie ;
d. Bataille de Florenne (1015) ;
e. Réunion de la Flandre et du Hainaut ;
f. Assassinat de Godefroid le Bossu (1076).

X. — *Godefroid de Bouillon.*

a. Les croisades ;
b. Godefroid, premier comte de Louvain, est élu duc de Brabant.

XI. — *Charles le Bon.*

XII. — *Thierri d'Alsace.*

a. Réunion de la Flandre et du Hainaut, sous Baudouin le Courageux (1192) ;
b. Bataille de Neuville sur Mehaigne.

XIII. — *Baudouin IX.*

a. Bataille de Bouvines (1214) ;
b. Séparation du Hainaut et de la Flandre (1280).

XIV. — *Jean Ier.*

a. Réunion du Limbourg au Brabant (1288) ;
b. Assemblée de Cortemberg ;
c. Bataille de Groningue (1302) ;
d. Révolte des Flamands contre Louis de Crécy.
1° Les Brugeois ; (1325) ;
2° La Flandre entière (1328) dirigée par Nicolas Zannekin.

XV. — *Jacques Van Artevelde.*

a. Guerre entre le comte de Flandre et Venceslas, duc de Brabant (prise de Bruxelles) ;
b. Révolte des Louvanistes (1360) ;
c. Révolte des Gantois contre Louis de Mâle (1378) ;
d. Bataille de Roosebeke (1382) ;
e. Réunion de la Flandre au duché de Bourgogne (1384) ;
f. Antoine de Bourgogne est nommé ruwaert du Brabant (1404).

XVI. — *Philippe le Bon.*

a. Jacqueline de Bavière (1418-1436) ;
b. Réunion du Hainaut, du duché de Brabant et du Limbourg à la Bourgogne ;
c. Réunion du Namurois à la Bourgogne (1430) ;
d. Réunion du Luxembourg (1451).

XVII. — *Charles le Téméraire.*

XVIII. — *Marie de Bourgogne.*

a. Mariage de Philippe le Beau et de Jeanne d'Espagne (1496) ;
b. Régence de Marguerite.

XIX. — *Charles-Quint.*

XX. — *Egmont.*

a. Victoire de Saint-Quentin et de Gravelines (1557 ;
b. Régence de Marguerite de Parme ;
c. Troubles dans les Pays-Bas (1565-1573) ;
d. Suite de la guerre, par Requesens (1573-1576) ;
e. Don Juan d'Autriche (1576-1578) ;

f. Alexandre Farnèse (1578-1592) ;
g. Prise d'Anvers ;
h. Destruction de la flotte l'*Armada*.

XXI. — *Roland de Lattre* (1520-1595).

XXII. — *Albert et Isabelle* (1595-1633).

XXIII. — *Juste Lipse* (1547-1606).

XXIV. — *Rubens* (1577-1640).

XXV. — *Louis XIV*.

a. Bataille de Ramillies (1706) ;
b. Supplice de François Agneessens (1720) ;
c. Compagnie de commerce d'Ostende, créée en 1723 subsiste jusqu'en 1728 ;
d. Bataille de Fontenoy (1745) et traité d'Aix-la-Chapelle (174[illegible]

XXVI. — *Marie-Thérèse*.

Courte période de paix, de bonheur et de prospérité pour la Belgique, sous le gouvernement de Charles de Lorraine (1748-1780).

XXVII. — *Joseph II* (1780-1790).

a. Révolution belge (1789-1790, Vonck et Van der Noot) ;
b. Inauguration de Léopold II, et pacification de la Belgique ;
c. Batailles de Jemmapes et de Fleurus (1792-1794).

XXVIII. — *Napoléon*.

a. Traité de Campo-Formio ;
b. Traité du 1r décembre 1813. Réunion de la Belgique à la Hollande ;
c. Waterloo.

XXIX. — *Chanoine Triest* (1760-1836).

XXX. — *Révolution belge* (1830).

XXX. — *Léopold Ir*.

Les Belges, unis et attachés à la personne du Roi, à la constitution qu'ils se sont donnée, vivent en paix au milieu des troubles qui agitent l'Europe entière.

TROISIÈME COURS.

Nous sommes arrivé au troisième cours pour lequel les biographies et les groupes historiques, traités dans les deux cours précédents, nous fournissent de la matière, à l'effet d'étudier les peuples avec leurs diverses vicissitudes, leurs mœurs , leurs caractères , leurs vertus, leurs vices, la cause de leur agrandissement et de leur chute ; pour apprendre, comme dit Rollin, non-seulement à démêler ces ressorts secrets et cachés de la politique humaine qui donnent le mouvement à toutes les actions et à toutes les entreprises, mais encore à reconnaître partout un Être souverain, qui veille et préside à tout, qui règle et conduit tous les événements, qui dispose et qui décide en maître absolu de tous les royaumes et de tous les empires du monde. On ne s'occupera évidemment pas de tous les peuples dont nous avons conservé les traditions, mais on choisira spécialement ceux sur la constitution desquels notre civilisation est plus ou moins basée ; on prendra de préférence en considération les peuples qui nous ont laissé un héritage intellectuel ou moral. Dans les classes auxquelles nous destinons ce travail, on ne doit pas traiter la matière en suivant la marche adoptée dans les établissements supérieurs. Dans ces derniers établissements, où l'on se propose d'enseigner l'ensemble, l'universalité de la science, la méthode doit différer essentiellement de celle qui se borne à communiquer aux élèves les indications les plus utiles, quelquefois même les données indispensables au point de vue de leur éducation en général, et en particulier relativement à la condition d'existence à laquelle ils sont appelés.

XVI

MÉTHODE D'HISTOIRE NATURELLE

BUT. — Donner aux enfants des notions propres à fortifier le sentiment religieux, à former le cœur, à exercer le jugement et la mémoire. — Leur faire connaître un certain nombre d'objets pris dans les trois règnes, et qui peuvent avoir de l'influence sur les actes de l'existence, sur l'état de la santé ; ceux par exemple, qui servent à notre nourriture. — Rattacher à cet examen quelques notions sur la manière de cultiver les plantes, les arbres; d'extraire et de manipuler les minéraux ; de nourrir et d'élever les animaux ; en un mot, fournir à l'enfant, parvenu à l'âge d'homme, un trésor où il pourra puiser en mille circonstances. — Leur indiquer les précautions à prendre dans l'emploi de diverses plantes, de plusieurs minéraux, dans le voisinage de certains animaux, les prémunir ainsi contre les dangers de toute espèce. — Leur fournir quelques notions sur l'organisation de l'homme, et les règles les plus importantes à observer en cas de maladie ou d'accident.

INTRODUCTION.

L'histoire naturelle est devenue de nos jours l'objet d'études sérieuses et approfondies : des savants y ont consacré leurs veilles, et, grâce à leurs laborieux travaux, cette science n'a plus de secrets ; on est parvenu à les pénétrer.

Le langage technique et relevé des naturalistes a été

ensuite simplifié, réduit, présenté sous mille formes diverses ; adapté à la nature des établissements de tous les degrés.

Aussi l'on a reconnu partout la nécessité d'introduire l'enseignement de cette branche dans les écoles, et l'étude de l'histoire naturelle fait maintenant partie intégrante de toute bonne éducation ; toute éducation est incomplète si l'on n'a pas soin d'y faire entrer pour une large part l'étude des sciences naturelles.

Mais si cette nécessité d'introduire l'histoire naturelle dans les établissements de tous les degrés est reconnue, peut-on dire aussi que cette science doive entrer dans le programme d'une école primaire ? Nous n'hésitons pas à répondre affirmativement, mais avec une restriction que nous indiquerons dans le paragraphe suivant. L'école primaire doit initier l'enfant à la connaissance de la nature. Quel est, en effet, le but de l'école primaire ? N'est-ce pas de développer la mémoire et l'intelligence ? N'est-ce pas de former le jugement et le cœur ? N'est-ce pas de faire croître tous ces germes de vertus et de sciences que le Créateur a déposés dans l'enfant ?

CHAPITRE PREMIER.

§ 1er. — *Ce que doit être l'enseignement de l'histoire naturelle dans les écoles primaires.*

L'utilité de l'enseignement de l'histoire naturelle une fois reconnue, il nous faut étudier la manière dont on pourra le concilier avec les exigences d'une école élémentaire.

Il faut y enseigner l'histoire naturelle, mais évidemment la marche à suivre sera tout à fait différente de celle que l'on adopte dans les établissements d'un degré supérieur. Nous écartons de l'école primaire tout ce qui est de la *science :* on se bornera à rechercher ce qui peut offrir quelque intérêt, quelque avantage pour la vie réelle; ainsi la connaissance des plantes les plus importantes, soit par leur utilité ou leurs propriétés médicinales, industrielles, etc., soit par leurs effets nuisibles comme plantes vénéneuses ; l'étude des animaux qui s'offrent tous les jours aux regards de ceux qui rendent à l'homme des services marqués; et enfin quelques notions sur les minéraux qui se trouvent continuellement sous notre main et que nous rencontrons à chaque pas.

Que sert à des enfants de nos contrées d'étudier, sous toutes leurs formes, dans tous leurs détails, les productions naturelles des pays éloignés ? Quelle utilité y a-t-il pour eux de savoir par cœur une foule de caractères et des particularités propres à des plantes qui ne peuvent croître dans nos climats ? Quel avantage retirent-ils de la connaissance des animaux de l'Asie, de l'Afrique, tandis qu'ils ignorent tout ce qui concerne ceux qui leur fournissent leurs services, leur chair, leur peau, tout en un mot ? Sans doute, nous sommes loin de blâmer une pareille étude ; mais, nous le répétons, ce n'est pas à l'école primaire qu'on peut imposer ce travail ; cela est du ressort d'un enseignement plus élevé ; et tout le monde le reconnaîtra avec nous, ce serait un bien grand progrès, un progrès réel de l'époque, si, au sortir de nos écoles, l'enfant avait, pour entrer dans la vie réelle, des notions exactes sur les plantes qui l'entourent et qui le nourrissent, sur les animaux qui vont partager ses fatigues ou contre lesquels il aura à se mettre en garde, et enfin sur les minéraux dont il fera un usage continuel.

Ainsi écartons tout ce qui appartient à la science et choisissons tout ce qui a une utilité réelle, immédiate pour les besoins de la vie ordinaire, pour la destination future de nos enfants.

§ II. — *Division du cours et temps à consacrer à cet enseignement.*

En rejetant tout ce qui touche de trop près à la science, nous éloignons par là même toutes les classifications et les divisions si nombreuses dans cette partie des sciences naturelles.

Toutefois, l'instituteur ne doit pas croire qu'il puisse procéder absolument sans ordre ; il se tracera d'abord un cadre dont il aura soin de ne pas sortir. Il ne s'agit pas ici d'avoir une abondance de matières; l'important, c'est que les enfants sachent bien le peu qu'on leur enseigne.

Nous nous sommes élevé contre les divisions et les classifications sans fin qui ne font que jeter la confusion dans les idées ; cependant on n'entamera pas cette étude sans faire connaître la grande division des êtres de la nature en trois règnes ; ceci est indispensable : il est de toute nécessité que l'enfant sache dire lorsqu'on lui présente un corps quelconque : il appartient à tel règne. On fera donc nettement ressortir ce qui distingue chacune de ces trois grandes classes ; les élèves doivent bien saisir les différences qu'il y a entre elles ; pour mieux fixer leurs idées sur ce point, on établira des comparaisons entre des êtres pris dans chacun de ces règnes, puis on examinera immédiatement chacune de ces parties.

§ III. — *Principes généraux dont l'application est nécessaire pour obtenir quelque succès dans l'enseignement de l'histoire naturelle.*

Ces préceptes peuvent se résumer comme il suit :

1° Donnez à l'enfant une idée claire de l'objet dont vous parlez ; mettez-le-lui sous les yeux, amenez-le à en remarquer lui-même les caractères saillants, et ne passez aux définitions qu'au moyen de l'intuition ; que tout votre enseignement soit intuitif.

2° Traitez d'abord des objets connus et pris dans la sphère d'action des enfants ; ne vous occupez qu'ensuite, et si le temps vous le permet, de ceux qui sont éloignés de sa vue et qui lui sont plus inconnus.

3° S'il y a impossibilité de se procurer l'objet que l'on veut traiter, on tâchera d'en offrir au moins une représentation assez exacte pour que l'élève puisse y reconnaître les traits sur lesquels doit se porter son attention, et que son esprit en conçoive une image fidèle.

4° Passez constamment du connu à l'inconnu. Traitez d'abord les corps les plus simples ; prenez-en alors qui présentent des caractères plus compliqués et rattachez toujours les notions que vous en donnez à celles que les élèves ont déjà acquises.

5° N'oubliez jamais que cet enseignement est surtout propre à former le cœur de vos élèves ; que ce soit là votre but principal; que la leçon de morale, par conséquent, vienne à la suite de chaque séance, et que cette morale découle si naturellement du sujet, que l'auditeur en soit pénétré, et qu'il y voie une suite nécessaire de la leçon.

6° Établissez souvent des comparaisons entre deux

objets que vous avez décrits ; c'est le moyen de vous assurer que vos élèves en ont des idées nettes, qu'ils vous ont compris.

7° Que votre récit ne soit jamais trop long. Faites alterner convenablement la forme socratique et la forme acroamatique.

8° N'oubliez jamais qu'il ne s'agit pas seulement ici d'une affaire de mémoire ; ce doit être un travail profitable pour l'intelligence.

9° Ne négligez point les avis hygiéniques quand l'occasion se présente de les donner ; ils se rattachent très-bien à cette étude, et souvent ils vous fournissent un moyen de jeter de la variété dans vos leçons, si vous savez les présenter sous la forme d'historiettes, de narrations bien choisies.

10° N'abordez pas l'étude d'un sujet nouveau sans avoir fait préalablement une répétition succincte de celui qui a fait l'objet des leçons antérieures. Cette considération est basée sur ce que l'enfant doit apprendre, non pas pour un jour, mais pour la vie ; or, les répétitions fréquentes peuvent seules graver profondément les notions dans l'esprit. « La répétition est la mère de l'étude. »

11° Les détails historiques, outre qu'ils contribuent à faire comprendre les idées abstraites, ont encore cet avantage de procurer à l'instituteur un puissant moyen d'écarter de ses leçons une monotonie ennuyeuse et fatigante, et d'y répandre de l'intérêt. Il faut cependant bien se garder de prendre ces détails au hasard ou d'en donner qui ne soient pas authentiques.

12° Puisque tout l'enseignement doit tendre vers ce but important d'habituer l'élève à s'exprimer correctement, l'instituteur doit apporter les plus grands soins à sa propre manière de s'exprimer ; il évitera soigneusement de laisser échapper des expressions triviales ou renfermant des fautes grossières de langue ; l'enfant est imitateur de sa nature ; et ce maître-là serait pour lui un mauvais modèle, en outre, les élèves plus avancés ne tarderaient pas à découvrir le côté faible de l'instituteur, et cette découverte contribuerait à diminuer son autorité, son influence sur eux.

CHAPITRE II.

BOTANIQUE.

§ Ier. — *Règles relatives à l'enseignement de la botanique.*

Aussitôt que les enfants seront bien fixés sur la grande division de l'histoire naturelle en trois parties, on abordera l'une d'elles en particulier.

Il est tout naturel de traiter la botanique pendant l'été, car alors, seulement, on peut suivre la grande loi de l'intuition. Réserver cette partie pour une autre saison, ce serait inévitablement s'exposer à manquer le but, puisque l'on serait dans l'impossibilité de placer sous les yeux de l'enfant les plantes dont on lui parle.

Il est impossible aussi de suivre un ordre rigoureux : en effet, toute plante que l'on traite doit être mise en entier sous les yeux ; ainsi elle doit être pourvue de racines, de tige, de feuilles, de fleurs (et même de fruits quand la chose est possible). De là cette conséquence que, pour étudier une plante, il faut profiter du moment où elle est en fleur.

L'instituteur, une plante à la main, la fera bien voir

aux élèves ; il attirera leur attention sur toutes les parties ; il tâchera ensuite, par des questions habilement dirigées, de leur en faire découvrir et indiquer eux-mêmes les caractères : il s'étendra surtout sur les propriétés et les usages du végétal, et, s'il s'agit de plantes potagères ou d'autres plantes de la grande culture, il y rattachera quelques notions sur les soins qu'elles exigent et sur les moyens d'en obtenir le plus de fruits possible.

§ II. — *Matière à traiter.*

Dans une leçon qui pourra servir d'introduction à l'étude de la botanique, on donnera, en se servant d'une intuition immédiate, des définitions exactes, mais très-simples, de la racine, de la tige, de la feuille, de la fleur et du fruit.

Cette connaissance une fois acquise, on commencera tout de suite l'étude des plantes en particulier.

Sans vouloir indiquer précisément à l'instituteur les sujets qu'il doit traiter, sans exiger qu'il s'en tienne strictement au cadre que nous tracerons, nous énumérerons cependant quelques plantes importantes, parmi lesquelles on pourra choisir.

Pour mettre de l'ordre dans son enseignement, nous avons dit que l'instituteur doit se former un plan ; il faut donc qu'il établisse non pas des classifications rigoureuses (nous nous sommes prononcé contre cette façon d'agir avec des enfants), mais une division très-simple et à laquelle il puisse rapporter tous les sujets qu'il examinera.

Nous ne suivons ainsi ni le système ingénieux du célèbre Linné, qui forme ses classes en se fondant sur les caractères des organes reproducteurs seulement, ni la méthode naturelle du savant de Jussieu, basée sur les caractères tirés de toutes les parties des végétaux. Si nous avions à former des botanistes, sans doute nous admettrions sans hésiter ces moyens ingénieux ; mais tel n'est pas notre but ; nous l'avons dit, ce qu'il nous faut, ce n'est pas du *scientifique,* mais du *pratique.* Nous nous en tenons donc à la division suivante, aussi simple que générale :

1° PLANTES UTILES.

Sous cette dénomination, nous comprenons tous les végétaux qui peuvent procurer à l'homme certains avantages, soit sous le rapport industriel, économique ; soit comme plantes médicinales, etc. Ainsi : *a.* Les plantes potagères, la pomme de terre, le chou, la carotte, la betterave, le persil, etc.

b. Les céréales : le blé, le seigle, l'avoine, l'orge, le sarrasin, etc.

c. Les plantes que l'on désigne spécialement sous le nom de fleurs; on ne prendra de cette série que les plus vulgaires : la rose, le bluet, la marguerite, etc.

d. Les arbres : le chêne, le hêtre, le sapin, etc.

2° PLANTES VÉNÉNEUSES.

On choisira celles qui croissent dans le pays où l'on se trouve et que l'on est exposé à rencontrer souvent.

Nota. — Il est certaines plantes employées dans l'art culinaire, mais qui ont des variétés vénéneuses ou qui peuvent avoir, dans certains cas, des effets nuisibles, par exemple, les champignons, la ciguë ; il sera nécessaire d'avertir les enfants de ces dangers et de les entretenir spécialement de ces détails.

Est-ce à dire maintenant que tous ces sujets doivent être abordés et traités à fond ? Évidemment non ; ce serait chose impossible. Il faudrait pour cela plus d'heures de classe qu'on n'en donne d'ordinaire. Mais tout instituteur est à même de faire un choix convenable approprié aux besoins des localités et aux conditions dans lesquelles il se trouve. Nous avons seulement voulu donner une idée de ce que, dans nos écoles, nous entendons par botanique.

CHAPITRE III.

ZOOLOGIE.

§ Ier. — *Principes qui doivent servir de base à cet enseignement.*

La liaison entre les différentes parties de l'histoire naturelle est si intime que ce que nous avons dit de la botanique dans le § Ier, peut s'appliquer à la zoologie. Nous nous bornerons donc à ajouter ici quelques avis spéciaux, dont l'application soutenue contribuera puissamment au succès des travaux de l'instituteur.

Lorsque la saison sera trop avancée, qu'on ne pourra plus se procurer les plantes en fleur, on abandonnera la botanique pour passer à la zoologie.

Avant d'entrer dans cette seconde partie, on aura soin de s'assurer si les élèves connaissent encore les différences essentielles établies entre les trois règnes ; on fera bien comprendre que les animaux sont doués de certaines facultés que n'ont pas les végétaux ; il sera facile de faire saisir ces grands points de dissimilitude:

chez les animaux, la sensibilité, la locomobilité ou faculté qu'ils ont de se mouvoir et la nutrition ou moyens particuliers par lesquels ils se nourrissent. Ceci bien compris, on commencera immédiatement les descriptions d'animaux.

Il est inutile de le répéter ; il faut choisir les animaux que les enfants ont tous les jours sous les yeux, ceux qui rendent à l'homme le plus de services et ceux contre lesquels il doit se mettre en garde dans notre pays.

Il sera souvent impossible de mettre sous les yeux des enfants l'animal qu'on veut leur faire examiner; on remédiera à cet inconvénient en les avertissant d'avance que l'on étudiera avec eux tel animal ; qu'ils doivent, par conséquent, quand ils le rencontreront, le bien regarder, l'examiner attentivement On se servira aussi avec le plus grand avantage de tableaux bien faits, d'images dessinées avec soin et sur lesquelles on pourra faire voir les différentes parties dont on parle.

On entrera dans des détails sur la manière de traiter les animaux, de les nourrir, on parlera de leurs habitations, des avantages qu'ils procurent à l'homme et des dommages qu'ils peuvent lui causer ; des qualités que doit réunir tel et tel animal domestique, du traitement qu'il exige pour prospérer ; on entrera dans quelques considérations sur la manière d'apprivoiser les animaux sauvages, sur les précautions à prendre à cet égard et sur les moyens de se défendre contre leurs attaques.

Il sera bon aussi de faire quelquefois rouler l'entretien sur les oiseaux de passage, sur leurs habitudes, leurs migrations, etc.

L'instituteur mettra tous ses soins à détruire chez ses élèves cette tendance innée qu'ils ont à faire souffrir les bêtes, à détruire les nids des oiseaux, etc. Combien de fois ne nous arrive-t-il pas de rencontrer à la ville it à la campagne des gamins acharnés à la poursuite d'un pauvre chien inoffensif, ou mettant toute leur adresse à casser la patte à un poulet ou à un canard ! Ce sont là des habitudes vicieuses contre lesquelles il faut s'élever de toutes ses forces.

A l'étude de la zoologie se rattachent directement les notions sur le corps humain et les préceptes hygiéniques qui s'y rapportent.

§ II. — *Indication de quelques sujets à traiter*.

C'est ici surtout que, pour procéder scientifiquement, il y aurait des classifications à établir.

Mais comment entrer avec des enfants dans ce labyrinthe de divisions, en embranchements, en familles, en ordres, etc. ? Tout le monde comprend combien ce procédé serait absurde. Cependant, nous répéterons encore que l'instituteur doit avoir quelques jalons pour se guider ; il lui faut un plan ; il a besoin de quelques grands points autour desquels il lui soit possible de grouper tous les détails.

La division la plus facile et par conséquent la meilleure pour une école primaire, nous semble être la suivante :

1° ANIMAUX DOMESTIQUES.

Nous comprenons ici aussi bien les animaux de basse-cour que ceux des étables. Ainsi, par exemple : le cheval, le bœuf, le chien, le chat, le coq, le dindon, le canard, etc.

2° ANIMAUX SAUVAGES.

a. Grands animaux forestiers : le loup, le renard, le lièvre, etc. ;

b. Les oiseaux ;

c. Les poissons de nos rivières.

Il serait possible d'établir encore d'autres divisions très-simples et également admissibles ; c'est ainsi que l'on pourrait distinguer les animaux qui vivent sur la terre, ceux qui vivent dans l'air, ceux qui vivent dans l'eau ; c'est ainsi encore que l'on pourrait rattacher tous les sujets simples que l'on veut traiter dans une école élémentaire à la grande division en animaux qui se nourrissent de chair, animaux qui se nourrissent de fruits, animaux qui se nourrissent d'herbes, etc. ; enfin un instituteur sensé saura toujours mettre cet enseignement à la portée de ses élèves.

CHAPITRE IV.

MINÉRALOGIE.

§ Ier. — *Considérations générales.*

Cette partie de l'histoire naturelle est celle sur laquelle on s'arrêtera le moins. Elle n'exige guère de développements ; il suffira de faire connaître les minéraux les plus importants exploités dans le pays ; ceux qui jouent un rôle particulier dans le commerce, et ceux que les enfants ont l'occasion de voir, de manier tous les jours.

On procédera toujours par intuition et en suivant les règles générales établies jusqu'ici relativement à l'enseignement de l'histoire naturelle dans son ensemble, et des deux parties que nous venons de traiter.

On fera toujours chercher par les élèves eux-mêmes ce qu'ils peuvent découvrir par leurs propres forces ; par exemple, les caractères extérieurs ; on indiquera ensuite les détails relatifs à l'extraction, à la manière de se procurer ces minéraux, aux dangers que présente l'exploitation, aux moyens de les éviter ; on parlera des avantages que l'on peut retirer de ces minéraux sous tous les rapports, et l'on n'oubliera pas de comparer les productions de notre pays avec celles des autres contrées qui fournissent ces mêmes matières avec plus ou moins d'abondance.

§ II. — *Principaux sujets à traiter.*

Nous indiquerons ici une série de sujets, parmi lesquels l'instituteur choisira ceux qui lui paraîtront être les plus importants pour ses élèves.

1° Le fer.
2° La houille ou charbon de terre.
3° Le plomb.
4° Le cuivre.
5° L'or.
6° L'argent.
7° L'étain.
8° Le zinc.
9° Le soufre.
10° La tourbe.
11° Le diamant.
12° L'arsenic.
13° Le platine.
14° Le mercure.
15° Le sel.
16° Le calcaire (chaux) ; le marbre.

17° Le feldspath ; le koalin.

18° L'argile.

Cette matière, nous en sommes intimement convaincu, est plus que suffisante pour nos écoles primaires. Ce que nous recommandons spécialement c'est de bien traiter les sujets que l'on choisira, d'en communiquer aux élèves des idées nettes et claires. Il vaut mieux pour eux connaître à fond deux sujets seulement, que d'avoir des notions vagues sur une vingtaine d'objets différents.

XIV.

MÉTHODE POUR L'ENSEIGNEMENT DES SOLIDES

OU DES FORMES GÉOMÉTRIQUES.

BUT.—Faire considérer les objets dans leur ensemble et dans leurs parties, afin de parvenir, par la comparaison, à une connaissance exacte des proportions, des positions, des réunions, de la division des figures, des lignes et des angles. — Provoquer l'attention, la réflexion et l'invention. — Disposer les élèves à porter un jugement prompt et assuré sur les objets de toutes formes qui se présentent à leur vue. — Exercer l'œil, habituer à l'ordre et à la régularité.—Faciliter l'étude de la géométrie, de la calligraphie et du dessin.

INTRODUCTION.

Cet enseignement a pour but de faire bien remarquer la forme des objets et de chacune de leurs parties ; ou bien encore de faire considérer les corps dans leur ensemble et dans leurs parties ; enfin de parvenir, par l'étude et la comparaison, à une connaissance exacte des proportions, des positions, des réunions, de la division des figures, des lignes et des angles. Ce procédé a été introduit par J. Schmid qui l'a développé dans son ouvrage intitulé : *les Éléments de la forme et de la grandeur d'après les principes de Pestalozzi*.

Il exerce l'élève à examiner attentivement les objets, à en détailler minutieusement la forme, à établir des comparaisons ; il provoque par conséquent l'attention, la réflexion et l'invention ; il dispose les élèves à porter un jugement prompt et assuré sur les objets de toutes formes qui se présentent à leur vue, ce qui offre de grands avantages dans la vie usuelle ; il exerce l'œil, l'habitue à l'ordre et à la régularité, développe le sentiment du beau, les organes de la parole ; c'est un excellent moyen d'occuper utilement dans les écoles différentes classes à la fois. C'est encore un auxiliaire précieux pour la géométrie, puisqu'il amène l'élève à trouver tout ce qui caractérise une figure ; il éveille en outre l'amour de la science et, plus que tout autre enseignement, il rend hommage au principe d'intuition. Son utilité pour la calligraphie et le dessin est trop évidente pour que nous entrions à ce sujet dans d'autres détails.

On ne peut en disconvenir, cet enseignement rentre tout à fait dans les attributions des écoles élémentaires. Il est cependant une question à examiner : eu égard au peu de temps consacré à l'étude et au grand nombre d'autres matières que l'on doit enseigner pendant ce temps, est-il possible de donner à cette branche d'instruction le développement nécessaire ?

Nous n'hésitons pas à le déclarer, la plupart de nos écoles rurales ne sont guère en position de consacrer à cette étude un temps suffisant pour en tirer un certain parti. Cependant un instituteur dévoué à sa mission se gardera bien de négliger absolument une branche d'enseignement dont ses élèves doivent retirer de si nombreux avantages. Avec un peu de bon vouloir, il y aura toujours moyen de trouver une heure au moins par semaine pour la consacrer à cet objet.

MÉTHODE PROPREMENT DITE

CHAPITRE PREMIER.

NOTIONS PRÉLIMINAIRES.

La méthode est extrêmement simple. Après quelques explications préliminaires sur le point, les lignes, les arêtes, les angles, les faces, les coins, etc., etc., on commencera le premier cours par l'examen des solides. — Les élèves, après avoir étudié un des corps indiqués plus loin, en feront la description, et les plus avancés traceront le dessin sur leur ardoise.

Nous nous bornerons à l'indication des sujets, en laissant aux instituteurs le soin de faire arriver les enfants à trouver d'eux-mêmes les différentes faces, coins, etc., etc., comme nous le démontrerons dans l'exemple pratique qui suit et ayant pour sujet le cube.

1. Le cube.
2. Le parallélipipède.
3. Le prisme triangulaire.
4. La pyramide tronquée.
5. Le cylindre.
6. Le cône.
7. La pyramide quadrangulaire.
8. Le tétraèdre ou la pyramide triangulaire.
9. Le dodécaèdre.
10. L'icosaèdre.
11. La sphère, le globe.

CHAPITRE II.

COMPARAISON DES SOLIDES PRÉCÉDEMMENT EXPLIQUÉS.

1. Les noms des solides.
2. Les faces des solides :
   - *a*. Des prismes triangulaires.
   - *b*. Des cylindres.
   - *c*. Des cônes.
   - *d*. Des dodécaèdres.
3. Les coins des solides :
   - *a*. Des prismes triangulaires.
   - *b*. Des cylindres.
   - *c*. Des cônes.
   - *d*. Des dodécaèdres.
4. Les arêtes des solides :
   - *a*. Des prismes triangulaires.
   - *b*. Des cylindres.
   - *c*. Des cônes.
   - *d*. Des dodécaèdres.
5. Les angles des solides :
   - *a*. Des prismes triangulaires.
   - *b*. Des cylindres.
   - *c*. Des cônes.
   - *d*. Des dodécaèdres.
6. La direction des arêtes par rapport à la position qu'elles occupent entre elles :
   - *a*. Des prismes triangulaires.
   - *b*. Des cylindres.
   - *c*. Des cônes.
   - *d*. Des dodécaèdres.
7. Quelques applications.

Observation. — L'instituteur engage les élèves à chercher des produits de la nature ou de l'art, dont la forme corresponde à l'un ou à l'autre des corps expliqués.

Par exemple, la salle d'école et certains objets qui s'y trouvent.

L'intérieur de cette salle a la forme d'un parallélipipède. Le poêle et le tuyau sont des cylindres. Le plancher et le plafond, les fenêtres, la porte , les dessus des pupitres forment des rectangles La touche ressemble à un cylindre terminé par un cône ; etc

Dans les écoles où les circonstances locales permettraient de donner à cette branche plus d'extension, on pourrait considérer , comme exercices propres au deuxième cours, ceux que nous énumérerons plus bas.

CHAPITRE III.

ENSEIGNEMENT PROPREMENT DIT SUR LES FORMES GÉOMÉTRIQUES.

Les principaux objets sur lesquels se concentre cet enseignement sont : le *point*, la *ligne*, la *face* et enfin le *corps*.

Nous prendrons pour point de départ le premier de ces objets, et nous nous occuperons d'abord des qualités du *point,* et ensuite de la position d'un point par rapport à un ou à plusieurs autres.

Ceci constitue le premier degré.

On peut réunir les points au moyen de lignes ; nous rattacherons donc à ces explications celles qui se rapportent aux lignes.

Le deuxième degré comprendra :

1. Définition de la ligne.
2. La ligne droite.
3. La ligne courbe.
4. La ligne courte ou longue.
5. La ligne horizontale, verticale, perpendiculaire.
6. La ligne oblique.
7. La ligne parallèle.

On montre ensuite aux enfants la manière de tracer deux lignes qui se touchent par l'une de leurs extrémités. Cette indication conduit au troisième degré qui traite des différents angles.

8. Explication du sommet et des côtés d'un angle.
9. Explication des différentes espèces d'angles.
10. Questions dont la solution exige la formation de divers angles déterminés.
11. Indication d'objets sur lesquels se trouvent les différents angles.

Aux exercices précédents se rattache la connaissance des angles qui ont le sommet ou un côté commun.

L'instituteur trace sur le tableau deux lignes qui se coupent, il les fait comparer entre elles, et fait remarquer que le sommet est commun. Ceci conduit au quatrième degré qui a pour objet les angles opposés par le sommet, les angles adjacents, etc.

Après l'explication des angles, on passera au cinquième degré qui comprend l'étude des figures.

On expliquera d'abord ce que l'on entend par figure géométrique.

On donnera ensuite l'explication des triangles : le triangle rectangle, le triangle équilatéral.

Au sixième degré on traitera successivement :

1. Les carrés et les polyèdres.
2. La circonférence.

3. Les figures formées de lignes droites et de lignes courbes.

4. L'étude du cercle, etc., etc.

Pour terminer, nous indiquerons le matériel nécessaire à l'enseignement des formes géométriques.

Il doit y avoir dans la classe un compas de dimension convenable, une règle et une équerre. Il faut encore qu'il y ait les solides suivants en carton ou en bois : un cube, un prisme, un cône, une pyramide, un cylindre, une sphère, un dodécaèdre, un tétraèdre, divers polyèdres, etc.

XVIII.

MÉTHODE DE GYMNASTIQUE

Il nous arrive parfois encore de rencontrer, surtout dans nos campagnes, des hommes taillés en athlètes. Nous restons en admiration devant la vigueur musculaire que déploient, avec une prodigieuse continuité, un bûcheron, un moissonneur, un batteur en grange ; nous applaudissons au courage, à la froide résolution de l'ouvrier mineur ; nous nous arrêtons émus devant l'intrépide circonspection d'un charpentier, d'un couvreur. Malheureusement, chaque jour vo it diminuer le nombre de ces artisans robustes, aux épaules carrées, aux membres vigoureux, aux formes herculéennes, dont la fermeté et la résolution égalent la force corporelle. Pour une grande partie de nos ouvriers et de nos campagnards, la race semble avoir dégénérée; ce n'est plus cette forte constitution de nos ancêtres, ce n'est plus leur ardeur et leur activité.

Jetez un regard sur les enfants qui peuplent les écoles, surtout les écoles gratuites des grandes villes ; ces petits êtres étiolés, à la figure pâle et bouffie, aux yeux éteints, aux membres grêles, au corps affaissé, disent assez combien est vraie la pénible réflexion que nous venons de formuler.

Nous voulons bien admettre, avec les personnes qui n'ont pas grande confiance dans les exercices gymnastiques, que la diminution de la force physique n'est pas aussi sensible dans les communes rurales, et que, pour les habitants des villes, il y aurait d'autres moyens que la gymnastique pour remédier au mal.

Mais ces exercices, nous ne pouvons assez le dire, n'ont pas uniquement pour but de fortifier le physique de l'homme ; ils tendent à le rendre courageux, à le mettre en état de se servir avec promptitude, dans toutes les circonstances, des membres que le Créateur lui a donnés. Les ramoneurs dans leurs cheminées, les matelots dans leurs cordages sont d'habiles grimpeurs; les fils de ces matelots sont d'excellents nageurs, mais cela ne constitue en aucune façon une organisation physique complète ; ce sont des parties du corps exercées au dépens du corps tout entier Ce qu'il faut rechercher, ce qui manque à la plupart de nos jeunes gens, c'est cette force et cette flexibilité réelles, qui se manifestent par un maintien convenable et assuré, par des mouvements libres, dégagés et décidés, par une adresse enfin qui, dans la vie, rencontre mille occasions de se déployer.

Et notez qu ici il ne s'agit pas uniquement du *perfectionnement du corps ;* c'est un moyen de développer en même temps certains sentiments moraux, le courage, la soumission, l obéissance, etc. L enfant, en effet, cesse par degrés d'être sujet aux vertiges ; il sent disparaître au fur et à mesure certaines infirmités corporelles, certaines débilités dans les membres ; il sent la force croître en lui et son jugement se former sur les moyens à employer pour vaincre les difficultés. Il a donc acquis la conscience de son énergie musculaire, et la mesure dans laquelle il en peut faire un digne emploi ; il joindra ainsi le courage à la prudence.

D'un autre côté, pour prévenir les accidents qui pourraient résulter des exercices gymnastiques, il faut que les divers commandements du directeur soient exécutés avec la plus grande précision et la plus grande promptitude. Il s'établit ainsi une sorte de discipline militaire qui, tempérée par un certain degré de liberté et assaisonnée de quelque gaieté, convient entièrement aux habitudes des élèves. Aussi s'empressent-ils de s'y soumettre. Cette obéissance spontanée se transmet bientôt dans les autres salles d'étude, où elle exerce la plus heureuse influence. On y écoute et on suit avec attention les observations du professeur relatives au maintien du corps, à la civilité, au respect dû à la vieillesse, aux autorités et à la propriété. Rien n'est plus propre que les exercices gymnastiques à établir, entre l'instituteur et ses élèves, les relations les plus amicales et à parer l'école d'un charme tout particulier aux yeux des enfants. On peut donc considérer ces sortes d'exercices comme un excellent moyen de favoriser la fréquentation régulière de l'école. Cette gaieté et cette vigueur, fruits de la gymnastique, exercent également une influence salutaire sur le *développement intellectuel;* et il ne serait pas difficile de le prouver, les élèves d'une école où l'on fait de la gymnastique prêtent aux autres leçons une attention plus soutenue et se montrent mieux disposés à recevoir l'instruction. Il est d'ailleurs des vices graves qui prennent leur source dans la mollesse ; il est de pernicieuses tendances qui dérivent de la paresse et de la poltronnerie ; la voix de la religion ne suffit pas à les comprimer ; il faut qu'elle soit appuyée et secondée par des mesures propres à habituer les enfants à une vie active ; à les rendre sincères et courageux. Et contre ce vice honteux qui a produit tant de ravages et brisé tant de jeunes plantes avant leur épanouissement, contre cette lèpre qui, plus que nous ne le pensons peut-être, ronge la substance même de la jeunesse campagnarde, il n'y a, d'après l'avis de pédagogues et de médecins distingués, qu'un seul remède efficace à employer en concurrence avec la voix de la religion ; c'est de procéder chaque jour à des exercices gymnastiques plus ou moins violents, jusqu'à l'épuisement des forces, jusqu'à l'anéantissement de la vigueur physique.

Tous ces motifs justifient à l'évidence l'urgente nécessité d'introduire dans les écoles primaires les exercices gymnastiques ; nous n'avons plus qu'à rechercher et à indiquer les moyens les plus propres à réaliser cette introduction.

Les établissements destinés à former des instituteurs, et nos écoles normales ont compris la nécessité d'initier leurs élèves à cette partie de l'enseignement et de les y exercer pratiquement, de manière qu'à la fin des cours ils soient à même de propager cette branche aussi bien que les autres ; de ce côté donc, plus d'obstacle, plus de prétexte, plus d'excuse possible. Reste une difficulté grave, c'est de trouver le temps *nécessaire et propre* à ces exercices; on ne peut leur consacrer les moments qui précèdent immédiatement la prière du matin et la leçon de religion, car les enfants, à la suite des exercices, se trouvent fortement agités et sous l'impression d'une distraction trop forte. Des motifs hygiéniques s'opposent aussi à ce qu'ils aient lieu immédiatement après le dîner. Ces raisons n'excluent pas cependant les jeux gymnastiques ni les exercices qui ont une certaine analogie avec les évolutions militaires ; ceux-ci n'exigeant pas d'efforts capables de troubler la digestion ou d'agir sur le système nerveux. Au surplus, ce sont principalement les exercices de ce genre qui nous semblent réunir les qualités requises pour atteindre le but (1).

---

(1) Voir le rapport adressé à M. le ministre de l'intérieur (*Moniteur belge* du 23 novembre 1847, n° 327, page 3058) par la commission appelée à constater les résultats obtenus par l'em-

Nous avons donné dans le vol. III, p. 309 à 334 de notre *Cours de Pédagogie et de Méthodologie,* la série des exercices qui conviennent à toutes les écoles et à tout âge ; ils ne demandent ni appareil ni costume spécial ; ils n'offrent aucun danger et ne peuvent par conséquent faire naître chez les parents ni crainte ni opposition. Ils ont en outre l'avantage de pouvoir être exécutés par un grand nombre d'élèves à la fois ; et partout où ils ont été introduits, on les a accueillis favorablement.

---

ploi de la méthode de Clias dans l'école communale, n° 5, à Bruxelles.

QUATRIÈME PARTIE

L'INSTITUTEUR EN FONCTION

CHAPITRE PREMIER.

CE QUE DOIT ÊTRE L'INSTITUTEUR.

« Si j'étais maître d'école, j'estimerais mon humble » métier au-dessus de tous les métiers du monde, et » je rendrais chaque jour grâce à Dieu de ce qu'il » m'est permis de former des cœurs et des intelligences. » Je m'inspirerais l'amour de mes devoirs, et je m'at- » tacherais surtout à relever ce qui est bas, à soutenir » ce qui est faible, à éclairer ce qui est ignorant, à » moraliser ce qui est vicieux. Je rassemblerais autour » de moi mes élèves, et j'étudierais leurs caractères et » leurs penchants dans les leçons, dans leurs jeux, » dans leurs sympathies, dans leurs rivalités et dans » leurs raccommodements. »

Ainsi s'exprime sur les fonctions d'un maître d'école un homme qui a exercé de grands emplois, joui d'une haute influence de position et de fortune, et dont l'opinion doit inspirer un surcroit de zèle, de dévouement à tous les instituteurs convaincus de l'importance de leur mandat.

C'est que le maître d'école n'a pas seulement pour mission d'instruire les enfants, il doit encore les élever, c'est-à-dire former l'homme tout entier, l'homme religieux et moral en même temps que l'homme physique et social. Il doit s'occuper à la fois des moyens d'épurer l'âme, de développer le corps, en donnant à l'âme toute la perfection dont elle est susceptible, au corps toutes les forces dont il a besoin pour supporter les épreuves de la vie.

Aussi, quoique la position d'instituteur soit circonscrite dans une sphère d'action peu étendue, ses travaux ont une haute importance pour le bien même de la société, il constitue un des plus utiles rouages du puissant mécanisme qui met en mouvement les ressorts de l'Etat.

De même qu'un arbre languit, souffre et dépérit, quand le mouvement de la sève s'arrête ; ainsi de la base au sommet de l'édifice social doit librement circuler cette sève de vie, cette corrélation harmonieuse de devoirs et de droits dont le maître d'école nous inculque les principes à l'âge des impressions durables et profondes, alors que les organes sont plus flexibles, le cœur plus pur, la mémoire plus fidèle.

Cet humble fonctionnaire, voué par la nature de sa profession à de pénibles et monotones travaux, condamné à lutter contre l'ignorance, l'ingratitude, souvent même contre l'injustice, succomberait à la peine s'il n'était soutenu par la religion et le patriotisme, retrempant ses forces par la perspective du bien qu'il peut accomplir.

Pénétré de l'importance morale de sa mission, se rappelant sans cesse cette parole du Christ : «*Vous êtes le sel de la terre ;*» le véritable maître d'école puise dans l'accomplissement de ses devoirs toute l'énergie nécessaire pour marcher d'un pas ferme à travers les vicissitudes, les obstacles de sa pénible carrière. C'est à sa conscience qu'il doit demander la plus douce des récompenses : la satisfaction de contribuer au bien-être des générations qui grandissent sous son aile tutélaire, et sont l'espoir du pays.

Son légitime orgueil est de se concentrer dans les modestes fonctions auxquelles il s'est voué, de faire des sacrifices pour ceux-mêmes qui ne savent point les apprécier, de travailler sans cesse au bonheur des hommes, en se montrant le fidèle serviteur du Christ, avec l'unique espérance de recueillir au-delà de la tombe le prix de son obscur dévouement, de ses humbles vertus.

L'instituteur qui comprend ainsi sa mission, et qui s'applique à la remplir en conscience, dirigera tous ses soins vers les enfants qui lui sont confiés. Il n'oubliera jamais qu'il est appelé à partager la tendre autorité des pères et des mères, qu'il doit l'exercer avec la même vigliance, la même affection ; qu'un jour la famille lui redemandera des fils obéissants ; l'Eglise, des chrétiens fidèles ; l'Etat des citoyens probes et dévoués.

Il ne doit pas honorer seulement le savoir, c'est-à-dire le développement intellectuel qui n'a de valeur qu'autant qu'il est accompagné du développement moral, de la pureté du cœur reposant sur une éducation vraiment religieuse.

La culture de l'homme tout entier, son perfectionnement : voilà donc le premier devoir de l'instituteur; et il importe que, dès le commencement de son ministère, il fasse germer dans le tendre cœur de ses élèves la semence des vertus chrétiennes, afin que, bien développé, bien mûri, le bon grain ne puisse pas être étouffé par l'ivraie, ou dévoré par le souffle orageux des passions.

Pour cela les rapports des instituteurs et des parents doivent être fréquents, et surtout cimentés par la confiance et l'estime, sinon le maître d'école voit s'affaiblir et se perdre l'autorité, l'ascendant dont il a tant besoin pour diriger ses élèves.

Toutefois l'instituteur apportera prudence et dignité dans ses relations avec les parents, il évitera toute familiarité qui l'exposerait à déchoir dans leur opinion, il restera constamment étranger aux luttes de partis, à l'esprit de coterie ; mais il se gardera bien d'afficher des manières froides et hautaines qui dénoteraient vanité ou orgueil, raideur, ou, ce qui est encore pis de la grossièreté. Ce serait s'aliéner l'estime, la confiance indispensable au succès de sa mission.

A l'égard de ses supérieurs, la ligne de conduite de l'instituteur se trouve tracée par sa propre position. Etant lui-même un fonctionnaire dans la commune, il deviendrait inexcusable s'il se permettait des propos légers, une hostilité tracassière, des actes d'insubordination. Comment ne respectera-t-il pas l'autorité, lui qui sait mieux que tout autre combien il importe à la prospérité publique et privée, que chacun se soumette aux dépositaires du pouvoir ?

Notre Seigneur Jésus-Christ a dit : « Rendez à Dieu ce qui est à Dieu et au roi ce qui est au roi. »

En invoquant ce souvenir de l'Evangile, peut-il y avoir deux hommes qui, par leur mission, le but de leurs travaux, doivent mieux s'entendre et sympathiser que le curé et l'instituteur ?

Tous deux sont revêtus d'une dignité morale, tous deux, dans l'exercice de leurs fonctions, peuvent se prêter un mutuel appui. Plein de déférence pour le curé, qui est pour tous les habitants de sa commune un père spirituel, le maître d'école se montrera toujours le modèle des chrétiens.

A l'égard de ses connaissances, elles seront solides et assez étendues sans qu'il aspire au titre de savant, et surtout sans prétention de pédantisme de sa part. Cette solidité de connaissance est une condition essentielle pour qu'il puisse transmettre à ses élèves des notions saines et bien enchaînées.

Si l'instituteur est appelé à vivre dans une position modeste il doit pourtant par son intelligence, par son instruction faire valoir la dignité morale de sa profession.

C'est dans le caractère qu'il puisera le principe et la source de cette dignité ; avec le caractère, il saura concilier la fermeté et la douceur ; poli sans bassesse, calme sans froideur, réservé sans mystère, il se dira à lui-même : je dois être ce que je veux que mes élèves soient un jour. »

Par conséquent, il leur donnera l'exemple du devoir, de la vertu, du travail. Qu'il ne s'y méprenne pas : le bonheur dans sa position sera le prix de cette ligne de conduite ; bonheur noble et élevé : car il consiste à faire le bien et un bien durable dont les hommes lui sauront gré sur la terre, dont Dieu lui tiendra compte dans le ciel.

CHAPITRE II.

L'INSTITUTEUR CONSIDÉRÉ COMME FONCTIONNAIRE PUBLIC.

L'instituteur communal peut être considéré comme fonctionnaire public ; car bien qu'il soit nommé par le conseil communal, sa nomination a été agréée par le gouvernement.

Comme homme public, il a des *droits* et des *obligations* spéciales; tout en conservant intacts les premiers, il tâchera de s'acquitter des dernières de la manière *la plus satisfaisante.*

§ Ier. — *Les droits de l'instituteur comme fonctionnaire public.*

1. L'instituteur primaire, nommé par la commune ou par le gouvernement, a le droit d'exiger des personnes avec lesquelles il est officiellement en contact, qu'elles se montrent à son égard honnêtes et polies, aussi longtemps que, par sa conduite et par l'accomplissement de ses devoirs, il s'en montre digne. Dans les mêmes conditions, il a le droit d'attendre des égards et de l'estime de tous ceux avec lesquels il aura à traiter pour sa personne ou pour sa profession.

2. L'instituteur primaire est protégé dans l'exercice de ses fonctions par une loi spéciale ; cette loi, du 23 septembre 1842, établit clairement les cas dans lesquels il peut être destitué ou seulement suspendu. Dans cette loi il trouve la garantie que personne n'empiétera impunément sur ses attributions ; il trouve un

soutien pour le cas où quelqu'un voudrait l'entraver dans son ministère.

3. Il est en droit d'exiger qu'on lui paie exactement son traitement, de la manière convenue, et cela sans aucune déduction.

§ II. — *Les devoirs de l'instituteur primaire comme homme public.*

Ses devoirs comme *homme public* sont déterminés en partie par la loi de 1842, et en partie par les règlements au moyen desquels l'autorité civile, de concert avec l'autorité ecclésiastique, a voulu régler les fonctions de l'instituteur primaire. Outre ces obligations, il est encore tenu de se soumettre aux nécessités suivantes :

1° Il aura surtout à cœur de se montrer fidèle observateur de tout ce que la constitution et les lois civiles exigent d'un bon citoyen.

2° Sa conduite sera irréprochable ; il remplira ses fonctions consciencieusement et mettra en œuvre tous les moyens propres à faire honorer son état.

3° Il montrera du respect pour les lois et la constitution du pays ; pour le roi, pour les autorités civiles et ecclésiastiques.

4° Il aura soin d'inculquer à ses élèves de l'affection et de l'estime pour leurs supérieurs, et de développer en eux des sentiments d'obéissance et de soumission réfléchies ; il leur fera comprendre que ce n'est pas pour le plaisir de commander qu'on exige d'eux telle ou telle chose, mais bien dans leur propre intérêt et parce que l'homme a, dans beaucoup d'occasions, besoin d'être dirigé par de plus sages et de plus raisonnables que lui.

5° Il n'abusera pas de ses droits légitimes, et bien

moins encore il élèvera des prétentions sur des choses auxquelles il n'a aucun droit.

6° Il ne s'oubliera jamais au point de vouloir exercer une influence quelconque sur ses concitoyens en matière politique ; il aura assez de fermeté de caractère pour ne jamais servir d'instrument à qui que ce soit dans ces sortes d'affaires. Le ministère de l'instituteur est sacré ; il ne faut pas que la moindre atteinte soit portée à son indépendance ou à son autorité; les conséquences en seraient funestes à la jeunesse qu'il a sous sa direction ; il ne faut donc pas qu'il se laisse entraîner dans des luttes que tout bon citoyen doit déplorer.

CHAPITRE III.

L'INSTITUTEUR COMME MEMBRE DE LA COMMUNE.

Sans être né dans la commune qui lui a confié l'éducation et l'instruction de ses enfants, l'instituteur devient membre de cette commune ; il a mieux que des lettres de naturalisation dans ses rapports intimes avec tous les habitants, dans sa mission pour laquelle il a besoin de considération et d'estime.

Examinons d'après ces principes la nature des rapports de l'instituteur avec les habitants de la commune où il réside.

I. — L'instituteur dans ses rapports généraux avec la commune.

§ Ier. — *Ne pas s'aliéner l'opinion publique.*

Souvent à leur début de jeunes instituteurs éloignent d'eux les habitants de la commune par un étalage ridicule de leurs connaissances. D'autres évitent tout contact avec la population et se renferment dans le cercle des relations officielles. Il y en a qui cherchent des prétextes afin de couper court à des conversations où ils craignent de déroger. Ceux-ci ont des manières polies, mais glacées ; ceux-là affectent de la rudesse. Les uns et les autres négligent des circonstances, dont ils pourraient profiter dans l'intérêt de leur mission ; car la confiance des parents réagirait sur celle dont ils ont besoin de la part de leurs élèves.

Comme ils rendent avec froideur le salut qu'on leur adresse, on ne les salue que pour la forme ; ils ne parlent aux campagnards qu'avec réserve et pédantisme.

Leur figure reste impassible quand ils reçoivent chez eux les parents ou les enfants ; ils leur offrent à peine de s'asseoir, ils les font attendre ou s'en débarrassent comme d'une visite importune ; au lieu d'inspirer du respect, ils provoquent des répulsions.

L'estime et la considération ne s'obtiennent que par une conduite diamétralement opposée.

Elles dépendent de l'affabilité sans bassesse, de la prévenance sans flatterie, en un mot de ces égards qui sont indispensables dans la vie. Quant aux entretiens, l'instituteur leur donnera une direction utile et sérieuse; il les dirigera vers l'économie rurale, et il réclamera ou trouvera des conseils fructueux. En accueillant avec politesse tous les habitants, il préférera la société des personnes graves ; ses actes plutôt que ses paroles manifesteront son désir d'être estimé et aimé ; il est dangereux pour lui de se mettre trop souvent sur les rangs comme candidat à d'autres fonctions : car un échec serait nuisible et son école doit l'absorber tout entier.

§ II. — *L'instituteur ne se montrera jamais intéressé.*

Pour cela il évitera de faire aucune dépense au préjudice d'autrui ; il ne se présentera pas chez les parents de ses élèves aux époques des fêtes de famille. Il ne laissera jamais deviner qu'il puisse désirer tel ou tel objet. A l'égard des rétributions mensuelles, il se montrera coulant pour les familles peu aisées, et surtout il ne se plaindra point de sa position pécuniaire.

Si un père de famille lui refuse injustement la rétribution due, l'instituteur ne fera valoir ses droits qu'avec mesure auprès de l'autorité compétente ; et plus son désintéressement est connu, moins il rencontrera de déni de justice.

§ III. — *L'instituteur n'énoncera pas à la légère des jugements sur les habitants de la commune, ni sur les mœurs ou les usages en général.*

Il existe partout des personnes qui par leur conduite s'exposent à la censure; et ces personnes peuvent exercer beaucoup d'influence par leur rang ou leur fortune ; les approuver hautement serait blâmable ; mais l'instituteur n'a point à les condamner.

Sans manquer à sa conscience, il doit se taire ; le

silence est la leçon des particuliers comme des rois.

L'instituteur aura soin de ne pas plaisanter sur des usages surannés ni sur les habitudes de la population au milieu de laquelle il se trouve ; mieux vaut diriger convenablement les jeunes générations confiées à ses soins, et agir par là d'une manière indirecte en produisant des réformes utiles.

§ IV. — *L'instituteur doit soutenir la dignité de sa profession dans tous ses rapports avec les habitants de la commune.*

La dignité n'est pas le pédantisme ; elle rehausse l'instituteur en le tenant en garde contre la gaucherie, l'embarras, la légèreté, l'abandon. Le rang qu'il occupe dans la société est marqué par l'importance même de l'éducation et de l'instruction ; il sera donc au niveau de sa position en se conformant aux préceptes de la religion et de la morale, ainsi qu'aux devoirs de sa profession.

§ V. — *L'instituteur prendra de bonne grâce sa part des malheurs de la commune.*

Si une calamité publique frappe la commune, grêle, inondation, incendie, guerre, épidémie, l'instituteur secondera ses concitoyens de sa personne, de ses conseils, de ses dons; il ne reculera point devant un sacrifice ou un danger. Il défendra la commune contre une attaque injuste, contre une calomnie, et en soutiendra les droits sans arrière-pensée personnelle, par dévouement aux parents de ses élèves.

II. — L'instituteur dans ses rapports spéciaux avec quelques membres de la commune.

§ Ier. — *Avec les membres du conseil communal.*

L'instituteur doit être dans de bonnes relations avec les membres du conseil communal et avec les personnes les plus influentes ; le succès de sa mission dépend en partie de ce genre de relations ; mais il se montrera poli sans être rampant. Il s'opposera surtout à tout ce qui ressemblerait à une usurpation de ses droits, et il ne fera jamais dans l'école de position exceptionnelle à leurs enfants.

§ II. — *Avec les jeunes gens sortis de l'école.*

Il importe que l'instituteur conserve de l'influence sur ses anciens élèves, c'est le moyen de préserver la jeunesse contre des actes d'étourderie, et de lutter contre l'immoralité Il engagera donc ses anciens élèves à venir le voir comme un tuteur, comme un second père, et par des entretiens particuliers ou par l'institution de la classe du dimanche, il s'efforcera de développer leur instruction. En se montrant dévoué à leur bonheur, il vivifiera chez eux les germes du bien qu'il a semés lorsqu'ils fréquentaient l'école.

§ III. — *Avec les pauvres de la commune.*

Les ressources pécuniaires de l'instituteur ne lui permettent pas de soulager matériellement les malades et les pauvres ; mais il doit être, pour ceux qui souffrent, comme un missionnaire de la divine miséricorde.

A l'égard des indigents, il participera à l'administration et à la distribution des secours ; il contribuera à l'établissement d'institutions de prévoyance comme des *chauffoirs* en hiver, à l'organisation d'un *refuge* pour les convalescents, à la répartition de *soupes économiques,* etc.

Il peut encore procurer du travail aux bras inoccupés ; en un mot pratiquer le bien et prêcher d'exemple.

CHAPITRE IV.

L'INSTITUTEUR CONSIDÉRÉ AU POINT DE VUE DE L'ÉDUCATION ET DE L'INSTRUCTION DE LA JEUNESSE. — L'INSTITUTEUR CONSIDÉRÉ COMME INSTITUTEUR. — QUALITÉS NÉCESSAIRES.

Nombreuses et diverses sont les qualités indispensables à l'homme qui s'est voué à l'éducation et à l'instruction des enfants ; et ces qualités, il faut s'efforcer de les réunir pour être vraiment digne du titre d'instituteur.

§ Ier. — *Il faut que l'instituteur soit un homme religieux.*

Notre Seigneur lui-même confie aux soins de l'instituteur les enfants des créatures qu'il a rachetées au prix de son sang, et qui, un jour, doivent s'unir au divin Rédempteur pour glorifier son Père céleste.

Il ne s'agit pas de faire de ces enfants des écrivains, des mathématiciens, des artistes ; en les recevant, l'instituteur s'est d'abord engagé à leur conserver le signe d'innocence imprimé par le baptême, il doit les rendre bons chrétiens.

Quelque utile que soit l'instruction, il ne faut la considérer que comme un moyen de remplir le but principal d'une éducation religieuse et morale. A cet effet, l'instituteur inspirera à ses élèves les vrais principes de la piété pour en faire autant de fils respectueux, de bons citoyens, d'excellents pères de famille, de fonctionnaires intègres, de négociants probes, de soldats courageux, d'artisans laborieux, etc.

Dans ce pélerinage de la terre au ciel, il sera le compagnon et le guide des enfants qui lui sont confiés.

§ II. — *Il faut que l'instituteur soit un homme grave.*

Sans la gravité, l'instituteur disparaît ; il échoue, au lieu de réussir ; mais cette qualité indispensable s'unit très-bien à la bonté paternelle, aux sentiments affectueux et tendres. Sans cesser d'être grave et digne, l'instituteur peut inspirer à ses élèves confiance et reconnaissance, de manière à devenir leur ami en restant leur maître estimé et respecté.

Qu'une réserve pleine de modestie se reflète donc dans les manières de l'instituteur, qu'il conserve le calme de l'esprit avec une humeur égale, gage de la paix du cœur. Que son âme sereine ne se laisse point agiter par les circonstances extérieures, qu'il mérite enfin qu'on lui applique ces divines paroles :

« Ceux qui en auront instruit plusieurs dans la voie de la justice, brilleront comme des étoiles dans toute l'éternité. »

§ III. — *L'instituteur doit être patient.*

L'instituteur patient supporte avec résignation les contrariétés qu'il éprouve dans ses fonctions souvent pénibles, toujours délicates. Il ne s'affecte ni des torts de ses élèves, ni de l'ingratitude de leurs parents ; il se montre indulgent pour les enfants d'un âge tendre comme pour ceux qui manquent de dispositions naturelles. La légèreté, l'étourderie n'altèrent en rien ses sentiments de bonté, son dévouement ; et la patience le conduit au succès par le sentier de l'espérance.

§ IV. — *L'instituteur doit être prudent.*

La prudence est nécessaire à l'instituteur pour développer l'esprit et former le cœur de ses élèves : car cette qualité nous inspire des résolutions sages, nous garantit des écueils et nous apprend à juger sainement les moyens les plus utiles à l'éducation et à l'instruction.

Avec de la prudence, l'instituteur conforme ses leçons aux caractères divers et aux facultés différentes des enfants, il se garde bien de méconnaître les lois de la nature en soumettant toutes les individualités à la même méthode.

C'est ici que la prudence du maître choisira un juste milieu : car le bon et le mauvais se touchent et exposent à des erreurs funestes. L'instituteur prendra donc pour guides la circonspection, la perspicacité, la fermeté, c'est-à-dire la prudence.

On ne peut assez conseiller au jeune instituteur de se modérer en parlant ; le grand art consiste à trouver les paroles et le ton de voix les plus propres à éclairer l'esprit de l'élève et à toucher son cœur. Il y a aussi un art du silence, que nous appellerons *silence de raison* facilitant le maintien de l'ordre et de la discipline, et contribuant à augmenter l'attention des élèves.

Tout cela est du ressort de la prudence.

§ V. — *L'instituteur doit être surtout un homme de dévouement.*

Le dévouement seul peut adoucir ce qu'il y a de pénible dans les fonctions d'instituteur ; c'est la source d'un zèle vraiment apostolique ; mais ce zèle doit avoir pour guide la raison en révélant au maître le secret d'être à la portée des enfants, de tenir compte de leur faiblesse, de supporter leurs défauts, de les corriger avec fruit, sans colère et sans passion.

L'instituteur dévoué étend son influence hors de l'enceinte de l'école ; après les heures de classe, il sait toujours trouver une occasion de donner un bon conseil, et, par son zèle, il inspire la reconnaissance qui fait fructifier ses leçons.

§ VI. — *L'instituteur doit être désintéressé.*

Un désintéressement exige un noble cœur. Un instituteur, digne de sa mission, agit avec désintéressement en se dévouant aux riches comme aux pauvres ; sa carrière, en effet, n'a rien de brillant ; mais il y tient par la sainteté du but qu'il poursuit. Il a pitié du faible et de l'ignorant : il s'efforce d'extirper les mauvaises habitudes contractées, il encourage les facultés naissantes, il applaudit aux vertus qui se révèlent. Ne demandant rien pour lui, ne cherchant sa récompense que dans le succès et le bonheur de ses élèves, il n'est pas même arrêté par l'idée de l'oubli ou de l'ingratitude.

§ VII. — *L'instituteur doit avoir de la douceur.*

« *Apprenez de moi que je suis doux et humble de cœur.* » Ces paroles de Notre Seigneur doivent sans cesse être présentes à la pensée de l'instituteur, afin que sa douceur développe l'affection des enfants. Mais la douceur ne dégénérera point en faiblesse ; elle doit avoir pour contre-poids la persévérance et la fermeté, sans cela point d'autorité, et c'est l'autorité, cette âme de l'école, qui inspire aux élèves l'estime du maître, qui consacre le commandement et l'obéissance.

§ VIII. — *L'instituteur doit être vigilant.*

La vigilance affermit le zèle et facilite l'accomplissement des devoirs de l'instituteur qui s'efforcera de veiller sur ses actes, sur ses paroles, sur ses sentiments,afin de remplir dignement sa tâche. Cette vigilance sur lui-même s'accorde très-bien avec celle qu'il exercera à l'égard de ses élèves. L'instituteur qui s'observe consciencieusement est un véritable ange gardien pour les enfants.

Cette vigilance s'attachera surtout à conserver la pureté du cœur, l'innocence, noble attribut du premier âge de la vie. Elle ne se borne point au présent, elle embrasse l'avenir , la vigilance du maître affectueux qui reste calme, libre, constante, presque inaperçue pour ne pas ressembler à une défiance minutieuse.

§ IX. — *Il faut que l'instituteur ait un véritable amour pour les enfants et pour son état.*

L'instituteur aimera les enfants parce que ce sont des enfants, en raison de leur innocence, de leur naïveté, de tout ce qui caractérise le charme de cet âge de la vie.

Sans cette sympathie qui le rend heureux quand il est avec les enfants, le savoir ne suffit pas ; il ne fait qu'un mercenaire remplissant les fonctions d'instituteur à prix d'argent.

Cet amour pour les enfants implique forcément chez l'instituteur une vocation réelle, c'est-à-dire l'amour de son état, qu'il considère comme une mission, comme un apostolat.

« Aimez, dit Barrau, aimez ces enfants que Dieu, votre pays et leurs familles vous confient ; aimez-les tous ensemble ; aimez chacun d'eux en particulier. Mais sachez vous préserver également et d'une indifférence qui serait coupable et d'un attachement trop dévoué qui deviendrait pour vous une source de déceptions. »

La religion et la raison doivent guider l'instituteur.

§ X. — *L'instituteur doit avoir un extérieur convenable.*

Nous abordons ici un sujet qui ne dépend pas entièrement de l'instituteur : car avec la meilleure volonté il ne peut ni suppléer à ce que la nature lui a refusé, ni corriger certaines imperfections.

Mais avant de se destiner à la carrière de l'enseignement, on doit interroger ses forces physiques et connaître ses facultés morales et intellectuelles.

Une mauvaise constitution, une infirmité, un défaut comme le bégaiement, la dureté d'oreille ne sont pas compatibles avec la position d'instituteur.

On ne se donne pas un extérieur imposant ; mais la dignité du caractère perce dans l'attitude du maître qui y joindra le sentiment des convenances, et ne paraîtra jamais dans l'école la tête couverte et avec des vêtements en désordre.

§ XI. — *L'instituteur doit avoir de l'intelligence.*

« *Comment espérer de former l'intelligence de la jeunesse sans avoir soi-même de l'intelligence* (1) ? »

Par intelligence nous entendons un esprit sain et pratique, une bonne mémoire, une imagination vive, du sentiment, du cœur et de la présence d'esprit. A l'aide de ce concours de facultés, l'instituteur ne s'égarera point faute de jugement, et ne se déconcertera pas dans les circonstances imprévues ; il saura encourager le bien, réprimer le mal et prévenir l'indiscipline. Il ne descendra jamais à des expressions triviales, et se garantira de l'injustice, de la partialité ; il sera enfin à la hauteur de son mandat en complétant par l'expérience le type idéal qu'il doit réaliser.

§ XII. — *L'instituteur doit avoir une somme suffisante de connaissances approfondies dans les diverses branches qu'il est obligé d'enseigner.*

« Un bon maître d'école, a dit M. Guizot, doit savoir beaucoup plus qu'il n'enseigne. »

(1) Niedermeyer

Voici encore à cet égard l'opinion du docteur Scheinert : « Un bon instituteur doit posséder de grandes connaissances, afin de pouvoir remplir convenablement ses fonctions ; il doit connaître beaucoup plus que ce qu'il est chargé d'enseigner. Ce n'est qu'à cette condition qu'il sera capable d'instruire avec intelligence et avec goût. »

Ce principe s'applique aux instituteurs des classes inférieures comme à ceux des classes supérieures ; tous doivent posséder à fond et parfaitement leur programme respectif ; il n'y a de différence qu'entre l'étendue et la variété de ce qu'ils ont à enseigner.

CHAPITRE V.

LE LANGAGE DE L'INSTITUTEUR.

Il n'est pas nécessaire de dire qu'il importe que l'instituteur parle assez haut, clairement et lentement, pour être bien compris des élèves. Le langage de l'instituteur doit aussi être pour eux un modèle à imiter ; il faut par conséquent qu'il parle exactement, et qu'il se conforme aux règles et au génie de la langue ; qu'il prononce clairement et avec pureté chaque syllabe des mots et chaque mot de la phrase ; qu'il distingue soigneusement les mots homonymes et qu'il évite scrupuleusement de faire entendre des intonations étrangères à la bonne prononciation. L'instituteur ne doit point trop élever et forcer la voix, attendu que, par là, d'une part, il fait inutilement une dépense de force physique, et que d'autre part, il provoque le bruit dans la classe, et rend ainsi le maintien de l'ordre et de la discipline plus difficile. D'ailleurs, il lui serait de cette manière impossible de satisfaire à une règle importante de rhétorique, celle de faire ressortir par l'accentuation ce qui est logiquement le plus important dans les paroles prononcées. Cette dernière condition est, selon nous, la plus difficile à atteindre pour l'instituteur, parce que l'observation de cette règle n'est pas basée exclusivement sur des connaissances grammaticales, mais qu'elle suppose un certain degré de culture intellectuelle.

Mieux l'on est pénétré du sens d'une phrase ou d'un discours, plus on est à même de distinguer entre l'accessoire et l'essentiel, entre ce qui est important et ce qui ne l'est pas ; plus on est en état de prononcer et d'accentuer convenablement, et enfin plus est sensible et durable l'effet produit sur l'auditoire.

En appuyant plus fortement sur ce qui, dans une phrase ou dans un discours, est logiquement le plus important, on indique à l'élève ce qui doit attirer son attention et ce qui doit faire l'objet de ses réflexions spéciales. Si maintenant il est vrai comme nous le disions plus haut, que l'accentuation bonne et juste exige un certain degré de développement intellectuel, il suit que la recommandation résumée ici en deux mots : *accentuer convenablement,* renferme cet avis important : travailler à acquérir des connaissances et une éducation solide. Au fur et à mesure que l'esprit se développera et que le cœur se formera, non seulement le langage se perfectionnera ; mais ce qui est bien utile pour l'enseignement pratique, on parviendra à exposer un sujet de telle sorte que, naturellement et sans prétention, on fera ressortir l'important et distinguer facilement entre l'accessoire et l'essentiel.

Quant au fond du langage, il mérite autant de soins que la forme, peut-être pour l'instituteur c'est ce qui doit le plus fixer l'attention. Pour que le langage du maître soit intelligible aux enfants, il est indispensable qu'il choisisse des expressions en rapport avec leur développement intellectuel et leur force de conception, qu'il donne à la construction de ses phrases une tournure qui facilite aux élèves la compréhension du sens de celles qui se succèdent. Il s'ensuit qu'il faut un tout autre langage avec des enfants de douze ans qu'avec des enfants de six ans.

Le langage de l'instituteur doit, pendant la leçon surtout, avoir un cachet de gravité. Cette qualité n'en exclut cependant point une autre : la bienveillance, l'amabilité du ton. Mais il faut bien se garder de parler d'une manière légère et puérile, sinon l'instituteur perdrait avec ses élèves l'ascendant de cette autorité sans laquelle il est impossible de s'acquitter avec bonheur de sa mission. Il convient comme règle générale d'apprécier le langage au caractère de la matière à traiter, d'être gai et aimable, grave et solennel, selon le cas ou suivant la nature du sujet de la leçon. Le langage doit se distinguer en toute circonstance par une certaine dignité. Jamais des expressions vulgaires, des paroles grossières et triviales, ne doivent souiller les lèvres de l'instituteur. Comment serait-il possible qu'un instituteur qui, dans ses conversations, ne garderait aucune réserve, pût bien former ses élèves, leur inculquer des principes de convenance, les captiver, les rendre attentifs et exercer une influence salutaire sur leur cœur et leur caractère ?

Puisqu'il est d'une haute importance que le langage soit convenable, il est du devoir de toutes les personnes qui s'occupent de l'enseignement de ne rien négliger à cet égard.

En nous résumant, le véritable instituteur s'attachera à parler avec précision et pureté; il laissera à son âme et à son cœur le soin de l'inspirer convenablement.

CHAPITRE VI.

LE REGARD DE L'INSTITUTEUR.

On dit que l'œil est le miroir de l'esprit. On pourrait modifier cette image par une expression plus triviale et aussi vraie en disant : l'œil est la fenêtre de l'esprit.

Une fenêtre permet effectivement de voir du dedans au dehors, comme du dehors, quand les stores ne sont pas encore baissés, on distingue ce qui se passe dans l'appartement au moyen des fenêtres qui prennent jour sur la rue.

Mais à l'égard de l'esprit, aucun nuage ne doit ternir la pureté de l'œil qui lui sert de miroir ; aucun obstacle ne doit s'élever à cette fenêtre, ni au dedans ni au dehors. De là résulte l'éloquence la plus haute, la plus entrainante, l'éloquence de regard.

Cette éloquence appartient à une langue universelle, qui date du berceau même de la création, qui remonte à nos premiers parents, Adam et Eve. Inutile de recourir aux dictionnaires, et aux syntaxes pour les règles de cette langue qui ne se modifie pas de peuple en peuple, de siècle en siècle, qui est de tous les temps, de tous les lieux.

Cependant elle n'est pas toujours comprise. Ainsi Saint-Pierre lui-même resta indifférent au regard que lui adressa, à l'heure des épreuves de la passion, le divin Rédempteur. Ce moment de faiblesse, le chef des apôtres le racheta plus tard ; le reste de sa vertueuse carrière et son martyre l'attestent noblement.

Maintenant si l'on se rend compte de l'influence que le regard de l'instituteur exerce dans l'école, nous dirons que c'est un des plus efficaces moyens de discipline. Heureux l'instituteur qui n'a pas besoin d'autres ressources pour maintenir l'ordre et l'harmonie dans sa classe ! Heureux surtout l'élève qui, averti à temps par le regard du maître, ne tombe pas dans des fautes qui exigeraient une répression plus rigoureuse.

Pendant la leçon, lorsque l'instituteur s'occupe du soin d'instruire ses élèves, et que ceux-ci doivent lire dans ses regards les sentiments qui l'animent, il arrive parfois qu'un écolier distrait ou étourdi ne prête aucune attention à ce qui se passe dans sa classe ; l'œil exercé du maître doit s'en apercevoir. Aussitôt un regard sévère lancé à l'élève dissipera sa distraction ; et si cela ne suffit point, l'instituteur s'interrompra brusquement. Ce silence suffit ordinairement pour produire une secousse morale d'un effet infaillible.

On voit chaque jour des élèves se décourager par la crainte exagérée de leur faiblesse intellectuelle, par l'idée de la supériorité trop grande de leurs camarades, ou bien par les difficultés que leur oppose la solution d'un problème, l'exécution de la tâche imposée.

En pareils cas il faut plus que le regard du maître pour remonter le moral, ranimer la confiance, dissiper ce doute funeste ou sécher les larmes d'un élève dont les forces se trouvent ainsi paralysées ; mais un regard exercé a vite deviné les moyens à employer.

Nous n'avons parlé jusqu'à présent que des élèves placés dans des conditions défavorables; mais pour ceux qui sont l'espoir et l'honneur de l'école, pour ceux-là le regard du maître a un prestige bien grand. En voyant un éclair de satisfaction briller dans l'œil du maître, l'élève intelligent et laborieux sent une noble rougeur colorer son front ; son cœur bat plus fort ; et il se promet tout bas de mériter souvent cette muette approbation, dont un rapide regard a été comme la chaîne électrique.

On nous objectera peut-être que tout cela s'arrange très-bien sur le papier, au moyen de raisonnements sur la puissance du regard ; mais il nous reste à indiquer comment s'applique cette puissance. Nous répondons naïvement que le fond se résoudra de lui-même, toutes les fois que le regard sera le miroir d'une âme honnête et loyal, sincèrement dévouée à la pratique des devoirs d'instituteur. L'âme devient alors transparente, et, par l'expression du regard, elle manifeste divers sentiments, avec les nuances d'encouragement ou de tendre reprocbe que les élèves comprennent de suite, grâce à l'intuition rapide, apanage de l'enfance.

CHAPITRE VII.

CE QUE DOIT OBSERVER L'INSTITUTEUR

pour ne compromettre ni l'équilibre de sa santé ni le succès de son enseignement, en parlant trop et en parlant trop haut.

La santé est un des premiers biens de la vie ; quand on a compromis ou perdu ce trésor que rien ne remplace, tous les plaisirs sont sans saveur. Le pauvre lui-même vit heureux au milieu des privations, s'il possède une santé robuste.

Mais la conservation de ce bien a surtout la plus grande importance pour l'instituteur et l'institutrice auxquels la santé est aussi indispensable qu'aux ouvriers chargés des plus rudes labeurs. Une classe réclame, en effet, toute notre énergie physique ; ce qui tend à diminuer ou à compromettre notre santé nuit donc à l'enseignement.

Parmi les précautions à prendre figure en première ligne l'attention que nous devons avoir de ne parler ni *trop longtemps*, de manière à fatiguer la poitrine, ni *trop haut* en forçant le diapason de la voix.

Établir et faire régner l'ordre dans l'école : voilà le meilleur moyen d'obvier à ce double inconvénient.

Par l'ordre nous entendons l'arrangement matériel qui dispose chaque objet à sa place, et la discipline qui soumet tous les élèves au silence, au retour mesuré des exercices prescrits dans un plan d'études rationnel, et les fait marcher vers le même but.

Avec l'application de ces règles dans la classe, de ces principes parmi les élèves, le maître n'a plus besoin de faire une dépense inutile de paroles ; il n'a surtout jamais besoin de crier.

C'est déjà une source de progrès pour les élèves que la tranquillité de corps et d'esprit, l'attention réfléchie ; le calme et le silence prédisposent à la réflexion. Malheur au maître qui ne sait pas, dès son début dans la carrière, établir cet ordre et cette discipline ! Il aura à soutenir contre ses propres élèves une longue lutte où succombera sa santé, sans que ses efforts tardifs puissent assurer quelque fruit à son enseignement.

Le secret d'instruire, c'est-à-dire, de communiquer à d'autres ce que l'on sait, dépend de deux conditions :

l'aptitude du maître, l'intelligence des élèves. Si le maître n'est pas bien pénétré de ce qu'il doit enseigner, si l'élève ne comprend pas la leçon, par exemple lorsqu'elle dépasse le cadre de l'école, qu'elle s'égare dans des régions trop élevées, qu'elle ne procède pas par degrés, l'instituteur échoue malgré son zèle ; et l'application disparaît chez les enfants. Pourquoi écouteraient-ils ce qu'ils ne comprennent pas ?

Alors survient la nécessité des répétitions, des récapitulations ; alors aussi les paroles oiseuses, les éclats de voix, les cris, puis par un mouvement nerveux les entraînements de la colère. La santé du maître se trouve compromise, et l'école est perdue.

Ne vaut-il pas mieux de préparer d'avance, méditer un plan d'études, se soumettre aux conseils des personnes qui font autorité en matière d'enseignement, puis marcher vers le but, en modifiant son programme d'après les circonstances, en raison des caractères et de l'intelligence des élèves ?

Voilà comment un instituteur remplira toutes les conditions d'un enseignement fructueux sans se fatiguer, en occupant *toujours et simultanément*, de la manière la plus convenable, les élèves des différentes catégories qui composent sa classe. C'est ce que l'on appelle établir avec l'ordre et la discipline la gradation et l'harmonie dans l'enseignement.

En pareil cas, point d'interruption, pas même de distraction ; l'activité de chaque élève se trouve convenablement occupée, et même dirigée à l'insu des enfants dont la classe satisfait l'intelligence et répond à la curiosité instinctive. Ils y viennent avec bonheur, ils en sortent à regret ; ils y pensent aux heures de loisir et de récréation. Pour le maître comme pour les élèves, l'étude devient un bonheur.

Mais que l'on ne s'abuse point ; de pareils succès ne tiennent ni à la supériorité des connaissances ni à la bonté des méthodes ; il faut en chercher la cause plus haut, dans les dispositions personnelles que l'instituteur apporte au milieu de ses élèves.

Au seuil de l'école, il doit déposer toutes les peines, tous les soucis du monde et de la vie matérielle, pour n'être plus que l'homme du devoir et de l'enseignement. Si son cœur est déchiré par des peines profondes, par un deuil de famille, par une de ces souffrances physiques ou morales, triste cortége de la vie, qu'il puise des forces dans la sainteté de sa mission, qu'il implore la protection divine ; sa prière sera entendue dans le Ciel. Un force surnaturelle l'animera et sans cris, sans efforts, il trouvera un baume salutaire dans l'exercice même de sa profession, dans la conscience du devoir accompli.

C'est le contraire chez l'instituteur qui entre dans sa classe avec mélancolie, avec découragement : il ne tarde point à s'abandonner à l'irritation ; il froisse les élèves ; il souffre et les fait souffrir. Sa santé et le succès de l'enseignement se trouvent à la fois compromis.

Que les instituteurs et les institutrices se présentent à leurs élèves, l'esprit calme, le cœur dévoué. Sur un des murs de la classe, où leur regard se porte le plus souvent, ils peuvent graver cette inscription : La santé vaut mieux que toutes les richesses du monde ; et il faut entretenir la santé du corps pour conserver la paix de l'âme et le ressort de l'esprit.

§ XVI. — *En toutes choses, l'instituteur se montrera ce qu'il veut que deviennent ses élèves.*

L'exemple est la meilleure leçon parce qu'il porte à l'imitation si puissante chez les enfants. Leur attention se dirige constamment sur l'instituteur pour l'observer dans ses actes, dans ses paroles ; la bonne conduite de l'instituteur offre donc au point de vue religieux et moral un principe essentiel.

S'il se néglige dans son langage, dans son attitude, dans sa mise, espère-t-on rencontrer dans son école des enfants parlant correctement, ayant de bonnes manières, et propres sur leur personne comme dans leurs vêtements ? Ces enfants confiés à celui qui devrait les diriger en tout vers le bien, et qui leur donne un tout autre exemple, feront-ils des efforts pour leur amélioration physique, morale, intellectuelle ?

Combien sera différente l'école où l'instituteur, par le respect des convenances, par ses manières simples et dignes, par un langage clair et précis, dénote une éducation et une instruction en harmonie avec la mission qu'il remplit, et qui ne peut manquer de réussir quand il y joint zèle, dévouement, gravité, bienveillance ! Irrésistible est l'influence d'un pareil exemple, il triomphe dans des circonstances où échouerait le raisonnement le plus logique.

C'est ce que le respectable Overberg a exprimé de la manière la plus heureuse en traçant un éloquent tableau des effets de l'exemple du maître.

Nous ne citerons ici qu'un fragment de ce tableau, dont Overberg a tracé l'ensemble :

..... « Vous connaissez la fable de l'*Écrevisse* et de sa fille ; instituteurs, vos élèves pourraient vous tenir le même langage, lorsque vous les réprimandez ou que vous les châtiez pour une action que vous vous permettez vous-mêmes. Et ne croyez point que vous faites assez relativement à votre obligation de donner bon exemple à vos élèves, en réglant d'une manière convenable votre extérieur, sans tâcher d'être réellement ce que vous feignez d'être, un bon chrétien, un homme vertueux et craignant Dieu ; car les enfants s'aperçoivent bientôt si ce que vous faites devant leurs yeux correspond ou non à vos autres actions ou omissions. S'ils viennent à découvrir votre hypocrisie, ils ne se fieront plus à vous en rien ; et voilà vos leçons, vos remontrances sans fruit.

. . . .

..... » On peut regagner ce qu'on a perdu sous le rapport de l'instruction ; on peut rectifier des idées erronées que l'on a inculquées dans l'esprit des élèves; mais comment effacer l'impression produite par le mauvais exemple de l'instituteur ? »

CHAPITRE VIII.

PRÉCEPTES SUR L'ENSEIGNEMENT EN GÉNÉRAL.

Instruire est un des points les plus importants de la pédagogie. C'est un art difficile ou facile suivant les dispositions des élèves, et surtout selon l'habileté du maître. Pour acquérir cet art et pour le pratiquer avec succès, il ne suffit pas de considérer le fond de la matière à enseigner, il faut s'attacher à la forme, c'est-à-dire au moyen de communiquer ce que l'on sait bien.

La pédagogie établit des règles sur ces différents points, dont l'exposé et les développements appartiennent à la méthodologie générale ou bien à l'introduction à la catachétique. Par conséquent on distinguera :

I. Les préceptes concernant la manière de traiter un sujet ;

II. Les préceptes se rapportant à l'action de l'instituteur, à la manière d'enseigner.

I. — *Préceptes (ou règles) concernant la manière de traiter les différentes branches d'enseignement.*

La pédagogie admet de nombreuses règles touchant les sujets à traiter, les dispositions des élèves, la méthode à suivre et d'autres circonstances extérieures qui ne se rattachent qu'indirectement à l'enseignement.

Nous avons cherché à résumer ces règles sous une forme simple et brève.

Résumé du code pédagogique.

1. Enseignez constamment et en toutes choses, d'après les lois de la nature.

2. Attachez-vous spécialement au point de vue de l'individualité des élèves.

3. Etablissez de la liaison dans votre enseignement de sorte qu'il ne présente pas de lacune ni d'interruption.

4. Au commencement de chaque branche, procédez

d'une manière élémentaire, jamais scientifiquement.

5. Soyez bien clairs dans vos leçons, sans vous égarer dans des détails minutieux ou inutiles.

6. Que votre enseignement soit toujours intuitif.

7. Pas de bavardage superflu, marchez au but.

8. Coordonnez vos leçons en évitant ce qui peut distraire ou embrouiller les élèves.

9. Votre enseignement doit être attrayant, jamais frivole, ni badin.

10. Faire vos procédés et changer souvent de forme.

11. Ne restez pas trop longtemps sur le même point sans nécessité absolue.

12. Toutefois, hâtez-vous lentement en raison des succès des élèves et de la nature du sujet.

13. Récapitulez souvent sans employer les mêmes expressions.

14. Dans chaque branche d'enseignement, tenez note des dispositions particulières des élèves et de leur destination présumée.

15. Ne négligez jamais les applications pratiques à la vie usuelle.

16. Joignez,si c'est possible, le savoir faire au savoir, en ne vous contentant jamais de théories sans y mêler l'application.

17. Ne négligez aucune des qualités spéciales de vos élèves, et quand le talent se révèle dans une direction, hâtez-en le développement.

18. N'abandonnez pas les élèves faibles et moins heureusement doués : Aidez-les, car ils ont surtout besoin de vos secours.

19. Occupez convenablement chaque élève selon ses forces, pas d'inaction, qui conduirait à la paresse.

20. Donnez vos leçons de sorte qu'elles soient intelligibles et utiles à la masse des élèves.

21. En dehors des leçons calculées pour l'ensemble de la classe, accordez votre assistance particulière aux intelligences plus lentes, comme aux plus élevées.

22. Choisissez toujours vos sujets de façon qu'ils correspondent au but que vous vous proposez d'atteindre, et au degré de capacité de vos élèves.

23. Coordonnez vos matières d'enseignement de sorte que le strict nécessaire passe en première ligne ; viendront ensuite l'utile et l'agréable selon le temps qui vous reste.

24. Répartissez l'ensemble des sujets à traiter, en tenant bien compte du temps dont vous disposez ; sans cette précaution indispensable, vous vous exposeriez à vous étendre trop loin, à approfondir telle branche de votre programme, tandis que d'autres seraient à peine effleurées, ou même négligées.

25. En faisant le choix raisonné de vos exercices, ne perdez jamais de vue les dispositions naturelles de la majorité de vos élèves.

26. Plus les élèves sont avancés, plus il faut concentrer votre enseignement, et vous interdire tout excès de paroles, tout amalgame hétérogène.

27. Etablissez, autant que possible, des rapports entre les différentes branches d'enseignement, et n'en enseignez jamais une, isolément, abstraction faite des autres.

28. Soyez avare du temps ; ne perdez pas une minute sur des choses inutiles ou sans valeur pour vos élèves.

29. Préparez-vous avec soin. N'entrez en classe qu'en sachant ce que vous y ferez, qu'en ayant fixé jusqu'à quel point vous devez aller.

30. N'oubliez jamais les qualités personnelles et les circonstances particulières relatives à vos élèves. Tout

en tenant compte de leur carrière future, ne provoquez point des vocations n'ayant pas de raison d'être.

31. Ne négligez pas de songer dans vos leçons à l'appréciation des parents de vos élèves et du public en général.

32. Prévoyez tout malentendu ; mais condamnez avec énergie une méchanceté ou une niaiserie.

33. Enfin exprimez-vous en classe avec respect sur le compte des parents et des autorités, quand vous aurez à en parler, ou bien sachez vous taire.

---

1. Parlez assez haut sans crier en adaptant le volume de votre voix, à l'étendue du local et au nombre des élèves.

2. Prononcez bien, articulez bien distinctement chaque syllabe en l'accentuant selon le génie de la langue, dont vous vous servez.

3. Ayez de la dignité dans votre langage et dans votre maintien pour ajouter à l'autorité de votre enseignement.

4. Mettez une certaine vivacité dans vos paroles, mais sans brusquerie et sans éclat.

5. Montrez toujours une physionomie sereine, affable en homme qui est heureux d'accomplir un devoir.

6. Evitez la monotonie par la variété de vos inflexions de voix, mais sans affectation, sans prétention, en vous conformant à la nature du sujet ainsi qu'à l'âge des élèves.

7. Gardez-vous bien du pédantisme ; ce serait prêter au ridicule.

8. Parlez avec assurance, avec fermeté en évitant de traîner, d'hésiter, comme si vous doutiez de vous et de l'enseignement à donner.

9. De la mesure dans vos paroles, c'est-à-dire n'allez ni trop vite ni trop lentement.

10. Montrez toujours de la bonne volonté ; soyez infatigable.

11. Evitez toute expression triviale, équivoque, et dans votre langage comme dans vos manières respectez les convenances de la politesse.

12. Encouragez vos élèves pour eux et pour vous dans un intérêt mutuel.

13. Soyez bons et patients avec les enfants timides, d'une santé délicate, ou depuis peu entrés dans l'école.

14. Parlez gravement, mais paternellement, à ceux qui ont besoin de ce ton, mais point de cris ni de colère.

15. Montrez de la compassion pour les élèves tristes, découragés par le sentiment de leur infériorité intellectuelle.

16. Instruisez, avertisez, blâmez avec calme et bonté, sans vous permettre ni raillerie ni humiliation dégradante.

17. Votre langage et vos manières doivent s'approprier à la portée des enfants, mais en évitant toute puérilité.

18. Lorsque le sujet que vous traitez l'exige, abandonnez-vous à une émotion exempte de *sensiblerie :* ce qui part du cœur va au cœur.

19. Pour terminer cette série de recommandations, en ce qui concerne l'emploi des termes scientifiques, conformez-vous aux règles suivants :

A) Evitez avec soin les mots empruntés à une langue étrangère, morte ou vivante ;

B) N'employez pas sans nécessité des qualifications nouvelles, des expressions que vos élèves ne connaissent pas ;

C) Conformez-vous à l'usage, quoique les mots aient vieilli, pourvu qu'ils se comprennent bien ;

D) Soyez fidèles aux désignations une fois adoptées;

E) Ne parlez que de ce que vous comprenez bien vous-mêmes, pour ne pas affaiblir votre influence.

CHAPITRE IX.

DE LA DISCIPLINE DANS L'ÉCOLE PRIMAIRE,

ou des moyens de maintenir l'ordre dans la classe.

On entend par le maintien de la discipline dans une école les mesures qui tendent à l'ordre, à la régularité, au respect des convenances *avant*, *pendant et après* les heures de classe. Par conséquent, c'est l'ensemble des lois que les élèves doivent observer durant leurs exercices comme en dehors de l'école, de manière à seconder l'éducation et l'instruction.

La difficulté qui consiste à maintenir une bonne discipline doit être considérée à un double point de vue :

1° Comme le résultat de l'action personnelle de l'instituteur ou de l'institutrice ;

2° Comme dépendant un peu des circonstances extérieures, abstraction faite de la volonté des maîtres.

Quiconque se destine à la carrière de l'enseignement doit d'abord examiner avec soin son caractère et son tempéramment ; il faut se méfier de la propension à la colère, ainsi que d'un penchant marqué à la tristesse. Dans l'un et dans l'autre cas, l'école serait compromise par l'instituteur lui-même, s'abandonnant à un excès d'irritation ou de découragement.

L'instituteur phlegmatique n'est point exposé à ce double danger ; mais sous le rapport de l'ordre et de la discipline, il risque de se montrer indifférent, c'est-à-dire coupable de négligence se traduisant en échecs pour ses élèves.

Il importe encore que celui qui se destine à l'enseignement s'interroge sur le sentiment inné et raisonné de justice, dont il ne doit jamais s'écarter. La moindre déviation à cet égard, dans l'indulgence comme dans la sévérité, ruine bientôt l'ordre et la discipline.

Les difficultés extérieures que le maître rencontre proviennent des élèves, de leur caractère, et de différentes circonstances qu'il s'agit d'étudier.

Tout moyen disciplinaire doit varier et se modifier d'après l'âge, la santé, l'éducation domestique, les dispositions personnelles des enfants. Les conditions locales, particulières à chaque école, peuvent aussi compliquer et aggraver la mission du maître ; par exemple : l'exiguité de la classe, le manque d'air et de lumière, l'absence de pupitres et d'autres objets composant le matériel de l'école, la distance à parcourir dans de mauvais chemins, etc.

Enfin la discipline de l'école peut souffrir d'une mauvaise direction didactique comme vices dans le programme des études, défectuosité des méthodes, emploi de livres classiques incomplets, sans rapport avec le but à atteindre, etc.

Parmi ces obstacles, il y en a que l'instituteur peut et doit surmonter à force d'énergie ; il en est d'autres, auxquels il se résigne, sans se relâcher pourtant dans son œuvre de dévouement et de progrès.

Un des meilleurs moyens de maintenir la discipline est certainement la *méthode* ou *procédé* d'enseignement. En effet, qu'attendre de l'instituteur qui manque d'ordre, d'énergie, de chaleur, de dévouement à sa profession, de sympathie pour les enfants. Ceux-ci deviennent le reflet du maître qui, en échange de ses torts, recueille indifférence, bavardage, taquineries, indiscipline, désordre.

Au contraire, s'il est vigilant, énergique, zélé, affable, sévère à propos, toujours impartial, les mêmes qualités se développeront naturellement chez les élèves.

Si quelques exceptions résistent à l'influence du bon exemple du maître, qu'il redouble de soins et d'efforts; le succès n'est pas douteux.

Un autre moyen de faire régner dans l'école l'ordre et la discipline, c'est l'existence entière du maître servant de type, de modèle à ceux qu'il dirige, et auxquels il doit donner l'exemple du bien dans la classe et hors de la classe. Nous recommanderons aussi l'art d'utiliser le temps, d'appliquer chaque minute, les soins à donner à l'examen des cahiers et des devoirs de chaque élève, l'observation d'une justice vraiment distributive, enfin une surveillance incessante que l'instituteur exercera sur lui-même, sur sa personne, sur la propreté de ses vêtements, l'emploi de ses paroles, sur ses moindres actes, même sur son attitude ; jamais d'affectation ni de hauteur, une politesse réelle, une sévérité tempérée par la bienveillance, mais surtout pour la prière au commencement et à la fin de chaque classe, pour tous les devoirs religieux, pour la morale, une foi sincère, cette foi qui se communique à l'âme parce qu'elle vient de l'âme.

Nous avons encore constaté qu'une classification intelligente des élèves contribue beaucoup au maintien de l'ordre et de la discipline. Pour cela, il convient de grouper les élèves d'après la capacité des connaissances acquises, de manière à les bien surveiller, tout en leur donnant le goût de l'étude. Mais pour cela, il faudrait ne point admettre de nouveaux écoliers à chaque époque de l'année, ce qui détruit l'harmonie de l'ensemble et oppose de graves difficultés au maintien de la discipline ainsi qu'au succès des études.

On nous objectera que nous traçons là une utopie, que nous rêvons une école modèle, une école irréalisable. Nous répondrons qu'il importe d'essayer, et que chaque instituteur, chaque institutrice peut, dans la mesure de ses forces, tendre à cet idéal. C'est un devoir pour eux ; et les maîtres s'y consacrant sans réserve, les résultats ne se feront pas attendre ; car les élèves tiendront à l'honneur de respecter cette discipline qui est la vie de l'école.

CHAPITRE X.

LES LOIS D'ÉCOLE.

Réflexions sur les règlements à suivre en classe.

1° Les dispositions des lois d'école doivent se rapporter exclusivement à la classe, c'est-à-dire aux circonstances dans lesquelles l'enfant se trouve comme élève : car leur but est de bien caractériser les devoirs, les exigences de la vie scolaire; ce sont des *lois d'école*.

Par conséquent, elles ne comprendront pas les lois générales qui se rapportent à la carrière morale et civique de l'homme, à moins que ces lois ne touchent par des points directs à l'école même ;

2° La forme de ces lois tient du commandement et du précepte. Donc, pas d'abstraction ; mais que le rapport entre la disposition et l'élève tenu de la suivre soit facile à saisir, ainsi que la nécessité du commandement ou de la défense, s'y trouvant exprimés ;

3° Il vaut mieux employer le commandement que recourir à la défense. L'essentiel est d'imposer le bien ; de là suit l'interdiction du mal. Que l'élève se pénètre de ce qu'il doit faire, il arrivera de lui-même à la pratique régulière du bien ;

4° Lorsqu'on veut appuyer les lois d'école sur le texte de l'*Écriture sainte* pour leur donner la sanction divine, il faut les réduire à un très-petit nombre et éviter toute confusion, toute obscurité ;

5° Les lois d'école ne seront ni trop générales, ni trop détaillées. En effet, les enfants saisissent difficilement le rapport du général au particulier ; et l'on ne peut pas comprendre tous les cas spéciaux dans un règlement écrit ou imprimé ;

6° La rédaction en sera claire et brève, afin de rester intelligible ;

7° Le nombre doit correspondre à celui des cas à prévoir ;

8° Il ne faut ni exprimer le motif d'une disposition, ni déterminer d'avance la peine pour une transgression. Il suffit à l'élève de savoir que ces lois conformes à la volonté divine émanent d'une autorité supérieure.

Ajoutons qu'il serait déraisonnable, et que l'on s'écarterait des principes de la pédagogie en fixant d'avance la punition pour telle ou telle faute, dont la gravité se subordonne à l'âge du sujet, aux circonstances et à d'autres considérations particulières.

Il y a divers moyens de communiquer aux élèves, les lois d'école et de les fixer dans leur esprit.

a. On se gardera bien de dicter ce code et de le faire apprendre de mémoire ; ce qui inspirerait répugnance et dégoût.

b. On peut faire imprimer ce règlement sur une grande feuille de papier pour le coller au mur de la classe, ou en brochure, remise dans les mains des élèves. Ce dernier moyen est préférable, il s'adresse aux écoliers et aux parents, ces derniers peuvent en prendre connaissance.

c. On fera périodiquement la lecture des lois d'école, par exemple à chaque trimestre, ou du moins au commencement du semestre. Cela suffit avec les élèves de bonne volonté qui en retiennent ainsi les dispositions principales, et ne sont point exposés à manquer au règlement par ignorance. Quoique ce code soit imprimé, une lecture périodique avec explications orales n'en reste pas moins utile.

Les lois d'école n'auront d'effet réel sur le maintien de la discipline que si l'instituteur veille rigoureusement à leur exécution. Mais ici est le mal ; tantôt, telle disposition se trouve éludée; tantôt, il y a sévérité de répression et quelquefois négligence. Les enfants ne peuvent s'expliquer ces alternatives : ils commencent à soupçonner l'impartialité du maître, à le taxer d'inconséquence.

Mieux vaudrait l'absence de ce règlement que son inexécution.

Instituteurs et institutrices, n'oubliez jamais que le respect des lois d'école dépend avant tout de votre soin religieux à les observer, à les pratiquer, à maintenir votre légitime autorité, ce qui n'empêche nullement de la faire aimer.

I. *Soyez obéissants et respectueux.*

Obéissez à vos maîtres vite et volontiers, même lorsqu'il vous en coûtera. Ne répliquez jamais, ou ne le faites qu'avec convenance ; ne vous opposez point à leurs ordres. Témoignez leur toujours le respect qui leur est dû.

II. *Aimez l'ordre.*

Ne manquez jamais l'école sans nécessité et sans en avoir prévenu votre instituteur ; arrivez toujours à temps ; ne sortez pas durant les leçons sans la permission de l'instituteur ; ne quittez pas votre place arbitrairement ; n'oubliez aucun livre ni autre objet classique dont vous avez besoin pendant la leçon; mettez de l'ordre dans tout ce que vous faites et tenez vos cahiers et vos livres proprement.

III. *Soyez tranquilles en classe.*

En entrant à l'école, ayez un maintien convenable ; rendez-vous à votre place sans bruit ; ne dérangez point la leçon par des causeries inutiles, ou par des mouvements brusques ; ne répondez pas sans avoir été interrogés ; évitez, dans les intervalles pendant les heures de classe, tout bruit et tout vacarme ; retournez tranquillement à votre maison.

IV. *Soyez attentifs.*

Dirigez toujours vos pensées sur l'objet de la leçon ; ne provoquez la distraction ni par des jeux, ni par des causeries, etc.—Suivez attentivement les explications, les interrogations ainsi que les signes et les gestes du maître.

V. *Soyez laborieux* (appliqués).

Faites chaque devoir en temps utile et complétement ; ne vous présentez jamais aux leçons sans être bien préparés ; récapitulez à la maison chaque jour ce qui a été traité à l'école.

VI. *Soyez propres.*

N'arrivez jamais à l'école ayant les mains, la figure ou les vêtements malpropres ; respectez tous les objets classiques et les meubles de l'école ; ne détériorez rien.

VII. *Ayez un maintien convenable.*

Ayez un maintien et une démarche convenables, lorsque vous êtes assis ou debout ; soyez honnêtes dans vos gestes, dans vos paroles et dans vos actions ; agissez toujours en enfants bien élevés et en bons écoliers.

VIII. *Soyez sociable et rendez volontiers service.*

Ne taquinez, ne frappez, ne maltraitez jamais vos condisciples ; évitez de dénoncer vos camarades ; vivez avec eux en paix et en amitié ; empressez-vous de leur rendre service, quand vous le pouvez.

IX. *Soyez prévoyants.*

Prenez garde de nuire, soit par légèreté, soit par précipitation, à qui que ce soit, ne dites jamais rien dont vous auriez plus tard à vous repentir.

X. *Soyez vrais, aimez la vérité.*

Ayez horreur du plus petit mensonge ; même vos propres fautes, avouez-les avec franchise ; le mensonge est une flétrissure pour l'homme.

XI. *Soyez pieux.*

Manifestez votre piété à l'école en récitant lentement les prières avant et après les leçons ; prononcez ces prières sans crier, les mains jointes, dans une attitude respectueuse. Soyez recueillis à l'église. Entrez-y, la tête découverte, d'une manière décente, avec le sentiment du devoir que vous y remplissez. N'arrivez pas trop tard. Celui qui parle ou fait du bruit durant les offices est coupable. On doit entrer dans la maison de Dieu et en sortir avec respect.

CHAPITRE XI.

LA DISTRIBUTION DES RÉCOMPENSES ET DES PUNITIONS.

La distribution des récompenses et des punitions dans l'école est une des choses les plus dignes de l'attention et des méditations de ceux qui sont appelés à la diriger.

A ce titre nous appelons derechef sur les chapitres Ier et II, intitulés: *Récompenses et punition comme moyens d'éducation* , page 160-172, vol. I de notre *Cours de Pédagogie et de Méthodologie*, les réflexions les plus sérieuses de tout homme qui s'occupe de l'éducation de la jeunesse.

Quant aux récompenses, nous signalons notamment les suivantes :

1° Manifester sa satisfaction par quelques mots d'encouragement adressés à l'écolier pendant la classe : « La louange, à laquelle les enfants sont naturellement fort sensibles, peut produire les plus heureux effets ; autant ils redoutent la honte et le mépris, autant ils sont heureux de recevoir des marques d'estime. Sachez donc à propos les stimuler par la louange, mais ne l'employez qu'avec une sage réserve. »

2° Le charger de quelque fonction dans sa classe. Ceci doit toujours être regardé comme un honneur par les élèves.

3° Inscrire l'éloge accordé dans un livre destiné à conserver les mentions honorables.

4° Enfin, et surtout, la distribution des témoignages hebdomadaires et semestriels, dont un certain nombre donne à l'enfant le droit de demander à l'instituteur une RÉCOMPENSE, un SOUVENIR qui, du reste, ne doit jamais avoir une grande valeur matérielle.

La sage application des punitions est une chose d'une trop grande importance pour l'instituteur, pour que nous nous contentions des avis généraux que nous avons donnés précédemment. Voici, à ce sujet, quelques nouvelles observations sanctionnées de tout point par la pratique.

a. De même que lorsqu'il s'agit des récompenses, l'instituteur ne devra se laisser arrêter par aucune considération personnelle lorsqu'il faudra *juger* et *punir*.

b. L'instituteur choisira pour chaque faute la punition la plus convenable, c'est-à-dire celle qui lui paraîtra devoir être la plus efficace.

c. Il variera autant que possible les punitions.

d. Il évitera de mettre trop de précipitation dans ses jugements et dans ses décisions.

e. L'instituteur devra avoir assez d'empire sur lui-même pour ne jamais se mettre en colère, et surtout pour ne jamais infliger de punition quand il est dans cet état.

f. L'instituteur ne doit pas rester froid, indifférent, insensible quand il se voit obligé de punir ; il doit manifester la peine qu'il en éprouve.

g. Jamais l'instituteur ne doit, à moins que la nécessité ne l'exige, rendre la punition plus dure, en la suspendant, en en remettant l'exécution à une époque indéterminée, ou en défendant à l'enfant de pleurer.

h. L'instituteur doit être conséquent et infliger les punitions annoncées alors qu'elles sont méritées.

Parmi les différentes punitions, il en est qui ne sont pas de nature à être adoptées dans les écoles.

Nous signalons comme telles :

1° Toute punition qui, directement ou indirectement, est plus ou moins nuisible à la santé de l'écolier.

2° Toute punition qui, par son caractère, blesse le sentiment d'honneur de l'élève.

3° Toute punition qui, appliquée pour des fautes accidentelles et peu graves, n'aurait d'autre but que de mortifier l'enfant.

4° Toute punition à la suite de laquelle les condisciples de l'élève puni se croiraient autorisés à se comporter envers lui d'une manière peu convenable.

5° Toute punition qui serait nuisible au développement intellectuel.

5° Toute punition qui pourrait porter préjudice à la dignité et à l'autorité de l'instituteur.

7° Toute punition qui consisterait en soit une amende pécuniaire, soit dans la confiscation d'objets appartenant aux élèves.

L'effet produit par toutes les autres punitions dépend entièrement de l'observation rigoureuse des points cités dans le chapitre intitulé : *Punitions et récompenses,* page 160 et suivantes du *Cours de Pédagogie et de Méthodologie,* T. Ier. Les instituteurs ont à leur disposition une suffisante quantité de moyens convenables de punir ; nous ne pouvons donc que blâmer énergiquement celui qui s'oublierait au point de faire sur ses élèves l'application de l'une ou de l'autre des punitions que nous venons de réprouver.

Voici une série de punitions dont la prudente application ne manquera pas de produire l'effet voulu, et que tout instituteur pourra employer sans courir risque d'avoir des désagréments avec les parents ou de compromettre son autorité.

I. Priver l'élève de tout ce qui peut lui faire plaisir. Lui interdire les récréations, les jeux, etc.

II. Le faire rester debout à sa place, au milieu de la classe, derrière la porte ou dans un coin.

III. Le séparer de tous ses camarades pendant un laps de temps plus ou moins long.

IV. Obliger l'élève à rester à l'école après la classe, et, *en cas d'absolue nécessité,* l'enfermer tout seul dans une salle où il ne courre aucun risque de se faire du mal.

V. Lancer un regard sévère à l'élève qui se comporte mal.

VI. Manifester un blâme envers l'élève en l'appelant par son nom.

VII. Le réprimander devant ses condisciples.

VIII. Indiquer à la planche noire la première ou les premières lettres du nom de l'élève dont l'instituteur n'est pas content.

IX. Faire changer de place.

X. L'inscription d'une mauvaise note dans le registre à ce destiné et le mauvais témoignage hebdomadaire, mensuel ou semestriel.

XI. Lorsque l'élève se comporte trop mal, lui conseiller de quitterl 'établissement.

CHAPITRE XII.

LA DISCIPLINE HORS DE L'ÉCOLE.

La mission de l'instituteur étant d'élever les enfants non-seulement pour l'école, mais aussi et principalement pour la vie, pour la société, il ne peut pas rester indifférent à l'égard de la conduite de ses élèves en dehors de l'école.

C'est pour l'instituteur un devoir de surveiller les enfants après les heures de classe, et de faire comparaître devant lui ceux des élèves qui se seraient rendus coupables d'une action répréhensible.

On ne peut pas assez recommander d'agir prudemment et après mûre réflexion, afin de n'empiéter sur les droits de personne ; de ne jouer aux yeux de qui que ce soit, dans la commune, le rôle de *garde champêtre,* d'*agent de police,* etc. ; de ne jamais châtier sur la première accusation venue, et enfin de ne pas faire naître ou se développer chez l'écolier la manie de bâtir un rapport sur le moindre incident, ou d'avertir secrètement le maître d'école de tout ce qui se passerait dans l'école ou même dans la commune.

CHAPITRE XIII.

COMMENT ON PEUT OBTENIR UNE FRÉQUENTATION RÉGULIÈRE.

En supposant que l'instituteur soit au niveau de son mandat sous le rapport du zèle et de la capacité, qu'il mérite l'estime des parents, l'affection des élèves, aura-t-il assez d'influence pour déterminer la fréquentation régulière de l'école ? — Non, s'il n'est pas puissamment secondé par le bourgmestre et les échevins s'il n'a pas le concours du curé et l'appui du bureau de bienfaisance.

Ce n'est pas trop de toutes ces influences réunies pour combattre le grave inconvénient si funeste à la prospérité de l'école. Voici comment nous entendons cette action à espérer :

1° L'administration communale doit, ainsi que M. le curé de la paroisse, faire surveiller les enfants qui ne suivent pas l'école ou qui n'y viennent qu'irrégulièrement. Des représentations adressées aux parents peuvent remédier au mal ; si elles ne suffisent pas, dans le cas où les familles sont secourues par le bureau de bienfaisance et pendant une maladie recourent à l'hospice, il y a là un double moyen à employer. Sans punir, nous aimons à croire que la seule idée de perdre l'appui du bureau de bienfaisance ou de se voir fermer l'accès de l'hospice déterminera la fréquentation de l'école.

2° Certaines faveurs qu'accorde l'administration communale seront dispensé de préférence aux parents des élèves assidus de l'école (un emploi local, des travaux, la location de terrains appartenant à la commune).

3° Lors de la distribution de vêtements, de couvertures, etc., faite sur les fonds de la commune ou par le bureau de bienfaisance, les familles dont les enfants fréquentent régulièrement l'école, doivent être l'objet d'une faveur.

4° Visites périodiques des autorités (du bourgmestre et du curé), venant examiner les classes, assistant aux examens, aux distributions de prix, et montrant leur constante sollicitude pour l'école.

5° Les familles riches et aisées de la commune doivent aussi employer leur ascendant pour cette fréquentation régulière de l'école, qui empêche le vagabondage, le maraudage, tous les actes d'étourderie par lesquels l'enfance prend les habitudes de dissipation et de désordre, si funeste plus tard.

6° Mais le moyen le plus efficace dépend du clergé qui, en vue de la première communion et de l'instruction religieuse, peut recommander aux parents la fréquentation assidue de l'école où les enfants reçoivent un enseignement, subissent une discipline, acquièrent des connaissances qui les affermissent dans leurs devoirs de chrétiens. Sans la lettre, en effet, comment apprendre d'une manière rationelle le catéchisme, l'histoire sainte ? Comment suivre à l'église la célébration de la messe et des offices ? Certainement, à cause de l'importance même de la première communion, le clergé a le droit de recommander, de prescrire la fréquentation assidue de l'école ; et nous ajouterons que, dans plusieurs communes de l'arrondissement de Nivelles, grâce à cette bienfaisante autorité de MM. les curés et vicaires, les bancs des classes sont toujours bien garnis en été comme en hiver.

7° Nous ne le nions pas, l'urgence de divers travaux agricoles qui, à certaines époques de l'année réclament le concours de tous les bras, de sorte que beaucoup de familles doivent suspendre pour leurs enfants la fréquentation de l'école ; mais au lieu des vacances, pour ainsi dire stéréotypées au mois de septembre, aux fêtes de Pâques, dans d'autres circonstances exceptionnelles, pourquoi ne pas faire coïncider ces loisirs scolaires avec le retour des grandes occupations champêtres ?

Il nous semble qu'il y a sous ce rapport une harmonie facile à établir en se réglant d'après les travaux de chaque localité. Que si cette répartition des vacances était trop difficile, ne peut-on pas changer les heures de classe en abrégeant leur durée, soit de grand matin, soit dans le jour, au moyen d'une heure de repos après le repas du midi, soit enfin dans la soirée ?

On donnerait ainsi une légitime satisfaction aux intérêts des familles, aux exigences de l'instruction, aux progrès intellectuels des enfants ; et le but de l'enseignement serait atteint.

Lors des visites de MM. les inspecteurs, les listes d'appel constateraient la présence en classe de tous les élèves, excepté ceux qu'un motif valable, qu'une autorisation en règle dispenserait pour un laps de temps précis de l'obligation de fréquenter l'école.

De cette manière, l'instituteur suivrait ou modifierait le cours de ses leçons, sans s'égarer dans des divisions et subdivisions qui émiettent en quelque sorte le programme, et en détruisent la coordination.

Nous croyons également devoir recommander les cours donnés dans la soirée et les écoles du dimanche, excellentes institutions qui se concilient parfaitement avec les travaux agricoles et industriels, en entretenant le feu sacré de l'instruction, en devenant pour les élèves qui les fréquentent un fructueux délassement intellectuel, une heureuse diversion morale.

Dans les grands centres d'industrie, l'école est ordinairement abandonnée à cause de l'appât du gain ; les enfants y reçoivent un salaire quelquefois assez élevé pour que les parents y attachent une sérieuse attention; mais déjà beaucoup de chefs de fabriques et de manufactures, frappés des inconvénients de l'ignorance et de l'immoralité qu'elle traîne à sa suite, accordent aux jeunes travailleurs un peu de répit, à la condition de suivre l'école. Quelquefois même des classes sont établies à côté de l'usine, de la fabrique, de la manufacture.

Le gouvernement peut, par sa haute impulsion et par des distinctions qui ne coûtent rien au trésor, encourager, développer ces heureuses innovations. Au fait, deux heures par jour de classe suffisent ; les enfants y gagnent sous le rapport intellectuel et physique ; et l'industriel lui-même a un avantage immense dans l'éducation et l'instruction de tous les travailleurs qu'il emploie. Ce n'est pas tout : ces mêmes enfants instruits, éclairés au seuil de la vie, réagissent sur leurs familles, auxquelles ils révèlent tous les bienfaits de l'enseignement.

La question est complexe ; elle s'élève, s'agrandit à mesure qu'on étudie sous ses divers aspects.

Enfin, on peut ainsi faire fructifier tous les sacrifices de la commune, de la province, du gouvernement, sacrifices qui se rapportant à la propagation de l'enseignement populaire, et l'instituteur, heureux de l'assiduité comme des succès de ses élèves, en redoublant d'efforts, d'activité, de dévoûement, verra du même coup améliorer sa position matérielle, accroître sa considération ; il trouvera dans la prospérité même de son école la garantie de la dignité, du bien-être des jeunes générations confiées à ses soins pour devenir l'honneur du pays.

CHAPITRE XIV.

L'INSTITUTEUR DOIT AVOIR UNE CONNAISSANCE SPÉCIALE ET PRÉCISE DES DISPOSITIONS INTÉRIEURES ET EXTÉRIEURES DE L'ÉCOLE.

§ 1er. — *L'arrangement intérieur de l'école.*

1. Classification des élèves.

Pour traiter convenablement les différentes branches d'enseignement, surtout sous le triple rapport *de l'âge, de la capacité* et *des facultés intellectuelles*, on est obligé de classer les élèves par divisions, de manière qu'il y ait dans une école, dirigée par un seul instituteur, au moins *trois* divisions. Dans les écoles soumises à deux maîtres, les élèves seront partagés en deux classes, subdivisées en sections. S'il y avait un plus grand nombre d'instituteurs, il faudrait alors partager les écoliers en autant de classes qu'il y a d'instituteurs, mais chacune de ces classes doit être subdivisée en autant de sections que l'exigent les circonstances et les besoins.

En principe général, nous pouvons admettre que tous les commençants doivent appartenir à la division inférieure, dans laquelle ils restent plus ou moins de temps, suivant la manière dont l'instruction est donnée et suivant le nombre d'instituteurs qui en sont chargés.

Si l'école est dirigée par un seul maître, les commençants restent deux années dans la division inférieure, et ils n'entrent dans la division moyenne qu'après avoir satisfait aux conditions du programme de cette division.

Les élèves de la division moyenne passeront deux années dans cette classe avant d'entrer dans la division supérieure.

D'après ce que nous venons de dire, les élèves doivent rester au moins six ans à l'école et passer deux années dans chaque division. Ce temps, comme le prouve l'expérience, est tout au moins nécessaire pour former convenablement un jeune homme; nous croyons donc de ne pas être trop exigeant en imposant un séjour de six années à l'école élémentaire, à moins toutefois qu'il ne s'agisse de fréquenter une autre école plus élevée, chose qui n'a généralement pas lieu dans les campagnes.

Nous admettons des entrées à l'école deux fois par an seulement, à Pâques et aux vacances de septembre; par conséquent, chaque division se trouve composée de deux sortes d'élèves ; une moitié est déjà depuis six mois dans la division, et l'autre moitié vient seulement d'y entrer. On se trouve ainsi dans la nécessité ou de partager chaque classe en deux sections, ou de laisser les élèves une année seulement dans chaque division. Dans le premier cas, il se trouverait six sections dans une même école, pour un seul maître, ce qui est absolument trop ; dans le second cas, les enfants resteraient seulement trois années à l'école, ce qui n'est pas suffisant.

Pour écarter ces deux difficultés, nous remarquerons que la matière proposée pour chaque classe peut se traiter en une année ; de cette manière les élèves des deux divisions supérieures font une répétition de tout ce qu'ils ont vu pendant le semestre précédent ; cette répétition est indispensable, et voici pourquoi. D'abord, un élève ne comprend et ne fait jamais bien ce qu'on lui montre pour la première fois, et il faut faire avec lui une répétition, non pas immédiatement après l'explication, mais lorsqu'il aura recueilli un ensemble complet des connaissances spécifiées dans le programme de sa division.

En second lieu, le maître habile peut toujours traiter la matière *sous un point de vue autre que celui sous lequel il l'avait d'abord considérée,* et faire arriver également l'enfant aux mêmes connaissances, mais par d'autres voies; l'élève alors comprend beaucoup mieux, il se fait une idée complète de la chose ; toute difficulté s'évanouit, tout ce que jusqu'à ce moment il avait fait sans trop s'en rendre compte, il le comprend maintenant, il le trouve simple et clair.

Une répétition de tout ce que l'élève a vu une première fois est donc absolument nécessaire, mais cette répétition doit être faite alors seulement qu'il est à même de se former une idée sommaire des connaissances qu'on veut lui transmettre. Il faut lui présenter la matière sous d'autres formes, sous d'autres aspects ; alors, et alors seulement, l'enfant parvient au but qu'on s'était proposé de lui faire atteindre.

Si maintenant nous rapprochons cela de la marche adoptée pour faire passer les élèves d'une division à une autre, et du temps qu'ils ont à rester dans chaque classe, nous aurons un système complet ; les diverses parties en sont inséparables, et la complète instruction des enfants dépend entièrement de sa mise en pratique.

Quand nous disons qu'on peut partager les élèves de la division supérieure en deux sections, il faut entendre par là un partage fictif, existant seulement dans l'esprit de l'instituteur. Celui-ci se représentera cette division, ainsi que les deux suivantes, comme composée d'élèves dont les uns sont plus avancés et les autres moins. Dans l'école où il y a un seul maître, les moins avancés de la division moyenne assistent encore pour certaines branches, aux leçons données à la division inférieure, tandis que les plus avancés prennent également part à quelques leçons données à la division supérieure.

CHAPITRE XV.

HYGIÈNE DE L'ÉCOLE.

§ I. — *Quelques réflexions sur la ventilation et l'aérage des classes.*

Si nous demandons pourquoi de jour en jour diminue le nombre des artisans aux épaules carrées, aux membres vigoureux, à la force herculéenne ; si nous examinons ensuite les enfants des classes ouvrières, qui se trouvent dans la plupart de nos écoles, en voyant leurs figures pâles et bouffies, leurs yeux éteints, leurs membres grêles, leurs corps affaissés, nous arrivons à conclure que les lois d'hygiène ne sont pas assez observées dans tous les établissements d'instruction.

Comment douter de ce fait avec des classes s'il est permis de se servir de cette expression à l'égard de misérables réduits, où sont entassés jusqu'à cent cinquante enfants dans un espace qui, à la rigueur ne suffit pas à soixante, puisque chaque élève n'est pas assis sur les bancs, et que plusieurs doivent se réfugier sur les tablettes des fenêtres. Ces créatures qui ont surtout besoin d'air, de soleil et de mouvement peuvent-elles prospérer dans de semblables conditions ?

Sans être chimiste, nous répondrons qu'un air viciéet corrompu, détruit la santé des élèves, nuit aux maîtres, agit sur le physique et par conséquent sur les facultés intellectuelles.

Constatons d'abord, d'après les règles de la science, la quantité d'air qu'un homme aspire et respire en un temps donné.

L'homme aspire		en une minute	16 fois.
»	»	en une heure	16×60=960 ;
»	»	en 24 heures	960×24=23,040.

A chaque respiration, les poumons reçoivent et rendent environ 398 cent. cub. d'air ; en 24 heures, 398×2,040=9 m. cub. 319 centimètres.

On sait en outre que l'homme, par sa respiration prend de l'oxigène à l'air qui l'environne et le remplace par de l'acide carbonique. L'acide carbonique produit, s'élève en moyenne à 500 litres par jour pour chaque individu ; ensuite par sa transpiration cutanée et par sa respiration, il émet chaque jour 1300 grammes d'eau à l'état de vapeur.

Les autres causes de viciation de l'air, quoiqu'étant encore inconnues jusqu'à ce jour, n'en existent pas moins.

Elles parviennent de matières animales produites

par les êtres vivants et qui dénotent leur présence dans l'air confiné par une odeur particulière très-désagréable, même quand il s'agit d'individus sains.

En considérant que les fonctions vitales pour ne pas être compromises doivent avoir seulement 2 à 3 millièmes d'acide carbonique et 7 grammes de vapeur d'eau par mètre cube d'air, nous ne demandons certes, pas trop en exigeant pas même la *moitié* de ce qui est indispensable pour des adultes, c'est-à-dire 9 mètres cube d'air par élève.

Pour cent élèves, il faudrait donc 900 mètres cubes d'air.

Nos écoles sont-elles pourvues de cette provision ?

Nous répondrons que malheureusement il n'en est point ainsi, et nous craignons qu'à la longue la santé des élèves et des maîtres soit compromise.

Si ces calculs ne suffisent point à faire partager notre opinion touchant *l'influence délétère* d'un air vicié; nous citerons des détails positifs empruntés à une source digne de confiance sous le rapport médical et pédagogique.

M. Richard, dans son traité sur l'éducation physique des enfants, page 220, rapporte ce fait d'après un journal de Calcutta :

Cent cinquante hommes avaient été enfermés dans un local de 18 pieds carrés où l'air ne pénétrait que par deux petites ouvertures ; et comme deux de ces malheureux étaient appliqués contre ces ouvertures, la ventilation devint impossible. A peine la porte de la prison fut-elle fermée que les souffrances commencèrent ; une lutte furieuse s'engagea entre les captifs pour parvenir à s'approcher des soupiraux; après quatre heures, tout ce qui vivait encore était plongé dans une profonde stupeur ; et à la sixième heure quatre vingt seize avaient succombé.

» Le matin, quand on ouvrit la porte du cachot, vingt-trois détenus survivaient, et plusieurs d'entre eux moururent d'une fièvre d'un dangereux caractère, causée par les miasmes et la corruption de l'air. »

Pour démontrer la pernicieuse influence d'un air vicié sur les facultés intellectuelles d'enfants réunis dans un local insuffisant ou mal disposé, nous citerons un autre fait, d'après M. Combes :

Cet écrivain visita une école ou se trouvaient entassés, depuis une heure et demie, 150 élèves ; les fenêtres étaient ouvertes en partie, et cependant la différence de l'air extérieure avec l'air de cette classe frappait les sens. Certainement, il devait exercer un effet funeste sur les facultés intellectuelles, en raison de la pesanteur du front et des maux de tête qu'il pouvait causer.

Malgré l'émulation des élèves et l'entraînement exercé par un bon maître appliquant un excellent système d'enseignement, tous présentaient un aspect de fatigue et de longueur,qu'aucun stimulant intellectuel ne pouvait dissiper. Cette classe rappela à M. Combes les sensations pénibles qu'il avait éprouvées lui-même, lorsqu'il était assis sur les mêmes bancs.

Quiconque évoquera les souvenirs des premières années de sa vie se rappellera avec plaisir la fraicheur d'esprit et l'ardeur avec lesquelles l'écolier remplit ses devoirs du matin, tandis que la lassitude, trahie par de fréquents baillements, se manifeste dans la classe vers le milieu du jour et dans l'après-midi. — Ces dispositions disparaissent à l'approche du moment où l'on quitte l'école. Tout en faisant la part de la lassitude intellectuelle causée par une longue attention, et par l'inertie où le corps est resté, on doit attribuer aussi cette langueur, cette apathie à l'action pernicieuse d'un air vicié. Le sang ne reçoit pas la stimulation nécessaire à l'excitation du cerveau.

Les maux de tête, les débilités, les défaillances ne ressemblent-ils pas de loin, à un moindre degré, aux terribles effets du gaz acide-carbonique ?

Tintement d'oreille, vue trouble, souffrances dans la région temporale, diminution des forces, démarche chancelante, chute : tels sont les caractères de l'asphycsie par le gaz acide-carbonique, inutile d'ajouter les rapports que les symptômes offrent avec ce qui passe dans une salle contenant une foule trop considérable.

Aussi M. docteur Lebon, dans son intéressante brochure sur les habitations de la classe ouvrière et indigente à Nivelles, a dit avec raison :

« Que l'homme ne vit pas seulement de pain et d'autres aliments solides et liquides, mais encore et surtout d'air, qui est l'élément de la vie, qui fait mécaniquement notre sang et par conséquent notre santé. »

Ramazzini avait depuis longtemps proclamé cette vérité : *Tel air, tel sang.*

L'homme a donc besoin avant tout d'être entouré d'air pur. Selon la définition du célèbre médecin allemand Hufeland, l'air pur constitue le meilleur moyen de conserver et de fortifier la vie ; comme un air renfermé et vicié devient le poison le plus subtile et, le plus mortel.

Citons une preuve à l'appui de cette double vérité: M. Sinclair (Codes de santé ou Principes d'hygiène, page 144), rapporte qu'à l'hospice de maternité de Dublin, de 1781 à 1784, sur 7,650 enfants, il en mourut 2,944 dans les quinze premiers jours qui suivirent leur naissance. On se douta que ces petits infortunés manquaient d'air ; on établit des ventilateurs ; et il résulta de ces précautions que, de 1785 à 1788, la mortalité se réduisit à 279. Ainsi on peut en conclure que, durant les quatre années précédentes, le manque d'air pur avait fait 2,665 victimes.

Mais voilà assez de démonstrations convaincantes sur la nécessité de placer les enfants dans des classes spacieuses et bien aérées.

§ II.— *Les vacances.*

La durée des vacances dépend en partie de circonstances locales et en partie des dispositions prises à cet égard par les autorités compétentes. *L'instituteur ne doit jamais prolonger les vacances sans nécessité.* Il fera connaître à ses élèves le but réel de ces interruptions dans le travail ; il leur donnera des conseils, des avis pour ce temps de repos ; il les engagera à ne pas se laisser trop aller à l'oisiveté ; il leur imposera quelque tâche qui ne doit cependant pas leur être trop à charge ; à l'aide d'instructions spéciales, il trouvera moyen de les exciter à employer les vacances d'une manière utile et agréable à la fois, tant sous le rapport physique que sous le rapport intellectuel.

§ III. — *Le journal moral ou la liste de conduite.*

Il s'agit ici d'un registre dans lequel l'instituteur inscrit mensuellement ses observations concernant la bonne ou la mauvaise conduite des élèves. Cette inscription se fait par l'emploi de certains signes, ayant chacun une valeur déterminée. Nous proposons de donner à ce registre la disposition suivante :

Numéro d'ordre.	Nom et prénoms de l'élève.	Lieu de naissance.	Age.	Nom et profession du père.	Domicile.	Moralité de l'élève.	Application de l'élève.	Mauvaise conduite.	Paresse de l'élève.	Dispositions naturelles.	Observations spéciales.

Si l'inscription dans le journal moral se fait avec soin et persévérance ; s'il est de temps en temps vérifié par les supérieurs ; si l'instituteur proclame régulièrement à jour fixe, tous les mois, les noms de ceux dont la conduite peu satisfaisante a provoqué un signe de blâme, ainsi que les noms de ceux qui ont mérité une mention honorable ; s'il tient compte d'une manière impartiale de ces inscriptions quand il s'agit des témoignages semestriels, ce journal représentera exactement l'état moral de l'école, et, nous le déclarons sans hésitation, ce sera là un excellent moyen disciplinaire.

§ IV. — *La distribution des témoignages.*

On peut distribuer des témoignages hebdomadaires, mensuels, trimestriels ou semestriels, et chacun de ces modes peut être employé avec succès.

Plusieurs motifs nous décident toutefois en faveur de

la distribution de *cachets* hebdomadaires, et seulement à la fin de l'année scolaire, des *témoignages proprement dits*.

Nous nous permettrons de proposer pour ces témoignages une disposition qui offre aux enfants et aux parents une garantie complète de l'impartialité de l'instituteur ce qui est propre à donner une bien grande valeur à ces bulletins.

Un modèle imprimé contient, outre les rubriques du journal moral, *une* rubrique pour chaque branche d'enseignement, *une* pour la fréquentation de l'école et de l'église, et enfin *une* pour des observations spéciales relatives au caractère, à l'aptitude, aux penchants les plus prononcés, etc. Ces témoignages doivent être signés par tous les instituteurs attachés à l'école, par le curé et le vicaire, si celui-ci a été chargé de l'enseignement de la religion, par un membre du conseil communal, et en outre par le père ou le tuteur de l'élève. Chaque témoignage porte un chiffre représentant sa valeur relative, c'est-à-dire la catégorie dans laquelle vient se placer l'enfant si l'on a égard à la fois à toutes les notes, bonnes ou mauvaises, qu'il a obtenues et aux progrès qu'il a réalisés dans le courant de l'année. Le nombre de ces catégories s'élève à *quatre*. Ainsi l'élève pour lequel le journal moral n'indique que de bonnes notes et qui a obtenu des résultats favorables dans les différentes branches d'enseignement, sera récompensé par le témoignage portant le n° I, et à l'élève, dont la conduite, l'application et la régularité, en général, laisse à désirer, on ne délivrera qu'un témoignage n° II ou III ; le témoignage n° IV, surtout, devra être considéré comme la plus grande punition possible, comme un signe que l'élève a perdu l'*estime* de ses supérieurs et de ses parents.

§ V. — *Les examens.*

Les examens, soit en public, soit seulement en présence du personnel attaché à l'école, sont toujours un événement très-important, une grande fête pour les enfants ; c'est sous ce point de vue qu'il faut les présenter aux écoliers et à tous ceux qui s'intéressent à l'éducation de la jeunesse. A moins de motifs graves, aucun des élèves ne peut en être exempté, et toute la classe doit y assister revêtue de ses habits du dimanche. Les cahiers et les autres ouvrages dignes d'être soumis à l'examen des visiteurs, seront convenablement disposés. Ce soin regarde l'instituteur. Les cahiers, les pages de calligraphie, les dessins, etc., témoigneront de la marche suivie pendant l'année scolaire, ainsi que des progrès faits par les élèves.

Quoiqu'il soit utile aux élèves et permis à l'instituteur de faire une répétition générale à la fin de l'année scolaire, nous ne saurions cependant assez sévèrement blâmer le maître qui, trompant son public, ses écoliers et lui-même, se serait en pareille circonstance arrangé de manière que les enfants sussent d'*avance* l'objet de l'examen et même la question qui sera adressée à chacun d'eux. Dans ces sortes de répétitions, l'instituteur agira loyalement, en posant des questions sur tous les points traités pendant l'année et en corrigeant convenablement les réponses inexactes.

L'important, c'est de prouver que les élèves ont appris quelque chose. Il ne s'agit en aucune façon du savoir ni de l'éloquence de l'*instituteur ;* il aurait donc tort de chercher à se mettre en évidence par quelques termes pompeux, par des phrases ronflantes qu'il aurait péniblement élaborées et gravées avec peine dans sa mémoire ; les examens tendent à prouver, non pas que le maître lui-même est savant, mais que l'écolier a bien appris.

§ VI. —*La surveillance des élèves pendant la récréation et l'emploi de quelques-uns comme moniteurs.*

Il est à la fois utile et agréable, tant pour l'instituteur que pour que les enfants, que les classes soient interrompues avant midi et dans l'après-dinée, par une récréation de dix à quinze minutes. Les enfants alors se délassent, ils respirent un air pur et bienfaisant, ils se livrent à des jeux, à des *exercices gymnastiques,* etc. ; mais il faut que ces récréations aient lieu sous la surveillance du maître qui préviendra les accidents et veillera à ce que les entretiens et les débats de ses pupilles conservent leur caractère d'innocence.

L'instituteur peut sans inconvénient disposer des élèves les plus forts, les plus avancés, pour se faire aider dans tout ce qui a *rapport à l'école ;* mais jamais il ne les emploiera à des *occupations de ménage,* comme on le voit malheureusement trop souvent. Les enfants ne demandent pas mieux que d'être occupés de la sorte pendant les heures de classe ; ils sont heureux de rendre un service à leur maître, de faire une commission pour lui, de nettoyer ses habits, d'aller chercher un seau d'eau, ou même de promener, dans un petit chariot, les enfants de l'instituteur, d'arranger son jardin ou d'accompagner sa femme au marché pour rapporter au logis les achats de madame.

Ces pauvres enfants sont les dupes de cette manière d'agir ; ils n'apprennent rien, et plus tard, lorsqu'ils sont devenus plus raisonnables et qu'ils sont à même d'apprécier la valeur de l'instruction, ils s'aperçoivent combien l'instituteur a manqué de conscience dans l'accomplissement de ses fonctions ; ils le maudissent et se désolent en vain ; ils regrettent le temps qu'ils ont dépensé si légèrement, sans profit pour leur éducation et pour leur instruction.

CHAPITRE XV.

L'INSTITUTEUR DANS SES RAPPORTS AVEC SES SUPÉRIEURS.

§ Ier. — *Dans ses rapports avec les supérieurs, tels que l'inspecteur cantonal, l'inspecteur ecclésiastique, l'inspecteur provincial, l'inspecteur diocésain.*

Il est inutile de le dire, l'instituteur doit reconnaître dans ces personnages *ses supérieurs légaux,* et par conséquent leur témoigner du respect, se comporter à leur égard d'une manière décente et convenable, se montrer disposé à accueillir leur avis et à s'acquitter envers eux des devoirs que lui imposent ses rapports personnels et officiels avec ces messieurs. Il leur doit obéissance en ce qui concerne l'exécution des mesures considérées par eux comme salutaires à l'école. Ainsi il tiendra régulièrement les registres, fera observer le règlement prescrit, et emploiera les livres classiques adoptés et recommandés par la commission centrale.

L'instituteur évitera encore avec soin d'importuner l'inspecteur par d'incessantes réclamations. Dans les cas d'absolue nécessité, il a recours à lui, soit par écrit, soit en personne; et il lui expose l'objet de sa demande de la façon la plus claire, la plus simple et la plus brève possible, avec modestie et avec sincérité.

CHAPITRE XVI.

L'INSTITUTEUR DANS SES RAPPORTS AVEC LES PARENTS DE SES ÉLÈVES.

Les succès de l'instituteur dans l'enseignement, sa tranquillité, son bien-être dépendent en grande partie de ses relations avec les parents de ses élèves.

Il ne peut donc se montrer indifférent au point de négliger d'établir des rapports qui lui seront personnellement agréables et qui en même temps l'aideront efficacement dans l'exécution de ses fonctions ; il doit s'efforcer de se concilier la confiance entière des parents, et dans ce but faire des sacrifices, sans toutefois céder aucun de ses droits. A cet effet il aura soin de se conformer aux avis que voici :

1° L'instituteur s'appliquera à se faire aimer des parents et à mériter leur confiance.

2° L'instituteur évitera soigneusement de donner occasion aux parents de se plaindre de lui.

3° Lorsque les parents portent des plaintes mal fondées ou qu'ils empiètent sur les attributions de l'instituteur, il doit se garder d'agir avec précipitation, sans toutefois souffrir qu'on lui enlève rien de ses droits.

4° L'instituteur se montrera d'une grande circonspection à propos des cadeaux qu'on pourrait vouloir lui faire.

CHAPITRE XVII.

L'INSTITUTEUR DANS SES RAPPORTS AVEC SES COLLÉGUES.

§ Ier. — *Avec ses collégues dans le même établissement.*

Une condition indispensable de bien-être et de prospérité pour un établissement destiné à l'éducation et à l'instruction, c'est la bonne harmonie, l'entente cordiale entre les personnes attachées à cette institution.

Unité de vues, accord parfait sur le but et sur les moyens, tels sont les éléments nécessaires à la bonne direction, et l'on ne parviendra à ce résultat qu'à l'aide de bons rapports établis entre tous les membres composant le personnel.

Lorsque l'instituteur aura des collaborateurs, il cherchera, par tous les moyens en son pouvoir, à établir avec eux des relations cordiales et amicales ; voici les règles qu'il s'imposera à cette fin.

a. Il aura soin de se mettre d'accord avec ses collègues sur la marche à suivre pour élever et pour instruire les enfants des différentes classes, de manière que le travail de l'un soit la continuation du travail de l'autre.

b. Il ne négligera jamais l'occasion de contribuer autant qu'il est en lui à faire estimer et apprécier davantage ses collègues par les administrateurs de la commune.

c. Il doit volontiers rendre service à son collègue dans les affaires officielles.

d. La mésintelligence qui peut exister entre certains membres de leurs familles ne doit pas développer, chez l'instituteur lui-même, un sentiment de haine contre son collègue, et la bonne harmonie n'en doit pas moins continuer à régner entre eux.

Les rapports officiels doivent être absolument indépendants des relations intimes. L'instituteur montrera toujours assez de fermeté pour repousser toute espèce de commérage et de rapport d'une nature malveillante. En pareil cas, il se montrera calme et emploiera les moyens les plus propres à rétablir l'harmonie.

e. Dans les communes où les leçons particulières peuvent être une source de revenu, l'instituteur n'emploiera jamais des moyens peu loyaux pour attirer les élèves de son collègue.

f. L'instituteur ne doit pas exercer une vengeance personnelle sur son collègue, même dans le cas où celui-ci l'aurait injurié ou outragé.

§ II. — *Dans d'autres communes.*

Les rapports de l'instituteur avec ses collègues des communes voisines ne seront évidemment pas aussi intimes qu'avec ses collaborateurs immédiats ; néanmoins ceux-ci ne doivent pas lui demeurer tout à fait indifférents. Il doit tâcher de vivre avec eux en bonne harmonie , établir des rapports amicaux, les assister dans leurs fonctions officielles et leur témoigner en toute occasion de l'estime et de la considération.

CHAPITRE XVII.

QUELLE PART D'INTERVENTION

Peut-on réserver à la femme dans l'enseignement scolaire, et quels avantages peut-on retirer de cette intervention.

L'enseignement de l'école comprend l'éducation et l'instruction : car l'enfant ne doit pas seulement y acquérir des connaissances indispensables dans tous les actes de la vie ; il faut encore l'y préparer à un but plus élevé, un but qui se rapporte à nos devoirs envers Dieu, envers nos parents, envers la société.

Considéré sous ces points de vue, l'enseignement sera donc donné par des personnes à même de guider les élèves vers la plus noble destination de l'homme : l'éducation, cette mission, ce sublime apostolat, est confié à l'instituteur ; c'est à son zèle, à son dévouement, à sa conscience que l'Etat remet le soin d'éclairer, d'élever ces jeunes générations appelées à fournir à la patrie de bons citoyens, à la famille des hommes vertueux. Mais l'instituteur seul peut-il s'acquitter dignement de ce devoir ? Peut-il seul répondre au résultat attendu de ses efforts ?

Nous n'hésitons point à répondre d'une manière négative ; voici pourquoi :

Ces jeunes générations se composent de garçons et de filles, par conséquent d'élèves dont la position dans la famille et la société varie en raison de la diversité de leur sexe.

Le garçon doit un jour remplacer son père et devenir à son tour chef de famille. Il sera donc ou cultivateur, ou commerçant, ou industriel ; il deviendra époux et père, après avoir été peut-être appelé sous les drapeaux pour la défense de la patrie ; les impôts qu'il payera le rendront électeur, et par conséquent il contribuera à choisir les membres des conseils communaux et provinciaux, les représentants de la nation qui siégent à la Chambre et au Sénat. Tel est son lot.

La femme a sur la terre un rôle plus intime, et non moins important ; ses attributions la circonscrivent dans le cercle de la famille, et là, comme fille et comme sœurs, comme épouse et comme mère, la religion, la morale, la société lui ont tracé des devoirs, lui imposent des vertus, lui dictent un dévouement, dont les résultats sont immenses ; car ils se rattachent aux bonnes mœurs, sans lesquelles les meilleures lois restent insuffisantes.

Nous pourrions prolonger ce développement ; mais comme ces vérités sont incontestables et universellement reconnues, nous préférons passer à leur application en demandant à qui incombe le soin d'élever les femmes, de les préparer dès leur enfance à leur grave et utile mission.

Avant de répondre à cette question, disons quelques mots de l'instituteur.

L'instituteur, par son sexe, par ses études, par ses habitudes et la direction de ses idées, ne saurait convenir à diriger une école de filles ; il pourrait tout au plus y être admis pour certaines branches d'enseignement, mais l'éducation des femmes ne rentre nullement dans ses attributions et dans sa spécialité.

D'abord les petites filles envoyées à l'école exigent des soins, une attention, des ménagements auxquels un instituteur se trouve entièrement étranger, dont il n'a pas la moindre idée. Comment cet instituteur connaîtrait-il des devoirs, des principes, des actes qui appartiennent à un autre sexe ?

Il n'y a donc qu'une femme, c'est-à-dire qu'une institutrice destinée par la nature et par les doubles ressources de l'éducation et de l'instruction à remplir envers les élèves de son sexe le rôle de mère adoptive; c'est seulement avec une institutrice vraiment digne de ce titre, au niveau de son mandat, que l'école devient une continuation de la famille.

Les femmes seules sont en état d'élever les personnes de leur sexe, de faire leur éducation, en y joignant l'instruction grâce à des connaissances techniques ; au moyen d'un noviciat spécial confirmant leur vocation naturelle, elles se trouveront tout à fait en mesure de répondre à leur mission.

Ne doivent-elles pas graver au cœur de leurs élèves ces principes de piété, de morale, de douceur, de charité, de résignation qui figurent au premier rang des vertus de leur sexe? Ne doivent elles pas donner l'exemple de la pudeur, de la modestie, de la réserve, de ces sentiments innés chez la femme mais qu'une éducation chrétienne et moral affermit en les appuyant sur des bases inébranlables, en leur donnant la garantie de la raison et du bon sens ?

Enfin, les mille détails qui forment le cercle entier de l'existence de la femme dans les soins du ménage, dans ces travaux domestiques, dont l'homme recueille les bienfaits, que la famille et la société bénissent, ces détails et ces travaux ne peuvent être révélés que par une institutrice devenant la mère de ses élèves.

Seule une femme est à même de bien apprécier des devoirs et des sentiments que la nature, la religion, la morale, les usages et les convenances sociales ont gravés dans son cœur, et que la pratique lui rend toujours plus faciles et plus chers.

A cet égard, l'instituteur se borne à des théories

générales et vagues ; il parle et il faut agir, il faut prêcher d'exemple.

Le plus grand bienfait qui recommande et prescrit l'intervention de la femme dans l'école, c'est la séparation absolue des sexes, dont la promiscuité, même pour la première enfance, présente tant de dangers, tant d'inconvénients sous le rapport des mœurs.

Effectivement, dans des écoles arriérées, où l'on trouve encore des enfants des deux sexes confiés aux soins du même instituteur, on a beau diviser les élèves en classes distinctes, les faire entrer et sortir séparément, il en résulte toujours des relations sur lesquelles nous n'insistons point par respect pour nos lecteurs.

Aussi les écoles mixtes ont fait leur temps, et nous voyons chaque jour prévaloir le système que nous préconisons, et qui rend à l'instituteur comme à l'institutrice leur véritable mandat, celui qui est en rapport avec leur sexe.

D'ailleurs, la carrière de l'enseignement est une ressource honorable assurée aux jeunes personnes intelligentes et dévouées, dont les attributions et les moyens d'existence sont chaque jour envahis par l'empiètement des hommes.

Multiplions, par conséquent, le nombre des écoles de filles, en formant sans cesse des institutrices pénétrées du sentiment de leurs devoirs, et se dévouant de tout cœur à l'éducation et à l'instruction de leurs élèves.

Dans les classes qu'elles dirigent, elles rencontreront une attention, une docilité, un zèle qu'il est difficile de trouver parmi les garçons plus bruyants, plus dissipés; elles pourront donc obtenir des succès qui se feront ressentir dans l'état moral et intellectuel de chaque famille en particulier, et de la société en général ; qui sait si les succès scolaires de la sœur n'agiront pas indirectement sur l'application de ses frères.

Il s'établira aussi une utile et fructueuse émulation entre les deux écoles, de même qu'entre l'instituteur et l'institutrice, remplissant chacun de son côté son mandat d'éducation et d'instruction. La société entière y gagnera.

Voilà ce que le gouvernement belge a très-bien compris dans sa haute sollicitude pour ériger et perfectionner constamment des écoles normales destinées à former des institutrices ; les résultats ont dépassé toutes les espérances qu'autorisaient ces importantes créations; il n'y a donc qu'à continuer, qu'à compléter une œuvre dont les institutrices et les élèves de leur sexe nous démontrent de plus en plus les avantages et les bienfaits.

CHAPITRE XIX.

QUELS SONT LES POINTS SUR LESQUELS DOIT SE PORTER L'ATTENTION DANS LES ÉCOLES DES FILLES.

Epouse et mère, en deux mots telle est la destinée de la femme, destinée pour laquelle il importe de l'élever si l'on veut qu'elle réponde au but que lui assignent Dieu et la nature, en vue des intérêts de la famille et de la société.

Dans les rangs les plus élevés, jusque dans les palais, l'éducation doit tendre à cet important résultat, bien plus nécessaire encore dans les classes moyennes et populaires où rien ne peut remplacer les soins que l'épouse doit donner aux détails du ménage, et la mère à ses enfants. Dans ces classes nombreuses, qui forment la majorité de la nation, bonne ménagère, épouse vertueuse, mère tendre et prévoyante : voilà ce que doit être la femme.

On objectera qu'il est inutile de préparer les jeunes filles à une vocation qu'elles tiennent de Dieu même, qui est la conséquence de la mission de leur sexe, et que les circonstances savent toujours développer; nous ne pouvons admettre ce raisonnement qui abandonnerait l'avenir des familles à de nobles instincts sans doute, à de généreux sentiments ; mais nous croyons qu'il est indispensable de régulariser les instincts les plus nobles, et de donner aux meilleurs sentiments l'appui de la raison, ainsi que des principes sûrs qui en guident l'application.

Une habile ménagère, une épouse prévoyante qui, par l'ordre et l'économie, double le bien-être de tous ceux qui l'entourent, une mère qui élève ses enfants selon l'esprit de Dieu et de manière à les façonner aux exigences du monde, cette triple supériorité, réunie dans la même femme, n'est pas si commune qu'on le croit.

Pour être bonne mère, il ne suffit pas de donner la vie à un enfant et de lui prodiguer des soins et des caresses ; il faut davantage ; il y a de graves devoirs à remplir envers cette petite créature qui compte avant tout sur l'intelligente tutelle de sa mère. Pour être habile ménagère, il ne suffit pas non plus de pendre un trousseau de clefs au cordon de son tablier, puis de se promener du matin au soir de la cuisine à la salle à manger.

L'éducation donnée à la jeune fille peut seule l'initier à la mission qu'elle doit remplir pour être le bon génie du foyer domestique dans les châteaux comme dans les fermes, dans les hôtels comme dans les maisons, dans les chaumières comme dans les mansardes.

Cette éducation, afin d'être fructueuse, doit tendre

au développement de la santé ainsi qu'à l'harmonieux équilibre de l'âme et du cœur, de l'intelligence et de la raison. Les jeunes filles ont besoin comme leurs frères de la force physique ; par conséquent l'éducation qui leur est donnée évitera tout ce qui peut nuire à un état indispensable à la ménagère pour soigner sa maison, à la mère pour transmettre une bonne santé à ses enfants.

Nous ne parlons pas ici du rôle de nourrice, si doux au cœur d'une mère, si utile aux enfants, à leur bien-être ; c'est une question qui est subordonnée à des considérations hygiéniques et rentre dans les attributions du médecin. Toutefois, il serait à désirer que toutes les mères fussent en état de nourrir leurs enfants.

Certainement avec des habitudes d'activité dès le premier âge des jeunes filles, on développerait de bonne heure leurs forces physiques, on affermirait leur santé, et dans les villes comme dans les campagnes la mère deviendrait la nourrice de son enfant.

Pour remplir la première vocation de la femme, c'est-à-dire pour qu'elle puisse avoir des enfants sains et robustes, il importe de donner à la jeune fille une éducation en rapport avec cette destination. La femme a une constitution plus faible que celle de l'homme, et elle est sujette à une plus grande irritabilité nerveuse ; mais par contre elle a une plus grande force de résistance. On préviendra donc les jeunes filles contre les refroidissements et les inflammations ; on évitera tout ce qui tend à relâcher ou surexciter le système nerveux ; on règlera leur sensibilité par la raison, mais surtout par la religion, dont la pratique est la meilleure garantie pour le présent comme pour l'avenir. Leur nourriture sera simple mais saine, fortifiante sans excès ; mieux vaut des repas assez fréquents qui réparent les forces, plutôt que d'en éloigner le retour et de surcharger l'estomac. A l'égard des boissons, l'eau pure est excellente ; mais, selon les tempéraments, on peut employer de la bière de ménage un peu amère, du vin trempé, et du café coupé par lait. Très-peu de friandises, pâtisseries, bonbons, sucreries qui nuisent aux organes digestifs, et sont presque aussi dangereux que les aliments trop épicés ou les liqueurs spiritueuses, double poison pour l'enfance.

La propreté,nous n'avons pas besoin de le dire,est une première condition d'hygiène d'autant plus rigoureuse à observer avec les petites filles qu'en leur en donnant l'habitude, dès leur premier âge, elles la conserveront pour le reste de leur existence, et l'appliqueront à leur tour dans leur ménage comme épouses et comme mères.

Il n'est pas inutile de familiariser de très-bonne heure les petites filles avec tous les détails d'intérieur, avec tous les soins domestiques, auxquels leur mère aura l'air de les associer comme pour les récompenser, comme pour se soulager d'une partie de son fardeau, mais en réalité pour leur faire faire un apprentissage, dont plus tard elles recueilleront les fruits. (1)

Cet apprentissage à son importance dans tous les rangs comme dans toutes les conditions ; opulence, aisance, médiocrité, prolétariat, n'importe, la femme a besoin de connaître sa mission de ménagère, là pour surveiller, ici pour diriger, et plus souvent pour exécuter elle-même. Or, comment agir quand on ignore complètement ces détails de ménage, qui ne s'appren-

---

(1) Voir le cours d'économie domestique dans nos deux livres de lecture, intitulé : « Le Nouveau livre de Lecture » et « Le Cours gradué de Lecture. »

nent pas dans les livres, qui ne s'expliquent point par les théories, mais qui exigent la pratique ?

Jusqu'à présent nous n'avons parlé que de la partie de l'éducation des jeunes filles se rapportant au rôle en quelque sorte physique qu'elles auront à remplir ; il nous reste maintenant à aborder le chapître de l'instruction.

Ici nous plaçons en première ligne la religion qui seule supplée à tout, et que rien ne peut suppléer. Avec une bonne instruction chrétienne, avec la connaissance raisonnée de ses devoirs envers Dieu, envers sa famille, envers la société, une jeune fille sera toujours à la hauteur de sa mission. Qu'elle soit pieuse, chaste, soumise, humble, dévouée, courageuse, laborieuse, modeste, économe, elle deviendra le modèle des épouses et des mères.

Ainsi pratiquée, ainsi entendue, la religion est la sauvegarde des femmes dans toutes les conditions de leur existence.

Après la religion vient la culture de l'esprit, laquelle doit être subordonnée au rang que l'on occupe dans la société, aux ressources dont dispose la famille de la jeune fille, à l'avenir pour lequel elle doit se préparer.

Certainement, il faudrait que, dans les classes populaires, toutes les filles pussent apprendre à lire, à écrire, à calculer, comme leurs frères; c'est même dans ce but que des écoles élémentaires gratuites ont été organisées pour les filles comme pour les garçons.

Toutefois, cette culture intellectuelle que nous renfermons dans d'étroites limites, dont la circonscription est tracée par les ressources pécuniaires de chaque famille, cette culture intellectuelle s'agrandit en raison de la condition et de la fortune des parents.

Ainsi dans les classes moyennes de la société, nous admettons parfaitement une instruction variée, même élevée, mais sans prétention, sans pédantisme, pourvu que les principes de religion et de morale en forment le contre-poids, et qu'avant tout la jeune fille soit initiée aux austères devoirs de la bonne ménagère, appelée à seconder son mari et à bien élever ses enfants.

Ces conditions indispensables une fois remplies, quand la jeune fille est bien préparée à ses graves devoirs, nous comprenons qu'elle étudie un peu de littérature, qu'elle apprenne le dessin et la musique, qu'elle développe son imagination par la lecture des bons poëtes, qu'elle connaisse assez d'histoire et de géographie pour se mêler au besoin à la conversation, et surtout pour diriger plus tard l'instruction de ses enfants.

Mais nous le répétons ; épouses et mères, telle est la mission des femmes ; à ce but sacré doivent donc tendre leur éducation et leur instruction.

Nous avons déjà dit comment il fallait élever les jeunes filles selon le but que leur assignent Dieu et la nature, en se conformant aux intérêts de la famille et de la société. Sous ce rapport, il importe de les préparer constamment à la mission qu'elles doivent remplir dans un ménage comme épouses et comme mères.

L'exemple maternel sera donc la meilleure éducation qu'elles puissent recevoir. En même temps, il y a pour les jeunes filles d'utiles enseignements à recueillir dans le concours qu'elles apporteront aux détails du ménage et aux soins à donner à des frères et à des sœurs d'un âge moins avancé. Il est à remarquer qu'une jeune fille a pour ces détails et ces soins une vocation précoce qui tient à son sexe, et qui répond parfaitement au rôle que ce sexe est appelé à remplir dans la famille et dans la maison.

A la mère appartient donc le devoir d'imprimer à sa fille une direction qui se prolongera sur le reste de sa carrière. Le regard, le sourire, la parole d'une mère sont le rayon qui illumine l'intelligence de cette petite fille naguère occupée de sa poupée, et qui va maintenant se dévouer à ses jeunes frères, à ses jeunes sœurs.

Telle mère, telle fille, dit le proverbe populaire, auquel sans doute il peut y avoir quelques exceptions ; mais ces exceptions ne font que confirmer la règle dans le bien comme dans le mal.

Ces exceptions, quand elles dégénèrent en mal, proviennent presque toujours d'un excès de tendresse, du manque de fermeté, de la dangereuse condescendance d'une mère qui cède quand elle aurait le droit d'exiger et de commander. La fermeté de caractère est plus utile aux femmes qu'on ne le croit généralement. Il semble, au premier abord, que c'est le lot principal de l'homme en raison du rôle plus actif qu'il remplit dans la famille et la société, de l'initiative qui lui appartient dans presque tous les actes de sa carrière.

Eh bien ! nous croyons que cette force de caractère, que les circonstances extérieures, que les exigences de la vie civile et sociale développent souvent chez les hommes, doit être soigneusement cultivée chez les femmes, dès leur enfance. On le peut d'autant mieux qu'il n'y a point à craindre que les petites filles en abusent pour se livrer comme leurs frères à des exercices violents, à des tentatives d'oppression qui ne sont pas dans la nature de leur sexe.

Sans doute, dans les familles riches et aisées, les talents d'agrément ne seront jamais négligés ; c'est le moyen de mettre la jeune fille en état de surveiller plus tard avec intelligence les études de ses enfants. D'ailleurs, c'est une ressource contre l'oisiveté et l'ennui, si funestes aux femmes à cause de leur existence sédentaire et trop inoccupée surtout au sein de l'opulence.

Mais, nous ne saurions trop le recommander, pas de talents d'agrément dirigés de manière à faire des virtuoses ; la modestie est le plus bel ornement des femmes.

Comme garantie contre les rêveries de l'imagination et l'éclat des talents d'agrément, il n'y a rien de meilleur que la pratique assidue des travaux du ménage. Dans ces travaux qui ne se bornent point à de vaines théories, mais dont nous réclamons la constante application, figurent en première ligne la couture, les soins de la cuisine, l'ordre et l'arrangement de la maison, enfin l'économie embrasse l'ensemble du ménage.

Grâce à l'économie de l'épouse et de la mère, s'augmente ou se conserve le bien-être de la famille, lequel, même avec la richesse, dépend de la surveillance de tous les jours, de tous les instants qu'exerce la femme en qualité de bon génie du foyer domestique. Une fois dirigées et élevées dans des habitudes d'ordre et d'économie, les jeunes filles pieuses se tiendront toujours en garde contre les frivolités du monde ; le luxe, la vanité seront sans attraits pour leur cœur ; elles justifieront l'expression profonde de Mme Campan, disant que le salut de la société repose sur les vertus des bonnes mères de famille.

CHAPITRE XX.

INSPECTION.

L'école populaire, institution vraiment nationale, qui est indispensable à l'amélioration intellectuelle comme au bien-être matériel des classes les plus nombreuses de la société, a besoin pour prospérer, outre diverses influences extérieures, de la surveillance constante de l'inspection.

Loin d'être révoquée en doute, cette vérité se trouve admise et proclamée par les instituteurs aussi bien que par les parents des élèves et par toutes les personnes éclairées, bien qu'étrangères à l'organisation de l'enseignement pratique.

Toute surveillance exige des études et des notions spéciales en rapport avec le mandat que l'on remplit : C'est dire implicitement que l'on ne peut inspecter l'école qu'à condition de la connaître.

Cette inspection constitue une surveillance à la fois *intérieure* et *extérieure.*

Dans la *partie extérieure,* rentrent la période scolaire, sa durée, les vacances, le local, le mobilier de l'école, les objets classiques.

Quant à la *partie intérieure,* encore plus importante, elle embrasse le programme des études et des diverses branches d'enseignement, leur répartition, la classification des élèves, l'emploi des heures de classe, les méthodes à suivre, le choix des livres, les moyens de discipline, les récompenses et les punitions, la fréquentation régulière de l'école, les travaux préparatoires, les conférences légales, etc.

Plusieurs de ces points se rattachent aux attributions soit du conseil communal, soit de la députation permanente ; d'autres sont réglés par la loi organique de l'instruction primaire en date du 23 septembre 1842, ou par des arrêtés spéciaux émanés du ministère. Ils revèlent par conséquent de l'administration supérieure, et doivent être exécutés à la lettre comme dans leur esprit.

Sous ce rapport, la marche de l'inspection se trouve nettement tracée ; il ne faut que se conformer à des prescriptions, que l'on ne peut éluder.

En ce qui concerne le local, le mobilier de l'école et les objets classiques, bien qu'appartenant à la *partie extérieure,* subordonnée d'habitude à l'autorité communale, on ne peut les séparer de la *partie intérieure,* de l'inspection, à cause de leur influence sur la prospérité même de l'enseignement.

En effet, les dispositions du bâtiment d'école, les dimensions de la classe, la distribution de la lumière, l'aération, les bancs et les pupitres, la planche noire ou tableau, les objets classiques enfin, tout cela est de première utilité. Mais ce qu'il importe de bien connaître, c'est l'arrangement normal de ces objets. Il n'y a que l'expérience pratique, venant à l'appui des théories pédagogiques, qui puisse révéler tous ces détails avec les règles à observer pour leur disposition régulière, et ajoutons-le, favorable aux efforts de l'instituteur, aux études des élèves.

On ne peut pourtant pas dire d'une manière générale et uniforme : Chaque école doit être pourvue de tels objets classiques ; il faut d'abord consulter la capacité du maître, son individualité, et d'autre part le nombre, l'âge, l'intelligence des élèves.

L'instituteur est, ce nous semble, le meilleur juge en pareille matière ; il est à même de tenir compte de la coordination du programme qu'il applique, et des moyens intellectuels des enfants confiés à ses soins ; il doit aussi songer aux vœux des parents, aux exigences locales de la commune, dont il instruit les jeunes générations.

Néanmoins, chaque instituteur et chaque institutrice, particulièrement à leur début, ont-ils l'expérience nécessaire pour se prononcer en connaissance de cause sur la *partie extérieure* de l'école où ils ont eux aussi un noviciat à faire, des écueils à éviter, mille leçons à recevoir de l'application journalière de leur mandat ?

Voilà pourquoi il est essentiel que l'école trouve dans la mission technique des inspecteurs, des guides capables et dévoués qui signalent les lacunes, réparent les erreurs, indiquant les améliorations, en un mot deviennent la conscience visible de l'instituteur, en l'aidant, en le dirigeant à propos, et en agissant sur les élèves en raison de l'autorité supérieure, dont ils disposent.

D'un autre côté, l'emploi des fonds consacrés à l'enseignement incombe aux administrations communales et provinciales qui, à leur tour, sont heureuses d'en confier le contrôle à un surveillant expérimenté, dont la spécialité devient la meilleure des garanties. Par conséquent l'inspection ne produit tout le bien dont elle est susceptible qu'à l'aide des connaissances positives des hommes qui exercent cet important mandat.

Si maintenant nous passons à l'examen de la *partie intérieure* de l'école, nous reconnaîtrons encore mieux la haute utilité d'une bonne inspection : car l'efficacité de l'enseignement, les succès des élèves, leur éducation et leur instruction dépendent avant tout de la judicieuse organisation de l'établissement qu'ils fréquentent.

Ainsi les différentes branches d'enseignement, le temps et l'ordre qu'elles réclament, la distribution des leçons calculée de manière qu'elles se prêtent un mutuel appui en arrivant à un équilibre harmonieux et progressif, la santé de l'instituteur et de ses disciples, qu'il ne faut jamais compromettre, tous ces détails doivent être réglés par le programme.

Naturellement il émanera de l'instituteur, mais avec la sanction de l'inspecteur qui vérifie et rectifie au besoin les vues personnelles de chaque maître, en suppléant à l'inexpérience des débutants, mais en profitant des notions théoriques et pratiques des vétérans de l'enseignement.

Ces débutants et ces vétérans seront enchantés, les uns et les autres, de trouver dans l'inspecteur vraiment au niveau de son mandat un appui, un guide, un défenseur d'autant mieux écouté qu'il représente cette autorité supérieure et centrale de laquelle dépendent le sort et l'avancement des instituteurs et institutrices.

Mais l'inspecteur manquant de l'expérience nécessaire à son importante mission, que deviendrait son rôle de trait d'union, d'un côté entre l'école et le gouvernement, de l'autre côté entre l'instituteur et les élèves, enfin entre les administrations communales et provinciales comme à l'égard de l'autorité ecclésiastique ?

Le manque de notions spéciales et techniques ne peut dont pas chez l'inspecteur être remplacé par des connaissances générales, ni par l'influence du rang, de la fortune, de la position. Non que nous méconnaissions les divers avantages du rang, de la fortune, de la position sociale et des connaissances générales, toutes choses qui peuvent très-bien s'accorder avec les notions techniques qu'exige la bonne inspection de nos écoles.

Il ne suffit pas, effectivement, que les différentes branches du programme soient bien distribuées selon le degré d'intelligence des élèves, le temps à y consacrer, et l'utilité pratique de chaque leçon ; l'école exige encore la mise en œuvre d'autres considérations qui ne peuvent être appréciées à leur valeur réelle que par une étude raisonnée de la pédagogie, de la portée des meilleures méthodes, en un mot de l'art d'enseigner. Pour cela, il faut remonter à la connaissance même de la nature humaine, aux dispositions particulières aux enfants, à l'examen des caractères, ainsi qu'aux moyens les plus efficaces à employer pour développer les facultés morales et intellectuelles des élèves.

Nous n'avons pas besoin de rappeler ce que l'on exige de l'école ; il faut que les élèves s'y habituent à l'ordre, à la tranquillité, à l'exactitude. On n'obtient ces importants résultats que par des essais pratiques.

Tel instituteur, du reste très-capable, rencontre des difficultés souvent insurmontables dès qu'il s'agit de maintenir l'ordre dans sa classe, de rendre les enfants attentifs, de les accoutumer aux règles de la politesse et de la bienséance. Ses efforts demeurant stériles, et en désespoir de cause, il finit par laisser prévaloir le désordre, ce fléau, cet ennemi né de l'éducation comme de l'instruction.

Dans un cas semblable, l'inspection peut sauver l'instituteur et son école, c'est-à-dire plusieurs générations d'élèves, au moyen de quelques conseils bien simples d'une application facile, et portant sur des détails essentiellement pratiques, par exemple : l'entrée et la sortie des élèves, la place assignée à chacun d'eux, la distribution des touches et des plumes, la manière de faire lire soit simultanément, soit individuellement, la correction des devoirs, la répartition des différents cahiers, etc., etc.

Ces détails sont d'une haute utilité pour l'instituteur qui n'a que des connaissances théoriques ne lui apprenant pas à diriger convenablement une classe. Mais pour les indiquer à propos, il faut que l'inspecteur en puise le germe dans l'organisation même d'une bonne école.

La surveillance n'a pas seulement pour mission de veiller sur les habitudes régulières que les enfants doivent contracter dans la classe, il faut encore s'assurer de la manière dont les élèves apprennent ce qu'ils doivent savoir. Il s'agit aussi d'examiner si ces notions leur sont enseignées convenablement, cette légitime obligation réclame un homme qui possède ces diverses connaissances au point de pouvoir interroger les élèves, et contrôler l'instituteur.

Sans doute, il n'est pas nécessaire d'être un savant pour remplir cette condition ; mais quelque élémentaire que ce soit ce genre d'instruction, il ne constitue pas toujours l'apanage des savants pour lesquels les notions élémentaires ont peu d'attrait ; car leur intelligence préfère une nourriture plus substantielle et de recherches plus profondes.

N'oublions jamais que l'école populaire n'a rien de scientifique, elle se renferme dans un cadre modeste, tout à fait usuel et pratique, de sorte qu'elle donne à ceux qui la fréquentent l'instruction qui leur est indispensable, en répondant tout à fait au but de l'enseignement primaire.

Qui ne se rend pas compte de ce but ne saura pas l'atteindre, et risque de compromettre l'humble germe qui pouvait se transformer en riche moisson. On rencontre souvent des instituteurs aux connaissances limitées, à l'instruction restreinte, et qui pourtant obtiennent des résultats beaucoup plus solides que certains de leurs confrères armés d'études supérieures en littérature, en mathématiques, en philosophie même, mais qui ne sont pas des maîtres d'école dans l'acception rigoureuse de ce terme.

Concluons de ces faits que l'inspecteur doit être un homme instruit, sans avoir besoin d'une érudition vaste, mais avant tout apte au mandat de surveillance qu'il remplit.

Nous dirons encore que le succès de l'enseignement populaire dépend beaucoup de la bonté des méthodes employées. Il est donc essentiel que l'instituteur les connaisse bien, et qu'il sache les appliquer utilement, les modifier, les compléter au besoin.

Le rôle important que les méthodes et leur judicieux emploi remplissent dans l'enseignement, ce rôle mérite bien que nous nous y arrêtions. Toutes les personnes qui comprennent la valeur de ces mots : *enseignement public,* savent quel puissant levier représentent le choix intelligent et l'application raisonnée des méthodes. Non qu'il y ait là de quoi opérer des miracles sans le concours d'autres éléments de travail et de succès. Mais on peut affirmer que le résultat fructueux d'une leçon dépend beaucoup de la méthode suivie, ainsi que du mode d'enseignement.

La surveillance des divers modes d'enseignement des méthodes doit donc être l'objet de l'attention particulière des inspecteurs.

Ajoutons toutefois que la meilleure méthode en théorie doit être vivifiée par la pratique : c'est la pierre de touche servant à distinguer l'or pur de l'alliage.

En terminant ces considérations générales, qui reposent sur des principes consacrés en matière d'enseignement populaire, nous croyons pouvoir dire qu'un *bon inspecteur doit connaître l'école, les enfants et le programme des études.* Nous ajouterons qu'il faut pour cette utile mission du *savoir* et du *savoir-faire.*

CHAPITRE XXI.

MOYENS AUXQUELS DOIVENT RECOURIR LES INSTITUTEURS ET LES INSTITUTRICES POUR SE PERFECTIONNER DANS LEUR PROFESSION.

L'expérience l'a démontré : dans toute carrière, *celui qui n'avance pas recule.* Ceci admis, nous nous trouvons dans l'obligation de rechercher les moyens à employer, la voie à suivre, pour ne jamais rétrograder, pour acquérir au contraire une instruction de plus en plus développée, afin d'atteindre le degré de perfectionnement dont nous sommes susceptibles.

Parmi les moyens les plus propres à atteindre le but, nous indiquerons les suivants :

1° *Les conférences légales.*

2° *La visite des écoles des autres instituteurs et les réunions d'instituteurs, dans le but de lire des ouvrages spéciaux et de s'entretenir familièrement et amicalement sur les matières de l'enseignement.*

CHAPITRE XXII.

LES CONFÉRENCES LÉGALES DE L'INSTITUTEUR.

Au nombre des meilleures mesures prises par le gouvernement pour entretenir, chez l'instituteur, à la sortie de l'école normale, les connaissances acquises et le perfectionner dans l'art si difficile de la pratique, figure sans contredit l'organisation des conférences.

On sait en quoi elles consistent : des instituteurs d'un même cercle ou d'un même ressort se réunissent, à jour fixe, sous la présidence d'un inspecteur, pour discuter des questions d'éducation et d'instruction, pour émettre, le cas échéant (et il est échu naguère encore) un avis collectif sur une mesure administrative qu'on soumet à leur appréciation, pour stimuler mutuellement leur ardeur, et s'exciter à l'accomplissement de leur noble et importante mission.

Voilà certes une belle institution : et de même que, dans un chœur, composé de voix inégalement puissantes, chaque note, qu'elle soit doucement murmurée ou vigoureusement attaquée, vient ajouter à l'ensemble harmonique, ainsi, dans ces conférences, chacun vient apporter son contingent et contribuer, selon ses forces, à la formation d'un tout : le perfectionnement de l'enseignement.

Quant aux avantages qu'elles offrent, nous allons, à grands traits, en esquisser les principaux. Et d'abord, *elles contribuent puissamment à resserrer entre les membres du corps enseignant les doux liens de la confraternité.*

On ne peut nier la salutaire influence que de pareils rapports exercent sur les dispositions du maître et portent sur l'esprit de l'élève. C'est en établissant entre eux la meilleure entente et en se sentant mutuellement soutenus que les jeunes instituteurs s'affranchissent et que les plus âgés se maintiennent ; c'est alors que tous comprennent combien est vraie, surtout pour eux, notre belle devise nationale. Oh ! ils sont forts alors, et puisant dans cette conviction l'espérance et la fermeté, ils peuvent donner à leur enseignement la chaleur qui vivifie et l'onction qui persuade. Et pour l'élève, à qui, chaque jour, on conseille d'entretenir avec chacun un commerce bienveillant, quelle leçon plus belle et plus fructueuse que l'exemple ? Qu'il voie régner entre les instituteurs une parfaite intelligence, qu'il en apprécie le charme et les heureux fruits, et aussitôt, convaincu, il s'efforcera de les imiter. Heureux le maître qui parle ainsi à ses enfants ! heureux l'élève qui obéit ainsi à son maître !

Ce n'est pas tout : *les conférences élargissent encore singulièrement l'horizon intellectuel de l'instituteur primaire.*

Quel est l'instituteur qui n'ait plus rien à voir dans le champ si vaste de l'enseignement ? Sans doute, nous pouvons atteindre un degré d'instruction bien élevé ; mais quand aurons-nous épuisé toutes les sciences ? Donc, tous peuvent et doivent encore apprendre; donc, les conférences, qui leur facilitent cette tâche, leur sont d'une incontestable utilité. Ils trouvent en effet, dans ces réunions, des esprits plus cultivés qui leur dispensent avec mesure des conseils amis, et les initient à des connaissances variées et peut-être encore inconnues ; ils y rencontrent des confrères d'un âge plus avancé qui mûrissent leur jugement et leur prodiguent les fruits de leur expérience, les affermissent dans la route où ils viennent à peine de s'engager et les prémunissent contre les obstacles qui pourraient les arrêter. Jeunes moniteurs de la jeunesse, quelle précieuse occasion de vous perfectionner, si vous préparez avec soin, conscience, je dirai même avec un certain amour-propre les travaux, surtout les travaux pratiques qui forment comme l'essence des conférences, si vous prêtez une oreille attentive aux observations judicieuses, aux critiques bienveillantes qu'aura soulevées votre manière de faire, de dire et d'écrire.

Le but des conférences est donc essentiellement noble et pratique : d'où vient cependant que beaucoup d'instituteurs n'en retirent que peu, et parfois même point de profit ?

C'est peut-être que les connaissances indispensables leur font défaut; mais c'est surtout parce qu'ils n'y apportent pas les dispositions d'esprit et de cœur qu'elles réclament qui seules peuvent leur faire produire des résultats efficaces et durables.

Et comment, lorsque la bonne volonté fait défaut, qu'une préparation approfondie n'a point mûri les sujets que l'on y traite, lorsque, nullement jaloux d'élargir le cercle de leurs connaissances, ils n'ont pas à cœur de profiter des observations dictées par une bienveillante sollicitude, comment espérer des fruits salutaires ? S'attendre à réaliser, dans des conditions pareilles, des progrès marquants, c'est rêver l'effet sans avoir produit la cause. Il nous sera facile de le prouver en montrant quelles sont les dispositions qu'on exige, pour ces réunions, du bon instituteur et en quoi celles-ci facilitent sa tache : la réciproque sera vraie.

Et d'abord, s'il a de la *bonne volonté* — c'est la première des qualités qu'on aime à reconnaître en lui — il voit arriver avec plaisir le jour fixé pour la conférence, et avec plaisir, sans se soucier de la route plus ou moins longue qu'il aura à faire, du temps plus ou moins mauvais qu'il aura à supporter, il se rend à l'endroit désigné. Heureux de rencontrer des collègues et de trouver, pour son esprit affamé, dans leur conversation et les divers travaux de la journée, un précieux aliment et une utile diversion, il ne trouve rien de trop pénible quand il s'agit de contribuer pour sa part à faire prospérer ces assemblées périodiques et de remplir les devoirs dont l'accomplissement est intimement lié avec ses intérêts comme avec ceux de l'enseignement. Que dis-je ? Avant la conférence même, il témoigne de son zèle et du prix qu'il y attache par la conscience avec laquelle il s'y prépare.

Une bonne préparation constitue en effet le second des éléments indispensables au succès des conférences. Peut-être, dans quelques ressorts, on surcharge les instituteurs d'une besogne un peu difficile, parfois fastidieuse et souvent *trop longue*. On ne peut, certes, dans ce cas, faire un grief à l'instituteur de n'avoir pas donné à son travail tous les soins qu'il comportait ; il n'a pas voulu sacrifier la classe à la conférence, et il a bien fait. Mais quelquefois aussi c'est à sa négligence, à son impardonnable insouciance quant à ce qui touche de plus près sa dignité et ses intérêts qu'on doit, hélas ! attribuer la médiocrité de sa préparation. Ah ! si les jeunes instituteurs voulaient comprendre ce qu'une sérieuse préparation renferme d'incomparables avantages, avec quelle ardeur ne s'y appliqueraient-ils pas, et à quels résultats autrement éloquents n'aboutiraient-ils point ! Ne sont-ce pas en effet les travaux écrits qui ravivent les feux de leur intelligence, rectifient leur jugement, les édifient sur les meilleures méthodes à suivre et, les obligeant à des recherches faciles mais fructueuses, les font marcher d'un pas rapide dans la voie du progrès ? Et les procès-verbaux, n'est-ce point là un salutaire exercice, n'est-ce pas une heureuse occasion de se familiariser avec un style, avec des formes dont un cumul quelconque peut les mettre dans la nécessité d'user ?

Pour ce qui est des leçons pratiques, ce sont elles surtout qui se ressentent d'une bonne préparation ; l'assurance dans l'exposition, la facilité dans l'intuition, l'attrait donné à l'enseignement, le maintien aisé de la discipline, l'attention des élèves captivée, la pensée, en un mot, rendue plus lumineuse et l'impression plus profonde, tels sont les effets d'une préparation approfondie — tant pour les exercices pratiques des conférences que pour les leçons journalières de l'homme d'école.

Ce n'est pas tout. La bonne volonté et la préparation consciencieuse ne suffisent pas : *il faut une attention soutenue* pendant la conférence et *l'intention bien arrêtée de profiter des observations que la discussion fera éclore.*

L'amour-propre n'aveugle point l'instituteur dévoué et intelligent : sans s'imaginer qu'il n'a plus rien à apprendre, il reconnaît, au contraire, avec une grande modestie, tout ce qui lui manque encore, et reçoit avec reconnaissance les avis et les conseils qu'on lui dispense, au sujet de son travail ou de ses leçons — que ces avis sortent de la bouche d'un vieillard grisonnant ou d'un jeune membre du corps enseignant.

Il ne prétend pas imposer son opinion et il entend la réplique, convaincu que chaque chose a une double face, que ce n'est qu'en comparant le pour et le contre qu'on peut arriver à la découverte du vrai et que la raison est toujours entre les voies extrêmes.

Puissent tous les instituteurs et institutrices se laisser guider par de pareils principes ! Puissent les jeunes praticiens surtout accueillir avec respect et gratitude les enseignements de leurs vieux confrères, blanchis dans la pratique.

Nous ajouterons une quatrième recommandation : il est incontestable que *des communications bienveillantes au sujet du résultat des expériences faites dans l'enseignement* ne peuvent produire que d'excellents fruits. Ainsi, quelque instituteur a-t-il trouvé soit par la réflexion, soit par des essais, soit encore par l'étude d'ouvrages pédagogiques un procédé qui hâte les progrès de l'enfant en fait d'instruction ou d'éducation, aussitôt il en fera part à ses collègues, surtout aux nouveaux venus qui verront ainsi se dissiper peu à peu devant eux les ténèbres plus ou moins épaisses qui obscurcissaient leur route.

De cette façon les conférences déviendront de véritables institutions où l'instituteur continuera à se former, à se perfectionner, perfectionnement dont les élèves dé nos écoles ressentiront les premiers les salutaires effets. La conférence terminée, l'instituteur n'a pas fini sa tâche ; il a encore des devoirs à remplir :

Il doit récapituler tout ce qui s'est passé, dans la dernière réunion.

Non content d'avoir montré, avant et pendant la conférence, la plus grande ardeur, le bon instituteur repasse dans son esprit tout ce qui s'est fait et dit, et, par ses paroles comme par sa manière d'agir, fait bien comprendre l'impression profonde dont il est resté pénétré. Il essaie, lui aussi, les méthodes que l'on a préconisées, et, puisant dans le trésor de préceptes qu'il a amassé, il en use et le partage entre les élèves confiés à ses soins.

Tel est le type de l'homme d'école auquel tous les instituteurs devraient s'efforcer de ressembler ; si tous avaient ce zèle, cette conscience, si tous étaient animés de cette noble émulation qui ne cesse de nous pousser vers le mieux, étape de l'idéal, on verrait s'élever et fleurir chez nous une génération qui, en faisant honneur à l'éducation présente, serait le garant de notre force et de notre grandeur dans l'avenir !

Espérons qu'obéissant à la vive impulsion que vient de donner, à ces sortes de réunions, le gouvernement aidé par des hommes éminents auxquels est confiée, dans diverses provinces, la direction de l'enseignement, les instituteurs voudront répondre, à l'espoir qu'on a mis en eux.

CHAPITRE XXIII.

CONSIDÉRATIONS GÉNÉRALES SUR LES ÉCOLES GARDIENNES DES JARDINS D'ENFANTS.

C'est un magnifique titre, un noble privilége que ceux d'un père, d'une mère, vraiment pénétrés de leurs devoirs ; mais des personnes irréfléchies oublient trop souvent les précautions physiques, les exigences religieuses et morales dont un enfant doit être l'incessant objet. Si par des gestes, des regards, des larmes, des cris, l'enfant sait bientôt faire comprendre ce qu'il veut, ce qu'il sent, son esprit et son âme réclament une nourriture spirituelle, une sage direction, des soins bien autrement importants que ceux qui se rapportent à la vie matérielle. Malheureusement, dans beaucoup de familles on ne s'occupe que de la vie matérielle ; la religion et la morale sont négligées.

Un enfant abandonné à lui-même sous ce rapport, et cela dès le berceau, ne peut plus tard être redressé, guéri, ramené dans le bon chemin par la seule fréquentation de l'école primaire, dont le succès a surtout pour base l'éducation première au sanctuaire de la famille.

— « C'est de l'exagération, diront beaucoup de parents, le mal n'a rien de grave ; on y remédiera avec le temps. »

Ces paroles répétées chaque jour avec une incroyable légèreté, ne font qu'aggraver le mal en le rendant incurable ; car les premières impressions sont toujours les plus profondes, ce qui en implique la durée. Ce que l'on a été dans l'enfance, à moins de rares exceptions, on le reste presque toujours dans la suite de la vie ; les années, au lieu de nous corriger, nous apportent bien souvent de nouveaux défauts.

L'école ne modifie que bien peu les maladies devenues chroniques avant que l'enfant fréquente la classe.

A qui la faute si le germe d'âmes immortelles qui pourraient adorer Dieu et le glorifier, est flétri dans sa fleur ?

— Aux parents qui n'ont pas su remplir leurs devoirs. Le père, il est vrai, ne reste pas dans la maison, il va chaque matin aux champs, à l'atelier, à la fabrique, pour gagner péniblement le pain de sa famille ; la mère ne peut pas toujours veiller sur ses enfants ; elle aussi est forcée de les quitter pour aller par son travail accroître les insuffisantes ressources du ménage. Dans les villes, dans les campagnes, dans les hameaux et dans les villages, partout se produit ce triste fait.

Que deviennent de pauvres petits enfants ainsi privés de soins indispensables ? Il y a quelquefois l'aïeule qui remplace la mère, ou bien le nourrisson est disposé au fond d'un berceau dans la chambre souvent privée d'air, de soleil, de feu. L'enfant pleure, crie : il a faim, il a soif. Personne pour le secourir, personne pour le consoler. Épuisé de lassitude, il finit par s'endormir ; mais il s'éveille, et de nouveaux cris, de nouvelles larmes, révèlent ses angoisses.

Nous ne faisons pas de reproches aux infortunés parents que leur position précaire réduit à cette extrémité ; nous souffrons au contraire de leur douleur, nous déplorons le cruel abandon auquel ils sont chaque jour condamnés par cette nécessité impérieuse d'un travail extérieur. Nous ne parlerons donc pas des graves affections qui se développent durant une enfance ainsi privée de soins ; nous n'affligerons pas nos lecteurs par un tableau déchirant des nombreuses familles qui se trouvent dans cette cruelle situation. Nous ne nous arrêterons point à l'incomplète surveillance que peut exercer l'aïeul ou l'aïeule, incapables de travailler à cause du poids des années et des infirmités, et auxquels on confie les enfants pendant l'absence du père et de la mère : il nous serait facile de démontrer leur insuffisance. Le bruit, les fatigues, et puis la vieillesse incline ordinairement à un excès d'indulgence envers les enfants, et sa faiblesse même produit des défauts qui dégénèrent en vices :

Mais les années s'écoulent ; de ces enfants, les uns ont été moissonnés par la mort, les autres ont survécu, et à mesure qu'ils grandissent, dès qu'ils peuvent marcher, ils se traînent hors de la maison, ils échappent à la surveillance de l'aïeul ou de l'aïeule, ils vont jouer aux champs ou dans la rue ; ils se lient avec de petits camarades plus âgés, aussi mal élevés, dont l'exemple précoce achève de les détourner du bien. Les querelles, les coups, les accidents, vingt causes de désastre ou de corruption pourraient ici trouver leur place.

Nous devrions aussi montrer le retour du père et de la mère après le travail de la journée, triste retour, car l'aïeul ou l'aïeule mécontents ont de longues plaintes à formuler ; les vêtements déchirés des enfants, les égratignures au visage, quelquefois des blessures assez graves, en sont le commentaire accusateur de ces plaintes. La mère s'irrite, le père se fâche ; les coups tombent sur les malheureux enfants que l'on envoie coucher sans souper, sans un morceau de pain, et qui avant de céder au sommeil s'abandonnent à toute l'amertume de sentiments dont ils ne peuvent pas démêler le juste de l'injuste, et qui finissent par endurcir leur cœur.

Nous avons peint la position de beaucoup d'enfants dans la plupart des familles dénuées de ressources, d'éducation, et dont les chefs doivent par un travail extérieur pourvoir à leurs besoins et à ceux des personnes qui les entourent. Je pourrais rembrunir encore les teintes de ce triste tableau en montrant un père abruti par l'ivrognerie, ou bien une pauvre veuve, seule, sans appui et qui doit passer des journées entières hors de sa misérable chambre pour n'y rentrer que le soir à une heure assez avancée. Que deviennent les enfants durant l'absence de la mère ? Au moral et au physique c'est l'abandon qui produit trop souvent les vices, la dépravation du cœur, les difformités du corps....

Sans doute, il y a même dans les classes les plus humbles, les plus déshéritées de la société, d'honorables exceptions ; à la campagne surtout, l'enfant se développe à l'air libre; les mœurs généralement plus pures, les croyances plus fortes, font sentir leur influence salutaire dès le premier âge de la vie qui d'ailleurs est plus vite occupé, ce qui le soustrait à la paresse, au vagabondage, à mille inconvénients trop fréquents à la ville. Enfin, la femme du plus modeste paysan peut rester dans sa chaumière ; elle ne la quitte que pendant l'époque des grands travaux, et cela durant quelques heures ; à ces travaux, on associe les enfants dès qu'ils peuvent marcher. Puis entre voisins, on s'entre-aide, une petite fille un peu plus âgée surveille ses frères, ses sœurs et quelques autres enfants.

A la ville aussi il y a d'affectueuses relations de voisinage entre les familles, et par conséquent entre les enfants ; mais combien de dangers si une démoralisation précoce de la part d'un adolescent se communique aux petites créatures qui, sans avoir encore la conscience du mal, risquent de l'imiter ! On frémit à cette idée qu'une partie de jeunes générations est ainsi exposée à la corruption morale, entraînant presque toujours les suites les plus funestes pour le développement normal des forces physiques et des facultés intellectuelles.

Faut-il rappeler tous les accidents qui se produisent dans la rue, ou ce qui a lieu chaque jour dans les galetas et les mansardes où les enfants sont abandonnés pendant des jours entiers. C'est une brûlure, c'est une chute d'un étage élevé, c'est une contusion grave, quelquefois la mort ; et je n'indique pas les malheurs exceptionnels, les catastrophes, dont les journaux reproduisent si souvent les douloureux détails.

La statistique offre à cet égard des documents qui prouvent la multiplicité des sinistres qui se succèdent parmi les enfants en bas âge, et qui moissonnent tant de victimes que des soins intelligents, un peu de précautions auraient pu conserver dans l'intérêt de leurs familles et de la société. Ne soyons pas surpris après cela que la santé, ce principe vital, se trouve compromise par le germe de maladies devenues héréditaires et se transmettant de génération en génération dans des proportions vraiment effrayantes.

On pourrait citer encore d'autres circonstances difficiles, par exemple quand la mère est malade ; dans une chambre malsaine se trouvent auprès de ce lit de douleur plusieurs petits enfants qui respirent un air vicié, qui font du bruit, en troublent le calme, le repos, dont on a tant besoin sous l'étreinte des souffrances physiques ainsi aggravées par l'inquiétude maternelle. Mais à ces images de deuil il est temps d'opposer un tableau consolant.

Voyons s'il n'y a pas un remède à un pareil état de choses ; examinons les ressources que la charité a su trouver dans son inaltérable dévouement, dans ses ingénieuses combinaisons ; demandons aux écoles gardiennes et aux jardins d'enfants, dont les noms figurent en tête de cet article, les moyens de conjurer un mal que nous avons affaibli par menagement pour la sensibilité de nos lecteurs.

Les écoles gardiennes, les crèches, les asiles, les jardins d'enfants, ces différentes institutions peuvent varier quant à la manière dont elles sont organisées, mais le but général est le même, il tend à un résultat identique, il s'agit pour les enfants, que leur âge empêche d'être admis à l'école primaire, de se trouver à l'abri des influences funestes portant atteinte à leur développement physique, moral, intellectuel ; on y travaille à les garantir contre la dépravation du corps et du cœur, à les accoutumer de bonne heure à la discipline, à l'ordre, à la propreté, à des exercices réguliers et salutaires ; en même temps, on s'y occupe du soin de leur inspirer obéissance envers leurs supérieurs, affection pour leurs camarades ; par une transition insensible, sans efforts, on les prépare aux travaux plus sérieux de l'école primaire, à ces travaux qui seront mieux en harmonie avec les forces exercées de leurs organes physiques, de leurs facultés intellectuelles, dont l'horizon s'agrandit par degrés. Enfin, et c'est la considération la plus importante à invoquer en faveur de ces institutions si utiles, on met ainsi les parents, et particulièrement la mère à même de travailler tranquille au dehors, sans être poursuivie dans des occupations indispensables au bien-être de sa jeune famille, par la constante inquiétude de l'abandon et des dangers de ses enfants.

Qui chercherait à révoquer en doute les bienfaits de semblables institutions, dont l'existence produit immédiatement une amélioration remarquable dans le sort, dans les habitudes, dans toutes les conditions physiques et morales des familles pauvres ? Dès qu'une commune, une ville, un quartier sont dotés d'une école gardienne ou d'un jardin d'enfants, l'habitation la plus indigente cesse d'offrir le pénible tableau dont je n'ai cité que quelques traits douloureux, que quelques poignants détails.

Et par une réaction salutaire qu'exercent les enfants ainsi recueillis, ainsi améliorés, les parents à leur tour se ressentent des heureux effets de ces institutions. Le père et la mère ne veulent pas détruire les bienfaisants résultats qu'ils bénissent du plus profond de leur cœur ; ils se surveillent, ils observent devant leurs fils et leurs filles, dont l'esprit d'obéissance et d'ordre, la propreté et la soumission, les sentiments de religion et de morale révèlent comme autant de perspectives inconnues à des êtres jusque là privés de toute éducation, de toute instruction.

Quelque modeste que paraisse au premier aspect la mission des personnes chargées de diriger ces institutions, dès que l'on y réfléchit, on voit que les familles et la société tout entière leur doivent une reconnaissance bien légitime, bien fondée.

Il faudra toujours mieux prévenir que réprimer. Avec une bonne éducation morale et physique, commencée dès le premier âge de la vie pour des enfants que la pénible position de leurs parents livre aujourd'hui à l'abandon, avec les institutions qui remplacent le foyer de la famille, on coupe le mal à sa racine, on donne à des générations entières la santé physique et morale.

Nous ne terminerons pas ces rapides considérations sans émettre une conviction sincère, dans laquelle l'expérience nous confirme de plus en plus : cette conviction consiste à croire et à proclamer que les dépôts de mendicité, les écoles de réforme, les maisons de correction, en un mot tous les établissements de répression ne disparaîtront peu à peu de notre ordre social qu'en raison du développement progressif des écoles gardiennes et des jardins d'enfants.

FIN.

APPENDICE

LOI SUR L'ENSEIGNEMENT PRIMAIRE

DU 23 SEPTEMBRE 1842.

LÉOPOLD, ROI DES BELGES,

A tous présents et à venir, *Salut :*

Nous avons, de commun accord avec les Chambres, décrété et nous ordonnons ce qui suit :

TITRE PREMIER.

DISPOSITIONS GÉNÉRALES.

ARTICLE PREMIER. — Il y aura dans chaque commune du royaume au moins une école primaire, établie dans un local convenable. Toutefois, en cas de nécessité, deux ou plusieurs communes voisines pourront être autorisées à se réunir pour fonder ou entretenir une école.

ART. 2. — Lorsque dans une localité il est suffisamment pourvu au besoin de l'enseignement primaire par les écoles privées, la commune peut être dispensée de l'obligation d'établir elle-même une école.

ART. 3. — La commune pourra être autorisée à adopter, dans la localité même, une ou plusieurs écoles privées réunissant les conditions légales pour tenir lieu de l'école communale.

ART. 4. — Dans les cas prévus par les articles précédents, la députation permanente du conseil provincial, sauf recours au Roi, statue sur les demandes de dispense ou d'autorisation, faites par la commune.

Il sera annuellement constaté par les soins du gouvernement, s'il y a lieu ou non de maintenir la dispense ou l'autorisation. En cas de négative, la dispense ou l'autorisation sera retirée par arrêté royal.

Art. 5. — Les enfants pauvres reçoivent l'instruction gratuitement.

La commune est tenue de la procurer à tous les enfants pauvres dont les parents en font demande, soit dans son école communale, soit dans celle qui en tient lieu, ou dans toute autre école spécialement désignée à cet effet par elle, en conformité des art. 3 et 4.

Le conseil communal, après avoir entendu le bureau de bienfaisance, fixe, tous les ans, le nombre d'enfants indigents qui, dans chaque commune, doivent recevoir l'instruction gratuite, ainsi que la subvention à payer de ce chef, ou, s'il y a lieu, la rétribution due par élève. Cette liste, ainsi que le montant de la subvention ou la quotité de la rétribution, est approuvée par la députation permanente, sauf recours au Roi.

La députation permanente détermine aussi, sauf recours au Roi, la part contributive qui incombe au bureau de bienfaisance dans les frais d'instruction des enfants pauvres ; la part assignée au bureau de bienfaisance sera portée à son budget.

Art. 6. — L'instruction primaire comprend nécessairement l'enseignement de la religion et de la morale, la lecture, l'écriture, le système légal des poids et mesures, les éléments du calcul, et, suivant les besoins des localités, les éléments de la langue française, flamande ou allemande.

L'enseignement de la religion et de la morale est donné sous la direction des ministres du culte professé par la majorité des élèves de l'école.

Les enfants qui n'appartiennent pas à la communion religieuse en majorité dans l'école, seront dispensés d'assister à cet enseignement.

Art. 7. — La surveillance des écoles, quant à l'instruction et à l'administration, sera exercée par l'autorité communale, d'après les dispositions de la loi du 30 mars 1836, et par les inspecteurs, d'après les prescriptions du titre suivant.

Quant à l'enseignement de la religion et de la morale, la surveillance sera exercée par les délégués des chefs des cultes.

Les ministres des cultes et les délégués du chef du culte, auront, en tout temps, le droit d'inspecter l'école.

L'un de ces délégués pourra assister aux réunions cantonales dont il est parlé à l'art. 14 et diriger ces réunions sous le rapport de l'instruction morale et religieuse.

L'évêque diocésain et les consistoires des cultes rétribués par l'État, pourront se faire représenter, auprès de la commission centrale d'instruction, par un délégué qui n'aura que voix consultative.

Les évêques et les consistoires feront connaître, tous les ans, au ministre de l'intérieur, qui en donnera avis aux administrations communales et provinciales, ainsi qu'aux autorités scolaires de chaque ressort, le personnel et l'organisation de cette inspection ecclésiastique.

Art. 8. — Tous les ans, au mois d'octobre, chacun des évêques diocésains et les consistoires pour les écoles appartenant aux autres confessions, communiqueront au ministre de l'intérieur un rapport détaillé sur la manière dont l'enseignement de la morale et de la religion est donné dans les écoles soumises au régime de la présente loi.

Art. 9. — Les livres destinés à l'enseignement primaire dans les écoles soumises au régime d'inspection établi par la présente loi, sont examinés par la commission centrale et approuvés par le gouvernement, à l'exception des livres employés exclusivement pour l'enseignement de la morale et de la religion, lesquels sont approuvés par les chefs de cultes, seuls.

Les livres de lecture employés en même temps à l'enseignement de la religion et de la morale, sont soumis à l'approbation commune du gouvernement et des chefs des cultes.

Art. 10. — La nomination des instituteurs communaux a lieu par le conseil communal, conformément à l'art. 84, n° 6, de la loi du 30 mars 1836.

Pendant les quatre premières années de la mise en exécution de la présenle loi, toutes les nominations seront soumises à l'agréation du gouvernement. Après ce délai, les conseils communaux choisiront leurs instituteurs parmi les candidats qui justifieront d'avoir fréquenté avec fruit, pendant deux ans au moins, les cours de l'une des écoles normales de l'État, les cours normaux adjoints par le gouvernement à l'une des écoles primaires supérieures, ou les cours d'une école normale privée ayant, depuis deux ans au moins, accepté le régime d'inspection établi par la présente loi.

Toutefois, les conseils communaux pourront avec l'autorisation du gouvernement, choisir des candidats ne justifiant pas de l'accomplissement de cette condition.

Art. 11. — Le conseil communal pourra suspendre l'instituteur pour un terme qui n'excédera pas trois mois, avec ou sans privation du traitement ; le gouvernement sera appelé à statuer définitivement sur le maintien ou la révocation de l'instituteur, en prenant l'avis des inspecteurs, le conseil communal et l'instituteur entendus.

Le gouvernement pourra, d'office, suspendre ou révoquer un instituteur communal, en prenant l'avis des inspecteurs, le conseil communal et l'instituteur entendus.

Art. 12. — En cas de vacance d'une place d'instituteur, soit par révocation, soit autrement, le conseil communal sera tenu de procéder au remplacement dans les quarante jours, sauf fixation par le gouvernement d'un délai plus long ; passé le terme de quarante jours ou le terme fixé par le gouvernement, il sera procédé d'office par celui-ci à la nomination.

TITRE II.

INSPECTION ET SURVEILLANCE.

§ 1er. — *Inspecteurs cantonaux.*

Art. 13. — Il y aura un inspecteur pour un ou plusieurs cantons. Ce fonctionnaire est nommé et révoqué par le gouvernement, sur l'avis de la députation provinciale. La durée de ses fonctions est de trois ans.

Il ne reçoit pas de traitement ; une indemnité qui ne dépassera pas 400 fr. par canton, sera allouée annuellement sur les fonds provinciaux.

La moitié au moins de cette somme sera attribuée par canton à l'inspecteur, comme indemnité fixe, le restant étant réservé pour subvenir aux frais de voyage et de séjour.

Le nombre des inspecteurs cantonaux est fixé par le gouvernement, sur l'avis de la députation permanente du conseil provincial.

Chaque inspection s'étend sur les écoles communales et sur celles qui en tiennent lieu en vertu de l'art. 3 de la présente loi.

L'inspecteur cantonal se met en rapport avec l'administration communale.

Il visite les écoles de son ressort, au moins deux fois l'an.

Il tient note détaillée des résultats de chaque inspection et les consigne dans un registre accessible, en tout temps, à l'inspecteur provincial.

Ce registre contiendra un état statistique du nombre des écoles de son ressort et des élèves qui les fréquentent, avec indication des méthodes employées dans chaque école et du degré de zèle et d'aptitude dont chacun des instituteurs fait preuve.

Art. 14. —L'inspecteur cantonal réunira, en conférence, sous sa direction, au moins une fois par trimestre, les instituteurs de son ressort ou de chaque canton.

Les instituteurs libres peuvent aussi être admis à ces conférences, si l'inspecteur le juge convenable.

Des jetons de présence seront accordés aux instituteurs qui y assisteront.

Ces conférences auront pour objet tout ce qui peut concerner les progrès de l'enseignement primaire, et spécialement l'examen des méthodes et des livres employés dans les écoles.

Art. 15. — Un règlement arrêté par le conseil communal, sur la proposition de l'inspecteur provincial, l'inspecteur cantonal entendu, et approuvé par la députation du conseil provincial, sauf recours au Roi, déterminera, dans chaque commune, la rétribution des élèves, le mode de recouvrement, les jours et les heures du travail, les vacances, le mode de punition et de récompense.

§ 2. — *Inspecteurs provinciaux.*

Art. 17. — Il y aura un inspecteur dans chaque province.

Ce fonctionnaire est nommé et révoqué par le Roi ; il jouit d'un traitement de 3,000 fr. par an, sur le trésor public.

Il inspecte, au moins une fois par an, toutes les écoles communales de son ressort et celles qui en tiennent lieu, en vertu de l'art. 3 de la présente loi.

Il doit présider annuellement l'une des conférences d'instituteurs mentionnées en l'art. 14, et y recueillir tous les renseignements consignés dans les registres d'inspection cantonale.

Il se met en rapport avec les inspecteurs cantonaux qui lui sont subordonnés dans l'ordre hiérarchique.

Art. 17. —Les inspecteurs provinciaux se réunissent, tous les ans, en commission centrale, sous la présidence du ministre de l'intérieur.

Le ministre pourra les convoquer en session extraordinaire, quand l'intérêt de l'instruction l'exigera.

Art. 18. — Chaque inspecteur provincial soumet à la commission centrale, pour en délibérer, un rapport sur les écoles primaires de son ressort, comprenant l'analyse des registres d'inspection cantonale. La commission réunit, en un seul travail général, les renseignements qui sont consignés, dans ces rapports, sur les écoles, les maîtres et les élèves, en ce qui concerne autant les données statistiques que l'usage des méthodes et le zèle et la capacité des instituteurs. Elle provoque les améliorations et les réformes jugées nécessaires, et fournit au ministre les renseignements dont il pourrait avoir besoin.

Art. 19. — Un règlement d'administration générale déterminera plus spécialement, d'après les principes de la présente loi :

1° Les attributions des inspecteurs et de la commission centrale d'instruction ;

2° Les objets des conférences cantonales, ainsi que les localités où ces conférences devront s'ouvrir ;

3° L'indemnité à accorder aux inspecteurs cantonaux et celle à répartir en jetons de présence entre les instituteurs ;

4° Les frais de déplacement et de séjour, ainsi que la rétribution extraordinaire que touchera le secrétaire de la commission centrale d'instruction.

TITRE III.

SUBSIDES ET MOYENS D'ENCOURAGEMENT.

§ 1er. — *Subsides.*

Art. 20. — Les frais de l'instruction primaire sont à la charge des communes. La somme nécessaire à cet objet sera portée annuellement au budget communal, parmi les dépenses obligatoires dont il est parlé à l'art. 131 de la loi communale.

Art. 21. — Le traitement de l'instituteur est fixé par le conseil communal, sous l'approbation de la députation permanente, et sauf recours au Roi. Ce traitement ne peut être moindre de 200 fr. L'instituteur a droit, en outre, à une habitation ou à une indemnité de logement à fixer de commun accord, sauf recours à la députation, en cas de dissentiment.

Art. 22. — Le fonds, dont il est parlé à l'art. 10, est destiné :

1° A la construction ou à l'entretien du bâtiment d'école,

2° A l'achat des meubles et des livres nécessaires ;

3° A fournir à l'instituteur communal son traitement et, le cas échéant, l'indemnité de logement ;

4° A payer, à défaut du bureau de bienséance, la rétribution ou la subvention due pour les enfants indigents.

Art. 23. — A défaut de fondations, donations ou legs, qui assurent un local et un traitement à l'instituteur, le conseil communal y pourvoira, au moyen d'une allocation sur son budget.

L'intervention de la province, à l'aide de subsides, n'est obligatoire que lorsqu'il est constaté que l'allocation de la commune, en faveur de l'instruction primaire, égale le produit de deux centimes additionnels au principal des contributions directes, sans toutefois que cette allocation puisse être inférieure au crédit voté pour cet objet, au budget communal de 1842.

L'intervention de l'État, à l'aide de subsides, n'est obligatoire que lorsqu'il est constaté que la commune a satisfait à la disposition précédente, et que l'allocation provinciale, en faveur de l'enseignement primaire, égale le produit de deux centimes additionnels au principal des contributions directes, sans toutefois que ladite allocation puisse être inférieure au crédit voté pour cet objet, au budget provincial de 1842.

Chaque année, il sera annexé à la proposition du budget, un état détaillé de l'emploi des fonds alloués pour l'instruction primaire, pendant l'année précédente, tant par l'État que par les provinces et les communes.

Art. 24. — Les fonds votés par les provinces, en faveur de l'instruction primaire, sont destinés aux objets suivants :

1° Traitements ou suppléments de traitement aux instituteurs communaux ou à ceux qui en tiennent lieu :

2° Subsides pour construction, réparation ou ameublement de maisons d'école ;

3° Subsides aux caisses de prévoyance en faveur des instituteurs ;

4° Bourses d'études pour les aspirants-instituteurs,

5° Dépenses résultant de l'inspection cantonale, de la tenue des conférences d'instituteurs et des concours.

Art. 25. — Une partie du subside voté annuellement par la

législature, pour l'instruction primaire, aura pour destination spéciale :

1° D'encourager l'établissement de salles d'asile, principalement dans les cités populeuses et dans les districts manufacturiers ;

2° De favoriser les écoles du soir et du dimanche pour les adultes ;

3° De propager les écoles connues sous le nom d'ateliers de charité et d'apprentissage.

Le gouvernement s'assurera du concours des provinces et des communes pour obtenir les résultats que ces subsides ont pour objet.

Art. 26. — Aucune école ne pourra obtenir ou conserver un subside ou une allocation quelconque de la commune, de la province ou de l'État, si l'autorité qui la dirige ne consent à la soumettre au régime d'inspection établi par la présente loi.

Les infractions aux dispositions légales sont constatées, soit par les inspecteurs civils, soit par les inspecteurs ecclésiastiques. Elles sont portées à la connaissance du gouvernement par les rapports dont il est parlé aux articles 8 et 18.

Si ces rapports signalent des abus dans une école, le ministre de l'intérieur en informe l'administration dirigeant l'école, et use des moyens propres à amener l'exécution de la loi.

Lorsque les abus sont constatés par le gouvernement et reconnus par lui constituer la non-exécution de l'une des conditions essentielles de la loi, et que l'autorité dirigeant l'école se refuse à les faire cesser, les subsides communaux, provinciaux et de l'État, seront retirés par un arrêté royal motivé et inséré au *Moniteur*.

Art. 27. — Les caisses de prévoyance actuellement existantes sont maintenues ; cette institution sera introduite dans les provinces et les localités où elle n'existe point.

Il pourra être établi, par les soins du gouvernement, une caisse centrale de prévoyance en faveur des instituteurs urbains.

2. — *Moyens d'encouragement.*

Art. 28. — Des bourses de 200 fr. au plus chacune, seront mises annuellement à la disposition du gouvernement pour être accordées à des jeunes gens ou des instituteurs peu favorisés de la fortune et qui font preuve d'aptitude, pour les aider à suivre les cours des écoles primaires supérieures ou des écoles normales.

Ces bourses pourront, après la sortie de ces écoles, être continuées, pendant un terme qui n'excèdera pas trois années, à des élèves-maîtres envoyés pour faire leur noviciat, soit comme assistant, soit comme instituteur dans les écoles communales.

Art. 29. — Des concours pourront être institués, soit par ressort d'inspection, soit par canton, en réunissant les écoles indistinctement ou en séparant celles des villes d'avec celles des campagnes.

La participation à ces concours est obligatoire pour les établissements soumis au régime de la présente loi, et facultative pour les écoles privées.

Une bourse pourra être accordée par le conseil provincial à celui des élèves qui, peu favorisé de la fortune, aura subi les épreuves du concours avec le plus de distinction.

Art. 30. — Le jury d'examen est composé de l'inspecteur cantonal, de deux membres désignés par la députation permanente du conseil provincial, d'un membre désigné par l'inspecteur provincial et d'un délégué du chef du culte professé par la majorité des habitants.

Art. 31. —Les concurrents sont examinés, en ce qui concerne l'instruction morale et religieuse, par un ministre de la communion à laquelle ils appartiennent.

Art. 32. — Un règlement préparé par l'inspecteur provincial, et arrêté par la députation permanente du conseil provincial fixera les matières d'examen et déterminera le mode et la durée des concours, ainsi que l'époque à laquelle ils auront lieu.

TITRE IV.

DES ÉCOLES PRIMAIRES SUPÉRIEURES ET DES ÉCOLES NORMALES.

§ 1er. — *Des écoles primaires supérieures* (1).

Art. 33. — Des écoles primaires supérieures seront fondées par le gouvernement et entretenues avec le concours des com-

---

(1) Les écoles primaires supérieures ont été remplacées par les écoles moyennes, établies en vertu de la loi de 1850. L. R.

munes dans toutes les provinces ; il pourra en établir une dans chaque arrondissement judiciaire.

Indépendamment du local à fournir par la commune, la part contributive de l'État ne pourra excéder, par école, trois mille francs annuellement.

Les écoles modèles du gouvernement actuellement existantes, sont maintenues et prendront le titre d'Écoles primaires supérieures.

Art. 34.— Outre les objets énoncés dans l'art. 6, l'enseignement dans ces écoles comprend :

4° Les langues francaise et flamande, et, au lieu de celle-ci, la langue allemande dans la province de Luxembourg ;

2° L'arithmétique ;

3° Le dessin, principalement le dessin linéaire, l'arpentage et les autres applications de la géométrie pratique ;

4° Des notions des sciences naturelles applicables aux usages de la vie ;

5° La musique et la gymnastique ;

6° Les éléments de la géographie et de l'histoire, et surtout de la géographie et de l'histoire de la Belgique.

§ 2. — *Écoles normales.*

Ar. 35. — Il sera immédiatement établi par le gouvernement deux écoles normales pour l'enseignement primaire : l'une, dans les provinces flamandes, l'autre, dans les provinces wallonnes.

Dans chaque province, des cours normaux pourront être adjoints par le gouvernement à l'une des écoles primaires supérieures.

§ 3. — *Dispositions communes aux écoles primaires supérieures et aux écoles normales.*

Art. 36. — Indépendamment de la direction et de la surveillance particulière que le gouvernement exerce sur les écoles primaires supérieures et sur les écoles normales, ces institutions sont soumises au mode de direction et d'inspection ecclésiastique résultant des art. 6, § 2 ; 7, § 2 à 4 ; 8 et 9 de la présente loi.

Les instituteurs et professeurs des écoles normales et des écoles primaires supérieures sont nommés et révoqués par le gouvernement.

Il y aura dans chaque école normale un ministre du culte, chargé de l'enseignement de la morale et de la religion.

DISPOSITIONS FINALES.

Art. 37. — Les inspecteurs civils, provinciaux et cantonaux, les instituteurs communaux nommés en vertu de l'art. 10 de la présente loi, ainsi que les instituteurs et professeurs des écoles normales de l'État et des écoles primaires supérieures, prêteront le serment prescrit par l'art. 2 du décret du Congrès National du 20 juillet 1831.

Art. 38. — Tous les trois ans, un rapport sur l'état de l'instruction primaire sera présenté par le gouvernement, à la législature.

Donné à Bruxelles, le 23 septembre 1842.

LÉOPOLD.

Par le Roi :

Le ministre de l'intérieur.

Nothomb.

Vu et scellé du sceau de l'État.

Le ministre de la justice.

Van Volxem, fils.

RÈGLEMENT GÉNÉRAL

DES ÉCOLES PRIMAIRES.

PREMIÈRE PARTIE

Dispositions générales publiées par le gouvernement.

CHAPITRE PREMIER.

DE L'ENSEIGNEMENT ET DES INSTITUTEURS.

ART. 1er. — L'instruction primaire comprend nécessairement l'enseignement de la religion et de la morale ; la lecture, l'écriture, le système légal des poids et mesures, les éléments du calcul et les éléments de la langue maternelle (français, flamand ou allemand).

D'autres branches d'enseignement élémentaire peuvent être ajoutées à ce programme, de l'avis conforme de l'inspection.

L'enseignement se donne d'après le mode mutuel ou simultané. Le mode individuel est formellement interdit.

Il n'est fait usage que des livres approuvés conformément à la loi.

ART. 2. — Chaque année, la distribution du travail, pour les diverses branches de l'enseignement, est réglée dans un tableau dressé par l'instituteur, visé par l'inspecteur cantonal et arrêté par le collége des bourgmestre et échevins.

Ce tableau est fixé dans la salle. Il est expressément défendu à l'instituteur en chef et aux assistants de s'écarter des prescriptions qu'il renferme.

ART. 3. — L'instituteur en chef est spécialement chargé de la stricte exécution de tout ce qui est prescrit par le présent règlement.

Il est responsable des transgressions qu'il n'aurait pas réprimées ou dénoncées à l'autorité compétente.

Les assistants, ainsi que les gens de service, sont placés immédiatement sous les ordres de l'instituteur en chef ou de celui qui le remplace.

Art. 4. — L'instituteur en chef et les assistants se rendent à l'école un quart d'heure avant l'ouverture des classes ; ils surveillent les élèves à leur entrée, à leur sortie et pendant les récréations.

Aucun instituteur ne peut s'absenter sans l'autorisation du collége échevinal (1).

Art. 5. — Si un instituteur manque aux habitudes d'ordre prescrites par le règlement, ou bien s'il compromet, de quelque manière que ce soit, la dignité de ses fonctions, l'autorité communale prend ou provoque des mesures propres à réprimer le mauvais exemple et à l'empêcher de se reproduire.

Les inspecteurs peuvent également provoquer ces mesures.

Art. 6. — L'instituteur en chef, non plus que les assistants, ne peut s'occuper, pendant les heures de classe, d'objets étrangers à l'enseignement ou à l'éducation de ses élèves.

Art. 7. — Le classement des élèves dans les diverses divisions appartient à l'instituteur en chef, sauf recours à l'inspecteur cantonal.

Art. 8. — L'instituteur en chef exerce une surveillance active sur tous les élèves ; il veille à ce qu'aucun d'eux ne reste inoccupé.

Art. 7. — Il n'est pas permis à l'instituteur en chef de soigner, de préférence et aux dépens des autres, l'instruction de quelques élèves intelligents, soit pour les faire briller dans les concours, soit pour toute autre raison. L'instruction doit être primaire, élémentaire et distribuée également parmi tous les élèves.

Art. 10. — L'instituteur en chef veille à la conservation du bâtiment et du matériel de l'école. Il cherche à prévenir tout ce qui peut nuire à la santé des élèves. Il veille à ce que l'école soit dans un état permanent de propreté et nettoyée au moins une fois par jour. Il fait aérer la salle avant l'entrée et après la sortie des élèves.

Art 11. — Dans les localités où les médecins des pauvres reçoivent un traitement du bureau de bienfaisance ou de la commune, ils sont tenus de visiter les écoles publiques, au moins une fois par mois. A la suite de chaque visite, ils adressent au collége échevinal un rapport sur l'état sanitaire des

---

(1) Les administrations communales doivent prevenir les inspecteurs des congés qu'elles accordent aux instituteurs. (Circ. minist. du 24 mai 1843.)

élèves. Les élèves reconnus atteints d'une maladie contagieuse sont renvoyés à leurs parents, et ne peuvent rentrer a l'école qu'après avoir obtenu du médecin un certificat qui constate leur parfaite guérison.

Art. 12. — L'instituteur en chef inscrit, dans des registres à part, les filles et les garçons fréquentant l'école.

Ces registres, où les enfants pauvres, admis à titre provisoire, sont distingués des autres, contiennent :

1° Une série de numéros d'ordre ;

2° Les noms et prénoms des enfants ;

3° La date et le lieu de leur naissance ;

4° L'indication de la religion à laquelle ils appartiennent ;

5° Le nom du praticien qui a délivré le certificat de vaccine :

6° Le nom et la profession des parents ou tuteurs ;

7° Le domicile de ces derniers.

Art. 13. — Au commencement de chaque trimestre, l'instituteur en chef fait connaître le mouvement de son école, pendant le trimestre précédent, au collége échevinal, qui en donne avis à l'inspecteur cantonal.

CHAPITRE II.

DE L'ENSEIGNEMENT DE LA RELIGION ET DE LA MORALE.

Art. 14. — Les leçons de religion et de morale, dans les écoles dont la majorité des élèves professe la religion catholique, se donnent, le matin, pendant la première demi-heure, et l'après-midi, pendant la dernière demi-heure de la classe.

Art. 15. — Les classes commencent et finissent par une prière faite en commun.

Art. 16. — L'éducation morale et religieuse sera entièrement prise à cœur. L'instituteur en fera l'objet de ses soins assidus, Il saisira, avec zèle, les occasions qui se présenteront sans cesse pour développer les principes de religion et de morale.

Art. 17. — Pour ces trois articles, l'instituteur catholique suivra la direction émanée des évêques, en vertu de l'art. 6 de la loi.

Art. 18. — Les instituteurs se conformeront, pour la méthode à employer dans l'enseignement de la religion et de la morale aux instructions adressées par les évêques de Belgique à MM. les curés.

DEUXIÈME PARTIE.

Dispositions particulières et locales, arrêtées par le conseil communal, en vertu de l'art. 15 de la loi du 23 septembre 1842.

CHAPITRE PREMIER.

DE LA RÉTRIBUTION DES ÉLÈVES ET DU MODE DE RECOUVREMENT.

ART. 1er. — Indépendamment de l'admission gratuite des enfants pauvres, suivant les règles établies par l'arrêté royal du 29 mai 1843, le collége échevinal peut, s'il reste des places vacantes dans l'école, en disposer provisoirement à toute époque de l'année, en admettant de préférence les enfants qui seraient en droit de réclamer l'instruction gratuite aux termes de l'art. 3 de l'arrêté royal précité.

ART. 2. — Si, après l'admission régulière des enfants pauvres il reste dans l'école des places disponibles, elles peuvent être occupées par des élèves payants. L'instituteur prononce sur l'admission de ces derniers, sauf recours au collége échevinal, et après s'être assuré qu'ils ont été vaccinés ou qu'ils ont eu la variole, et qu'ils sont âgés de 5 ans au moins et de 14 au plus.

ART. 3. — Les rétributions sont fixées à..... par mois pour tous les élèves indistinctement. Le mois commencé est dû intégralement.

Chaque élève payera en outre, une fois à donner,..... pour le chauffage.

L'instituteur pourra fournir aux élèves les livres et autres objets de classe ; le collége échevinal fixera le prix de ces objets sur l'avis de l'inspecteur cantonal.

Les enfants instruits gratuitement aux frais de la commune reçoivent aussi les livres et autres fournitures de classe strictement nécessaires. Les ardoises et les livres mis à leur disposition, font partie du mobilier de l'école et y restent déposés.

ART. 4. — Les rétributions seront payées mensuellement entre les mains de l'instituteur, ou si celui-ci le désire, entre les mains du receveur communal. L'instituteur est autorisé à en exiger le payement par anticipation.

CHAPITRE II.

DES JOURS ET DES HEURES DE TRAVAIL, DES CONGÉS ET DES VACANCES.

Art. 5. — Les classes sont ouvertes toute l'année, excepté les jours de congé et le temps des vacances.

Art. 6. — Les heures de classe sont fixées de la manière suivante : du 1er octobre au 1er avril, de 8 1/2 heures à 11 1/2 heures, et de 1 heure à 4 heures ; pendant les autres mois de l'année, de 8 heures à 11 heures, et de 1 à 4. Les filles sortiront de l'école dix minutes avant les garçons.

Art. 7. —Les élèves se rendent à l'école dix minutes au moins avant l'ouverture des cours ; passé ce délai, ils sont passibles d'une punition.

La propreté et la bonne tenue sont obligatoires pour les élèves.

Art. 8. — Les jours de congé sont : les dimanches et les fêtes réservées ; le jeudi après-midi; le 2 novembre; le 16 décembre (jour de l'anniversaire de la naissance du Roi) : le 26 décembre , le 1er janvier; le 6 janvier; les trois derniers jours de la semaine sainte ; les lundis de Pâques et de la Pentecôte ; le 21 juillet (jour anniversaire de l'inauguration du Roi).

Art. 9. — L'époque et la durée des vacances sont ainsi fixées du premier septembre au premier octobre.

RÈGLEMENT GÉNÉRAL

DES ÉCOLES NORMALES DE L'ÉTAT.

TITRE Ier.

Personnel. — Administration. — Comptabilité générale — Matériel.

CHAPITRE PREMIER.

PERSONNEL. — ADMINISTRATION.

Article premier. — Le directeur est spécialement chargé :

1° De l'exécution des arrêtés, règlements et décisions concernant l'école normale ;

2° De l'administration intérieure ;

3° De la direction des études ;

4° Du maintien de l'ordre et de la discipline ;

5° Enfin, des relations de l'établissement avec les autorités et avec les rapports des élèves.

Il peut être appelé à donner un ou plusieurs cours.

Hors le temps des vacances, il ne peut s'absenter pour plus d'un jour, sans l'autorisation du Ministre.

En cas d'absence ou d'empêchement, il est remplacé provisoirement par un des fonctionnaires que lui-même désigne.

Art. 2. — Les professeurs et les autres fonctionnaires de l'école sont subordonnés au directeur, dont ils suivent les ordres pour tout ce qui concerne le service de l'établissement.

Ils ne peuvent s'absenter sans son autorisation. Si l'absence doit durer plus de deux jours, l'autorisation du Ministre est nécessaire.

Art. 3. — Le directeur veille à ce que le service se fasse sans interruption.

Le fonctionnaire qui supplée ou remplace provisoirement un de ses collègues pendant plus de huit jours, a droit à la moitié de son traitement.

Art. 4. — Le directeur tient ou fait tenir par le proviseur un indicateur exact de toutes les pièces de la correspondance concernant l'école normale, et veille à leur conservation.

Les actes de son administration sont transcrits dans un registre particulier.

Il tient note de ses observations sur la conduite, le zèle, la méthode et la science des professeurs.

Il tient également note de l'application, des progrès et de la conduite des élèves.

Il provoque les mesures nécessaires dans l'intérêt de l'école normale.

A la fin de l'année scolaire, il adresse au Ministre un rapport général sur la situation de l'établissement, ainsi que sur tout le personnel.

CHAPITRE II.

COPMTABILITÉ GÉNÉRALE. — MATÉRIEL.

Art. 5. — La comptabilité est établie par exercice.

L'exercice commence le 1er janvier et finit le 31 décembre de la même année.

Art. 6. — Dans la première quinzaine du mois de décembre de chaque année, le directeur soumet au Ministre un projet de budget pour l'année suivante.

Les allocations de dépenses admises au budjet ne peuvent être dépassées sans l'autorisation du Ministre.

Art. 7. — Le proviseur tient des registres où il inscrit jour par jour ce qui concerne l'économie et la comptabilité de l'école.

Il est chargé de recevoir la pension des élèves.

Les fonds versés dans la caisse du proviseur servent à payer les dépenses du ménage et celles du costume uniforme de l'école.

On entend par *dépenses de ménage* les dépenses qui ont pour objet : 1° la table et le logement ; 2° le chauffage et l'éclairage ; 3° le service de l'infirmerie ; 4° les gages des domestiques ; 5° l'entretien, mais non le renouvellement du mobilier.

Les autres dépenses sont acquittées au moyen d'ordonnances de payement à soumettre, dans la forme ordinaire, au visa de la cour des comptes.

Aucun fonctionnaire de l'école normale ne peut employer les domestiques de l'établissement pour son service particulier qu'à la condition de payer de ce chef une redevance dont le taux est fixé par le Ministre.

Cette redevance est versée dans la caisse du ménage.

ART. 8. — Chaque année, le proviseur rend compte de l'emploi des fonds dont il a le maniement.

Le compte du proviseur, accompagné des pièces justificatives nécessaires, est soumis à l'approbation du Ministre, dans le courant du mois de janvier.

ART. 9. — Le proviseur surveille l'entretien des bâtiments, du mobilier, de la bibliothèque et des diverses collections.

Les objets mobiliers, les livres destinés à la bibliothèque et les collections sont inventariées au fur et à mesure de leur réception.

L'inventaire est récollé conformément à l'art. 47 de la loi du 15 mai 1846 et aux règlements portés en exécution de cet article.

ART. 10. — Le directeur, les professeurs et les élèves sont responsables des livres et autres objets mis à leur disposition

On ne délivre aucun objet que contre récépissé et après en avoir tenu note sur un registre spécial.

TITRE II.

Admission des élèves. — Pension et bourses. — Trousseau et costume uniforme des élèves. — Régime économique de l'établissement.

CHAPITRE PREMIER.

ADMISSION DES ÉLÈVES.

ART. 11. — Le nombre des éléves-instituteurs à admettre chaque année, dans les écoles normales de l'État, est déterminé par le Ministre de l'intérieur.

Les gouverneurs portent à la connaissance de leurs administrés, dans la première quinzaine du mois d'août, les conditions et formalités auxquelles l'admission est subordonnée.

ART. 12. — Les élèves-instituteurs sont admis à la suite d'un examen portant sur les matières suivantes :

1° Doctrine chrétienne et histoire sainte ;

2° Lecture ;

3° Écriture ;

4° Grammaire flamande et orthographe usuelle, ainsi que des

notions de la langue française pour l'admission à l'école normale de Lierre ;

Grammaire française et orthographe usuelle, pour l'admission à l'école normale de Nivelles ;

5° Opérations fondamentales de l'arithmétique sur les nombres entiers et sur les fractions ; applications raisonnées de ces opérations ; système légal des poids et des mesures ;

6° Éléments de la géographie générale, géographie particulière de la Belgique ;

6° Faits principaux de l'histoire nationale ;

8° Notions de musique vocale.

Art. 13. — L'examen d'admission a lieu au local de l'école normale, au moins six semaines avant le renouvellement de l'année scolaire.

Le jury chargé d'y procéder est composé de la manière suivante ;

1° L'inspecteur des écoles normales ;

2° Le directeur et les professeurs chargés, dans l'établissement, des branches spéciales désignées à l'art. 12 ci-dessus.

L'inspecteur remplit les fonctions de président.

En cas d'empêchement de l'inspecteur, la présidence est exercée par le directeur.

Le secrétaire est désigné par la voie du sort parmi les membres du corps enseignant.

Art. 14. — Le président du jury a la police de l'assemblée ; il veille à l'exécution du règlement et à la régularité des opérations de l'examen.

Le jury peut délibérer dès que plus de la moitié des membres sont présents. Les décisions sont prises à la majorité absolue des voix. En cas de partage sur une question, l'avis le moins favorable au récipiendaire prévaudra.

Art. 15. — Le jury tient procès-verbal de ses séances. Les procès-verbaux sont rédigés séance tenante, et constatent le degré de mérite auquel les récipiendaires ont atteint dans chaque partie de l'examen.

Art. 16. — Les jeunes gens qui désirent être appelés à l'examen d'admission, doivent en faire la demande avant le 1er octobre.

Les demandes sont adressées au gouverneur de la province où les postulants ont leur domicile, et rédigées en double expédition, dont une sur papier timbré.

Elle doivent être accompagnées :

1° D'un extrait de l'acte de naissance du postulant ;

2° D'un certificat de moralité et de bonne conduite, délivré par l'administration de la commune où le postulant est domicilié ;

3° D'un certificat constatant que le postulant a été vacciné ou qu'il a eu la variole ;

4° D'une déclaration légalisée par laquelle le postulant prendra l'engagement de se tenir à la disposition du gouvernement pendant cinq ans, à partir de la sortie de l'école normale, pour exercer les fonctions d'instituteur, de sous-maître ou d'assistant dans un établissement d'instruction publique. Si le postulant est mineur, il produira, en outre, une déclaration de son père ou tuteur qui l'autorise à contracter cet engagement.

Les gouverneurs instruisent les demandes et en font rapport au Ministre, dans les cinq premiers jours du mois de janvier au plus tard.

Les rapports des gouverneurs indiquent, entr'autres, si les postulants se trouvent dans les conditions voulues par l'article suivant.

Art. 17. — Les postulants sont appelés à l'examen d'admission par ordre du Ministre de l'intérieur ; ils doivent :

1° Être âgés de 16 ans au moins et de 22 ans au plus ;

2° Être d'une conduite irréprochable ;

3° Avoir été vaccinés ou avoir eu la variole ;

4° Avoir une bonne constitution ;

5° N'être atteints d'aucune infirmité de nature à affaiblir l'autorité que doit avoir un instititueur sur ses élèves ;

6° Enfin, avoir pris valablement l'engagement mentionné au 4° de l'art. 16 ci-dessus.

Art. 18. — L'examen se divise en deux épreuves, l'une orale, l'autre par écrit.

L'importance relative de chaque branche de l'examen est déterminée par le Ministre.

L'examen par écrit précède l'examen oral.

Art. 19. — Un médecin, à désigner par le président du jury visite les récipiendaires et adresse au jury un rapport dans lequel il fait connaître s'ils sont de bonne constitution et s'ils n'ont pas d'infirmités incompatibles avec les convenances de l'enseignement.

Art. 20. — A la fin de la session, le jury forme une liste générale des récipiendaires et les classe d'après le degré de mérite auquel ils ont atteint dans les deux épreuves réunies.

Il formule également des propositions pour l'admission des récipiendaires, en tenant particulièrement compte de leurs dispositions naturelles et de leur intelligence.

La liste des récipiendaires, avec les propositions du jury et le rapport du médecin (art. 19), est immédiatement envoyée au Ministre, qui statue sur les résultats de l'examen.

Sont admis de préférence, les récipiendaires qui justifient d'avoir fait un noviciat, comme aides, dans une école agréée à cette fin par l'inspection civile, pourvu qu'à l'examen ils aient obtenu les deux tiers des points attribués à un travail parfait.

Peuvent être écartés, après l'examen, les récipiendaires qui, à raison de leur constitution ou de certains défauts physiques, seraient reconnus impropres aux fonctions d'instituteur.

CHAPITRE II.

PENSION ET BOURSES.

ART. 21. — Les élèves sont logés et nourris dans l'établissement.

Ils doivent se procurer eux-mêmes les livres et les autres objets classiques nécessaires.

Le prix annuel de la pension est fixé par une disposition spéciale. Il est payable, *par quartier,* au commencement de chaque trimestre de l'année scolaire.

Le trimestre commencé est dû intégralement.

A la fin de l'année, un supplément de pension, fixé au maximum à 15 fr., peut être exigé des élèves pour aider à couvrir le déficit que présenterait le compte des recettes et dépenses mentionné à l'art. 8.

ART. 22. — Des bourses de DEUX CENTS FRANCS au maximum peuvent être accordées aux élèves-instituteurs pour les aider à payer le prix de la pension.

Les élèves qui, sur l'invitation du gouvernement, ne rempliraient pas l'engagement quinquennal mentionné au n° 4 de l'art. 16, restitueront le montant des bourses dont ils auront joui sur les fonds provinciaux ou de l'État pendant leur séjour à l'école normale.

ART. 23. — Les bourses sont liquidées par trimestre, le montant en est versé dans la caisse du proviseur de l'école.

ART. 24. — Dès qu'une bourse devient vacante, le directeur en donne avis au Ministre.

CHAPITRE III.

TROUSSEAU ET COSTUME UNIFORME DES ÉLÈVES.

Art. 25. — En entrant à l'école normale, chaque élève doit être pourvu au moins des objets suivants :

a. Six chemises en toile ; *b*. Six paires de chaussettes ou de bas ; *c*. Six mouchoirs de poche ; *d*. Deux paires de bottes ou de bottines de cuir ; *e*. Quatre essuie-mains ; *f*. Quatre serviettes ; *g*. Brosses et peignes.

L'entretien de ces objets est à la charge des élèves.

Art. 26. — Chaque élève reçoit de l'établissement un costume uniforme comprenant, pour toute la durée du cours d'étude :

a. Une tunique de drap ;

b. Deux pantalons de drap ;

c. Quatre pantalons de coutil ;

d. Trois blouses de travail ;

e. Trois cols de lasting :

f. Deux casquettes de drap ;

L'élève qui passe plus de trois années à l'établissement, peut à l'expiration de ce terme, recevoir quelques nouveaux objets d'habillement à déterminer par le directeur.

Art. 27. — Le costume uniforme est payé au moyen d'une retenue annuelle à opérer sur la pension de chaque élève et formant un fonds spécial.

Le montant de la retenue est fixé par le Ministre.

L'élève qui abandonne l'établissement avant d'avoir terminé ses études, est obligé de verser dans la caisse du costume uniforme une somme égale à la retenue qu'il restait à opérer au moment de son départ.

Art. 28. — La confection des objets composant le costume uniforme a lieu par entreprise, d'après les modèles qui, marqués du cachet du département de l'intérieur, sont déposés à l'école et auxquels les entrepreneurs soumissionnaires doivent le conformer en tout point.

L'entreprise est accordée par le directeur au soumissionnaire dont l'offre est la plus avantageuse, supposé qu'il présente d'ailleurs toutes les garanties désirables.

Art. 29. — L'école normale s'approvisionne, sur les fonds du costume uniforme, du drap nécessaire pour la tun que, le pantalon et la casquette, et le délivre aux entrepreneurs en quantité déterminée pour chaque objet. Il en est de même des boutons pour les tuniques. Les étoffes et les accessoires des autres objets d'uniforme sont fournis par les entrepreneurs.

Art. 30. — Un tarif, arrêté par le département de l'intérieur, fixe le prix maximum des divers objets à confectionner.

Art. 31.— Tous les habillements d'uniforme doivent être faits d'après les proportions de chaque élève et sur mesure. La remise en est faite au destinataire par le proviseur ; qui, lors de la présentation par l'entrepreneur, vérifie au préalable, avec un expert à désigner par le directeur, la bonne confection des objets. Les réparations qu'il y aurait à faire par la suite sont à la charge des éléves.

Art. 32. — Le proviseur tient un journal de toutes les recettes et dépenses effectuées pour le costume uniforme, et un compte par doit et avoir pour chaque élève.

TITRE III.

Etudes. — Examens semestriels et de sortie. — Année scolaire et vacances.

CHAPITRE PREMIER.

ÉTUDES.

Art. 40.— Le cours d'études est partagé en trois années, auxquelles correspondent trois divisions d'élèves (arrêté royal du 11 novembre 1843).

Art. 41. — Un plan d'études déterminant, avec leurs développements, les cours à donner dans les trois divisions et le nombre des leçons dont ils se composent, est arrêté par le Ministre, sur la proposition des directeurs.

Art. 42. — A la fin de chaque année scolaire, les directeurs soumettent à l'approbation du Ministre un programme réglant, pour l'année suivante, l'ordre successif des cours et l'emploi du temps dans chaque division.

Art. 43. — Les professeurs ne peuvent modifier le programme des leçons sans y avoir été autorisés par le Ministre, le directeur entendu.

CHAPITRE II

EXAMENS SEMESTRIELS ET DE SORTIE.

Art. 44. — Les art. 14 et 15 sont applicables aux examens semestriels et de sortie.

Art. 45. — A la fin de chaque semestre de la première et de la deuxième année d'études, et à la fin des six premiers mois de la troisième année, les élèves subissent un examen qui porte sur toutes les matières enseignées dans la division dont ils font partie.

Art. 46. — Le jury chargé de procéder aux examens semestriels est composé de professeurs de l'établissement et présidé par le directeur ou celui qui le remplace.

Le mérite des élèves, dans chacun de ces examens, est apprécié d'après une échelle de points, dont le maximum représente un travail parfait, et qui sont répartis, selon l'importance des branches, entre les différentes matières du programme.

Cette répartition est faite par le Ministre.

Art. 47. — Pour être admis à la division immédiatement supérieure à celle dont il fait partie, l'élève doit avoir obtenu au moins les deux tiers des points assignés à un travail parfait dans les deux examens semestriels de l'année.

Art. 48. — L'élève qui n'a pas obtenu les deux tiers des points, peut être autorisé à doubler le cours dont il fait partie.

Art. 49. — Les élèves de l'école normale sont classés par le Ministre, sur la proposition du directeur.

A la fin de chaque année scolaire, le directeur adresse au Ministre un tableau indiquant les résultats des examens semestriels et un état de proposition pour le passage des élèves d'une division à une division immédiatement supérieure.

Art. 50. — Les élèves du cours de troisième année qui ont terminé leurs études normales, subissent un examen de sortie devant un jury composé de six membres, savoir :

1. L'inspecteur des écoles normales, président ;

2 3. Le directeur et un professeur de l'établissement où l'examen a lieu ;

4-5. Deux membres étrangers au personnel de l'établissement, mais appartenant ou ayant appartenu à l'enseignement primaire ;

6. Un inspecteur ecclésiastique de l'enseignement primaire.

Le président désigne lui-même le secrétaire parmi les membres du jury.

Le Ministre désigne un membre du jury pour remplacer le président en cas d'absence.

L'examen de sortie a lieu à l'époque fixée par le Ministre.

Pour y être admis, il faut avoir obtenu au moins les deux tiers du nombre total des points attribués à un travail parfait dans l'examen semestriel de la troisième année.

Le directeur de l'école normale produit au jury les pièces constatant, pour chaque récipiendaire, qu'il se trouve dans les conditions voulues.

Art. 51. — L'examen de sortie se divise en trois genres d'épreuves : *épreuve par écrit, épreuve orale et épreuve pratique.*

Il porte sur toutes les matières qui font partie du programme de l'école normale et particulièrement sur celles dont l'enseignement est obligatoire, aux termes de l'article 6 de la loi du 23 septembre 1842.

Celles des matières énumérées à l'art. 6 de la loi qui en sont susceptibles, feront toujours l'objet d'une épreuve par écrit et d'une épreuve orale.

Les examinateurs doivent se renfermer dans le cercle des études faites conformément au programme et aux auteurs suivis à l'école normale.

Art. 52. — L'épreuve par écrit a lieu simultanément pour tous les récipiendaires.

Le jury en détermine la durée.

Le président et le secrétaire du jury assistent à l'ouverture et à la clôture de la séance consacrée à l'épreuve par écrit.

Les récipiendaires sont placés dans une même salle, suivant l'ordre indiqué par le jury.

Le jury formule au moins trois questions sur chacune des matières qui font l'objet de l'examen.

Chaque question est écrite sur un bulletin séparé.

Le président du jury tire au sort une de ces questions et la propose aux récipiendaires.

Deux membres du jury, désignés à tour de rôle par le président surveillent constamment les récipiendaires pendant leur travail.

Le président désigne toujours des membres étrangers au personnel de l'école.

Les récipiendaires ne peuvent avoir ni livre, ni note, ni écrit quelconque.

Il leur est interdit de communiquer entre eux.

ART. 53. — La durée de l'épreuve orale est de trois quarts d'heure au moins pour chaque récipiendaire.

ART. 54. — Pour l'épreuve pratique, le jury forme un nombre de bulletins égal au nombre des récipiendaires.

ART. 55. — Le mérite des récipiendaires dans l'ensemble des matières dont se compose l'examen, est représenté par un nombre de points, dont le maximum est de 600 pour l'école normale de Nivelles, et de 685 pour celle de Lierre. Ces chiffres sont répartis, par le Ministre, entre les différentes branches, d'après leur importance relative au point de vue de l'enseignement primaire.

ART. 56. — Dès que les trois épreuves sont terminées, le jury dresse un tableau général des résultats de l'examen.

ART. 57. — Les récipiendaires qui ont satisfait aux trois épreuves de l'examen ont droit à un diplôme de capacité.

Les diplômes sont du 1er, du 2e ou du 3e degré.

Le diplôme du 1er degré porte que l'élève a suivi les cours de l'école *avec le plus grand fruit* ; celui du 2e degré qu'il les a suivis *avec grand fruit*, et celui du 3e degré, qu'il les a suivis *avec fruit*.

Le minimum des points est fixé :

Pour un diplôme du 1er degré, à 550 ;

Pour un diplôme du 2e degré, à 500 ;

Pour un diplôme du 3e degré, à 400.

Nul ne peut obtenir un diplôme, s'il n'a réuni au moins les deux tiers des points attribués à un travail parfait dans l'ensemble des branches dont l'enseignement est obligatoire aux termes de l'art. 6 de la loi organique, et la moitié des points dans chacune de ces branches en particulier.

Nouvelle formule des diplômes à délivrer aux élèves-instituteurs des écoles normales de l'Etat.

AU NOM DE SA MAJESTÉ LE ROI DES BELGES

Le jury d'examen pour les élèves-aspirants-instituteurs, siégeant à l'école normale de l'État, à. . . . , ayant procédé à l'examen du sieur. . . . ., né à. . . . . le. . . 18. . . , déclare que cet élève a satisfait aux épreuves prescrites par les règlements portés en exécution de la loi du 23 septembre 1842, et qu'il a suivi les cours dudit établissement avec . . . . . . fruit, pendant les années scolaires . .

L'enseignement à l'école normale de. . . . . comprend . . . .

Fait à. . . . . le. . . . . . 18. .

Les membres du jury,

Vu par le Ministre de l'intérieur,
Bruxelles, le . . . . . . 18...

Sceau du département de l'intérieur.

Approuvé pour être annexé à l'arrêté ministériel du 15 décembre 1860.

Le Ministre de l'intérieur,
Ch. Rogier.

RÈGLEMENT GÉNÉRAL.

AUQUEL DOIVENT SE SOUMETTRE LES ÉCOLES NORMALES PRIVÉES DESTINÉES A LA FORMATION D'INSTITUTEURS PRIMAIRES, POUR OBTENIR OU CONSERVER LES AVANTAGES RÉSULTANT DE L'AGRÉATION AUX TERMES DE L'ARTICLE 10 DE LA LOI.

CHAPITRE PREMIER.

ADMISSION DES ÉLÈVES.

ARTICLE PREMIER. — Pour être admis à une école normale, les postulants doivent :

1° Être âgé de 16 ans au moins et de 22 ans au plus ;

2° Être d'une conduite irréprochable ;

3° Avoir été vaccinés ou avoir eu la variole ;

4° Avoir une bonne constitution ;

5° N'être atteints d'aucune infirmité qui soit de nature à affaiblir l'autorité qu'un instituteur doit avoir sur ses élèves.

Un médecin est chargé de visiter les récipiendaires et de faire connaître, dans un rapport écrit, s'ils sont de bonne constitution et s'ils ne sont pas atteints d'infirmités incompatibles avec les convenances de l'enseignement.

ART. 3. — Les jeunes gens qui désirent être appelés à subir les épreuves de l'examen d'admission, doivent en faire la demande au directeur de l'école normale, avant le 1er juillet de chaque année.

Les demandes doivent être rédigées sur timbre et accompagnées :

1° D'un extrait de l'acte de naissance du postulant ;

2° D'un certificat de moralité et de bonne conduite délivré par l'administration de la commune où le postulant est domicilié ;

3° D'un certificat constatant que le postulant a été vacciné ou qu'il a eu la variole ;

ART. 3. — Pour être admis à jouir d'une bourse d'études sur une caisse publique quelconque, les postulants doivent justifier de la qualité de Belge et produire, outre les pièces mentionnées à l'article 2 ci-dessus, une déclaration légalisée par laquelle ils prennent l'engagement :

1° De se tenir à la disposition du gouvernement pendant cinq ans, à partir de leur sortie de l'école normale, pour exercer les fonctions d'instituteur, de sous-maître ou d'assistant dans un établissement d'instruction publique ;

Et 2°, pour le cas où ils ne satisferaient point à cette obligation, de restituer le montant des bourses dont ils auraient joui pendant leur séjour à l'école normale.

Si le postulant est mineur, il produira, de plus, une déclaration de son père ou de son tuteur, qui l'autorise à contracter l'engagement prémentionné.

ART. 4. — Les postulants subissent au local de l'école normale, devant le corps professoral constitué en jury, un examen d'admission portant nécessairement sur les matières suivantes.

1° Doctrine chrétienne et histoire sainte ;

2° Lecture ;

3° Écriture ;

4° Grammaire française et orthographe usuelle, pour l'admission aux écoles normales situées dans les provinces wallonnes du royaume ; grammaire flamande et orthographe usuelle, ainsi que des notions de langue française, pour l'admission aux écoles normales situées dans les provinces flamandes ;

5° Opérations fondamentales de l'arithmétique sur les nombres entiers et sur les fractions ; applications raisonnées de ces opérations ; système légal des poids et des mesures ;

6° Éléments de la géographie générale ; géographie particulière de la Belgique ;

7° Faits principaux de l'histoire nationale ;

8° Notions de musique.

Le jury chargé de procéder aux examens d'admission se réunit dans le courant du mois d'août au plus tard. Les postulants sont convoqués par les soins du directeur de l'école normale.

Une réunion extraordinaire du jury peut avoir lieu pour les récipiendaires qui, s'étant fait inscrire en temps utile, justifieraient d'avoir été dans l'impossibilité de se présenter à l'époque fixée en vertu du paragraphe précédent.

Art. 5. — Ne peuvent être considérés comme élèves-instituteurs que les postulants qui, se trouvant dans les conditions voulues par l'art. 1er, ont satisfait aux épreuves de l'examen d'admission.

Art. 6. — Immédiatement après l'examen et avant le commencement de l'année scolaire, le directeur de l'école normale adresse au gouverneur de la province la liste, en triple expédition, des récipiendaires admis par le jury. Il y joint :

1° Les pièces mentionnées dans les art. 2 et 3 ci-dessus ;

2° Le rapport du médecin mentionné au dernier paragraphe de l'art. 1er ci-dessus ;

2° Des observations, s'il y a lieu.

Les trois expéditions, accompagnées des pièces justificatives mentionnées dans le présent article, sont soumises au visa du Ministre de l'Intérieur. Une de ces expéditions est conservée dans les articles de l'administration centrale, la deuxième est renvoyée au gouverneur et la troisième à l'école normale.

Art. 7. — Aucun élève ne sera admis après l'ouverture des cours.

CHAPITRE II.

BOURSES D'ÉTUDES.

Art. 8. — Le gouverneur de la province fait une enquête administrative sur l'état de fortune des parents de tous les élèves de l'établissement qui sont en instance pour l'obtention d'une bourse. Les renseignements recueillis sont transmis par lui au directeur de l'école, avant le 25 décembre.

Art. 9. — Après avoir reçu les renseignements mentionnés à l'article 8, et au plus tard le 5 janvier, le directeur de l'école remet au gouverneur de la province un état de propositions de bourses sur le trésor public et sur les fonds provinciaux en faveur des élèves le moins favorisés de la fortune, qui se distinguent par leur application et leur bonne conduite.

Cet état est immédiatement soumis par le gouverneur, avec observations, s'il y a lieu, à la députation permanente et au Ministre de l'intérieur, pour approbation, chacun en ce qui le concerne.

Art. 10. — Les bourses sont de 100 francs au moins et de 200 francs au plus.

CHAPITRE III.

ENSEIGNEMENT.

Art. 11. — L'enseignement aux écoles normales est théorique et pratique ; il comprend nécessairement :

1° La religion et la morale, l'histoire sainte et l'histoire de l'église ;

2° La lecture ;

3° L'écriture et la tenue des livres ;

4° La grammaire française dans les localités wallonnes ; la grammaire flamande et la grammaire française dans les localités flamandes ;

5° La géographie et spécialement la géographie du pays ;

6° L'histoire et principalement l'histoire du pays ;

7° L'arithmétique complète avec ses applications au commerce ; le système légal des poids et des mesures ; des notions d'algèbre et de géométrie ;

8° Des notions des sciences naturelles applicables aux usages ordinaires de la vie :

9° L'horticulture et l'arboriculture ;

10° La théorie de l'éducation ;

11° La pédagogie et la méthodologie ;

12° L'hygiène des enfants et des écoles ;

13° Les éléments de pratique administrative ; explication de la Constitution, des lois, arrêtés et règlements relatifs à l'instruction primaire ; tenue des registres de l'état civil ; rédaction de procès-verbaux ; formules d'actes ; législation des fabriques d'église ;

14° La musique vocale et le plain-chant ;

15° Le dessin et principalement le dessin linéaire ;

16° La gymnastique.

Art. 12. — Le cours d'étude est partagé en trois années ; auxquelles correspondent trois divisions d'élèves.

Art. 13. — Un plan d'études, déterminant avec leurs développements les cours à donner dans les trois divisions, est arrêté par le Ministre, sur la proposition de l'autorité dirigeant l'école.

Art. 14. — A la fin de chaque année scolaire, les directeurs soumettent à l'approbation du Ministre un programme réglant, pour l'année suivante, l'ordre successif des cours et l'emploi du temps dans chaque division.

CHAPITRE IV.

EXAMENS SEMESTRIEL ET DE SORTIE.

Art. 15. — A la fin de chaque semestre de la première et de la deuxième année d'études, et à la fin des six premiers mois de la troisième année, les élèves subissent un examen qui porte sur toutes les matières enseignées dans la division dont ils font partie.

Art. 19. — Le jury chargé de procéder aux examens semestriels est composé des professeurs de l'établissement et présidé par le directeur ou celui qui le remplace.

Art. 17. — Pour être admis à la division immédiatement supérieure à celle dont il fait partie, l'élève doit avoir obtenu au moins les deux tiers des points assignés à un travail parfait dans les deux examens semestriels de l'année.

Art. 18. — L'élève qui n'a pas obtenu les deux tiers des points, peut être autorisé à doubler le cours dont il fait partie.

Art. 19. — A la fin de chaque année scolaire le directeur soumet au visa du Ministre un tableau indiquant le classement par division des élèves qui ont pris part aux examens semestriels.

Art. 20. — Les élèves de troisième année qui ont fait régulièrement le cours d'études normales, subissent un examen de sortie devant un jury composé de six membres, savoir :

1. L'inspecteur des écoles normales, président ;

2-3. Le directeur et un professeur de l'école normale où l'examen a lieu ;

4-5. Deux membres étrangers au personnel de l'école normale, mais appartenant ou ayant appartenu à l'enseignement primaire ;

6. Un inspecteur ecclésiastique de l'enseignement primaire.

En cas de partage des voix, l'avis le moins favorable au récipiendaire prévaudra.

Le président désigne lui-même le secrétaire parmi les membres du jury.

Le Ministre désigne un membre du jury pour remplacer le président en cas d'absence.

L'examen de sortie a lieu à l'époque fixée par le Ministre.

Pour y être admis, il faut avoir obtenu au moins les deux tiers du nombre total des points attribués à un travail parfait dans l'examen semestriel de la troisième année.

Le directeur de l'école normale produit au jury les pièces constatant pour chaque récipiendaire qu'il se trouve dans les conditions voulues.

Art. 21. — L'examen de sortie se divise en trois genres d'épreuves : *épreuve par écrit*, *épreuve orale et épreuve pratique*.

Il porte sur toutes les matières qui font partie du programme de l'école normale, et particulièrement sur celles dont l'enseignement est obligatoire aux termes de l'art. 6 de la loi du 23 septembre 1842.

Celles des matières énumérées à l'art. 6 de la loi qui en sont susceptibles, feront toujours l'objet d'une épreuve par écrit et d'une épreuve orale.

Les examinateurs doivent se renfermer dans le cercle des études, faites conformément au programme et aux auteurs suivis à l'école normale.

Art. 22. — L'épreuve par écrit a lieu simultanément pour tous les récipiendaires.

Le jury en détermine la durée.

Le président et le secrétaire du jury assistent à l'ouverture et à la clôture de la séance consacrée à l'épreuve par écrit.

Les récipiendaires sont placés dans une même salle, suivant l'ordre indiqué par le jury.

Le jury formule au moins trois questions sur chacune des matières qui font l'objet de l'examen.

Chaque question est écrite sur un bulletin séparé.

Le président du jury tire au sort une de ces questions et la propose aux récipiendaires.

Deux membres du jury, désignés à tour de rôle par le président, surveillent constamment les récipiendaires pendant leur travail.

Les récipiendaires ne peuvent avoir ni livres ni notes, ni écrits quelconques.

Il leur est interdit de commniquer entre eux.

Art. 23. — La durée de l'épreuve orale est de trois quarts d'heure au moins pour chaque récipiendaire.

Art. 24. — Pour l'épreuve pratique, le jury forme un nombre de bulletins égal au nombre des récipiendaires.

Chacun de ces bulletins indique une leçon à donner et la division d'enfants à laquelle elle doit s'adresser. La récipiendaire en tire une au sort au moins une heure avant de donner la leçon.

Art. 25. — Le mérite des récipiendaires dans l'ensemble des matières dont se compose l'examen, est représenté par un nombre de points dont le maximum est de 600 pour les écoles des localités wallonnes et de 685 pour les écoles des localités flamandes.

Art. 26. — Dès que les trois épreuves sont terminées, le jury dresse un tableau général des résultats de l'examen.

Art. 27. — Les récipiendaires qui ont satisfait aux trois épreuves de l'examen ont droit à un diplôme de capacité.

Les diplômes sont du premier, du deuxième ou du troisième degré.

Le diplôme du premier degré porte que l'élève a suivi les cours de l'école *avec le plus grand fruit* ; celui du deuxième degré, qu'il les a suivis *avec grand fruit* ; et celui du troisième degré, qu'il les a suivis *avec fruit*.

Le minimum des points est fixé :

Pour un diplôme du premier degré, à 550 points ;

Pour un diplôme du deuxième degré, à 500 ;

Pour un diplôme du troisième degré, à 400.

Nul n'a droit à un diplôme s'il n'a obtenu au moins les deux tiers des points attribués à un travail parfait dans l'ensemble des branches dont l'enseignement est obligatoire aux termes de l'article 6 de la loi, et la moitié des points dans chacune de ces branches en particulier.

Art. 28. — Les diplômes sont rédigés conformément au modèle annexé au présent règlement et signés par les membres du jury.

La signature des membres du jury est légalisée sans frais au moyen du visa du Ministre de l'intérieur, accompagné du sceau de son département.

Art. 29. — Immédiatement après la clôture de la session, le président du jury adresse au département de l'intérieur une expédition des procès-verbaux des séances et joint à cet envoi :

1° Le tableau général des résultats de l'examen;

2° Un rapport sur les opérations du jury.

CHAPITRE V.

DISPOSITIONS DIVERSES.

Art. 30. — Le maximum des points attribués à chaque examen est réparti par le Ministre, selon l'importance des branches, entre les différentes matières du programme.

Cette répartition est faite sur la proposition de l'inspecteur des écoles normales, les directeurs des établissements entendus.

Art. 31. — Il est interdit au directeur et aux professeurs de délivrer des certificats de capacité aux élèves qui abandonnent l'école normale avant d'avoir satisfait aux épreuves de l'examen de sortie.

Ils peuvent néanmoins délivrer des certificats constatant la durée de la fréquentation des cours par ces élèves, et, s'il y a lieu, leur bonne conduite.

Art. 32 et dernier — Les directeurs des écoles normales agréées doivent remettre au département de l'intérieur une expédition de tous les règlements qui constituent le régime intérieur de ces établissements.

Vu pour être annexé à Notre arrêté du 15 décembre 1860 (Direction générale de l'instruction publique, n° 45154.)

LÉOPOLD.

Par le Roi :
Le Ministre de l'intérieur,
Ch. Rogier.

Formule des diplômes à délivrer aux élèves-instituteurs des écoles normales agréées.

AU NOM DE S. M. LE ROI DES BELGES.

Le jury d'examen institué en vertu de l'art. 20 de l'arrêté royal du 15 décembre 1860, pour la délivrance des diplômes aux élèves aspirants-instituteurs qui ont fréquenté les cours de l'école normale agréée de . . . . ayant procédé à l'examen du sieur . . . . , né . . . . , le. . . .18..., déclare que cet elève a satisfait aux épreuves prescrites par l'arrêté royal précité, et qu'il se trouve dans les conditions voulues par l'art. 10, § 2, de la loi du 23 septembre 1842, comme ayant suivi lesdits cours avec . . . . fruit, pendant les années scolaires . . . .

L'enseignement à l'école normale de. . . . . comprend . . . .

Fait à . . . . . le. . . . . 18. .

Les membres du jury,

Vu par le Ministre de l'intérieur.
Bruxelles, le . . . 18 . .

Sceau du département de l'intérieur.

Vu pour être annexé au règlement général des écoles normales agréées. (Direction générale de l'instruction publique, n° 45154.)

LÉOPOLD.

Par le Roi :

Le Ministre de l'intérieur,
CH. ROGIER.

RÈGLEMENT GÉNÉRAL

DES ÉCOLES NORMALES DESTINÉES A LA FORMATION D'INSTITUTRICES PRIMAIRES.

LÉOPLOLD, Roi des Belges :

A tous présents et à venir, salut.

Vu la loi du 23 septembre 1842 (*Bulletin officiel*, n° 83),

Revu le règlement général du 30 août 1854, remplaçant celui du 2 novembre 1848, relatif à l'organisation de l'enseignement normal des élèves institutrices ;

Considérant que, dans l'intérêt des études, il y a lieu d'apporter divers changements à cette organisation :

Voulant pourvoir à cet objet ;

Sur la proposition de notre Ministre de l'intérieur,

Nous avons arrêté et arrêtons :

Le règlement général des écoles normales destinées à la formation d'institutrices primaires est modifié ainsi qu'il suit :

CHAPITRE PREMIER.

ORGANISATION DES ÉCOLES NORMALES. — CONDITIONS D'ADMISSION DES ÉLÈVES.

ART. 1er. — Notre Ministre de l'intérieur peut, sur l'avis de la députation permanente, adopter dans chaque province une ou plusieurs écoles de filles pour la formation d'institutrices primaires.

L'adoption est révocable en tout temps.

ART. 2. — Les écoles adoptées en vertu de l'art. 1er ci-dessus prennent la dénomination d'*écoles normales*. Elles reçoivent une subvention sur le trésor public à titre d'indemnité pour tous frais.

Art. 3. — Tous les ans, dans la première quinzaine du mois de janvier, les gouverneurs font connaître par la voie officielle les conditions auxquelles l'admission dans les écoles normales est subordonnée.

Art. 4. — Les élèves-institutrices sont admises à la suite d'un examen portant au moins sur les matières suivantes :

1° Doctrine chrétienne et histoire sainte ;

2° Lecture ;

3° Écriture ;

4° Grammaire flamande et orthographe usuelle, ainsi que des notions de la langue française, pour les écoles des localités flamandes ; grammaire française et orthographe usuelle pour les écoles des autres localités ;

5° Opérations fondamentales de l'arithmétique sur les nombres entiers et sur les fractions ; applications raisonnées de ces opérations ; système légal des poids et des mesures ;

6° Éléments de la géographie générale, géographie particulière de la Belgique ;

7° Faits principaux de l'histoire nationale ;

8° Notions de musique vocale ;

Art. 5. — Les jeunes personnes qui désirent être appelées à l'examen d'admission, doivent en faire la demande avant le 1er juin.

La demande est adressée au gouverneur de la province où se trouve l'école normale que la postulante désire fréquenter. Cette demande doit être rédigée en double expédition, dont une sur timbre et accompagnée :

1° D'un extrait de l'acte de naissance de la postulante ;

2° D'un certificat de moralité et de bonne conduite délivré par l'administration de la commune où la postulante est domiciliée ;

3° D'un certificat du médecin constatant que la postulante a été vaccinée ou qu'elle a eu la variole et qu'elle est de bonne constitution.

4° D'une déclaration dûment légalisée par laquelle la postulante prendra l'engagement de se mettre à la disposition du gouvernement pendant cinq ans, à partir de sa sortie de l'école normale, pour exercer les fonctions d'institutrice, de sous-maîtresse ou d'assistante dans un établissement d'instruction publique. Si la postulante est mineure, elle produira en outre une déclaration de son père ou tuteur, qui l'autorise à contracter cet engagement.

Art. 6.—Les postulantes sont appelées à l'examen d'admission par les soins du gouverneur, elles doivent :

1° Être âgées de 16 ans au moins et de 22 ans au plus ;

2° Être d'une conduite irréprochable ;

3° Avoir été vaccinées ou avoir eu la variole ;

4° Avoir une bonne constitution et n'être atteintes d'aucune infirmité, d'aucun défaut physique de nature à affaiblir l'autorité qu'une institutrice doit avoir sur ses élèves ;

5° Enfin avoir pris valablement l'engagement dont il est fait mention au numéro 4° de l'art. 5 ci-dessus.

Art. 7. — L'examen se divise en deux épreuves, l'une orale, l'autre par écrit.

L'importance relative de chaque branche de l'examen est fixée par notre Ministre de l'intérieur.

L'épreuve par écrit précède l'épreuve orale.

Art. 8. — Le jury chargé de procéder à l'examen d'admission se réunit, sur la convocation du gouverneur, dans la première quinzaine du mois d'août. Il est composé ainsi qu'il suit :

1° L'inspecteur provincial ou son délégué ;

2° La directrice de l'établissement et les membres du corps enseignant chargés des branches spéciales désignées à l'article 4 ci-dessus.

L'inspecteur provincial ou son délégué remplit les fonctions de président.

Le président charge un membre du jury de remplir les fonctions de secrétaire.

Art. 9. — Le président du jury veille à l'exécution du règlement et à la régularité des opérations de l'examen.

Le jury peut délibérer dès que plus de la moitié des membres sont présents.

Les décisions sont prises à la majorité des voix. En cas de partage sur une question, l'avis le moins favorable à la récipiendaire prévaut.

Art. 10. — Le jury tient procès-verbal de ses séances. Les procès-verbaux sont rédigés séance tenante ; ils constatent le degré de mérite auquel les récipiendaires ont atteint, dans chaque partie de l'examen, et font connaître si elles n'ont pas des infirmités ou des défauts physiques incompatibles avec les convenances de l'enseignement.

Art. 11. — A la fin de la session, le jury adresse au gouverneur la liste générale des récipiendaires, classé d'après le degré de mérite auquel elles ont atteint dans les deux épreuves réunies. Il y joint ses propositions pour l'admission.

Le gouverneur transmet le travail du jury à notre Ministre de l'intérieur, avec un rapport indiquant, entre autres, pour chaque récipiendaire, si elle se trouve dans les conditions voulues par le présent règlement.

Notre Ministre de l'intérieur statue sur les résultats de l'examen.

CHAPITRE II.

PENSION ET BOURSES.

Art. 12. — Les élèves-institutrices sont soumises à un régime d'internat complet. Néanmoins, celles dont les parents habitent la localité où l'établissement est situé, peuvent être autorisées à suivre les cours comme externes.

Art. 13. — Des bourses d'études peuvent être accordées sur les fonds provinciaux et sur ceux de l'État aux élèves belges peu favorisées de la fortune.

Ces bourses réunies sont, au maximum, de 350 fr. par personne.

Les élèves qui, sur l'invitation du gouvernement, ne rempliraient pas l'engagement quinquennal mentionné au n° 4 de l'art. 5, restitueront le montant des bourses dont elles auront joui sur les fonds provinciaux ou de l'État pendant leur séjour à l'école normale.

CHAPITRE III.

ÉTUDES.

Art. 14. — L'enseignement dans les écoles normales adoptées comprend nécessairement :

1° La religion et la morale : Catéchisme du diocèse, histoire sainte, ancien et nouveau Testament ;

2° La lecture et l'écriture ;

3° La langue maternelle, et, de plus, la langue française pour les élèves appartenant aux provinces flamandes ; règles de style ;

4° Le calcul (théorie et pratique) ; exposé complet du système légal des poids et des mesures ;

5° La tenue des livres ;

6° La géographie et particulièrement la géographie de la Belgique ;

7° Les éléments de l'histoire générale ; l'histoire de la Belgique ;

8° Les notions les plus pratiques de l'histoire naturelle et de la physique, appliquées aux usages de la vie ;

9° Le dessin linéaire, spécialement appliqué à la coupe du linge et des étoffes ; les travaux de femme les plus utiles ;

10° La musique vocale ;

11° L'hygiène des enfants et des écoles ;

12° La pédagogie et la méthodologie (théorie et pratique).

Art. 15.—Les cours d'études, dans chaque école normale, sont partagés en trois années auxquelles correspondent trois divisions d'élèves.

Les deux dernières années sont particulièrement consacrées à la pédagogie, à la méthodologie, ainsi qu'à l'hygiène des enfants et des écoles. Chaque directrice est tenue d'avoir un *jardin d'enfants* et une école primaire réunissant les conditions voulues pour servir utilement aux exercices pratiques des élèves-institutrices.

Art. 16. — Un plan d'études déterminant, avec leurs développements, les cours à donner dans les trois divisions, est arrêté par notre Minisire de l'intérieur, sur la proposition de l'inspecteur des écoles normales, les directrices entendues.

Art. 17. — A la fin de chaque année scolaire, les directrices soumettent à l'approbation de Notre Ministre de l'intérieur, un tableau réglant pour l'année suivante l'ordre successif des cours et l'emploi du temps dans chaque division.

CHAPITRE IV.

EXAMENS SEMESTRIELS ET DE SORTIE.

Art. 18. — Les articles 9 et 10 sont applicables aux axamens semestriels et de sortie.

Art. 19.—A la fin de chaque semestre de la première et de la deuxième années d'études, les élèves subissent, devant le corps professoral constitué en jury, un examen qui porte sur toutes les matières enseignées dans la division dont elles font partie.

Les examens semestriels se divisent en deux épreuves : l'une orale, l'autre par écrit. Le mérite des élèves dans chacun de ces examens est apprécié d'après une échelle de points dont le maximum représente un travail parfait et qui sont répartis, selon l'importance des branches, entre les différentes matières du programme.

Cette répartition est faite par Notre Ministre de l'intérieur.

Art. 20.—A la fin de l'année scolaire, le jury formule des propositions pour le passage des élèves d'une division à la division immédiatement supérieure.

Art. 21. — Le travail du jury est adressé au gouverneur qui le transmet avec ses observations, s'il y a lieu, à Notre Ministre de l'intérieur chargé du classement des élèves.

Art. 22.—Pour être admise à la division immédiatement supérieure à celle dont elle fait partie, l'élève doit avoir obtenu au moins les deux tiers des points assignés à un travail parfait, dans les examens semestriels.

L'élève qui n'a pas obtenu les deux tiers des points peut être autorisée à doubler les cours qu'elle a suivis en dernier lieu.

Art. 23.—Les élèves du cours de la 3e année qui ont terminé leurs études normales, subissent un examen de sortie devant un jury composé de six membres, savoir :

1. Un inspecteur provincial de l'enseignement primaire, président ;

2. Un membre du personnel enseignant de l'école normale où l'examen a lieu ;

3-4-5. Trois personnes étrangères au personnel de l'école normale mais appartenant ou ayant appartenu à l'enseignement primaire ;

6. Un inspecteur ecclésiastique de l'enseignement primaire.

Le président désigne lui-même le secrétaire parmi les membres du jury.

Art. 24. — L'examen a lieu à l'époque fixée par le Ministre. Il porte sur toutes les matières requises au programme et plus particulièrement sur celles dont l'enseignement est obligatoire aux termes de l'art. 6 de la loi du 23 septembre 1842.

Il y a trois genres d'épreuves : *épreuve par écrit*, *épreuve orale* et *épreuve pratique*. Le jury en détermine la durée.

Celles des matières énumérées à l'art. 6 de la loi qui en sont susceptibles, feront toutes l'objet d'une épreuve par écrit et d'une épreuve orale.

Les examinateurs doivent se renfermer dans le cercle des études faites conformément au programme et aux auteurs suivis à l'école normale.

ART. 25. — Le président et le secrétaire du jury assistent à l'ouverture et à la clôture de la séance consacrée à l'épreuve par écrit.

Les récipiendaires sont placées dans une même salle, suivant l'ordre indiqué par le jury.

Il leur est interdit de communiquer entre elles ou avec des personnes du dehors.

Le jury formule au moins trois questions sur chacune des matières qui font l'objet de l'examen.

Le président du jury tire au sort une de ces questions et la propose aux récipiendaires.

Deux membres du jury, désignés à tour de rôle par le président, surveillent constamment les récipiendaires pendant leur travail.

Les récipiendaires ne peuvent avoir ni livres, ni notes, ni écrits quelconques.

ART. 26. —La durée de l'épreuve orale est de trois quarts d'heure au moins pour chaque récipiendaire.

ART. 27. — Pour l'épreuve pratique, le jury forme un nombre de bulletins égal au nombre des récipiendaires.

Chacun de ces bulletins indique une leçon à donner et la division d'enfants à laquelle elle doit s'adresser.

La récipiendaire tire au sort un bulletin, au moins une heure avant de donner la leçon.

ART. 28. — Le mérite des récipiendaires dans l'ensemble des matières dont se compose l'examen de sortie, est représenté par un nombre de points dont le maximum est de 600 pour les écoles des localités wallonnes et de 685 pour les écoles des localités flamandes.

Ces chiffres sont divisés, par le Ministre, en trois groupes correspondants aux trois épreuves dont se compose l'examen, et répartis pour les deux premières épreuves, entre les différentes branches d'après leur importance relative, au point de vue de l'enseignement primaire.

ART. 29.—Les récipiendaires qui ont satisfait aux trois épreuves de l'examen, ont droit à un diplôme de capacité.

Les diplômes sont du premier, du deuxième ou du troisième degré.

Le diplôme du premier degré porte que l'élève a suivi les cours de l'école *avec le plus grand succès ;* celui du deuxième degré qu'elle les a suivis *avec grand succès ;* et celui du troisième, qu'elle les a suivis *avec succès.*

Le minimum des points est fixé :

Pour un diplôme du premier degré, à 550 ;

Pour un diplôme du deuxième degré, à 500 ;

Pour un diplôme du troisième degré, à 400.

Aucune récipiendaire ne peut obtenir un diplôme, si elle n'a réuni au moins les deux tiers des points attribués à un travail parfait dans l'ensemble des branches dont l'enseignement est obligatoire aux termes de l'art. 6 de la loi du 23 septembre 1842 et plus de la moitié des points dans chacune de ces branches en particulier.

Art. 30.—Les diplômes sont rédigés conformément au modèle annexé au présent règlement, et signés par les membres du jury.

Les signatures des membres du jury sont légalisées sans frais, au moyen du visa de Notre Ministre de l'intérieur, accompagné du sceau de son département.

Art. 31. — Immédiatement après la clôture de la session, le président du jury adresse au gouverneur, qui le transmet au département de l'intérieur, un rapport sur les opérations du jury.

Ce rapport est accompagné :

1° Des procès-verbaux des séances ;

2° D'un tableau général des résultats de l'examen ;

3° De la liste des questions posées à l'épreuve écrite.

CHAPITRE V.

DISPOSITIONS DIVERSES.

Art. 32. — Il est interdit aux directrices des écoles normales ainsi qu'aux maîtres et maîtresses attachés à ces établissements de délivrer des certificats de capacité aux élèves qui abandonnent les cours avant d'avoir satisfait aux épreuves de l'examen de sortie.

Néanmoins, les directrices peuvent délivrer des certificats constatant la durée de la fréquentation des cours par les élèves et, s'il y a lieu, leur bonne conduite.

Art. 33. — Des règlements particuliers arrêtés par les directrices des écoles normales, sous l'approbation de Notre Ministre de l'intérieur, déterminent :

1° Le prix de la pension et le mode de payement ; 2° le régime alimentaire et la composition du trousseau des élèves; 3° le prix des fournitures classiques et, s'il y a lieu, les rétributions scolaires à payer par les élèves externes ; 4° l'ordre et la discipline intérieurs ; 5° le mode de punition et de récompense ; 6° les jours de congé et les vacances.

Art. 34.—Les cours spéciaux pour la formation d'institutrices capables de donner l'enseignement primaire supérieur seront organisés près de deux écoles normales à désigner, l'une dans les provinces flamandes, l'autre dans les provinces wallonnes.

Notre Ministre de l'intérieur prendra les mesures nécessaires à cette fin.

Art. 35. — Les écoles désignées pour la formation d'institutrices capables de donner l'enseignement primaire supérieur recevront, du chef de l'organisation des cours spéciaux, une subvention supplémentaire sur le trésor public.

Notre Ministre de l'intérieur est chargé de l'exécution du présent arrêté. Les cas non prévus seront décidés par lui.

Donné à Laeken, le 25 octobre 1861.

Par le Roi : LÉOPOLD.

Le Ministre de l'intérieur,

Ch. Rogier.

PROGRAMMES DÉTAILLÉS

RELATIFS A L'ENSEIGNEMENT NORMAL PRIMAIRE.

Le Ministre de l'intérieur,

Vu le rapport de la commission instituée pour la révision des programmes détaillés relatifs à l'enseignement normal primaire ;

Vu l'avis des directeurs et des directrices des écoles normales ;

Sur la proposition de l'inspecteur de ces établissements,

Arrête :

Article unique. Les programmes détaillés relatifs à l'enseignement normal primaire, sont remplacés par les suivants :

A. Programme de l'examen d'admission aux écoles normales primaires d'instituteurs et d'institutrices.

I. — RELIGION ET MORALE (1).

Doctrine chrétienne et *Histoire sainte*.

II. — LANGUE MATERNELLE.

I. *Lecture*. — Un morceau en prose.

Le récipiendaire, après avoir parcouru le texte, le lira à haute voix et en rendra compte d'une manière sommaire.

---

(1) Pour les élèves appartenant à la religion catholique romaine. — S'il se présente des élèves appartenant à une autre communion, ils devront produire un certificat délivré par un délégué du chef du culte auquel ils appartiennent et constatant qu'ils présentent les garanties nécessaires sous le rapport religieux. (Arrêté ministériel du 21 juillet 1862.)

II. *Orthographe.* — Vingt à vingt-cinq lignes d'un morceau en prose seront lues et dictées lentement aux récipiendaires, à qui il sera ensuite accordé quelques minutes pour revoir leur travail.

III. *Rédaction.* — Exercice d'un genre très-simple, ayant pour but de constater si le récipiendaire a des idées, s'il sait les coordonner et les exprimer convenablement.

De plus :

Pour les écoles normales des localités wallonnes.

IV. *Grammaire française.* — Définition raisonnée des parties du discours. — *Nom* : genre, nombre, formation du pluriel. — *Adjectif* : formation du féminin et du pluriel. — *Verbe* : sujet. compléments : direct, indirect, déterminatif, circonstanciel. — Modifications du verbe. — Temps primitifs et temps dérivés.— Formation des temps. — Conjugaison.— Verbes irréguliers — Proposition. — Diverses espèces de propositions. — Noms propres (règle fondamentale). — Noms composés (id.) — Accord de l'adjectif (id.) — Accord du verbe. — Principe général sur lequel reposent : 1° l'emploi des auxiliaires ; 2° l'emploi du mode subjonctif. — Différence essentielle entre le participe présent et l'adjectif verbal. — Participe passé employé avec *être* ou *avoir* (règles générales).

Pour les écoles normales flamandes.

IV. *Grammaire flamande.* — Des lettres, des voyelles. — Prolongement des voyelles. — Différents sons de *ee* et de *oo*. — Emploi de *ei* et de *ij*. — Des consonnes finales. — Emploi de *g* et de *ch*. — Définition raisonnée des parties du discours. — *Nom* : espèces, genre et nombre ; formation du pluriel. — *Adjectif* : degrés de signification. — *Noms de nombre* ; espèces. — *Pronom* : diverses espèces. — *Verbe* : espèces par rapport à a signification et à la conjugaison. — Déclinaison. — Emploi des cas (règles générales). — Conjugaison. — Temps primitifs.

Notions générales sur la formation des mots ; mots simples, composés et dérivés.

Proposition. Eléments de la proposition simple. — Espèces de mots par lesquels on les exprime. — Proposition développée par les attributs, compléments et déterminatifs. — Phrase. — Propositions coordonnées et subordonnées.

Pour les écoles normales allemandes.

IV. *Grammaire allemande.* — Parties du discours. — Noms communs et noms propres. — Genre des substantifs. — Règles relatives au genre des substantifs. — Différentes espèces d'adjectifs, de pronons, de verbes, d'adverbes, de prépositions et de conjonctions. — Principales règles concernant l'emploi des majuscules et des lettres *s*, *ss* *sz*, *tz*. — Emploi des quatre cas. — Déclinaison de l'article, du substantif, de l'adjectif et du pronom. — Les trois cas de comparaison des adjectifs et des adverbes. — Conjugaison des verbes auxiliaires, des verbes réguliers, irréguliers et composés. — Emploi des auxiliaires *être* et *avoir*.

Différentes sortes de propositions. — Syntaxe. — Liaison et ordre des propositions. — Périodes. — Emploi du subjonctif et des signes de ponctuation.

N.-B. — Les connaissances grammaticales seront constatées dans toutes les écoles d'une manière essentiellement *pratique*. —Le récipiendaire fera l'application des règles dans des phrases proposées ou en justifiera l'application dans le morceau qui aura fait l'objet de la lecture ou de la dictée.

III. — ÉCRITURE.

Ecriture à main posée ; expédiée.

IV. — ARITHMÉTIQUE.

(Calcul mental et calcul écrit).

Numération décimale. — Opérations fondamentales sur les nombres entiers et les nombres décimaux. — Caractères de divisibilité par 2, 3, 4, 5, 6, 8, 9, 10 et 11 (sans démonstration).— Recherche du moindre multiple de deux ou de plusieurs nombres. — Opérations fondamentales sur les fractions ordinaires.— Conversion des fractions ordinaires en fractions décimales et des fractions décimales non périodiques en fractions ordinaires.

Résolution de problèmes se rapportant à la vie usuelle.

Exposition et application du système légal des poids et des mesures.

N.-B. — Les principes seront démontrés et les opérations raisonnées (1).

V. — LANGUES ACCESSOIRES.

LANGUE FRANÇAISE, *pour les écoles flamandes ou allemandes.*

Lecture. — Lecture courante.

Orthographe. — Quinze à vingt lignes d'un morceau en prose seront lues et dictées aux récipiendaires, qui auront ensuite le temps nécessaire pour revoir leur travail, mais non pour le remettre au net.

Version et *thème.*

Grammaire. — Du *substantif.* — La langue française n'a que deux genres. — Formation du pluriel des substantifs. — De *l'article.* — Forme masculine, féminine, plurielle de l'article. — contraction de l'article avec les prépositions *à* et *de.* — Elision des lettres *e* et *a.* — De l'*adjectif.* — Formation du féminin et du pluriel dans les adjectifs. — Diverses espèces d'adjectifs. — Adjectifs qualificatifs.— Adjectifs déterminatifs.

Du *pronom.* — Diverses espèces de pronoms. — du *verbe.* — Conjugaison des verbes auxiliaires, des verbes réguliers. — Formation des temps. — Conjugaison des verbes irréguliers. — Principales règles concernant l'accord du verbe avec son sujet. — Place du sujet. — Place du complément. — Emploi des auxiliaires *avoir* et *être.*

Règles générales pour l'accord du participe passé.

N.-B. Les connaissances grammaticales seront constatées d'une manière essentiellement *pratique.* — Le récipiendaire fera l'application des règles dans des phrases proposées, ou en justifiera l'application dans le morceau qui aura fait l'objet de la lecture ou de la dictée.

LANGUE FLAMANDE OU ALLEMANDE, *pour les écoles des localités wallonnes (examen facultatif).*

Lecture. — Lecture courante.

Orthographe. — Quinze à vingt lignes d'un morceau en prose

---

(1) Pour les écoles normales d'élèves institutrices, on ne démontrera pas les principes.

seront lues et dictées aux récipiendaires, qui auront ensuite le temps nécessaire pour revoir leur travail, mais non pour le remettre au net.

Grammaire. — La déclinaison du *substantif*, de l'*article*, de l'*adjectif* et des *pronoms*.

Les trois degrés de comparaison dans les *adjectifs* et dans les *adverbes*.

La conjugaison des verbes auxiliaires et des verbes réguliers.

Traduction à livre ouvert d'un morceau très-facile.

VI. — Géographie.

Forme de la terre. — Points cardinaux. — Division générale du globe.

Belgique. Les récipiendaires devront être à même de dessiner de mémoire la carte de la Belgique et celle de chacune des neuf provinces, avec indication des limites, des principaux cours d'eau et canaux, des grandes voies ferrées et des villes les plus importantes.

Voyages par eau et par chemin de fer.

Principaux produits du sol (végétaux et minéraux).

Grands centres d'industrie. — Population approximative du royaume, des provinces et des chefs-lieux de province.

Europe. — Mers, grandes chaînes de montagnes, fleuves ; îles principales ; Etats (position respective et capitales).

VII. — Histoire nationale.

Conquête de la Belgique par César. — Clovis (les Francs. — Charlemagne. — Notger. — Godefroid de Bouillon et Baudouin de Constantinople (les Croisades). — Jean le Victorieux. — Jacques et Philippe van Artevelde. — Philippe le Bon. — Charles-Quint (au point de vue de l'histoire de Belgique). — Principaux faits de la révolution du XVIe siècle. — Albert et Isabelle. — Agneessens (domination autrichienne). — Révolution brabançonne. — Domination française. — Royaume des Pays-Bas. — Révolution de 1830. — Léopold Ier (la Belgique indépendante).

VIII. — Musique.

Connaissance des signes employés habituellement en musique : portée, clefs, signes altératifs, notes (nom et valeur), silences, mesures les plus usitées.

Tableau de la répartition des points à attacher aux diverses matières sur lesquelles porte l'examen d'admission.

MATIÈRES DE L'EXAMEN.

Doctrine chrétienne et histoire sainte.			25
Langue maternelle.	Lecture.		15
	Grammaire		10
	Orthographe.		20
	Rédaction.		15
Arithmétique	Arithmétique (théorie et pratique.)		20
	Système légal des poids et des mesures.		10
Ecriture.			10
Géographie.			10
Histoire.			10
Notions de musique.			5
Langue accessoire.	Lecture		8
	Examen écrit.	Dictée	6
		Thême	10
		Version.	4
	Examen oral.		7
		Total (1)	185

B. Programme pour l'enseignement normal des élèves instituteurs.

I. — PÉDAGOGIE ET MÉTHODOLOGIE

1re année d'études (3e division).

Pédagogie. — But et importance de l'éducation. — Principes fondamentaux.

Education physique.

Notions sur les facultés et les opérations de l'âme. — Education intellectuelle.

Education morale, religieuse, nationale.

Mission de l'instituteur au point de vue de l'éducation et de l'instruction.

Méthodologie générale. — Importance d'une bonne méthode qualités qu'elle doit réunir.

Principes didactiques les plus importants.

Formes et modes d'enseignement.

---

(1) Toutes choses égales d'ailleurs, on admettra de préférence les récipiendaires qui auront obtenu le plus de points dans l'examen sur la langue accessoire.

2e *année d'études* (2e *division*).

Méthodologie spéciale.— Exposition des méthodes d'enseignement pour les matières suivantes :

A. Religion.

B. Langue maternelle
- *a*. Exercices d'intuition et de langage.
- *b*. Lecture mécanique ou élémentaire.
- *c*. Lecture expressive.
- *d*. Grammaire.
- *e*. Rédaction.

C. Arithmétique (calcul mental et calcul écrit).

D. Écriture.

E. Dessin.

F. Géographie.

G. Histoire.

H. Sciences naturelles.

I. Chant.

K. Gymnastique.

L. Langue étrangère.

Exercices pratiques préparatoires pour l'enseignement des branches ci-dessous énumérées.

3e *année d'études* (1re *division*).

Récapitulation des cours précédents.

L'instituteur. — Ses qualités indispensables. — Ses rapports avec ses supérieurs, ses collègues et les parents des élèves. — Moyens de perfectionnement pour l'instituteur.

L'école. — École primaire.—Écoles d'adultes : considérations générales ; organisation ; discipline.

Exercices didactiques — Ces exercices comprendront : 1° une leçon donnée par un élève instituteur en présence de ses condisciples : 2° la critique raisonnée des procédés ; 3° la rédaction, par un ou plusieurs élèves désignés à cet effet, du procès-verbal de la discussion. — Ils auront lieu sous la direction du professeur de pédagogie.

Exercices pratiques à l'école d'application.

(Au moins une heure par semaine pour chaque élève.)

II. — COURS D'ÉDUCATION.

1re *année d'études* (3e *division*).

Dignité personnelle et respect de soi-même. — Propreté et maintien. — Esprit d'ordre et de régularité. — Tempérance. —

Réserve et modestie. — Conscience. — Sentiment du droit et du devoir. — Sentiment du juste et du vrai. — Droiture.—Charité. —Conduite envers les inférieurs, les égaux et les supérieurs. — Désintéressement. — Dévouement. — Civisme. — Caractère. —Sentiment des convenances. — Usages et bienséances.

III. — RELIGION ET MORALE (1).

1re année d'études (2e division).

Histoire de la Religion depuis la création jusqu'à la naissance du Sauveur.

Exposition du dogme et de la morale.

2e année d'études (2e division).

Histoire du Sauveur. — Continuation de l'exposition du dogme et de la morale.

Exercices préparatoires de l'enseignement de la morale et de la religion dans les écoles primaires.

3e année d'études (1re division).

Aperçu rapide de l'histoire de l'Église.

Exercices préparatoires à l'enseignement de la religion et de la morale dans les écoles primaires.

Récapitulation des cours précédents.

IV. — LANGUE MATERNELLE.

1re année d'études (3e division).

Grammaire. — Proposition ; ses parties ; diverses espèces de propositions. — Phrase. — Ponctuation. — Etude raisonnée de la lexicologie et de la lexigraphie.

Exercices phraséologiques de vive voix et par écrit.

Dictées sur l'orthographe d'usage, sur les règles de la lexigraphie et sur les règles générales d'accord.

Explication grammaticale de morceaux de littérature.

Style. — Explication de morceaux d'un genre simple.

Exercices de rédaction. — Le professeur rattachera à l'étude

---

(1) Pour les élèves appartenant à la communion catholique romaine. S'il se présente des élèves appartenant à une autre communion, le gouvernement avise au moyen de pourvoir à cette partie de leur instruction.

de modèles choisis les principales règles relatives au travail de la composition.

Lecture. — Principales règles de la prononciation et de l'accentuation enseignées d'une manière pratique.

Analyse et lecture expressive de morceaux d'un genre simple.

Récitation expressive de quelques-uns de ces morceaux.

2e *année d'études* (2e *division*).

Grammaire. — Etude raisonnée et approfondie des principales règles de la syntaxe.

Exercices phraséologiques et dictées ayant pour objet de familiariser les élèves avec les difficultés de la syntaxe.

Explication grammaticale de morceaux de littérature.

Style. — Explication de morceaux choisis.

A cette explication on rattachera des exercices sur la dérivation des mots, sur les homonymes, les synonymes, les paronymes, les multisenses et les idiotismes.

Exercices de rédaction : descriptions, narrations, lettres.

Exercices d'élocution : développement oral d'un sujet déterminé.

Les préceptes particuliers à chaque genre seront rattachés à l'étude des modèles.

Lecture. — Analyse, lecture et récitation de morceaux choisis (prose et vers).

3e *année d'études* (1re *division*).

Grammaire. — Récapitulation des principes enseignés dans les cours précédents.

Style. — Analyses littéraires. — On y rattachera des exercices sur la dérivation des mots, sur les homonymes, les synonymes, les paronymes, les multisenses et les idiotismes.

Exercices de rédaction : descriptions, narrations, lettres, rapports et allocutions.

Exercices d'élocution : développement oral d'un sujet déterminé.

Lecture. — Analyse, lecture et récitation de morceaux choisis (prose et vers).

V. — ÉCRITURE.

1re *année d'études* (3e *division*).

Explication des lettres minuscules et des lettres majuscules d'après leur analogie et leur dérivation. — Chiffres.

Exercices à la planche noire.
Ecriture à main posée ; expédiée.

2e *année d'études* (2e *division*).

Continuation du cours précédent. — Quelques exercices d'écriture ronde.

Exercices spéciaux pour habituer les élèves à dresser des comptes, des états, des mémoires, etc.

N. B. Les professeurs de l'École normale exigeront que dans tout le cours des études les devoirs soient proprement et lisiblement écrits.

VI. — MATHÉMATIQUES.

1re *année d'études* (3e *division*).

Arithmétique. — Numération décimale. — Opérations fondamentales sur les nombres entiers. Principes essentiels de divisibilité. — Caractères de divisibilité d'un nombre par 2, 3, 4, 5, 6, 8, 9 et 11. — Recherche du plus grand commun diviseur de deux nombres. — Recherche du moindre multiple de deux ou de plusieurs nombres. — Numération des fractions. — Opérations — fondamentales sur les fractions ordinaires et sur les fractions décimales. — Conversion des fractions ordinaires en fractions décimales et réciproquement. — Fractions décimales périodiques. — Exposition du système légal des poids et des mesures. — Applications aux questions de la vie usuelle.

Notions sur les équations. — Dés rapports. — Théorie des proportions par quotient. — Résolution des problèmes par la methode analytique : intérêt simple, escompte simple: société mélange et alliage. — Formation des puissances. — Extraction de la racine carrée et de la racine cubique. — Théorie des progressions.

Algèbre. — Notions préliminaires. — Opérations fondamentales sur les quantités algébriques entières. — Opérations fondamentales sur les fractions algébriques. — Simplification reposant sur la décomposition en facteurs. — Résolution des équations du premier degré à une et à deux inconnues. — Principales méthodes d'élimination. — Applications à quelques problèmes numériques faciles.

2e *année d'études* (2e *division*).

Arithmétique. — Récapitulation des matières enseignées dans le cours précédent. — Propriétés fondamentales des logarithmes et usage des tables. — Applications au calcul de l'intérêt composé, de l'escompte composé et des annuités. — Nombreux exercices sur toutes les règles de l'arithmétique et le système légal des poids et des mesures.

Algèbre. — Récapitulation des matières enseignées dans le cours précédent. Problèmes divers:

Géométrie. — Définitions. — Axiomes. — Angles. — Cas d'égalité des triangles. — Propriétés des perpendiculaires et des obliques. — Théorie des parallèles (on s'appuiera sur le postulatum d'Euclide pour établir cette théorie). — Somme des angles d'un triangle et d'un polygone quelconque. — Propriétés des parallelogrammes. — Propriétés du cercle et des figures qui résultent de sa combinaison avec la ligne droite. — Mesure des angles. — Applications à quelques problèmes faciles. — Evaluation des aires planes. — Propriétés principales des triangles semblables. — Lignes proportionnelles. — Figures semblables — Propriétés des polygones réguliers. — Mesure du cercle. — Rapport de la circonférence au diamètre. — Applications numériques à quelques problèmes faciles. — Applications à l'arpentage

On fera connaître, sans les démontrer, les formules à l'aide desquelles on détermine les surfaces et les volumes des polyèdres, des trois corps ronds et du cône tronqué, et l'on en fera l'application à quelques problèmes faciles.

3e *année d'études* (1re *division*).

Arithmétique, algèbre et géométrie. — Récapitulation des matières enseignées dans les cours précédents.

VII. — LANGUE FRANÇAISE (écoles normales flamandes ou allemandes).

1re *année d'études* (3e *division*).

Grammaire. — Lexicologie et lexigraphie. — Participe passé employé sans auxiliaire; avec l'auxiliaire *être*; avec l'auxiliaire *avoir ;* participe des verbes pronominaux. — Emploi des temps et des modes, principalement du mode subjonctif.

Exercices. — Traductions (thèmes et versions orales ou écrites). — Conjugaison. — Explication grammaticale de morceaux de littérature.

Rédactions d'un genre simple.

Lecture. — Principales règles de prononciation et d'accentuation enseignées d'une manière pratique.

Exercices de lecture.

2e année d'études (2e division).

Grammaire. Règles générales de la syntaxe.

Exercices: Traduction (thèmes et versions orales ou écrites). — Conjugaison. — Explication grammaticale de morceaux de littérature.

Exercices d'élocution.

Rédactions.

Lectures. — Analyse et lecture expressive de morceaux d'un genre simple.

Récitation expressive de quelques-uns de ces morceaux.

3e année d'études (1re division).

Grammaire. — Récapitulation des principes enseignés dans les deux cours précédents.

Exercices. Traductions (thèmes, versions orales ou écrites): — Conjugaison. — Explication grammaticale de morceaux choisis.

Exercices d'élocution,

Rédactions.

Lecture. — Analyse, lecture et récitation de morceaux choisis (prose et vers).

VIII. — LANGUE FLAMANDE OU LANGUE ALLEMANDE (écoles normales des localités wallonnes).

1re année d'études (3e division).

Grammaire. — Lexicologie et lexigraphie.

Exercices oraux. — Formation des mots, déclinaison et conjugaison.

Explication grammaticale de morceaux d'un genre très-simple ; versions et thèmes.

Exercices écrits. — Thèmes.

Lecture. — Principales règles de prononciation et d'accentuation enseignées d'une manière pratique.

Exercices de lecture.

2e année d'études (2e division).

Grammaire. — Règles générales de la syntaxe.

Exercices oraux. — Formation des mots ; conjugaison ; explication grammaticale de morceaux d'un genre simple ; versions et thèmes.

Exercices écrits. — Thèmes et rédactions d'un genre simple.

Lecture. — Lecture avec explications.

Récitation de morceaux choisis (prose).

3e *année d'études* (1re *division*).

Grammaire. — Répétition des principes enseignés dans les cours précédents.

Style. — Exercices d'élocution.

Traductions du français en flamand ou en allemand.

Rédaction d'un genre simple.

Lecture. — Lecture avec explications.

Récitation de morceaux choisis (prose et vers).

IX. — GÉOGRAPHIE.

1re *année d'études* (3e *division*).

Eléments de cosmographie. — Forme et dimension de la terre. — Horizon. — Zénith et Nadir. — Indication générale des corps célestes. — Rotation de la terre. — Axe. — Pôles. — Jours et nuits. — Mouvement diurne.

Révolution de la terre. — Position de l'axe quant à l'orbite. — Saisons. — Longueur des jours. — Climats. — Mouvement annuel.

Écliptique. Équateur ; tropiques ; cercles polaires, zones, méridien. — Latitude et longitude. — Mouvement de la lune. — Phases, éclipses.

Planètes et étoiles fixes.

Idée de la gravitation. — Flux et reflux.

Nomenclature géographique. — Océan, ses grandes divisions. — Continents et parties du monde. — Idée générale de leur étendue et de leur population. — Races humaines.

Géographie détaillée de la Belgique.

2e *année d'études* (2e *division*).

Géographie physique et politique. — *L'Europe.* — Bornes physiques. — Latitude. — Climat. — États (limites et capitales). — Mers, golfes, détroits. — Péninsules, caps et isthmes les plus connus. — Principales chaînes de montagnes et grands versants. — Fleuves, avec leurs principaux affluents. — Grands lacs. —

Principaux produits naturels et industriels en rapport avec leur inportation en Belgique. — Principaux ports et centres de commerce. — Idée de l'étendue et de la population des États de l'Europe, comparativement à la Belgique. — Forme du gouvernement.

3e *année d'études* (1re *division*).

Géographie physique et politique. — Récapitulation de ce qui a été enseigné dans les cours précédents.

Asie, Afrique, Amérique et *Océanie.* — Bornes ; contrées ; mers, principaux golfes et détroits ; grandes péninsules ; caps les plus connus ; îles principales ; grandes chaînes de montagnes ; grands versants et principaux fleuves ; ports les plus importants et villes les plus connues. — Principales possessions européennes.

N. B. Pendant les trois années d'études, les élèves seront exercés au tracé des cartes. Ils devront être à même de reproduire de mémoire la carte de la Belgique et celle de chaque province en particulier.

X. — HISTOIRE.

1re *année d'études* (3e *division*).

I. Aperçu rapide de l'histoire ancienne. — Fondation des premiers empires. — Babyloniens. — Assyriens. — Egyptiens. — Puissance des Assyriens, sous Nabuchodonosor le Grand. — Développement de la monarchie des Mèdes et des Perses. — Chute de Babylone. — Avénement de Darius, fils D'Hystaspes. — Sparte et Athènes. — Lois de Lycurgue et de Solon. Guerre de cinquante ans (causes et résultats). — Guerre du Péloponèse (causes et résultats). — Lutte entre Thèbes et Sparte. — Entreprises de Philippe de Macédoine contre les Grecs. — Destruction du royaume des Perses par Alexandre le Grand. — Etendue de l'empire d'Alexandre le Grand. — Démembrement de cet Etat. — Rome. — Ses premiers rois et leur chute. — Puissance de la république romaine au IIIe siècle avant notre ère. — Guerres puniques (causes et résultats). — Conquête de la Grèce. — Guerre civile entre Marius et Sylla. — César et Pompée. — Marc-Antoine et Octave — Etablissement de l'empire. — Division en empire d'Occident et empire d'Orient. — Grandes invasions des barbares. — *Huns, Visigoths, Vandales.* Chute de l'Empire romain d'Occident.

II. Aperçu rapide de l'histoire du moyen âge.— Coup-d'œil général sur l'état de l'Europe pendant les invasions des barbares. — Etablissement des Francs dans la Gaule. — Mérovingiens. — Maires du palais. — Invasion musulmane. — Pepin le Bref. — Charlemagne — Ses institutions. — Démembrement de son empire. — Les Normands en France. — Troisième dynastie franque. — Les Normands en Angleterre. — Commencement de la civilisation dans le nord de l'Europe sous Casimir le Grand et Canut le Grand.— Croisades.—Querelle des investitures entre l'Empire d'Allemagne et la papauté (causes et résultats). — La grande charte anglaise. — Lutte entre la France et l'Angleterre. — Grand schisme d'Occident.— Prise de Constantinople par Mahomet II.

III. Aperçu rapide de l'histoire moderne. — Inventions et découvertes; leur influence : imprimerie, poudre à canon, boussole; découverte de l'Amérique; route maritime vers les Indes orientales. — Rôle politique de *Charles-Quint*, de *François Ier*, de *Henri VIII* et de *Soliman II*. — Renaissance des arts et des lettres. — La réforme (ses causes et ses progrès). —*Philippe II* et *Élisabeth*. — Splendeur de la Hollande.—Causes, caractère et résultats de la *guerre de trente ans ;* traité de Westphalie.—Révolutions d'Angleterre de 1649 et 1688 (*Cromwell* et *Guillaume III*). — Louis XIV. Lettres, sciences et arts au XVIIe siècle.— *Pierre le Grand* et *Charles XII*. — *Frédéric II* et *Marie Thérèse*. — Partages de la Pologne. — États-Unis d'Amérique (*Washington*).—Causes et caractère de la révolution française ; son influence sur le développement de la société moderne.

2e *année d'études* (2e *division*).

IV. Histoire de Belgique (1). — La Belgique avant la conquête romaine. — Puissance de la république romaine. Soumission de la Belgique par César.—La Belgique sous la domination romaine. — Etat de la Belgique lors des invasions des barbares. La Belgique sous les Francs ; introduction du christianisme. — Monastère. Carolingiens. — Démembrement de l'empire. — Formation du royaume de Lotharingie. — Faiblesse des Carolingiens ; les Normands. — Système féodal ; conséquen-

(1) L'histoire de Belgique sera mise en rapport avec l'histoire générale. enseignee l'année précédente.

ces de la féodalité. — Loi de paix et tribunal de paix; paix d'Ypres.

Grands fiefs de la Belgique: Flandre; duché de Lothier: duché de Brabant; comté de Hainaut, principauté de Liége, comtés de Namur, de Luxembourg et de Limbourg.

Première réunion de la Flandre et du Hainaut; *Baudouin de Mons*; séparation des deux comtés.

Les croisades (causes et résultats). — Part prise par les Belges à ces expéditions (*Godefroid de Bouillon* et *Baudouin IX*).

Les Communes: chartes d'affranchissement; principaux priviléges; organisation intérieure; commerce (hanse flamande, foires et marchés); industrie (organisation des métiers); confréries militaires; prospérité des communes à la fin du XIIIe siècle.

On étudiera le règne des princes, dont les noms suivent, particulièrement au point de vue de l'influence qu'ils exercèrent sur le développement intellectuel et matériel des populations: *Albert de Cuyck, Philippe d'Alsace, Baudouin IX, Jeanne et Marguerite de Constantinople, Henri le Guerroyeur, Henri II de Brabant, Jean le Victorieux.*

Rivalité entre la noblesse des villes et les métiers. — Henri de Dinant; le Mal Saint-Martin; paix d'Angleur; tribunal des XXII. — Lois de Cortenberg. — Charte flamande et charte wallonne. — Joyeuse entrée. — Décadence de Louvain.

Luttes des communes flamandes contre le roi de France. — Groeninghe, Cassel et Roosebeke *(Jacques et Philippe Van Artevelde)*.

Avénement de la maison de Bourgogne. — États de Philippe le Bon. — Deux-arts.

Lutte des communes contre la maison de Bourgogne et la maison d'Autriche: Othée, Gâvre, Montenaeken; sac de Dinant; Brustheim; destruction de Liége; *Marie de Bourgogne*; décadence de Bruges; splendeur commerciale d'Anvers; révolte des Gantois contre Charles-Quint. — Triomphe du pouvoir absolu.

Révolution du XVIe siècle. — Albert et Isabelle. — Domination autrichienne: réveil de l'esprit national *(Agneessens)*; révolution brabançonne. — Domination française. — Royaume des Pays-Bas. — Révolution de 1830. — Constitution belge. — *Léopold Ier* (la Belgique indépendante).

3e année d'études (1re division).

Répétition des cours précédents.

XI. — NOTIONS DES LOIS ORGANIQUES ET NOTIONS D'ÉCONOMIE SOCIALE.

3e année d'études (1re division).

I. Notions des lois organiques.

Constitution belge. — Des Belges et de leurs droits ; dispositions du Code civil qui déterminent comment la qualité de Belge s'acquiert et se perd, et principales dispositions de la loi sur la naturalisation. — Organisations et attributions des trois grands pouvoirs de l'État. — Mode de sanction et de promulgation des lois ; mode de publication des lois et des arrêtés ; conditions requises pour être électeur et éligible aux Chambres législatives ; formation de la liste des électeurs ; réunion des colléges électoraux.

Organisation de la province. — Des différentes autorités de la province et de leurs attributions en général. — Qualités requises pour être membre du conseil provincial. — Conditions d'électorat, et formation de la liste des électeurs. — Réunion des colléges électoraux.

Organisation de la commune. — Composition du corps communal. — Qualités requises pour être électeur, et formation des listes électorales. — Des assemblées des électeurs. — Conditions d'éligibilité. — Durée des fonctions des autorités communales. — Principales attributions du conseil communal et du collége des bourgmestres et échevins.

Organisation de l'enseignement primaire. — Loi du 23 septembre 1842, avec les principales dispositions des arrêtés organiques.

II. Notions d'économie sociale.

Nécessité d'un ordre social.

Richesse ; sources et distribution de la richesse. — La misère ; ses causes et ses remèdes

Travail. — Emploi du temps ; — division du travail ; — puissance de l'association ; — utilité des machines ; — échange, — monnaie ; — salaire ; — patrons et ouvriers ; — conseils de prud'hommes ; — conséquence des grèves.

Capital ; — épargne ; — caisse d'épargne.

Sociétés de prévoyance ; — sociétés de secours ; — mutualité ; — sociétés coopératives ; — assurances.

Organisation de la charité publique.

N. B. Les notions d'économie sociale ne feront pas l'objet d'un cours ex professo ; elles seront enseignées au moyen de conférences ou de lectures.

XII. SCIENCES NATURELLES.

1re année d'études (3e division).

I. **Zoologie.** Distinction générale des trois règnes de la nature,

Explication très-simple des phénomènes de la digestion, de respiration et de circulation chez l'homme.

Idée très-sommaire des fonctions de relation.

Caractères généraux des quatre grandes divisions du règne animal.

Principales espèces de vertébrés. — Leurs caractères distinctifs.

II. **Hygiène.**—*De l'air en général.*—Composition. —Air pur : air vicié (cause de la viciation). — Désinfectants.

De l'eau. — Qualités de la bonne eau. — Clarification. — Filtres.

De l'alimentation. — Des matières alimentaires. — Condiments et boissons. — Sophistication des denrées alimentaires et des boissons. — Ustensiles de cuisine.

Des vêtements. — Propreté corporelle ; bains et lotions ; Lit. —Habitations. — Exercice et promenade. — Habitudes nuisibles.

Maladies et accidents. — Premiers soins à donner en cas : d'épilepsie, de syncope, d'indigestion, de congestion, d'hémorrhagie, de blessure, de foulure, d'entorse, de luxation, de fracture, de brûlure, d'engelure, de morsure, de piqûre, de colique. — Maladies cutanées ; épidémies ; ophthalmies (précautions à prendre).

Vaccination. — Inhumations précipitées.

Soins à donner aux asphyxiés par submersion, par strangulation, par les gaz, par le froid, par la chaleur, par la foudre. — Préjugés.

Soins à donner en cas d'empoisonnement par les acides, par les minéraux et par les végétaux.

De certaines industries dans leurs rapports avec l'hygiène.

Conseils hygiéniques pour l'ouvrier.

Hygiène de l'école. — Conditions générales d'un bon local d'école ; distribution intérieure, air, lumière, température.

III. **Physique**. — Objet de la physique. — Etats des corps. — Propriétés générales des corps. — Pesanteur, poids, centre de gravité. — Lois de la chute des corps ; vérification par le plan incliné de Galilée. — Forces. — Forces parallèles, forces convergentes. — Théorie du levier. — Balance ordinaire, balance horizontale (bascule), poulies, treuil ordinaire, roues dentées, cric (description sommaire et mode d'action).

Caractères généraux des liquides. — Equilibre des liquides. — Sources, fontaines, puits artésiens, jets d'eau. — Niveau d'eau ; niveau à bulle d'air. — Presse hydraulique. — Principe d'Archimède. — Ce qu'on entend par poids spécifique des corps. — Alcoolomètre de Gay-Lussac. — Pression atmosphérique. — Expérience de Torricelli. — Baromètre à siphon de Deluc. — Baromètre à cadran — Pompes. — Siphon. — Loi de Mariotte — Manomètre. — Machine pneumatique. — Aérostats.

2e *année d'études* (2e *division*).

Physique (*suite*). — *Calorique*. — Dilatation. — Thermomètre (centigrade, Réaumur, Fahrenheit). — Calorique rayonnant. — Conductibilité des corps pour la chaleur. — Chauffage des appartements. — Changement d'état des corps. — Calorique latent.

Vapeur. — Force élastique de la vapeur. — Machine à vapeur (appareil destiné à produire la vapeur, précautions de sûreté appareil destiné à employer la vapeur comme force motrice appareil destiné à la transmission du mouvement).

Météorologie. — Rosée, givre, brouillard, nuage, pluie, neige grêle, verglas.

Acoustique. — Production, propagation, vitesse du son réflexion du son. — Echo.

Optique. — Lumière. — Sources de la lumière. — Propagation et vitesse de la lumière. — Ombre, pénombre. — Réflexion. — Miroirs plans et miroirs sphériques. — Réfraction de la lumière ; lentilles, mirage. — Décomposition de la lumière au moyen du prisme. — Arc-en-ciel.

Magnétisme. — Aimants naturels et artificiels. — Assimilation de la terre à un aimant. — Déclinaison et inclinaison de l'aiguille aimantée. — Boussole de déclinaison.

Electricité. — Développement de l'électricité par frottement et par influence. — Electricité statique ; corps conducteurs et non-conducteurs. — Deux espèces d'électricité. — Electroscope. — Machine électrique. — Electrophore. — Condensateur ordinaire. — Bouteille de Leyde. — Electricité atmosphérique. — Choc en retour. — Eclairs, — Tonnerre. — Paratonnerre. — Electricité dynamique. — Pile de Volta. — Pile de Bunsen. — Action des courants sur les aimants. — Construction générale du télégraphe électrique. — Télégraphe de Morse. — Horloge électrique.

N. B. Le cours de physique sera donné d'une manière pratique.

3e *année d'études (1re division).*

Récapitulation des cours précédents.

XIII. — HORTICULTURE ET ARBORICULTURE.

2e *année d'études (2e division).*

Notions élémentaires de botanique. — Description sommaire des organes suivants : tissu cellulaire et tissu vasculaire ; racine, tige, bourgeon, feuille, stomates, fleur, bractée, embryon.

On fera connaître les principales plantes alimentaires, textiles, oléagineuses, tinctoriales, officinales et vénéneuses du pays.

Horticulture. — Etude du sol et du sous-sol. — Engrais et amendements. — Utilité du drainage.

Exposition d'un potager.

Succession des différentes cultures.

Modes de multiplication, de culture et de conservation des légumes du pays les plus utiles.

Récolte et conservation des semences.

Arboriculture. — Notions sur les divers modes de multiplication des plantes et en particulier sur la greffe. — Des arbres en espalier et des arbres en plein vent. — Taille des principaux arbres fruitiers. — Quelques notions sur l'élagage.

Insectes et maladies qui attaquent le plus fréquemment les

arbres fruitiers. — Échenillage. — Cueillette et conservation des fruits.

N. B. Cet enseignement sera donné d'une manière pratique.

XIV. — NOTIONS DE TENUE DES LIVRES.

2e *année d'études (2e division.)*

Devoirs du commerçant ayant rapport aux objets suivants: patentes, livres de commerce, contrat de mariage.—Achat et vente de marchandises; expédition (mode et conditions); réception.—Facture d'achat; facture de vente. — Mémoire ou note.

Effets de commerce; lettres de change et billets à ordre; mandat commercial (caractères essentiels, modèle, application.)

Tenue des livres en partie double.

Ce cours sera donné de manière que la pratique soit constamment jointe à la théorie. Les élèves devront tenir une comptabilité fictive.

3e *année d'études (1re division.)*

Récapitulation du cours précédent.

XV. — DESSIN.

1re *année d'études (3e division.)*

Etude pratique et étude analytique des éléments constitutifs du dessin à main levée. Applications de ces éléments aux formes régulières: vases, balustres, etc.

2e *année d'études (2e division.)*

Applications des figures empruntées au règne végétal et manière de les faire servir comme éléments décoratifs. Applications spéciales des principes, d'après des modèles choisis.

3e *année d'études (1re division.)*

Étude des applications spéciales.—Récapitulation des notions acquises; étude des moyens les plus propres à les transmettre.

XVI. — MUSIQUE.

1re *année d'études (3e division.)*

Musique vocale. — Nombreux exercices de solfége.

Chants d'école et chants populaires propres à développer le sentiment moral et national

2e année d'études (2e division.)

Musique vocale. — Continuation du cours précédent. — Chants d'ensemble.

3e année d'études (1re division.)

Musique vocale. — Continuation du cours précédent. — Chants d'ensemble.

XVII. — GYMNASTIQUE (pendant les heures de récréation.)

1re année d'études (3e division.)

Exercices gradués et jeux ayant pour but de développer et de fortifier les organes des sens, particulièrement celui de la vue, l'appareil respiratoire et vocal. — Exercices pour le développement de la poitrine, des extrémités supérieures et inférieures. — Exercices gradués de suspension et de sustension (avec ou sans élan). d'ascension, de descente, d'équilibre et de progression. — Marche, course, saut. — Exercices avec appareil de traction et de pulsion. — Soulèvement et transport d'objets plus ou moins lourds. — Exercices au moyen du bâton. — Exercices de jet, ou lancement de divers corps projectiles.

2e et 3e année d'études 2e et (1re division).

Continuation des mêmes exercices.

EMPLOI DU TEMPS.

BRANCHES D'ENSEIGNEMENT.	1re année d'études. — Par semaine. — (Heures.)	2e année d'études. — Par semaine. — (Heures.)	3e année d'études. — Par semaine. — (Heures.)
Pédagogie et méthodologie (1)	1	2	2
Education	1	»	»
Religion et morale	2	2	2
Langue maternelle — Grammaire.	3	2	2
Langue maternelle — Style	1 1/2	2 1/2	3
Langue maternelle — Lecture	2	1	1
Ecriture	1	1	« (3)
Mathématiques.	3	3	2
Langue accessoire (2)	4	4	2
Lecture dans la langue accessoire.	1	1	1
Géographie	1	1	1
Histoire	1 1/2	1 1/2	1
Notions des lois organiques et notions d'économie sociale	»	»	1
Sciences naturelles	1	1	1
Horticulture et arboriculture	»	1	»
Tenue des livres.	»	1	1
Dessin	2	1	1
Musique	1	1	1
Totaux.	26	26	22

(1) Dans le temps affecté à la pédagogie ne figurent pas les heures que les jeunes gens consacrent à la pratique de l'enseignement à l'école d'application.

(2) Langue française (écoles des localités flamandes ou allemandes); langue flamande ou allemande (écoles des localités wallonnes).

(3) Les cahiers tenus par les élèves, pendant la dernière année d'études, seront mis sous les yeux du jury de sortie, comme élément d'appréciation sous le rapport de l'écriture.

TABLEAU DES POINTS ASSIGNÉS AUX DIFFÉRENTS EXAMENS.

BRANCHES D'ENSEIGNEMENT.		EXAMENS SEMESTRIELS. 1re année d'études.	EXAMENS SEMESTRIELS. 2e année d'études.	EXAMEN DE SORTIE.		
Pédagogie et méthodologie		13	13	Théorie	40	100
				Pratique	60	
Education		»	»			»
Religion et morale		12	12			75
Langue maternelle	Grammaire	10	8		40	130
	Style	10	10		60	
	Lecture	8	5		30	
Ecriture		6	5			30
Mathématiques	Arithmétique	9	9		60	100
	Algèbre	4	4		20	
	Géométrie	4	4		20	
Langue accessoire	Grammaire	5	5		30	85
	Style	6	6		35	
	Lecture	5	5		20	
Géographie		5	5			25
Histoire		5	5			25
Notions des lois organiques		»	»			15
Sciences naturelles		5	5			25
Horticulture et arboriculture		»	3			10
Tenue des livres		»	4			20
Dessin		5	4			25
Musique		4	4			20
Totaux		116	116			685

C. Programme pour l'enseignement normal des élèves-institutrices.

I. — PÉDAGOGIE ET MÉTHODOLOGIE.

1re année d'études (3e division).

Pédagogie. — But et importance de l'éducation. — Principes fondamentaux.

Education physique.

Notions sur les facultés et les opérations de l'âme. — Education intellectuelle.

Education morale, religieuse, nationale.

Mission de l'institutrice au point de vue de l'éducation et de l'instruction.

Méthodologie générale. — Importance d'une bonne méthode; — qualités qu'elle doit réunir.

Principes didactiques les plus importants.

Formes et modes d'enseignement.

2e année d'études (2e division).

Méthodologie spéciale. — Exposition des méthodes d'enseignement pour les matières suivantes:

A. Religion.

B. Langue maternelle
- *a*. Exercices d'intuition et de langage.
- *b*. Lecture mécanique ou élémentaire.
- *c*. Lecture expressive.
- *d*. Grammaire.
- *e*. Rédaction.

C. Arithmétique (calcul mental et calcul écrit).

D. Ecriture.

E. Dessin.

F. Géographie.

G. Histoire.

H. Sciences naturelles.

I. Chant.

K. Gymnastique.

L. Langue étrangère.

Exercices pratiques préparatoires pour l'enseignement des branches ci-dessus énumérées.

3e année d'études (1re division).

Récapitulation des cours précédents.

L'institutrice. — Ses qualités indispensables. — Ses rapports avec ses supérieurs, ses collègues et les parents des élèves. — Moyens de perfectionnement pour l'institutrice.

L'école. — Ecole primaire. — Ecole d'adultes. Ecole gardienne et jardins d'enfants ; considérations générales ; organisation ; discipline.

Exercices didactiques. — Ces exercices comprendront : 1° une leçon donnée par une élève institutrice en présence de ses condisciples; 2° la critique raisonnée des procédés employés; 3° la rédaction par une ou plusieurs élèves désignées à cet effet, au procès-verbal de la discussion. — Ils auront lieu sous la direction du professeur de pédagogie.

Exercices pratiques à l'école d'application.

(au moins une heure par semaine pour chaque élève.)

II. — COURS D'ÉDUCATION.

1re année d'études (3e division).

Dignité personnelle et respect de soi-même. — Propreté et maintien. — Esprit d'ordre et de régularité. — Tempérance. — Réserve et modestie. — Conscience. — Sentiment du droit et du devoir. — Sentiment du juste et du vrai. — Droiture. — Charité. — Conduite envers les inférieurs, les égaux et les supérieurs. — Désintéressement. — Dévouement. — Civisme. — Caractère.

Sentiment des convenances. — Usages et bienséances.

III. — RELIGION ET MORALE (1).

1re année d'études (3e division).

Histoire de la religion depuis la création jusqu'à la naissance du Sauveur. — Exposition du dogme et de la morale.

2e année d'études (2e division).

Histoire du Sauveur. — Continuation de l'exposition du dogme et de la morale. — Exercices préparatoires à l'enseignement de la religion et de la morale dans les écoles primaires.

3e année d'études (1re division).

Aperçu rapide de l'histoire de l'Eglise.

Exercices préparatoires à l'enseignement de la religion et de la morale dans les écoles primaires.

Récapitulation des cours précédents.

IV — LANGUE MATERNELLE.

1re année d'études (3e division).

Grammaire. — Proposition; ses parties; diverses espèces

(1) Pour les élèves appartenant à la communion catholique romaine — S'il se présente des élèves appartenant à une autre communion, le gouvernement avise au moyen de pourvoir à cette partie de leur enseignement.

de propositions. — Phrase. — Ponctuation. — Etude raisonnée de la lexicologie et de la lexigraphie.

Exercices phraséologiques de vive voix et par écrit.

Dictées sur l'orthographe d'usage, sur les règles de la lexigraphie et sur les règles générales d'accord.

Explication grammaticale de morceaux de littérature.

Style. — Explication de morceaux d'un genre simple.

Exercices de rédaction. — Le professeur rattachera à l'étude de modèles choisis les principales règles relatives au travail de la composition.

Lecture. — Principales règles de la prononciation et de l'accentuation enseignées d'une manière pratique.

Analyse et lecture expressive de morceaux d'un genre simple.

Récitation expressive de quelques-uns de ces morceaux.

2e *année d'études (2e division).*

Grammaire. — Etude raisonnée et approfondie des principales règles de la syntaxe.

Exercices phraséologiques et dictées ayant pour objet de familiariser les élèves avec les difficultés de la syntaxe.

Explication grammaticale de morceaux de littérature.

Style. — Explication de morceaux choisis.

A cette explication on rattachera des exercices sur la dérivation des mots, sur les homonymes, les synonymes, les paronymes, les multisenses et les idiotismes.

Exercices de rédaction : descriptions, narrations, lettres.

Exercice d'élocution : développement oral d'un sujet déterminé.

Les préceptes particuliers à chaque genre seront rattachés à l'étude des modèles.

Lecture. — Analyse, lecture et récitation de morceaux choisis (prose et vers).

3e *année d'études (1re division).*

Grammaire. — Récapitulation des principes enseignés dans les cours précédents.

Style. — Analyses littéraires. — On y rattachera des exercices sur la dérivation des mots, sur les homonymes, les synonymes, les paronymes, les multisenses et les idiotismes.

Exercices de rédaction ; descriptions, narrations, lettres, rapports et allocutions.

Exercices d'élocution : développement oral d'un sujet déterminé.

Lecture. — Analyse, lecture et récitation de morceaux choisis (prose et vers).

V. — ÉCRITURE.

1re année d'études (3e division).

Explication des lettres minuscules et des lettres majuscules d'après leur analogie et leur dérivation. — Chiffres.

Exercices à la planche noire.

Ecriture à main posée ; expédiée.

2e année d'études (2e division).

Continuation du cours précédent. — Quelques exercices d'écriture ronde.

Exercices spéciaux pour habituer les élèves à dresser des comptes, des états, des mémoires, etc.

N. B. Les professeurs de l'école normale exigeront que dans tout le cours des études les devoirs soient proprement et lisiblement écrits.

VI. — MATHÉMATIQUES.

1re année d'études (3e division).

Arithmétique. — Numération décimale. — Opérations fondamentales sur les nombres entiers. — Principes essentiels de divisibilité. — Caractères de divisibilité d'un nombre par 2, 3, 4, 5, 6, 8, 9 et 11. — Recherche du plus grand commun diviseur de deux nombres. — Recherche du moindre multiple de deux ou de plusieurs nombres. — Numération des fractions. — Opérations fondamentales sur les fractions ordinaires et sur les fractions décimales. — Conversion des fractions décimales non-périodiques en fractions ordinaires. — Exposition du système légal des poids et des mesures. — Applications aux questions de la vie usuelle.

2e année d'études (2e division).

Arithmétique. — Notions sur les équations et les proportions. — Résolution des problèmes par la méthode analytique : intérêt simple, escompte simple, société, mélange et alliage. — Nombreux exercices sur toutes les règles de l'arithmétique et sur le système légal des poids et mesures.

3e *année d'études (1re division.)*

Arithmétique. — Récapitulation des matières enseignées dans les cours précédents.

VII. — LANGUE FRANÇAISE. (écoles normales flamandes ou allemandes.)

1re *année d'études (3e division.)*

Grammaire. -- Lexicologie et lexigraphie. — Participe passé employé ; sans auxiliaire ; avec l'auxiliaire *être ;* avec l'auxiliaire *avoir ;* participe des verbes pronominaux, — Emploi des temps et des modes, principalement du mode subjonctif.

Exercices. — Traductions (thèmes et versions orales ou écrites). — Conjugaisons. — Explication grammaticale de morceaux de littérature.

Rédactions d'un genre simple.

Lecture. — Principales règles de prononciation et d'accentuation enseignée d'une manière pratique.

Exercice de lecture.

2e *année d'études (2e division.)*

Grammaire. — Règles générales de la syntaxe.

Exercices : Traductions (thèmes et versions orales ou écrites.) — Conjugaisons. — Explication grammaticale de morceaux de littérature.

Rédactions. — Exercices d'élocution.

Lecture. — Analyse et lecture expressive de morceaux d'un genre simple.

Récitation expressive de quelques-uns de ces morceaux.

3e *année d'études (1re division.)*

Grammaire. — Récapitulation des principes enseignés dans les deux cours précédents.

Exercices : Traductions (thèmes et versions orales ou écrites.) — Conjugaisons, — Explication grammaticale de morceaux choisis.

Exercices d'élocution.

Rédactions.

Lecture. — Analyse, lecture et récitation de morceaux choisis (prose et vers.)

VIII. — LANGUE FLAMANDE OU LANGUE ALLEMANDE (écoles normales des localités wallonnes.)

1re année d'études (3e division.)

Grammaire. — Lexicologie et lexigraphie.

Exercices oraux. — Formation des mots, déclinaison et conjugaison.

Explication grammaticale de morceaux d'un genre très-simple; versions et thèmes.

Exercices écrits. — Thèmes.

Lecture. — Principales règles de prononciation et d'accentuation d'une manière pratique.

Exercices de lecture.

2e année d'études (2e division.)

Grammaire. — Règles générales de la syntaxe.

Exercices oraux. Formation des mots, conjugaison, explication grammaticale de morceaux d'un genre simple; versions et thèmes.

Exercices écrits. — Thèmes et rédactions d'un genre simple.

Lecture. — Lecture avec explications.

Récitation de morceaux choisis (prose.)

3e année d'études (1re division.)

Grammaire. — Répétition des principes enseignés dans les cours précédents.

Style. — Exercices d'élocution.

Traductions du français en flamand ou en allemand

Rédactions d'un genre simple.

Lecture. — Lecture avec explications.

Récitation de morceaux choisis.

IX. — GÉOGRAPHIE.

1re année d'études (3e division.)

Éléments de cosmographie.—Forme et dimension de la terre. — Horizon. Zénith et Nadir. — Indication générale des corps célestes. — Rotation de la terre. — Axe. — Pôles. — Jours et nuits. — Mouvement diurne.

Révolution de la terre. — Position de l'axe quant à l'orbite. — Saisons. — Longueur des jours. — Climats — Mouvement annuel.

Ecliptique. — Equateur; tropiques; cercles polaires, zones, méridien. — Latitude et longitude. — Mouvement de la lune. — Phases, éclipses.

Planètes et étoiles fixes.

Idée de la gravitation. — Flux et reflux.

Nomenclature géographique. — Océan, ses grandes divisions. — Continents et parties du monde. — Idée générale de leur étendue et de leur population. — Races humaines.

Géographie détaillée de la Belgique.

2e *année d'études (2e division.)*

Géographie physique et politique. — *L'Europe.* — Bornes physiques. — Latitude. — Climats. — États (limites et capitales). — Mers, golfes, détroits. — Péninsules, caps et isthmes les plus connus. — Principales chaînes de montagnes et grands versants. — Fleuves, avec leurs principaux affluents. — Grands lacs. — Principaux produits naturels et industriels en rapport avec leur importation en Belgique. — Principaux ports et centres de commerce. — Idée de l'étendue et de la population des Etats en Europe, comparativement à la Belgique. — Forme de gouvernement.

3e *année d'études (1re division).*

Géographie physique et politique. — Récapitulation de ce qui a été enseigné dans les cours précédents.

Asie, Afrique, Amérique et Océanie. — Bornes; contrées; mers, principaux golfes et détroits; grandes péninsules; caps les plus connus; îles principales; grandes chaînes de montagnes; grands versants et principaux fleuves; ports les plus importants et villes les plus connues. — Principales possessions européennes.

N. B. Pendant les trois années d'études, les élèves seront exercées au tracé des cartes. Elles devront être à même de reproduire de mémoire la carte de la Belgique et celle de chaque province en particulier.

X. — HISTOIRE.

1re *année d'études (3e division.)*

I. **Aperçu rapide de l'histoire ancienne.** — Fondation des premiers empires. — Babyloniens, Assyriens, Egyptiens.

— Puissance des Assyriens sous Nabuchodonosor le Grand. — Développement de la monarchie des Mèdes et des Perses. — Chute de Babylone.— Avénement de Darius, fils d'Hystaspes. — Sparte et Athènes. — Lois de Lycurgue et de Solon. — Guerre de cinquante ans (causes et résultats).— Guerre du Péloponèse (causes et résultats). — Lutte entre Thèbes et Sparte. — Entreprise de Philippe de Macédoine contre les Grecs. — Destruction du royaume des Perses par Alexandre le Grand. — Etendue de l'empire d'Alexandre le Grand. — Démembrement de cet Etat. — Rome.—Ses premiers rois et leurs chutes. — Puissance de la république romaine au IIIe siècle avant notre ère. — Guerres puniques (causes et résultats).—Conquête de la Grèce. — Guerre civile entre Marius et Sylla. — César et Pompée. — Marc-Antoine et Octave. — Etablissement de l'empire — Division en empire d'Occident et empire d'Orient. — Grandes invasions des barbaros. — *Huns, Visigoths, Vandales.* — Chute de l'empire romain d'Occident.

II. **Aperçu rapide de l'histoire du moyen-âge.** — Coup d'œil général sur l'état de l'Europe pendant les invasions des barbares. — Etablissement des Francs dans la Gaule. — Mérovingiens. — Maires du palais. — Invasion musulmane. — Pepin le Bref. — Charlemagne. — Ses institutions. — Démembrement de son empire. — Les Normands en France. —Troisième dynastie franque. — Les Normands en Angleterre. — Commencements de la civilisation dans le nord de l'Europe sous Casimir le Grand et Canut le Grand.— Croisades. — Querelle des investitures entre l'empire d'Allemagne et la papauté (causes et résultats). — La grande charte anglaise. — Lutte entre la France et l'Angleterre. — Grand schisme d'Occident. — Prise de Constantinople par Mahomet II.

III. **Aperçu rapide de l'histoire moderne.** — Inventions et découvertes; leur influence: imprimerie, poudre à canon boussole; découverte de l'Amérique; route maritime vers les Indes orientales. — Rôle politique de *Charles-Quint*, de *François Ier*, de *Henri VIII* et de *Soliman II*. — Renaissance des arts et des lettres.— La Réforme (ses causes et ses progrès). — *Philippe II* et *Élisabeth*. — Splendeur de la Hollande. — Causes, caractères et résultats de la *guerre de trente ans;* traité de Westphalie. — Révolutions d'Angleterre de 1649 et de 1688 *(Cromwell* et *Guillaume III)*. — Louis XIV. Lettres, sciences et arts au XVIIe siècle. — *Pierre le Grand* et *Charles VII*. — *Frédéric II* et *Marie-Thérèse*. — Partages de la Pologne. — États-Unis d'Amérique (*Washington*.) — Causes et caractère de la révolution française; son influence sur le développement de la société moderne.

2e année d'études (2e division).

IV. **Histoire de Belgique** (1). — La Belgique avant la conquête romaine. — Puissance de la république romaine. — Soumission de la Belgique par César. — La Belgique sous la domination romaine. — État de la Belgique lors des invasions des barbares.—La Belgique sous les Francs; introduction du christianisme; monastères. — Carolingiens. — Démembrement de l'empire; formation du royaume de Lotharingie. — Faiblesse des Carolingiens; les Normands. — Système féodal; conséquences de la féodalité. — Loi de paix et tribunal de paix; paix d'Ypres.

Grands fiefs de la Belgique: Flandre; duché de Lothier: duché de Brabant; comté de Hainaut, principauté de Liége, comtés de Namur, de Luxembourg et de Limbourg.

Première réunion de la Flandre et du Hainaut; *Baudouin de Mons*; séparation des deux comtés.

Les croisades (causes et résultats).— Part prise par les Belges à ces expéditions (*Godefroid de Bouillon et Baudouin IX*).

Les communes: chartes d'affranchissement; principaux priviléges; organisation intérieure; commerce (hanse flamande, foires et marchés); industrie (organisation des métiers); confréries militaires; prospérité des communes à la fin du XIIIe siècle.

On étudiera le règne des princes, dont les noms suivent, particulièrement au point de vue de l'influence qu'ils exercèrent sur le développement intellectuel et matériel des populations: *Albert de Cuyck, Philippe d'Alsace, Baudouin IX, Jeanne et Marguerite de Constantinople, Henri le Guerroyeur, Henri II de Brabant, Jean le Victorieux.*

Rivalité entre la noblesse des villes et les métiers. — Henri de Dinant; la Mal Saint-Martin; paix d'Angleur; tribunal des XXII. — Lois de Cortenberg.— Charte flamande et charte wallonne.— Joyeuse entrée. — Décadence de Louvain.

(1) L'histoire de Belgique sera mise en rapport avec l'histoire générale enseignée l'année précédente.

Luttes des communes flamandes contre le roi de France. — Groeninghe, Cassel et Roosebeke *(Jacques et Philippe Van Artevelde).*

Avénement de la maison de Bourgogne. — États de Philippe le Bon. — Beaux-arts.

Lutte des communes contre la maison de Bourgogne et la maison d'Autriche : Othée, Gâvre, Montenaeken ; sac de Dinant ; Brustheim ; destruction de Liége ; *Marie de Bourgogne ;* décadence de Bruges ; splendeur commerciale d'Anvers ; révolte des Gantois contre Charles-Quint. — Triomphe du pouvoir absolu.

Révolution du XVIe siècle. — Albert et Isabelle. — Domination autrichienne : réveil de l'esprit national *(Agneessens) ;* révolution brabançonne. — Domination française. — Royaume des Pays-Bas. — Révolution de 1830. — Constitution belge. — *Léopold Ier* (la Belgique indépendante.)

3e *année d'études (1re division).*

Répétition des cours précédents.

XI. — NOTIONS DES LOIS ORGANIQUES (1).

3e *année d'études (1re division).*

Constitution belge. — Des Belges et de leurs droits ; dispositions du Code civil qui déterminent comment la qualité de Belge s'acquiert et se perd, et principales dispositions de la loi sur la naturalisation. — Organisation et attributions des trois grands pouvoirs de l'État. — Mode de sanction et de promulgation des lois ; mode de publication des lois et des arrêtés. — Conditions requises pour être électeur et éligible aux Chambres législatives.

Organisation de la province. — Des différentes autorités de la province et de leurs attributions en général.

Organisation de la commune. — Composition du corps communal. — Conditions requises pour être électeur. — Conditions d'éligibilité. — Principales attributions du conseil communal, du bourgmestre et du collége des bourgmestre et échevins.

Organisation de l'enseignement primaire. — Loi du 23 septembre 1842, avec les principales dispositions des arrêtés organiques.

(1) Ce cours sera rattaché au cours d'histoire de Belgique.

XII. — TRAVAUX A L'AIGUILLE.

1re année d'études (3e division).

Les travaux à l'aiguille les plus utiles : le tricot, la couture, le point de marque, le ravaudage et le remaillage.

2e et 3e années d'études (2e et 1re division).

Continuation du cours précédent.

XIII. — SCIENCES NATURELLES.

1re année d'études (3e division).

I. **Zoologie**. — Distinction générale des trois règnes de la nature.

Explication très-simple des phénomènes de digestion, de respiration et de circulation chez l'homme.

Idée très-sommaire des fonctions de relation.

Caractéres généraux des quatre grandes divisions du règne animal.

Principales espèces de vertèbres. — Leurs caractères distinctifs.

II. **Hygiène**. — *De l'air en général.* — Composition. — Air pur : air vicié (causes de la viciation). — Désinfectants.

De *l'eau*. — Qualités de la bonne eau. — Clarifications. — Filtres.

De l'alimentation. — Des matières alimentaires. — Condiments et boissons. — Sophistication des denrées alimentaires et des boissons. — Ustensiles de cuisine.

Des vêtements. — Propreté corporelle ; bains et lotions ; lit. — Habitations. — Exercice et promenade. — Habitudes nuisibles.

Maladies et accidents. — Premiers soins à donner en cas : d'épilepsie, de syncope, d'indigestion, de congestion, d'hémorragie, de blessure, de foulure d'entorse, de luxation, de fracture, de brûlure, d'engelure, de morsure, de piqûre, de colique. — Maladies cutanées ; épidémies ; ophthalmies (précautions à prendre)

Vaccination. — Inhumations précipitées.

Soins à donner aux asphyxiés par submersion, par strangulation, par les gaz, par le froid, par la chaleur, par la foudre. — Préjugés.

Soins à donner en cas d'empoisonnement par les acides, par les minéraux et les végétaux.

De certaines industries dans leurs rapports avec l'hygiène.

Conseils hygiéniques pour l'ouvrier.

Hygiène de l'école. — Conditions générales d'un bon local d'école ; distribution intérieure, air, lumière, température.

2e *année d'études* (2e *division*).

III. **Physique**. — Objet de la physique. — États des corps. — Propriétés générales des corps. — Pesanteur, poids, centre de gravité.

Sources, fontaines, puits artésiens, jets d'eau. — Principe d'Archimède. — Ce qu'on entend par poids spécifique des corps. — Pression atmosphérique. — Baromètre. — Pompes. — Siphon. — Machine pneumatique. — Aérostats.

Calorique. — Dilatation. — Thermomètre (centigrade, Réaumur, Fahrenheit). — Calorique rayonnant. — Conductibilité des corps pour la chaleur. — Chauffage des appartements. — Changement d'état des corps. — Calorique latent.

Météorologie. — Rosée, givre, brouillard, nuage, neige, pluie, grêle, verglas.

Acoustique. — Production, propagation, vitesse du son, réflexion du son. — Écho.

Optique. — Lumière. — Sources de la lumière. — Propagation et vitesse de la lumière. — Décomposition de la lumière au moyen du prisme. — Arc-en-ciel.

Magnétisme. — Boussole.

Electricité. — Développement de l'électricité par frottement et par influence. — corps conducteurs et non-conducteurs. — Deux espèces d'électricité. — Machine électrique. — Electricité atmosphérique. — Choc en retour. — Eclairs. — Tonnerre. — Paratonnerre. — Construction générale du télégraphe électrique. — Horloge électrique.

N. B. Le cours de physique sera donné d'une manière pratique.

3e *année d'études* (1re *division*).

Récapitulation des cours précédents.

XIV. — NOTIONS D'ÉCONOMIE DOMESTIQUE (1).

3e année d'études (1re division).

Alimentation. — Action des substances alimentaires sur l'organisme. — Choix des substances. — Substances alimentaires qui sont naturelles à notre pays. — Méthode de conservation.

Condiments. — Utilité; inconvénients qui peuvent résulter de leur usage immodéré. — Substances habituellement employées. — Leurs propriétés.

Boissons. — Eau. — Bierre. — Café. — Chocolat. — Thé. — Leurs propriétés.

Sophistication des denrées alimentaires et des boissons (moyens de les reconnaître). — Beurre, lait etc.

Batterie de cuisine. — Matière. — Propreté.

Vêtements. — Tissus. — Forme. — Couleur. — Propreté. — Entretien.

Chauffage. — Combustibles employés: bois, houille, coke, tourbe.

XV. — NOTIONS ÉLÉMENTAIRES DE BOTANIQUE (2).

2e année d'études (2e division).

Description sommaire des organes suivants: tissu cellulaire et tissu vasculaire; racine, tige, bourgeon, feuille, stomates, fleur, bractée, embryon.

On fera connaître les principales plantes alimentaires, textiles, oléagineuses, tinctoriales, officinales et vénéneuses du pays.

N. B. Cet enseignement sera donné d'une manière pratique.

XVI. — NOTIONS DE TENUE DES LIVRES.

2e année d'études. (2e division).

Devoirs du commerçant ayant rapport aux objets suivants: patentes, livres de commerce, contrat de mariage. Achat et vente de marchandises; expédition (mode et conditions); réception. — Facture d'achat; facture de vente. — Mémoire ou note.

Effets de commerce, lettres de change et billets à ordre; mandat commercial (caractères essentiels, modèle, application).

(1) Les leçons seront rattachées au cours d'hygiène. Elles ne feront pas l'objet d'un cours ex professo ; mais elles seront enseignées au moyen de conférences ou de lectures.

(2) Ce cours fait partie du cours de sciences naturelles.

Tenue des livres en partie double.

Ce cours sera donné de manière que la pratique soit constamment jointe à la théorie. Les élèves devront tenir une comptabilité fictive.

3e année d'études (1re division).

Récapitulation du cours précédent.

XVII. — DESSIN.

1re année d'études (3e division).

Étude pratique et étude analytique des éléments constitutifs du dessin à main levée. Applications de ces éléments aux formes régulières : vases, balustres, etc.

2e année d'études (2e division).

Applications des figures empruntées au règne végétal et manière de les faire servir comme éléments décoratifs. — Application des principes à la coupe des étoffes et des vêtements ; chemises d'homme, de femme et d'enfant ; chemisettes, cols, lingerie. Dessin sur mesure d'un corsage, d'un jupon, d'une rotonde, d'un paletot, etc. Dessin de garniture : passementerie, soutache, broderie, etc.

3e année d'études (1re division).

Pendant le premier semestre, on continuera l'étude des applications spéciales.

Le deuxième semestre sera employé à une récapitulation des notions acquises, et à l'étude des moyens les plus propres à les transmettre.

XVIII. — MUSIQUE.

1re année d'études (3e division).

Musique vocale. — Nombreux exercices de solfége.

Chants d'école et chants populaires propres à développer le sentiment moral et national.

2e année d'études (2e division).

Musique vocale. — Continuation du cours précédent. — Chants d'ensemble.

3e année d'études (1re division).

Musique vocale. — Continuation du cours précédent. — Chants d'ensemble.

XIX. — GYMNASTIQUE (pendant les heures de récréation).

1re année d'études (3e division).

Exercices gradués et jeux ayant pour but de développer et

de fortifier les organes des sens, particulièrement celui de la vue, l'appareil respiratoire et vocal. — Exercice pour le développement de la poitrine, des extrémités supérieures et inférieures. — Marche, course, sauts. — Exercices avec appareils de traction et de pulsion.

2e et 3e année d'études (2e et 1re division).

Continuation des mêmes exercices.

EMPLOI DU TEMPS.

BRANCHES D'ENSEIGNEMENT.	1re année d'études. — Par semaine. — (Heures.)	2e année d'études. — Par semaine. — (Heures.)	3e année d'études. — Par semaine. — (Heures.)
Pédagogie et méthodologie (1) .	1	2	2
Education	1	»	»
Religion et morale	2	2	2
Langue maternelle { Grammaire.	3	2	2
Langue maternelle { Style . . .	1 1/2	2 1/2	3
Langue maternelle { Lecture . .	2	1	1
Ecriture	1	1	» (2)
Mathématiques.	2	2	2
Langue accessoire (3)	4	4	2
Lecture dans la langue accessoire.	1	1	1
Géographie	1	1	1
Histoire	1 1/2	1 1/2	1
Economie domestique	»	»	1
Sciences naturelles	1	1	1
Travaux à l'aiguille	5	4	3
Tenue des livres.	»	1	1
Dessin	2	1	1
Musique	1	1	1
Totaux. . .	30	28	26

(1) Dans le temps affecté à la pédagogie ne figurent pas les heures que les élèves consacrent à la pratique de l'enseignement à l'école d'application.

(2) Les cahiers tenus par les élèves pendant la dernière année d'études seront mis sous les yeux du jury de sortie, comme élément d'appréciation sous le rapport de l'écriture.

(3) Langue française dans les écoles des localités flamandes ou allemandes ; langue flamande, dans les écoles des localités wallonnes.

TABLEAU DES POINTS.

BRANCHES D'ENSEIGNEMENT.		EXAMENS SEMESTRIELS. 1re année d'études.	EXAMENS SEMESTRIELS. 2e année d'études.	EXAMEN DE SORTIE.		
Pédagogie et méthodologie		13	13	Théorie	40	100
				Pratique	60	
Education		»	»			»
Religion et morale		12	12			75
Langue maternelle	Grammaire	10	10		40	130
	Style	10	10		60	
	Lecture	8	5		30	
Ecriture		6	5			30
Arithmétique		9	8			60
Langue accessoire	Grammaire	5	5			30
	Style	6	6			35
	Lecture	5	5			20
Géographie		5	5			25
Histoire		5	5			25
Sciences naturelles		5	5			25
Travaux à l'aiguille		8	10			65
Tenue des livres		»	4			20
Dessin		5	4			25
Musique		4	4			20
Totaux.		116	116			685

Bruxelles, le 10 octobre 1868.

EUDORE PIRMEZ.

TABLE DES MATIÈRES.

PREMIÈRE PARTIE.

COURS ÉDUCATIF.

Education religieuse.

Education nationale.

DEUXIÈME PARTIE.

MÉTHODOLOGIE GÉNÉRALE.

TROISIÈME PARTIE.

MÉTHODOLOGIE SPÉCIALE.

QUATRIÈME PARTIE.

APPENDICE.

FIN DE LA TABLE.